THE

BRONTË

MYTH

Lucasta Miller

勃朗特迷思

广西师范大学出版社
· 桂林 ·

（英）卢卡丝塔·米勒 著　白天明 译

The Brontë Myth by Lucasta Miller

Copyright © 2001 by Lucasta Miller

This edition arranged with Georgina Capel Associates Ltd.

through BIG APPLE AGENCY, LABUAN, MALAYSIA.

Simplified Chinese edition copyright: 2023 Guangxi Normal University Press
Group Co. , Ltd. All rights reserved.

著作权合同登记号桂图登字:20 – 2023 – 060 号

图书在版编目(CIP)数据

勃朗特迷思 / (英)卢卡丝塔·米勒著;白天明译. —桂林:
广西师范大学出版社,2023.9
(文学纪念碑)
ISBN 978 – 7 – 5598 – 6197 – 9

Ⅰ. ①勃… Ⅱ. ①卢… ②白… Ⅲ. ①勃朗特(Brontë,
Charlotte 1816 – 1855) – 传记 ②勃朗特(Brontë,Emily 1818 –
1848) – 传记 ③勃朗特(Brontë,Anne 1820 – 1849) – 传记
Ⅳ. ①K835.615.6

中国国家版本馆 CIP 数据核字(2023)第 127063 号

勃朗特迷思
BOLANGTE MISI

出 品 人:刘广汉   策 划:魏 东
责任编辑:魏 东   装帧设计:赵 瑾

广西师范大学出版社出版发行

(广西桂林市五里店路 9 号   邮政编码:541004)
(网址:http://www.bbtpress.com)
出版人:黄轩庄
全国新华书店经销
销售热线:021 – 65200318   021 – 31260822 – 898
山东韵杰文化科技有限公司印刷
(山东省淄博市桓台县桓台大道西首 邮政编码:256401)
开本:690 mm × 960 mm   1/16
印张:30 插页:8   字数:350 千
2023 年 9 月第 1 版   2023 年 9 月第 1 次印刷
定价:128.00 元

如发现印装质量问题,影响阅读,请与出版社发行部门联系调换。

媒体评价

[一本]匠心独具的书。

——《纽约客》

对"勃朗特热"的巧妙解构……笔触灵巧、诙谐。

——《卫报》

一项技艺出众、包罗万象的研究……调研严谨,才思敏捷,妙趣横生,详尽完备。

——《泰晤士报》

才智过人,见解独到,言辞诙谐……很少有人能将文学史讲述得这样活泼和精深。

——《星期日泰晤士报》

引人入胜……米勒女士的文风明晰、诙谐、符合常理，能为勃朗特家族带来新的理解……一本旁征博引、逻辑清晰的书。

——《纽约时报》

耐人寻味……《勃朗特迷思》是一流的学术作品和批评，是一部妙趣横生的读物。多亏了米勒清晰的头脑，勃朗特姐妹似乎不会再被边缘化为传说中怪诞的老处女。

——《圣荷西信使报》

米勒锲而不舍、细致优雅地解开了勃朗特迷思——从茶巾和哈沃斯牧师住宅博物馆的马克杯等纪念品到好莱坞对狂风肆虐的荒原的想象。在此过程中，她将艾米莉、安妮，特别是夏洛蒂，栩栩如生地呈现出来。

——《基督教科学箴言报》

一部新鲜出炉的有关勃朗特姐妹的传记……米勒用渊博的知识、诙谐的语言勾勒出在认识勃朗特的时代思潮中所出现的令人眼花缭乱的变化……米勒的学术研究令人心生敬畏，她的文风随性，令人耳目一新。

——《华盛顿邮报》

十分杰出……有人将夏洛蒂、艾米莉和安妮刻画成了怪怖不经、夙婴疾病的天才形象，而米勒则破除了那些偏颇不实的说法……米勒的作品质量上乘、智慧过人、不可多得，在她笔下，传记写作不仅不累赘多余，有时甚至异彩纷呈。《勃朗特迷思》是一部必读佳作。

——《星期日电讯报》

献给伊恩

并纪念我的父亲

For Ian

and in memory of my father

目 录

插图目录

插图目录

中文版序

距离我最早在英美两国出版《勃朗特迷思》已有二十余年。中国读者,你们手中的译本是第一个汉语译本。我想借广西师范大学出版社中译本出版的良机,进行反思。我很荣幸自己经年累月努力撰写的书籍能够收获新的读者。曾在英国乡下写出旷世奇作的勃朗特三姐妹在超过一个半世纪后的今天依旧能在世界各地被读者欣赏,这让我十分感动。

《勃朗特迷思》不仅涉及三姐妹和她们家喻户晓的小说,还涉及文学传记艺术。它关注三姐妹后世的形象,探索她们的生平故事和作为作家的个人形象怎样在十九世纪和二十世纪的西方文化中得以传播。我创作这本书是因为我想知道勃朗特姐妹为何以及如何成为文化偶像,而后世的人们又怎样在事实传记和诸如戏剧和电影的虚构形式中一遍又一遍地重复着她们的生平故事。

当我于二十世纪九十年代进行调研时,从文化角度研究传记几乎是一个无人问津的领域,在勃朗特研究中,更是如此。在我构思的伊始,我总觉得自己是在真空中作业。二十世纪八十年代,我在牛津大学英国文学专业读本科。那时的学术研究崇尚后结构主义理论和所谓的"作者已死",并不关心传记。回过头来,我发现自己在《勃朗特迷思》中试图创造出一种杂糅的形式,在处理传统传记艺术的同时,借鉴理论和文化研究中的思想。我在导言中称之为"元传记",一个当初鲜有人知、现在却被频繁使用的表达。

自二十世纪九十年代以来,思想领域的格局发生了变化。过去二三十年的发展让我们看到,英美大学的人文学部正在广泛教授和研究所谓"生命写作"的理论与实践。如今的我明白,尽管我在撰写《勃朗特迷思》的过程中不时感到孤独,但事实上,当时的我已经融入一股新的文化潮流,而随着新途径在传统传记艺术领域被不断开辟,这股潮流也愈发汹涌澎湃。《勃朗特迷思》明确地探索了传记作者的态度如何反映出他们所处时代的思想。讽刺的是,我只有回顾过往,才能将我的作品置于它所处的特定文化时代。

我在多大程度上想让这本书成为一部去迷思的作品呢?这是一个我在讨论《勃朗特迷思》时,常常跳出来的问题。我曾在导言中悉心解释,我所谓的"迷思"并不单单指狭义或贬义的"虚假新闻",虽然这本书的确揭露了一些虚假的传言。我还想解释清"迷思"的这一层含义:根据拣选和叙述方式的不同,即使有文献支撑的事实也能在文化和情感方面具备"传奇"色彩。

尽管如此,我还是意识到要警惕流行文化对勃朗特家族相关事实的不实刻画。当我于二〇二三年初写下这篇中文版序时,由弗朗西斯·奥康纳编剧兼导演,埃玛·迈凯主演的电影《艾米莉》在英美两国上映。这部影片将艾米莉·勃朗特的生平塑造成了一个爱情故事,片中的艾米莉与副牧师威廉·韦特曼情投意合,发生了性关系。这位年轻男子是现实生活中的人物，与勃朗特一家相识，但没有任何历史证据表明，他与艾米莉坠入了爱河。

正如《勃朗特迷思》所揭示的，一直以来，人们总倾向于将艾米莉的灵感归功于她与某个男人之间真实发生的爱情故事，并想借此"解释清"《呼啸山庄》，哪怕没有史料记载过这样的男女之情。这种想法至今流行，这说明我们的文化始终难以接受独立的女性创造力。我在创作《勃朗特迷思》时曾以为女性主义的工作业已完成，未来的人们不再需要将声名在外的三姐妹从过于感性的解读中"拯救"出来。现在的我却觉得每一代人都需要重复这项工作。我在此更正，今天的《勃朗特迷思》仍像它在二〇〇一年那样具有现实意义。

卢卡丝塔·米勒

二〇二三年一月二十七日

导　言

《勃朗特迷思》最早出版于二〇〇一年,将近二十年前。它的研究
和创作发生在那个网络尚不发达的年代。现如今,那个时代似乎早已逝
去,但勃朗特姐妹仍是我们文化中不容置疑的存在。她们的家,即位于
哈沃斯的牧师住宅,自十九世纪五十年代起就成为朝圣之地,又在二十
世纪二十年代变成一座博物馆,吸引了包括弗吉尼亚·伍尔夫和西尔维
娅·普拉斯在内的络绎不绝的游客。这种盛况经久不衰,并在二〇一六
年夏洛蒂·勃朗特二百周年诞辰时迎来了又一次增长。如今在推特上,
仍有大量用户以艾米莉·勃朗特为精神食粮。

二十岁的夏洛蒂渴望当一名作家并"成为隽永"("to be for ever
known"),对于十九世纪三十年代的一位默默无闻的教区牧师之女而言,
这样的梦想似乎难以实现。但她与妹妹们还是得偿所愿了:年复一年,
新的读者翻开她们的小说,走进她们的生平,让她们的梦想得以为继。

夏洛蒂、艾米莉和安妮的家庭故事早在一八五七年,即三姐妹中幸

存到最后的,也是唯一一位在生前体会过声名鹊起的夏洛蒂去世仅两年后,随着伊丽莎白·盖斯凯尔的《夏洛蒂·勃朗特传》付梓,而变得和她们小说中的情节一样家喻户晓。早早便撒手人寰的三姐妹一直盘桓在公众心头,在人们的想象中,她们在位于约克郡荒原边缘的牧师住宅中日咳夜咳,与冷酷的父亲帕特里克·勃朗特和注定遭受厄运的兄弟布兰韦尔生活在一起。

无论人们怎样讲述她们悲剧的一生,它始终扣人心弦。而在亨利·詹姆斯看来,这些在十九世纪末变得十分流行的生平故事不幸地掩盖了最初让三姐妹一举成名的小说。自那时起,文化就产生了数不清的所谓"勃朗特故事",包括从学术评论到连环漫画,从传记片到芭蕾舞在内的媒体中的高雅和流行文化。

这本书并非简单复述勃朗特的生平故事,而是探索她们身后的故事,挖掘她们成为传记偶像的历史过程。它通过分析人们对勃朗特故事的不同讲述方式,来追溯它对于不同年代的人们都意味着什么,而故事的起点就是夏洛蒂·勃朗特在妹妹们去世后不久便发表的《生平说明》。这是一份耐人寻味且十分婉转的辩解词,旨在劝说公众谅解妹妹们创作出被当时的报界抨击为不道德的小说。

随着时间的推移,本书也开启了一项研究:勃朗特姐妹的名声经历了怎样的变化,而不同时代的人们又是怎样在新的背景下重塑她们的生平故事。如此一来,它显示了她们在文化的方方面面都具备持久的影响力,不仅影响了异想天开的怪人(历年都有不少狂热者声称自己受到了三姐妹鬼魂的探访),还影响了商业(你可以享用勃朗特品牌的饼干,我几年前甚至买过一副名唤"勃朗特"的胸罩,而如此命名或许是为了向她们不应得的名声——情爱小说的始祖——致敬)。在我最初创作这本书的二十世纪九十年代,"疯传"(going viral)一词尚未被词典收录,但这本书就是有关"疯传"的：当作家的生活（无论是内心的，还是外在的）从她们私密的停泊之所挣脱并驶向公共领域时，会发生什么。

这本书的确打破了虚假新闻意义上若干与勃朗特故事相关的"迷思"，譬如艾米莉有一位名叫路易斯的情人，抑或是布兰韦尔创作了《呼啸山庄》。我对虚假传闻的溯源颇有兴趣，喜欢追问它们出现的原因。但我对"迷思"一词的选择还更加微妙。真实的故事一旦进入文化领域并被不断复制也能成为"现代迷思"（modern myths），而对每一个故事的定义都不仅有赖于其内容，还要依靠讲述的方式。

因此，这本书既是对勃朗特三姐妹的批评，也是对传记艺术的批评。我曾在二〇〇一年的序言中使用"元传记"（metabiography）一词来形容这本书。它涉及叙事以及隐含的且往往不被承认的文化环境又是如何塑造这些叙事的。二十世纪二十年代的一位信仰弗洛伊德的心理传记作者对勃朗特姐妹的看法与维多利亚时代的一位道德家、二十世纪七十年代的一位女性主义者或二十世纪四十年代的一位好莱坞导演的观点大相径庭。

这让我开始思考在我萌生想法时，对我采用"元传记"手法处理勃朗特题材产生影响的潜在文化。《勃朗特迷思》最初的一位评论家戏谑地评论说，我也应当接受生平研究。那么，我的生平来了。

和众多读者一样，我最初阅读《简·爱》时还是个孩子，大约就是简在小说开篇的年纪，十岁。我喜欢美国诗人阿德里安娜·里奇的说法：它像一阵旋风将儿时的她席卷，等到了二十岁、三十岁、四十岁时的年纪，她又在"需要滋养"的情况下回归这部小说。我现在想，十岁时的我到底读懂了这部小说后半部分的多少内容，但我始终坚信，英语正典中没有哪部作品能用如此大的冲击力表现一个困境中的孩子的视角，即

G. H. 刘易斯——《简·爱》一八四七年出版时最早的读者之一——所谓的"主观呈现的奇异力量"。我也重读了《呼啸山庄》,回过头来,我还是对当初的自己能从中读出怎样的内容而感到困惑。

　　我不确定自己最初怎样接触到了夏洛蒂、艾米莉、安妮的生平故事,可能是通过一本有关她们的儿童读物,也可能是借由我童年家中的书架上摆放着的一本菲莉丝·本特利的《年轻的勃朗特》(1960)。让我记忆犹新的是,我发现了《十二个冒险家和其他故事》,这是一本出版于二十世纪二十年代的限量版书籍,摘自夏洛蒂少年时代的幻想作品。它现在就在我的书桌上。从扉页的签名和日期来看,它是我母亲年少时(在二十世纪五十年代)购得的。上一辈人总把自己手中的勃朗特作品传递给下一代,但每位读者总觉得勃朗特是属于他们自己的秘密。

　　在勃朗特姐弟"信笔涂鸦"的启发下,儿时的我也偷偷在袖珍的笔记本上照葫芦画瓢,编造鬼故事。现存的一则故事中有一位名叫安托瓦妮特的女主人公,她的父母在法国大革命中被送上了断头台。她乘坐一辆马车抵达了一座位于康沃尔的我从未去过的废弃庄园,而迎接她的是她素昧平生的叔叔,十分神秘。锈迹斑斑的大门伴着不免吱呀作响的铰链缓缓打开。庄园里有一位好管闲事的管家和一位名叫厄休拉的恶仆,前者是《简·爱》中的费尔法克斯夫人和《呼啸山庄》中的内莉·丁恩的化身,而后者所到之处总传来诡异的尖叫声。安托瓦妮特无法安枕。皎洁的月光下,诗歌在她的耳畔回响着,带来了有关藏匿的宝藏的神秘讯息。她仿佛在恍惚中被带往了阴冷潮湿的地窖,这里有一个死气沉沉的男子,泛黄的皮肤皱皱巴巴,像是中世纪的羊皮纸,他正透过一个细窄的金属嘴吸食着鸦片。此人正是她的叔叔。故事到这里就告一段落了,而现在的我也不知道这个故事当初该如何收尾。

　　虽然我所钟爱的弗朗西丝·霍奇森·伯内特的《秘密花园》一定混

杂在故事中,但我还能从勃朗特姐妹以外的何处得到这种伪哥特的风格呢?这多少是个谜。我从未读过达夫妮·杜穆里埃以康沃尔为背景的小说《丽贝卡》[①],也不曾闻听《奥多芙的神秘》的作者、哥特小说鼻祖拉德克利夫夫人的名讳,哪怕一位天真无邪的女主人公不明就里地被带到一处阴森的老宅子这样的情节早在十八世纪九十年代就被她用到了小说中。激发我想象力的一定是勃朗特姐妹,但现在令我惊讶的是,我童年时代信笔涂鸦,全然因袭前人的做法恰恰说明文化是有历史的。即使我没有读过哥特文学的经典之作,我还是下意识地把它们吸收了进去。

我成长于二十世纪七十年代,通过儿童节目《蓝彼得》接触到了电视荧屏上的勃朗特故事,YouTube 上至今还能找到这档不可多得的节目,它在孩子面前不摆派头,稍显严肃,现在看来就像是对当时英国广播公司致力于公众服务的广播精神的老套证明。凯特·布什的单曲《呼啸山庄》也在我十一岁的时候发行了。我看到她现身于《流行之巅》这档节目,并在干冰制造的缭绕烟雾中翩翩起舞,但她性感曼妙的律动却让我不敢苟同。勃朗特姐妹之所以吸引我和我之前或之后的许多内敛、书卷气的孩子,就在于她们内心秘密的幻想世界。其他一些粉丝便不像我们这般敏感了。自二〇一三年起,世界范围内的个别城市每年都会举办一场名为"最为呼啸山庄的一天"的会演,而参与者们则会集体再现布什演出时的律动。

我在大学修读英文专业时避免研究勃朗特姐妹,唯恐自己对梦境的剖析会将其破坏。《简·爱》却始终是我心灵的慰藉。有一次,在我乘火车回家的路上,当我读到简逃出桑菲尔德府,不知前路、茫然若失之际,对坐的女士微微前倾,碰了碰我的膝盖,并同情地问道:"很难过

---

① 即《蝴蝶梦》。

吧?"叫我难为情的是,我的眼泪夺眶而出。我攻读英文专业学位的二十世纪八十年代末,正值后现代主义文学理论的鼎盛期,我们学着摒弃"自由人文主义"的幼稚信仰及其为人所不齿的假设。这种多愁善感在当时的确令我难堪。

勃朗特的传记和她们的小说现在成了我自我逃避时的读物,为的是消遣,而非下一篇要发表的文章。但我阅读的传记越多,我就越关注不同的传记作者都是怎样构思故事的。朱利安·巴恩斯在《福楼拜的鹦鹉》(1984)中质疑了传记"胖乎乎地堆坐在书架上,十分小资"的自足模样。《勃朗特迷思》的创作融合了我贯穿着抽象理论的教育背景和我个人对勃朗特姐妹的喜爱,而这种喜爱也滋养了在我之前的许多人的感受,即一种与三姐妹的十足亲密感。

二〇〇一年,"生命写作"(life-writing)还是一个鲜为人知的说法,而现如今,开设"生命写作"学院的大学不计其数,这使得传记、回忆录和元传记都成了主流的治学目标。但我最初创作《勃朗特迷思》时却并非这般景象。后结构主义理论和所谓的"作者已死"似乎为传记和传记批评这些不被看好的文学体裁敲响了丧钟。后结构主义在最极端之时演变成了对真理的质疑和攻击,其中的相对主义则否定了所谓"事实"的存在。当时学界的一位批评家用十分不屑的口吻说道:"传记作者的身上没有本体论的焦虑。"

但与此同时,传记却在学界以外的其他领域十分活跃,得到了理查德·霍姆斯等人的大力倡导,并出现在 A. S. 拜厄特一九九〇年布克奖得奖小说《占有》中,后者讲述了一个有关当代文学侦探追踪一对维多利亚时代诗人的故事。在我杂乱不堪的文档中,有一篇我于同年为《新政治家》周刊所写的文章,我在文中通过猛烈抨击批评理论和当时风靡一时的魔幻现实主义小说来表达我激进的思想。我天真且强硬地说道，传记和旅行写作等非虚构体裁是新兴的创作形式。

回过头来，《勃朗特迷思》的元传记手法和在弗洛伊德理论盛行的二十世纪二十年代诞生的心理传记一样，都是其所处文化时代的产物。这个时期的传统传记开始放宽限制，珍妮特·马尔科姆的《沉默的女人》（1994）和杰夫·戴尔的《一怒之下》（1997）就是两个例子。前者是对西尔维娅·普拉斯后世改编的研究，后者则是一部第一人称叙事作品，讲述了作者为了创作一部有关 D. H. 劳伦斯的传记而屡屡受挫的经历。传记体裁的边缘突出了传记的问题，这在让它看似受到质疑的同时，加强了它作为一种叙事形式的合理性。

二十世纪九十年代和二十一世纪初期对传记限制的实验性放宽朝着两个方向或各种方向发展起来。它反对因循守旧的美文——这种美文源于维多利亚时代有关传记的看法，盲目地把传记当作颂词——并隐晦地融合了新的后现代主义思想。《勃朗特迷思》试图把文化理论的积极方面——它质疑文化如何产生叙事——和对传记实践的欣赏结合起来，并以此弥补空白。它尊重实验，但对实验的过程保持客观的态度，并大声质疑是否存在一种"确切的"生平。

我所作的叙事是思想史上的一次实践，而勃朗特姐妹就是我的目标。它分为两部分：第一部分关注夏洛蒂，第二部分关注艾米莉。我虽然也痴迷于安妮·勃朗特（她的小说不像两位姐姐的作品那样拘泥于浪漫主义），但让我大失所望的是，没有足够多的材料供我创作有关她的章节。简单来说，尽管她和艾米莉一样神秘莫测，但她所启发的传记作品微乎其微，不值得人们对她的后世刻画进行研究。奇怪的是，夏洛蒂有着翔实的生平记载，却在妹妹们辞世后毁掉了她们的书信和其他作品。这促使人们争相"解释"艾米莉的神秘，而安妮却被晾在了一旁。

　　如果我能重新创作这本书,我要做出哪些改动呢? 从我开始创作这本书起,我就对勃朗特姐妹的文化背景(而非她们后世的形象)有了更深刻的认识和理解:她们成长于十九世纪二三十年代,即浪漫主义者和维多利亚人之间的"奇怪停滞"期,而当时的文化背景帮助塑造了她们的文学理念。这也是我在研究了利蒂希娅·兰登("L.E.L.")的生平和作品后得出的结论。L.E.L.是勃朗特姐妹成长时期最负盛名的女作家之一,她死于一八三八年,去世时手中握着一瓶氰化氢。尽管我知道夏洛蒂和艾米莉对她青眼有加,甚至临摹了她诗歌中的一幅插画,但我在《勃朗特迷思》中并没有提到她。她在二十世纪九十年代名不见经传,而现在看来,她对勃朗特姐妹产生的文化影响比我当初所知的要大得多。

　　我从开始创作《勃朗特迷思》以来,就反复阅读了《简·爱》《呼啸山庄》和夏洛蒂的杰作《维莱特》,更加深刻地认识到它们的文化背景。这让我在赞赏这些小说原创性的同时,不再对维多利亚时代的批评家们瞠目结舌的反应那样冷眼相待。不同于那些被改编过的好莱坞版本,这些书籍始终令人惴惴不安,充斥着冲突和矛盾,而这些冲突和矛盾也促成了它们的力量。维多利亚时代的人们在道德评判方面逡巡畏义,这并不正确,但他们诚实地表露出了自己的不安。我仍惊异于《简·爱》这部作品,却与女主人公的第一人称视角愈发疏离;让我感到愈加困惑的是小说中残酷但没有得到解决的权力关系。

　　勃朗特姐妹的创意是(也该是)有感染力的,但问题始终在于非虚构体裁怎样描写她们的生平才堪称最佳。二十世纪四十年代的传记影片《魂牵梦萦》在事实方面不甚严谨,竟编造出一个三角恋的情节:夏洛蒂和艾米莉都争相吸引教区牧师阿瑟·贝尔·尼科尔斯的目光(在现实生活中,嫁给他的是夏洛蒂)。虽然萨莉·温赖特最近的电视电影作品《隐于书后》(2016)更忠于现实,但它强烈的自然主义却无法涵盖主人公内心的幻想世界,毕竟她们的文学作品是借由幻想的媒介才得以问世的。

伊莎贝尔·格林伯格即将出版的漫画小说《玻璃镇》聚焦于夏洛蒂真实生活和幻想世界的交界处,这让我不禁联想到艾米莉取名"贡达尔"的幻想世界的潜力——据记载,她曾与安妮在通往约克郡的火车上分角色饰演幻想世界中的人物。艾米莉和安妮的手稿都散佚了,贡达尔的故事只能借由推测而被重构,但这也让那些富有创意的改编者有了更多自由发挥的空间。我们知道,贡达尔启发了艾米莉的一些绝佳诗作,是一个《权力的游戏》式的传奇,有着一位强大果毅的女主角,涉及权谋、情爱、战争与背叛。通过现代电脑三维动画技术,艾米莉可以摇身一变成为自己笔下的女主角,而贡达尔的大军则在约克郡的荒原上集结。我只是想想而已……

卢卡丝塔·米勒

二〇二〇年一月

序言与致谢

　　大约十年前,本该就一篇关于弥尔顿的论文研习的我总在从图书馆 回家后,沉迷于阅读有关勃朗特姐妹的书籍。我十几岁时就读过她们的小说,这些小说滋养了我的情感,但她们在荒原上与世隔绝的传奇故事似乎更具一种避世幻想的诱惑力,早在我还没有成熟到去读《简·爱》和《呼啸山庄》的年纪就把我的想象牢牢抓住了。

　　大约就在那时,我阅读了特里·伊格尔顿的《权力的神话:勃朗特三姐妹的马克思主义研究》(贝辛斯托克与伦敦,1975;1988),并开始以一种更加怀疑的态度思考勃朗特姐妹在我自己的想象和整个文化中所扮演的角色。伊格尔顿在导言中说:

　　　　和莎士比亚一样,勃朗特三姐妹既是文学文本的集合,也是一个文学产业。为何会出现这样的情况? 这种情况又是怎样产生的? 这都是值得一问的问题。(页 xix)

十年后，我尝试通过这本书来回答这个问题。

正如批评家们经常所说，勃朗特小说中最负盛名的两本作品不仅成为文学经典，还成了所谓的现代迷思。《简·爱》和《呼啸山庄》都突破自身的界限，通过好莱坞、舞台剧、电视节目甚至流行音乐进入了大众文化。但于我而言，勃朗特家族的不凡之处在于三姐妹和她们的整个家族凭借自身成为传奇人物，与创作了《德古拉》的布拉姆·斯托克等现代迷思作家并不一样。自从伊丽莎白·盖斯凯尔远近闻名的《夏洛蒂·勃朗特传》于一八五七年付梓以来，几乎每年都有关于勃朗特家族的生平材料出现：报纸文章、足本传记、茶巾上印刷的图案、戏剧、电影以及小说改编。

人们一次又一次地用新形式把勃朗特一家的悲惨故事像《简·爱》和《呼啸山庄》一样讲述出来。克利夫·理查德饰演了希思克利夫，西妮德·奥康纳则扮演了艾米莉·勃朗特；《呼啸山庄》和《简·爱》被改编成歌剧，但它们作者的生平却启发了若干芭蕾舞剧和一场音乐剧。在读者心目中，乔治·艾略特永远也比不上玛吉·塔利夫，托马斯·哈代也无法与苔丝相较。然而，哈沃斯的勃朗特家族却成了著名的角色，可以与简·爱和罗切斯特、凯茜和希思克利夫相提并论。

亨利·詹姆斯对勃朗特故事的"浪漫传统"尤为怀疑，认为它阻碍了人们对三姐妹作品严肃的、批判性的欣赏。他觉得，她们的生平历史"有如《简·爱》和《呼啸山庄》中最生动的一页，被牢牢挂在我们面前"，导致公众的脑海中出现了前所未有的混乱。我意在追索勃朗特的生平故事变得家喻户晓的历史过程，并展示经年累月的文化积淀又是怎样让三姐妹在公众心目中的地位从历史变成了迷思。

因此，这本书不是一部有关勃朗特家族的传记，而是一本有关传记的书——一部元传记。这本书偶尔也会被当作一部反传记作品，因为它关注勃朗特崇拜中丰沛的情感。虽然我和亨利·詹姆斯一样担心对勃朗特生平的过分强调，但这并不意味着我反对生平研究这一方法。勃朗特姐妹的生平自然有着十足的吸引力，但其价值不在于对故事——无论它们看似怎样曲折离奇——的简单重复，而更多在于作为作家的三位女性是怎样把人生经历转变成艺术的。

过去有许多传记作者声称能把先前所有的"假"故事都一扫而光，并让"真正的"勃朗特家族回归他们原本的位置，仿佛逝者真的可以死而复生一样。我对此却不能打包票。虽然学者们近来在与勃朗特家族有关的事实和历史背景研究方面取得了长足的进展，但仅仅依靠事实是无法给一个人盖棺论定的：我们总还需要进行阐释。我十分清楚地意识到，一些人会把我对勃朗特姐妹的解读——强调她们是有自我意识的、有抱负的文学艺术家——归结到我作为一位文学批评家的职业背景。如果我是一位言情小说作者或社会历史学家，我兴许会以一种截然不同的眼光看待她们。

承认所有传记作者都有着属于自己的使命，并拒绝一部绝对可靠的传记被创作出来的可能性并不意味着生命写作中就没有对错之别。勃朗特家族身后的传记史中充斥着伪造的故事和捕风捉影的说法，它们没有文献作为事实依据，的确只能被当作老生常谈的"迷思"。但这本书也关注迷思一词更加微妙的概念。如果一个真实的故事被无休止地重复并被纳入文化的范畴，它也能成为一个迷思。称历史事件为迷思并不意味着其真实性或作为事实的价值受到了贬低，但这样做的确承认了笼罩在它周围的情感、美学和意识形态。

因此，事实也可以因为它们被包装和接受的方式而变成迷思。比如勃朗特姐妹有三人（而非四人或五人）就是一个历史事实。但三姐妹的主题有一种可以追溯回童话故事的文化神秘性，这无意间——或有意间,尤其是当特德·休斯称她们为和《麦克白》中的女巫们一样"奇怪的三姐妹"时——一种神秘感将她们笼罩。帕特里克和玛丽亚·勃朗特的五个女儿中有三人幸存下来,长大成人,施展了文学天赋并以三姐妹闻名遐迩,而在公众心目中,这在某些层面与三姐妹的魔咒是息息相关的。

夏洛蒂、艾米莉与安妮并称为"勃朗特三姐妹",因此我觉得我理应多少解释一下为什么这本书会以牺牲安妮为代价,而几乎把全部注意力都放在两位姐姐生平形象的发展上:直到夏洛蒂的第一部传记出版一个世纪后,安妮才成为一部足本传记的研究对象,她也从未凭借自身实力而获得姐姐们所获得的传奇地位。现如今,虽然她被人们再度挖掘,但对于大部分后世传记而言,她仍被视为勃朗特姐妹中最索然无味的一位,仿佛人们只是为了凑三姐妹才会提到她。我只有在三姐妹的父亲帕特里克和兄弟布兰韦尔对夏洛蒂和艾米莉产生了影响——且往往是不小的影响——时,才会谈到有关他们的迷思。正如一位批评家所说,尽管他们在公众心目中已经被陈列进了杜莎夫人蜡像馆,但若非他们家中的女眷取得了文学成就,他们是决计不会声名远播的。

本书的出版旷日持久,从萌生想法到最终成书似乎用了很长时间。我先是全职担任《独立报》的文学版副主编,后又患病四载,疲惫不堪,拖延了这本书的创作。从我最初思考这个话题以来,勃朗特研究似乎已经进入黄金时代,我也有幸在这本书的写作和研究过程中参考那些质量上乘、问世不久的研究成果。我特别要提到的是林德尔·戈登于一九九四年出版的作品《夏洛蒂·勃朗特:激情的一生》。她对夏洛蒂的解读对我很有启发,我还要为她的友情和慷慨的协助表达谢意。她不吝鼓励,在我对自己狐疑满腹之际,她相信我能完成这部作品,这都对我颇有助益。

　　我还要感谢朱丽叶·巴克同于一九九四年出版的作品《勃朗特传》。巴克在研究中志存高远，对历史细节有着敏锐的洞察力，这都使它成为一部具有里程碑意义的传记，而后续想就勃朗特家族进行创作的作家都无法忽略这部作品。史蒂维·戴维斯的《艾米莉·勃朗特：离经叛道者》也于一九九四年出版，这部更具文学性的作品虽大不一样，但同样发人深省，她对艾米莉文化背景的研究方法与我本人的想法——如何理解这位被称作英国文学中的"斯芬克斯"的女人——如出一辙。我也十分感谢帕齐·斯通曼，她让我读了一些她尚未出版的作品，而她的专著《勃朗特的光影转世：〈简·爱〉与〈呼啸山庄〉的文化传播》(1996)分析了后世对勃朗特姐妹最负盛名的两部小说的改编，无与伦比。文学批评的时代思潮似乎确实是朝着对勃朗特的接受和改编的方向发展：二〇〇〇年，就在我为这本书收尾时，勃朗特牧师住宅博物馆举办了一场精彩的展览，名为"热情的回应"，涉及勃朗特传记以及《简·爱》和《呼啸山庄》的改编，甚至还展出了克利夫·理查德在扮演希思克利夫时所穿的外套！

　　玛格丽特·史密斯编纂的《夏洛蒂·勃朗特书信》是勃朗特研究的一部扛鼎之作，它成形于二十世纪九十年代，第一卷于一九九五年出版，第二卷于二〇〇〇年出版，恰好可以供我参考。我十分庆幸自己能仰赖史密斯截至一八五一年的书信研究成果，她不仅对文本精确性有着高标准、严要求，还提供了精彩的脚注。至于一八五一年后的书信，如我在参考文献中解释的那样，我只得依赖过时的莎士比亚·黑德版本，并指出它的不足之处。我还想感谢两份勃朗特参考文献（书籍篇幅）的编者，它们在我寻找原始材料的过程中很有价值：首先是 G. 安东尼·亚布隆和约翰·R. 特纳，其次是安妮·帕塞尔。我还想提到在我开始创作《勃朗特迷思》后问世的两部杰作，它们对我产生了间接的影响，分别是珍妮特·马尔科姆关于西尔维娅·普拉斯及其传记作者的研究《沉默的女人》(1994)和乔纳森·贝特的《莎士比亚的天才》(1997)。

我还要感谢大英图书馆、伦敦图书馆和福西特图书馆的工作人员，来自哈沃斯的勃朗特牧师住宅博物馆的雷切尔·特里和安·丁斯代尔，以及来自纽约市的皮尔庞特·摩根图书馆的罗伯特·帕克斯。每当我想像一个彻头彻尾的迷思破除者那样摆出一副愤世嫉俗的姿态，我都会让自己回想起第一次触碰并读到夏洛蒂·勃朗特残损的日记手稿时——当时她还是罗赫德学校的一位青年教师——那油然而生的感动之情。没有任何东西能合理地解释这种分享个人世界，并让旧日时光跃然纸上，重新焕发生机的奇妙感觉。

我要感谢我的代理人比尔·汉密尔顿和乔纳森·凯普的出版人，特别是在一九九二年最初委托我创作这本书的菲莉帕·布鲁斯特，历经艰难险阻，却始终相信这本书终将付梓的丹·富兰克林以及杰森·阿瑟。鉴于下述情况，我无法编辑参考文献或阅读校样，因此，我感谢亚历山德拉·巴特勒(凯普出版社)和迈拉·琼斯在这方面提供协助。我十分庆幸道格拉斯·马修斯帮我编写了索引，贝斯·汉弗莱斯帮我编辑了手稿。帕梅拉·诺里斯悉心阅读了整部手稿并提出了许多宝贵有趣的意见。我的同事和朋友们也施以援手，他们或阅读了部分手稿，或提供了建议、信息和鼓励，特别是朱丽叶·凯里、唐娜·朱、萨拉·克里斯蒂-布朗、琳达·凯、西蒙娜·林、迈克尔·梅雷迪斯、约翰·马伦、罗西·帕克、菲亚梅塔·罗科、娜塔莎·沃尔特和罗伯特·温德尔。我还要特别提到我丈夫的哥哥马克·博斯特里奇，因为他和我一样始终爱着勃朗特家族。

我在完成本书的过程中经历了两件大事。就在书稿即将送交排字员时，我的儿子奥利弗出生了；就在校样被送还回来几天后，我的父亲在一场事故中不幸罹难，终年五十九岁。在我创作这本书时，我的父母都给予了我无尽的支持，我的父亲更是送给我一本盖斯凯尔夫人的《夏洛蒂·勃朗特传》，它是最初的版本，十分珍贵。他常用一股热情来鼓励我，而今我每每思之，都心如刀绞。他再也读不到这本书了，这种悲伤之情实在无以名状。 xxii

　　我最感激的是我的丈夫伊恩·博斯特里奇，他始终如一的爱护和关怀极大地帮助了我。

第一章　成为隽永

如果二十岁时的夏洛蒂·勃朗特得知自己有朝一日会家喻户晓,她 的画像会被陈列在英国国家肖像馆,甚至有远自日本的朝拜者慕名而至哈沃斯,她兴许会高兴,但绝不会吃惊。夏洛蒂在《埃利斯与阿克顿·贝尔的生平说明》中将三姐妹刻画为"不张扬的女性"形象,不求闻达。[1]但夏洛蒂早先的志向绝不单纯止于写作,而是"成为隽永"。[2]

夏洛蒂·勃朗特于一八五五年去世,时年三十九岁,那时的她已然声名鹊起。两年后,随着伊丽莎白·盖斯凯尔的《夏洛蒂·勃朗特传》付梓,她成为传奇。然而她从平平小我走进公众视线的道路却比二十岁时幼稚的她想象中的要曲折不少。从默默无闻直到取得文学盛名的"光辉与荣耀",她并非一帆风顺,而是历尽坎坷。一路上,她既谦避又张扬。[3]

她很快就意识到自己生活在一个"女作家"都"易遭受偏见"的时代,如果想让自己的作品流传开来,用听起来男性化的笔名来掩盖自己的性别可谓权宜之计。[4]笔名能让她在自己的小说中自由地将自己的情绪作为艺术创作的基础,进而革新对女性内心世界富有想象力的刻画。她对女性精神世界的描写如此恣肆以至于她笔下的女主人公们震惊了许多时人,甚至被指责具有女性不应有的主张、病态的激情以及反基督教教义的个人主义。

2　　　当她笔名背后的真实身份在文学圈面前被揭开时,夏洛蒂不得不找寻新的保护"面具"以分散公众对她小说中不可接受的元素的注意,转移对她本人道德的抨击。[5]作为一位乡下牧师未出阁的谦逊女儿,她从这一社会人格中找到了保护。她在文学圈子面前违心地坚称,自己不过在外在方面和叛逆的简·爱有着些许相似罢了。与身着男装并拥有众多高调情人的法国小说家乔治·桑(1804-1876)不同,夏洛蒂从不追求放荡不羁的生活。桑在小说中对女性欲望的直白刻画或许影响了夏洛蒂的写作[6],但作为一个牧师的女儿,她从未准备牺牲自己的体面。她很清楚自己生活在这样一个社会:"驰声走誉……对于一位女性而言……若非增光,便是抹黑",而盛名与恶名之间也仅一步之遥。[7]

　　如果说夏洛蒂·勃朗特是自己迷思的缔造者,那么她创造了两个截然不同、彼此矛盾的迷思:一个是带有自传性质的女主人公简·爱和露西·斯诺(她们在与社会环境的对抗中锻造了自我意识)身上所展现出的女性积极自我造就的迷思;另一个迷思则是伊丽莎白·盖斯凯尔《夏洛蒂·勃朗特传》中圣洁的女主角最初的灵感来源,她安静,瑟瑟发抖,在完全与世隔绝的环境中长大,长期担负着家庭职责,是维多利亚时期的女性模范,即使她无意间犯下肆意违背传统的罪责,她孤僻的成长环境和饱受的磨难也能为她申辩。两者均取材于夏洛蒂·勃朗特真实的人格,却都是想象的建构,是有意塑造的,而后者旨在分散人们对于前者的注意力。

　　夏洛蒂把作家的自我视作创作虚构作品的素材,这种想法是浪漫主义的遗产。同样，浪漫主义也使她毕生坚信自己的天才，这种信仰让她在文学方面披荆斩棘、取得成就。年轻的夏洛蒂相信，文学能让人留名后世，这样的信仰早在她孩童时期就已确立。鉴于人们在夏洛蒂去世后对其形象的塑造，在过去的一个半世纪里，勃朗特一家主要因为其家庭悲剧而为人所铭记。然而，她生来就浸淫于文学，年纪轻轻就把自己定义为一名作家，这令她成为十九世纪最重要的小说家之一。夏洛蒂五岁时母亲去世，八岁时就同姊妹们被送入柯文桥牧师之女寄宿学校。在寄宿学校，她的姐姐玛丽亚和伊丽莎白死于结核病。一年左右，夏洛蒂重新振作并与幸存的弟弟妹妹布兰韦尔、艾米莉和安妮在富于想象的文学游戏中建立了深厚的纽带。他们父亲所提倡的文学品位促进了这种游戏的开始。有如向自己的襁褓之中的儿子哈特利讲述玄学的塞缪尔·泰勒·柯尔律治，帕特里克·勃朗特牧师对子女的成长有着浪漫主义的关怀，鼓励他们在文学上的早慧。

3

　　夏洛蒂与布兰韦尔后来记述了他们的"游戏"是怎样开始的。一八二六年，他们收到了一盒子的玩具士兵作为礼物。生活中，死亡的来临令人无可奈何，而游戏里，他们则是四个巨大的精灵，面对手中渺小的木头人，他们掌握着生杀予夺的大权。很快，四姐弟开始为玩具士兵写小型杂志，创作微型手稿。他们就这样痴迷写作，直到长大，才放弃把弄那些当初启发他们写作的玩具，而这段经历也最终成为一趟纯粹的文学冒险。十几岁的他们对"天才"一词的理解虽然和当初一样强烈，但更具隐喻性。四个孩子最终分成了两派，夏洛蒂和布兰韦尔继续记述着安格里亚幻想王国的历史，而艾米莉和安妮却幻想出名为贡达尔的世界。[8]

　　勃朗特姐弟从小就习惯把作家当作角色。在一场游戏中，每个人（小到七岁，大到十一岁）都选择一个岛屿和首要人物。[9]他们选择的领袖包括沃尔特·司各特爵士、J. G. 洛克哈特、利·亨特以及《布莱克伍德杂志》

上的"克里斯托弗·诺思"(约翰·威尔逊)在内的文学家。他们相信这些文学巨擘和同样入选的行动家威灵顿公爵①一样强大。[10]尽管艾米莉和安妮的早期创作散佚,安格里亚及后续的玻璃镇依旧栩栩如生地收录在夏洛蒂和布兰韦尔少年时代的作品中,揭开了他们以作家为主角的幻想世界。

夏洛蒂儿时到青少年时期广泛的阅读让她很早就坚信作家是杰出的个体,而这种想法一直延续到她成年。十九世纪二三十年代,《布莱克伍德杂志》和后来的《弗雷泽杂志》成为她接受文化教育的核心来源。[11]与当今杂志不同,它们并非只有短期时效,而可以被当作书一样收藏和重读。这些杂志囊括诗歌、小说、讽刺、批评、哲学、历史和政治评论等一系列格调高雅的体裁,篇幅常和书籍一样。《布莱克伍德杂志》更是让当时的投稿者成了名人,比如詹姆斯·霍格②,人们称他为"埃特里克牧羊人"。一八三二年间,《弗雷泽杂志》上连载的《文学人物艺术馆》巩固了作家的名人地位。这些杂志深受浪漫主义运动的影响,更助长了这样的想法——诗人不单是语言的工匠,更是高贵的灵魂,他们的人格同他们笔下的文学作品一样重要。一八二八年,《布莱克伍德杂志》上刊登了一篇关于拜伦的文章,将"伟大的诗人"泛指为"被上帝选择的少数"。[12]两年后,另一篇有关拜伦的文章将有名望的诗人称作"星云俱乐部"里的"不坠星辰"。[13]

在想象的"玻璃镇"里,夏洛蒂和布兰韦尔可以用自己喜欢的角色为笔名创作诗歌和散文,表达对加入这个神圣群体的渴望。而笔下的这些第二自我都是男性,无一例外。克里斯蒂娜·亚历山大指出,勃朗特一家

---

① 威灵顿公爵(The Duke of Wellington, 1769-1852),英国(出身爱尔兰)军人、政治家。(除特殊注明以外,本书脚注皆为译者所注)

② 詹姆斯·霍格(James Hogg, 1770-1835),出生于苏格兰埃特里克(Ettrick),作家。

将写作视为"非常男性化的领域"。[14]这个阶段的夏洛蒂不假思索地把自己与叙述者的权力与特权对等起来，而她的叙述者之所以为男性，单纯是因为没有女性榜样供其效仿（牧师住宅的书架上没有简·奥斯丁的书）。当夏洛蒂开始和现实文学界打交道时，性别与渴望创作之间的矛盾才愈发凸显出来。即使如此，这种矛盾依旧引发了她少年时代作品中潜在的张力，而这种张力直到《简·爱》付梓才得以以一个女性的声音爆发出来。夏洛蒂最为杰出且成熟的作品是以女性第一人称叙述者强烈的主观性而闻名。但在少年时代的作品里，她总倾向于采用一位愤世嫉俗又冷漠的男性作为叙述者。她并未置身其中，而是成了窥视者。

当十三岁的布兰韦尔全身心地投入天才诗人年轻的索尔特①的角色时，十四岁的夏洛蒂在讽刺剧《蹩脚诗人》中对此冷嘲热讽。她笔下的索尔特化身为亨利·莱莫，一个懦夫、酒癫子，创作老套的诗句来歌颂自己俄耳甫斯般的力量。他跺着脚，在达官显贵面前极尽阿谀奉承之能事，背地里却白眼咒骂。在读到莱莫的诗行时，查尔斯·韦尔斯利勋爵（夏洛蒂愤世嫉俗的第二自我）忍俊不禁。莱莫被夏洛蒂安格里亚故事中的散文作家特里上校（夏洛蒂另一个第二自我）逐出房门。莱莫出于报复将特里杀害，但特里奇迹般地复活，而莱莫也在绞刑架下讨得一条生路。[15]

那个年纪的布兰韦尔可谓自以为是到令人发指的程度，也许他也配得上自己拥有的一切。夏洛蒂对弟弟无情的抨击说明她感受到威胁与排挤，因为布兰韦尔自信地将自己视作一个诗人，知道自己死后会成为（引用数月前《布莱克伍德杂志》上一篇有关拜伦的文章）"一颗不坠的星辰， 5

———————————

① 本名亚历山大·索尔特（Alexander Soult），人称"Young Soult the Rhymer"或"Henry Rhymer"。

升到文学的天际,在同伴诗人之中熠熠生辉,一耀便是永恒"。[16]亨利·莱莫以夏洛蒂讽刺的口吻进行叙述,但他的表达听起来十分接近她的浪漫主义理想。他有着济慈式的信仰,即真正的诗歌产生之自然有如树叶生于大树一般:"在我写作时,思想应自然地来临,否则便不是天才的灵感。"[17]这与夏洛蒂十三年后所袒露的信仰相差无几。一八四三年,她在一篇于布鲁塞尔求学时创作的文章里主张,对于真正的诗人来说,"灵感取代了思考"且"天才创作无需劳作"。[18]如果年少时的夏洛蒂难以忍受弟弟的做作,那是因为她想认同浪漫主义对天才的崇高定义,却因自己是女孩而无法尽情投身于文学幻想。

当夏洛蒂以严肃的诗歌为自己发声时,我们发现她为"被忽视的天才"的命运悲恸,这些天才至死都不被赏识:

> 无人能道出,
> 那潦倒的高尚魂灵的悲苦。
> 他们栖身贫困:
> 神圣的火焰止于他人的颦蹙,
> 内心的力量膨胀翻滚,
> 被无视所折磨,直至暴怒。[19]

这首诗是以安格里亚王朝中杜罗侯爵的口吻完成的,却反映出夏洛蒂对自己怀才不遇的愤懑。在这首诗中,她接着将天赋的才能称为"心灵的实质,纯洁且神圣",它净化那些为上帝所垂青的凡人的灵视。[20]尽管她的描述蹩脚,但十四岁的她便相信自己的艺术创造力是上帝赐予的,而这种想法在她成熟后也几乎没有改变。

夏洛蒂在早先的阅读中受到了两种截然不同的浪漫主义的影响。

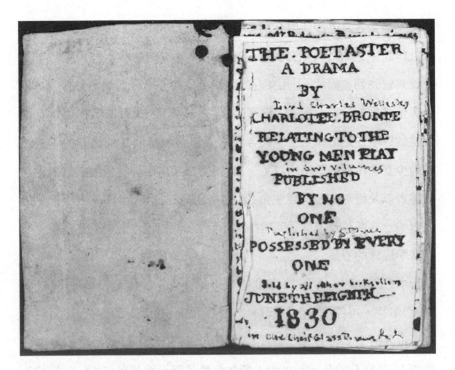

夏洛蒂一八三〇年讽刺作品《蹩脚诗人》的部分手稿,其中,她攻击弟弟布兰韦尔
夸耀的文学志向

这两者都教她一个富有创意的作家该当如何。一方面,那首有关被忽视
的天才的诗中有灵视的浪漫主义①,它把想象上升到了"天赐才能"的高
度[21],能让天赋异禀之人透过表象看到事物的精神本质。从根本上讲,
这种浪漫主义源自华兹华斯、柯尔律治以及《布莱克伍德杂志》的威尔
逊。[22]威尔逊劝说"我们这些灵视者"将超验的想象力应用到一个极为
崇高的领域,而夏洛蒂也视自己获邀加入了这一行列。[23]

---

① 所谓灵视的浪漫主义(Visionary Romanticism)强调的是英国浪漫主义时期如威廉·华
兹华斯及威廉·布莱克等诗人的信仰。他们普遍认为"天才"是上帝赋予的,而诗人一旦被
"上帝"选中,便有了异乎常人的先知般的洞察力,能体会到超验的存在。与灵视(Visionary)
相关的词汇在本书中反复出现,极其重要。

6　　夏洛蒂在自己少年时代的作品中引用过华兹华斯和柯尔律治,但在散文作品中,比起它们的美学,记述安格里亚王朝的政治与情爱情节更令她兴致勃勃。因此,十几岁时的她最敬慕的作家分别是司各特——她认为他之后的所有小说都"没有意义"——和拜伦,而他们在写作方面对她的影响也最为明显。[24]司各特对夏洛蒂的影响从她笔下关于被诱拐的少女和内战的故事中可见一斑;而夏洛蒂笔下那些愤世嫉俗的男性叙述者以及她对描写贵族主角扎莫纳的情爱的执着则体现出拜伦对她的影响。这两位作家都是当时的文学巨匠,他们也许影响了夏洛蒂对所谓文学成就的看法。

卡莱尔在评论 J. G. 洛克哈特为司各特所作的传记(1837-1838)时说,沃尔特·司各特爵士(1771-1832)"有如一位活着的传奇,甚至能跻身于世界的主要奇迹"。[25]拜伦勋爵(1788-1824)不仅是当时最富声望的诗人,其混乱的私生活也为人所知。托马斯·穆尔在一八三〇年的传记中提升了拜伦的魅力,令他声名远播,这部传记也让勃朗特家的孩子们爱不释手。[26]麦考利①在一篇评论中对作家与作品间的可置换性进行了探讨,认为拜伦有意成为一个传奇:

> 他自己便是自己诗作的开篇、中篇和尾篇——每个故事的主人公——每一处风景的主要景物。哈罗德、拉拉、曼弗雷德以及其他诸多人物都被公认为是拜伦本人的伪装,而我们有理由相信这都是他刻意为之。[27]

---

① 托马斯·巴宾顿·麦考利(Thomas Babington Macaulay, 1800-1859),英国历史学家,辉格党政治家。

夏洛蒂·勃朗特去世后的声名开始与拜伦比肩。但在早期的散文小说中，她不想成为拜伦，而是尝试透过钥匙孔窥探拜伦式的场景：这里有风流的贵族和身穿亮丽丝绸令人痴迷的女性。[28]她对拜伦生活和作品的了解（十八岁的她在读过《唐璜》后便建议自己温文尔雅的朋友埃伦·纳西不要接触这部不雅的作品）[29]让她接触到文学中对性最为直白的刻画，而它们也以不同形式出现在她成年后的小说中，令十九世纪四五十年代的许多读者感到不适。

夏洛蒂没有直接描写安格里亚有伤风化的情爱，而是习惯性地通过"查尔斯·汤申德"这位不置可否的叙事者进行描述。这可谓一个防止她过分投入的安全阀。而她也开始因自己依赖秘密的幻想世界而愈加羞愧，因为这个幻想的世界与她的社会身份愈发格格不入。人们期待她出落成牧师的得体女儿，尽职尽责为主日学校那些永远都不会理会她内心世界的老师们筹办茶会。

作为罗赫德学校里一位郁郁不得志的青年教师（她十几岁时曾在这所寄宿学校就读，这里友爱和谐，全然不同于臭名昭著的柯文桥牧师之女寄宿学校），夏洛蒂习惯于躲进栩栩如生的白日梦里窥视——它们往往是淫欲的，她脑海中总会浮现出一位胸脯上下起伏的非洲勇士性感地伸展着四肢躺在美貌的王后奢华的沙发上。这种幻想越强烈，她就越羞愧难当。有时，她色情的想象转而成为对自己文学天赋野心十足的幻想。她在专门准备的日记中十分潦草地记述了这种感觉的强烈：

> 一种强烈的幻想猛然袭来。它凭空而来，却有如宗教信仰般狂热。我觉得我能出色地写作——我渴望写作。[30]

夏洛蒂在罗赫德时常感受到外在自我——一位年轻尽职的女教师——

与内心梦想之间的一种被疯狂压抑着的矛盾。这也反映出她成长环境中的类似矛盾。一方面,她的父亲帕特里克·勃朗特期待自己的女儿能像模范神职人员那样肩负起教堂中的职责,举止得体;另一方面,他的人生经历却证明,脱离出生环境并选择属于自己的人生之路也无可厚非。作为一个有公开发表的诗人,帕特里克为自己的孩子们树立了触手可及的榜样形象,展示了自我创造的可能。年轻时的他初到剑桥圣约翰学院就以"布兰迪"为姓进行注册,试图掩盖自己卑微的爱尔兰出身。他或许是在效仿当时刚被那不勒斯国王授予勃朗特公爵爵位的纳尔逊,他很快就划掉了"布兰迪"而代之以更为炫耀的"勃朗特"。[31]夏洛蒂的父亲借由知识改变人生的力量获得了新的阶级身份,成为英国国教的一名神职人员。这也为夏洛蒂的志向增添了力量。

　　夏洛蒂一定颇有抱负。一八三六年十二月,从罗赫德休假的她曾鼓起勇气给当时的桂冠诗人罗伯特·骚塞(1774–1843)写信,信中附带了她的部分诗作,并向他坦承自己渴望"成为隽永"。在此前的作品中,她通常选择被动地观察自己笔下拜伦式的主角,而不让自己以天才的姿态示人,但在第一次尝试与职业文人接触时,她明确承认自己渴望凭借才华得到相应的认可。[32]作为夏洛蒂最崇拜的浪漫主义先驱,骚塞不吝笔墨,以长信作答。这封回信虽是出于善意,但也令她失落。他认可她"作诗的天赋",但他的核心意思也很明确:"文学不能,也不该是女人毕生的事业。"[33]

　　夏洛蒂信中最让他困惑的似乎是她渴望被公众认可的坦诚志向。夏洛蒂在信中说骚塞"从光辉与荣耀的王座上俯身",令他难堪,因此他试图打击她天真的热情也可以理解。[34]那时的他已是中年,更加成熟,早已抛却年轻时的浪漫主义理想[35],但即便如此,人们还是觉得对他而言,一个年轻男性对名誉的贪恋比一个小姑娘对名声的贪图更能被谅解。他建议道,一旦她倾尽全力投身于女性"得体的义务",她就会"不再如此渴求名望"。[36]

　　骚塞对她渴求认同的回应也证实了她的担忧：自己对写作的热忱难以为社会所接纳，需要被掩藏起来。除了在家人面前，她对笔下的安格里亚一直讳莫如深。但有时她也会受到宗教教义的谴责，这时她就会向埃伦·纳西（她们在罗赫德相遇，友谊维持了一生）示意自己被不健康的"炙热想象"吞噬了。[37]当桂冠诗人质疑她的雄心壮志和臆想时，她试图努力压制它们。她在回信中保证道："我小心避免表现得太过专注和怪异，不让我身边的人［即罗赫德的那些人］怀疑我追求的本质。"[38]她承认自己宁愿写作，也不愿做针线活或教书，但还是本分地补充道："我试着否定自己。"[39]其中的双重含义——她只是单纯想"抵制诱惑"，还是也有"否定自我"的意味？——不言而喻。

　　这位诗人的建议或许令夏洛蒂备感愧疚，以至于她竟在骚塞下一封来信的信封上写下了"永远铭记骚塞之建议"。这封简短的复函敦促她"尽力保持平和的心态"。但她对骚塞的意见没能坚持多久。[40]她转而坚持创作，希冀有一天开启文学生涯以摆脱学校教师，甚至是私人家庭女教师的烦冗工作，尽管这是当时唯一一个向她这个阶级的多数女性开放的有偿工作。骚塞来信的真正作用在于让夏洛蒂在今后与文学圈子打交道的过程中会小心地"否认"她的真名。讽刺的是，这位桂冠诗人曾一度怀疑"夏洛蒂·勃朗特"是编造的（从某种意义上讲，这个名字确是她父亲编造的）。作为一位作家，她再也不尝试以"夏洛蒂·勃朗特"的名义出版作品。

　　三年后，她把一些小说寄给名噪一时的作家哈特利·柯尔律治（塞缪尔·泰勒·柯尔律治之子，罗伯特·骚塞的外甥），希望得到他的评价。夏洛蒂以安格里亚王朝中的第二自我"查尔斯·汤申德"为名，署名"C. T."。笔名让她在被泼了一头冷水后毫无顾忌地反唇相讥。哈特利并没有给予她所渴望的鼓励，这让她在第二封信中满是辛辣的讽刺和不屑。

（备受冷落的她之所以怒火中烧，可能是因为同年早些时候，布兰韦尔也曾致信哈特利·柯尔律治，后者却称赞他诗作精彩并邀他畅叙一日。）[41]柯尔律治怀疑与他书信往来之人是位女性，但 C. T. 却用对男作家的笼统抨击提醒道："有些年轻的绅士也卷发束腰——理查森和卢梭——他们写作犹如老妪，而布尔沃、库柏、狄更斯和沃伦的写作风格则像是寄宿学校的女子。"[42]

　　夏洛蒂寄给哈特利·柯尔律治的故事改编自安格里亚传奇。虽然她将场景重置于约克郡西区以掩盖故事来源，但故事却扎根于臆造的上流社会，配有仍占据着她想象的拜伦式的非正统主角。[43]柯尔律治的批评也许是合理的。此时的夏洛蒂还处于学艺阶段，无法像她在成熟时期的作品中那样深入人物内心，并进行惟妙惟肖的心理刻画。直到她自信地将个人情感经历作为小说来源并移情于自己的创作中（而非置身事外窥探时），她才在真正意义上成为独具一格的小说家。

　　促使夏洛蒂实现创造性飞跃的并非来自英语的影响。一八四〇年，夏洛蒂接触到乔治·桑，这位法国作家在其小说中创造了别具一格的女性浪漫主义形式，并把女性的性欲摆在了核心位置。一八三二年，桑在《安蒂亚娜》的序言中这样描述自己笔下的女主人公："欲望和需求相左……爱情让她昏了头，让她盲目冲破文明的一切桎梏。"[44]这部小说露骨地描写了为时人所禁忌的性关系，一是发生了性关系，二是始终得不到满足。书中并没有对性的明确表述，读者却很清楚那一幕在何时发生。虽然夏洛蒂的作品不会像桑笔下的那样肉欲横流，但她所谓的那些"邪恶的"阅读体验让她在成熟的小说中将焦点放在了女性的激情上。[45]不过对夏洛蒂的发展产生最为重要影响的一步在于她决定离开哈沃斯，去欧洲大陆追求新的学识。

　　一八四二年，夏洛蒂和妹妹艾米莉来到位于布鲁塞尔的埃热女子寄宿学校学习法语和德语。女校长的丈夫是当时比利时最出色的文学教师之一，皇家雅典娜学院教授康斯坦丁·埃热。① 骚塞和哈特利·柯尔律治都对她的文学志向嗤之以鼻，但在这里，二十五岁的夏洛蒂第一次遇到了这样一位鼓励她进行文学创作并在智识上给予她挑战的文学巨擘。在埃热的教导下，她与艾米莉用法语创作。老师不仅在语言层面，更在作品风格和内容上对二人的作品进行严格的批评。他希望自己的学生能通过模仿文学大家以提升自身的文章创作水平，还让夏洛蒂苦苦思索写作的技巧。

埃热也给予夏洛蒂探索创意的机会。她与埃热就天才这一话题进行了讨论。在一篇题为《一位穷画家给一位大人的一封信》的文章中，夏洛蒂以一位艺术家的叛逆口吻戏剧化地表现出自己对认可的寻求。这位画家漫步于浪漫主义的森林，虽然一文不名，却自信拥有"几粒被称为天才的纯金"。[46]几年前，她借亨利·莱莫的角色嘲笑布兰韦尔，现在的她却不再讥讽有抱负的艺术家，而把自己的所有希冀都倾注在那奋发向上的年轻画家的一腔赤诚之中。

夏洛蒂觉得伟大的艺术是直觉的产物，而埃热坚持认为后天的学习和人生经验同样重要。他在教学上取得的累累硕果说明，对夏洛蒂在艺术上的进步而言，他对技巧以及勤学苦练的传统的重视实际上同她本人对自发的灵感所抱有的更为浪漫的信仰都发挥了至关重要的作用。她并非舍弃了自己的信仰，而是在埃热的教学法下做出调整，开始接受写作技巧可以通过后天锤炼得以提高。他不仅帮助她提高了写作技巧，更让她

---

① 康斯坦丁·埃热(Constantine Georges Romain Héger, 1809—1896)，比利时教师，曾与妻子克莱尔·埃热(Claire Zoë Parent Héger, 1804—1890?)在布鲁塞尔开办学校，夏洛蒂与艾米莉·勃朗特曾于 1842 年前往布鲁塞尔跟随埃热先生学习法语、德语，同年，勃朗特的姨妈伊丽莎白·布兰韦尔(Elizabeth Branwell, 1776—1842)的死讯传来，两人回家吊唁。夏洛蒂于 1843 年 1 月只身返回布鲁塞尔学习，直到次年 1 月返家。

意识到要为读者创作，而不是自我逃避。最重要的是，他对她的认可让她重拾了自信。她似乎十分信任他，向他展示了安格里亚传奇的部分故事。[47]

从一八四二年二月开始，夏洛蒂和艾米莉在布鲁塞尔度过了九个月，直到布兰韦尔姨妈（自勃朗特姐弟的母亲去世后，姨妈就一直在牧师住宅抚养他们）的死讯传来，两人才回家。一八四三年一月，夏洛蒂孑然一人重返布鲁塞尔并学习了一年。这期间，她对自己的"主人"越来越依赖，而对他的妻子则越来越疏远。当她再度回家时，她经历了情感上的分离所带来的焦虑。因此，她给老师写信，一封比一封绝望，一封比一封热忱。这也许和她渴求艺术上的认可有关。她在一封信中表示自己有志写一本书并献给老师。[48]虽然她为埃热没有回信而感到焦虑，但写下这些感情充沛的信也让她的情感得以宣泄。她从着笔起变得比以往更加坚韧。一八四五年十一月，她给埃热写下最后一封信。[49]两个月后，她将自己的文学抱负付诸行动，联系到了艾洛特与琼斯出版社。[50]

她后来记述了自己是怎样在无意间披览了艾米莉的笔记而后付诸行动的。"一八四五年秋季的一天，我在不经意间发现了一卷诗歌的手稿，是我妹妹艾米莉的笔迹。当然我并不诧异，因为我知道她能写诗，也的确写诗：我把她的诗读了一遍，有些更甚于惊讶的东西抓住了我——我深信这些诗歌不是普通的感情流露，它们与多数女性创作的诗歌截然不同。"夏洛蒂为这个偶然的发现激动不已，她劝说艾米莉，"这样的诗歌理应付梓"。安妮也写了一些诗，三姐妹最终决定把这些诗合卷出版并署上模棱两可的笔名。那三个笔名虽然并非"绝对男性化的"，却能有效掩盖作家本人是女性的事实。[51]

由柯勒、埃利斯和阿克顿·贝尔合著的《诗集》于一八四六年由艾洛特与琼斯出版公司出版，出版费用由作者本人承担。虽然《诗集》并非三姐妹的第一次出版尝试——夏洛蒂偶有匿名的诗歌翻译，安妮可能也匿名发表过抒情诗[52]——但这却是她们迄今为止迈出的最重要的一步。《诗集》问世时，诗歌在市场上并不受追捧，这部诗集自然成了商业败笔。然而，仅售出两本的《诗集》却标志着这一时刻的到来：三姐妹开始建构自己作为作家的公众形象。为数不多的几位注意到《诗集》的批评家马上被贝尔三人吸引了，并凭直觉怀疑这三个名字是笔名。有一位评论者怀疑柯勒、埃利斯和阿克顿实为同一位诗人的三个侧面。[53]虽然没有人怀疑三位作者是女性，但有一位评论家凭借敏锐的洞察力意识到，作者们之所以有所隐瞒，是因为他们"希望自己的诗歌仅仅凭借其优劣长短而受到评判，要排除掉其他不相干的因素"。[54]

《诗集》出版后，三姐妹决定再以新笔名出版三部小说。一八四七年夏，艾米莉的《呼啸山庄》和安妮的《阿格尼丝·格雷》"以对两位作者来说相对低廉的条件"被伦敦的出版商托马斯·考特利·纽比接受。[55]夏洛蒂的《教师》却始终没有归宿。这部小说大致以她在布鲁塞尔的经历为基础，叙述者是一位情感克制的男性，但它缺乏她在《维莱特》中处理类似题材时的紧凑。八月上旬，她收到了史密斯与埃尔德出版公司的拒信，信中不吝鼓舞之辞，亦不缺乏坦诚建议，这远比一封简洁的采纳函更令她欣慰。史密斯与埃尔德出版公司认为《教师》这部小说虽然写得不错，却太过简短，不够跌宕起伏，但他们也表示之后有兴趣接受柯勒·贝尔任意一部三卷本的作品。

八月二十四日，夏洛蒂已将《简·爱》寄给了出版公司。此前她一直专注于这部作品的创作，另一份手稿也被寄往他处。① 据出版公司年富力强的老板乔治·史密斯说，他本计划周日同朋友去骑马，却因沉浸在

———————————

① 作者此处所谓的"手稿"是指夏洛蒂的第一部小说《教师》。

《简·爱》的故事中无法自拔而不得已爽约，将自己锁在书房中阅读，宁愿吃些零食充饥也不愿和家人共度晚餐。第二天，他写信给柯勒·贝尔，表示愿意支付一百英镑购买版权。六周后，《简·爱》出版。[56]

此书一经出版便引发了轰动。像今天所有第一次读到《简·爱》的读者一样，最初的读者无不为其澎湃的感情、坦率的内心所折服。这是一本"让人血脉偾张、心跳加速"[57]的作品，"很少有，甚至没有古板传统的烙印加之其上"[58]。威廉·萨克雷也因《简·爱》废寝忘食，甚至忘记了自己的终稿期限。当仆人进屋照看炉火，看到萨克雷眼中噙着泪水时，不禁大吃一惊。[59]

《简·爱》讲述了一个穷困潦倒的家庭女教师的故事，她最终在雇主精神错乱的第一任妻子葬身火海后嫁给了他。这样的故事是哥特式的情节剧与细致入微的自然主义高度原创性的结合。G. H. 刘易斯（文学评论家，乔治·艾略特后来的情人）将这种非凡力量的真正奥秘称为"主观呈现的奇异力量"。[60]简一定算得上文学作品中最叛逆的第一人称女主人公。读者忍不住想她所想，感她所感。正如刘易斯所说，"那是灵魂之间的对话，是一个奋力挣扎、饱受磨难、坚韧不屈的灵魂深处的声音：*suspiria de profundis*！①"[61]

《简·爱》是夏洛蒂第一部以女性叙述者的真实声音讲述的小说。这部作品带领读者深入主人公的内心世界：书中的"我"是革命性的。[62]这在当时的小说中绝无仅有。夏洛蒂把当初影响了自己文学抱负的浪漫个人主义搬到了一个身材瘦小、相貌平平、寒酸却顾及颜面的家庭女教师身上，她也觉得自己常常受限于这样的社会人格。在寻找文学身份的过程中，她没有模仿男性作家，而是另辟蹊径，拥有全然不同于拜伦式作家的

---

① "来自深处的叹息"。

表现欲。她的性别让她无法以一位天才的身份立足社会，她只得把自负倾注到一种新颖且尤其女性化的自我表达中。她将一个女性因受到世界的排斥而积蓄的情感在简身上宣泄了出来，并以此控诉了以女性天职为由，进而要求她压抑自己满腔热情与抱负的社会。

她的小说全名是《简·爱：一部自传》。她和华兹华斯、拜伦以及德昆西（刘易斯所谓的"来自深处的叹息"就援引了德昆西于一八四五年在《布莱克伍德杂志》上发表的一篇文章的题目）一样相信，个人经历是艺术最有力的来源。G. H. 刘易斯凭直觉认为这部小说取材于作者本人的经历。夏洛蒂在柯文桥牧师之女寄宿学校的悲惨童年在《简·爱》中被改写成在罗沃德寄宿学校的艰辛岁月。因学校恶劣的卫生条件、糟糕的伙食、不人道的管理而过早离世的姐姐玛丽亚也被刻画成了令人感伤的角色海伦·彭斯。五十年后，勃朗特的狂热者们热衷于对勃朗特三姐妹作品中的人物和地点追根溯源，但刘易斯在一八四七年就发觉这部小说的心理真实性远比其记录式的一面来得重要："这是一部自传——也许并非在于赤裸裸的事实和环境，而是在于实际的磨难与经历。"[63]

刘易斯认为，《简·爱》的作者借由艺术，将个人经历转变成某些普世的东西，让每位读者都能与之共鸣。简拿着一本书藏在窗帘后的窗台上，躲避着可恶的里德表哥，刘易斯在评论这一幕时说道："这读起来犹如自己生命中的一页。"[64]当简在窗帘与窗户间象征性地建立了属于自己的世界时，她显然是在反抗里德一家对其人格的压抑。之后，当雇主罗切斯特先生利用自己男性的力量与特权玩弄简的情感时，她不仅抒发了自己的激情和欲望，同时也表达了她作为人的个体价值所在：

14

你认为我是一架机器？——一架没有感情的机器？能容忍别人把最后一口面包从我的嘴边抢走，把我的一滴救命水从我的杯中泼掉？你以为我身无分文、默默无闻、相貌平平、个子矮小，我就失了灵魂，没了心吗？——你想错了！——我的灵魂和你的一样丰富，我的心也和你的一般充实！……我并非根据习俗、常规，甚至并非通过肉体凡胎在与你对话，是我的灵魂在与你的灵魂对话，仿佛我们两人穿过坟墓，平等地站在上帝面前——我们本来就是平等的![65]

她与罗切斯特最终的团聚以及随后的婚姻都建立在灵魂平等的基础之上。

《简·爱》之所以能在大众文化中得以传播并取得现代迷思的地位，是因为它具有灰姑娘或是蓝胡子叙事的要素。而夏洛蒂在小说创作中真正的成就却是她创造了一个不同的迷思：一个正在社会中显露头角的女性自我的积极概念。之前在社会中占据主导地位的中产阶级女性是自我否定、尽职尽责且没有激情的。她通过将自己的生活作为虚构想象的起点（她的小说无一例外，尤其是《简·爱》和《维莱特》），开启了一个自我却也普世的迷思。然而，她之所以不同于拜伦那样的迷思缔造者，就在于（用麦考利的话说）拜伦希望公众看穿他的伪装，而夏洛蒂则渴望一直躲藏在"柯勒·贝尔"的面纱之下。

然而，《简·爱》的读者们早就想一睹作者真容。萨克雷在给出版商威廉·史密斯·威廉姆斯的信中第一次说道："这是女人的手笔，但会是谁呢？"[66]评论家中间很快就出现了类似的质疑声。夏洛蒂在以"柯勒·贝尔"的名义与男性主导的文学圈打交道时，通过模仿男性自信的语气努力伪装自己，并用商业性的口吻给出版社写信。她将《诗集》附赠给当时的文豪们（包括七年前怠慢过她的哈特利·柯尔律治），而她随附的便条可能就出自《兰索普》。《兰索普》是 G. H. 刘易斯于同年发表的作品,讲述了一位满怀文学抱负的年轻人在格拉勃街①上经受考验。[67]这样的伪装也许能掩饰她的性别,但简·爱如此逼真的女性声音却让许多读者纷纷怀疑柯勒·贝尔并非他所表现出的那样。

　　自埃利斯·贝尔的《呼啸山庄》和阿克顿·贝尔的《阿格尼丝·格雷》付梓以来,有关贝尔三人身份的揣测便愈演愈烈。她们的出版商托马斯·纽比一连数月都对手稿置之不理,而《简·爱》的热销却让他大吃一惊,立刻行动。但事与愿违,勃朗特三姐妹的笔名不仅没有使作品得到客观公正的评价,却很快引来一帮业余之人揣测她们的身份。人们越来越关心作者的身份,而不是她们的作品。"柯勒·贝尔"是相同字母异序词?[68]贝尔三人会不会是兰开夏郡的织工?《简·爱》中对烹饪和时尚等元素的涉及都被人们悉心考量用以推测作者的性别。更有关于《简·爱》系萨克雷的家庭女教师与情妇所写的谣言不胫而走,而这些谣言之所以产生,是因为《名利场》的作者和罗切斯特先生一样身陷婚姻的枷锁,有一位精神失常的妻子。[69]

　　纽比更是有意在公众面前混淆贝尔三人的身份,让原本的谜团更加扑朔迷离。他将《呼啸山庄》宣传为"贝尔先生的新作",暗示这部小说和最近热销的《简·爱》出自一人之手。[70]三姐妹起初为此感到好笑,但纽比随后却把阿克顿的第二部作品《威尔德菲尔庄园的房客》②当作《简·爱》作者的另一部作品提供给美国的一家出版社。闻听此事的乔治·史密斯自然产生了顾虑,奇怪自己如此看重的作家为何要背着他将新作品委托给其他出版社?他旋即给柯勒·贝尔写信,寻求解

---

　　① 格拉勃街(Grub Street)位于伦敦,街上聚集着一贫如洗的文人墨客和小书贩,在十九世纪早期十分出名。

　　② 《威尔德菲尔庄园的房客》(The Tenant of Wildfell Hall),在中国也被译为《女房客》。见安妮·勃朗特,《女房客》,莲可、西海译(上海译文出版社,1992)。

释。[71]正是这封信让夏洛蒂与安妮于一八四八年夏赶赴伦敦（艾米莉一如既往地过着离群索居的生活，独自留在哈沃斯）。两位"容貌古怪的乡村姑娘"[72]出人意料地出现在坐落于康希尔街的史密斯和埃尔德先生的办公室，最终揭开了柯勒·贝尔和阿克顿·贝尔的真实身份。

"谜总是令人生厌。我很高兴能在您和史密斯先生面前卸下伪装，向你们展示真实的自己。"回去后的夏洛蒂在给威廉·史密斯·威廉姆斯的信中这样写道。威廉姆斯是史密斯与埃尔德出版公司的审稿人，而历时数月的书信往来让他们之间愈发自在。[73]她最初写给出版社的信很容易被当作男人的手笔，但她中立且商业性的口吻逐渐变得亲切起来。威廉姆斯的友好和智慧鼓励她畅所欲言、开诚布公，尤其是在涉及女性工作权益的问题上。她虽曾向威廉姆斯暗示自己的性别，但在一个问题上她始终态度坚决："只能是'柯勒·贝尔'——对公众来说，我现在是，以后也是。如果出现意外，或有人刻意揭开名字背后的秘密，于我而言，那便是不幸——非常大的不幸。"[74]她对"成为隽永"的渴望变成了对身份暴露的恐惧。

夏洛蒂更是下定决心，不让自己的作品被约克郡的熟人知晓。当挚友埃伦·纳西向她提及当地有关《简·爱》的流言时，夏洛蒂反诘道："传闻——如果有传闻的话……定是来自荒谬的误会。没有人有权力用不友好的态度明确地表示或影射这部作品是我'出版'的——（谎言！）……就算二十本书强加于我，我也绝没写过任何一本。我全然否定这样的想法……比起昭昭恶名，默默无闻更称我心意。我不求闻达，也不会闻达。"[75]

夏洛蒂也许担心因把真实生活中的人物塑造成小说中最可恶的角色而暴露自己便是作者，继而引发丑闻：时任牧师之女寄宿学校福音派资助人的威廉·卡勒斯·威尔逊就是《简·爱》罗沃德寄宿学校中的恶人布罗克赫斯特先生的原型。一八四八年一月,夏洛蒂告诉威廉·史密斯·威廉姆斯,一位熟人(一位上了年纪的牧师)看出了端倪,但他没猜出作者是谁,这让她松了一口气。[76]但夏洛蒂宁愿担惊受怕,也不愿向生活中的老熟人揭露她狂热的想象。在此阶段,唯一一个听她谈起过《简·爱》的人就是她在罗赫德认识的坚定的女性主义者玛丽·泰勒,而她此刻远在千里之外的新西兰。

夏洛蒂对自己的作品向来讳莫如深。现在她更有理由担心恶名,并把握住"当隐形人的好处"。[77]虽然她和安妮在伦敦向出版商揭开了她们的真面目,但她们还是打定主意要低调行事。她们违心地拒绝文学大家的邀约,并一度坚持以"布朗小姐们"的名义面见乔治·史密斯不明真相的母亲和姐妹们。直到艾米莉和安妮去世后,夏洛蒂才最终同意以《简·爱》作者的身份在文学界示人。[78]鉴于贝尔三人之前在出版界招致的议论,这种遮掩的行为再容易理解不过了。尽管《简·爱》一经问世便取得成功,但评论界(最初的评论几乎都是褒奖)也开始出现阵阵微词。[79]

《呼啸山庄》出版没多久,贝尔三人的恶名就初见报端。虽然作品令评论家印象深刻,但其中"粗俗与令人生厌"的激情和暴力的场景也让他们瞠目结舌。[80]恶评也开始转向《简·爱》。一八四七年十二月,夏洛蒂在《简·爱》第二版的序言中以柯勒·贝尔的强硬语气为自己申辩,并呐喊道:"习俗不一定就是道德。"她对报界与公众给予的积极肯定表示感谢,却也指出:

> 少数谨小慎微、吹毛求疵的人,他们怀疑《简·爱》这类作品的倾向性。在他们看来,凡是与众不同的东西都是错误的;在他们听

来,凡是对偏执——罪恶之源——的违抗,都包含着对虔诚——上帝在世间的摄政王——的侮辱。[81]①

当《简·爱》第二版于一八四八年一月出版时,夏洛蒂的此番说辞并没有令群疑满腹的评论家们信服,而是愈发让人觉得它是一部有争议的作品。夏洛蒂将它献给了萨克雷,却没想到她的殷勤让柯勒·贝尔系萨克雷情人的流言不胫而走,还加剧了与《简·爱》有关的丑闻。(置身于伦敦文学圈外的夏洛蒂对流言无从知晓,更不知道萨克雷的妻子精神失常,因此,在得知自己的无心之失让他身陷窘境时,她惶愧不已。)

当争论的矛头更多指向作者的性别之谜时,有关《简·爱》的负面评论也愈演愈烈。一旦人们普遍猜测这部小说出自女性之手,它似乎变得更令人难以接受。一八四八年四月,《基督醒世刊》将这本书"男性化的冷酷、粗俗以及信马由缰的表达"狠狠批判了一番,认为这些内容出自女作家是极为不妥的。[82]很快,评论家们又开始借着柯勒·贝尔的性别对什么是可以接受的"女性化的"写作,什么又不是而妄加置喙。

安妮的《威尔德菲尔庄园的房客》也受到了猛烈的抨击。书中描述了一位年轻的妻子决心离开自己粗暴嗜酒的丈夫。最初几篇评论出现时,两姐妹恰巧在伦敦拜访出版商。她们抵达伦敦当天,新一期《旁观者》出版,其中一篇有关《威尔德菲尔庄园的房客》的评论指责作者"即便不是对野蛮,也至少是对粗俗有着病态的热爱"。批评家们又开始中伤三姐妹的全部作品:"贝尔几人的作品中都贯穿着粗俗的笔触,从最坏的角度看,这带来了一个令人感到冒犯的主题。"[83]面对这般贬损,夏洛蒂和安妮自然不愿在伦敦文人面前"献丑"。[84]九月,《漫谈者》谴责

---

① 译文参考夏洛蒂·勃朗特,《简·爱》,黄源深译(译林出版社,1994),页1。

道:"目前摆在我们眼前的《简·爱》和另一部作品里充斥着着实令人不适的、肉欲的灵魂。"那时的《简·爱》被评为"我们读过的最粗俗的作品之一"[85],而《夏普伦敦杂志》特意提醒读者不要接触"令人作呕"的《威尔德菲尔庄园的房客》[86]。

许多评论家所反对的"粗俗"只是一种笼统的道德说教用语,囊括诸多被视为非女性化的和不得体的因素。从语言角度讲,它体现在勃朗特三姐妹对俚语、咒詈语的使用和对圣经的所谓不恰当援引(事实上,夏洛蒂对圣经的频繁引用说明她沉浸在宗教中,甚至不会考虑宗教范畴以外的任何经历,无论它严肃还是幽默,私人还是公开)。从更根本的角度讲,"粗俗"一词涉及小说中有关激情和暴力的刻画,这些都是对谦和与优雅——标准的女性气质——的挑战。

读者是否严肃认真地看待这些评论? 这个问题是有争议的。一八四八年十月,《北美评论》上的一篇文章幽默地评论了"《简·爱》热"这一现象,并就它迄今为止在英国引起了怎样的反响展开调研:

> 若非某些狡猾、乐于搬弄是非的人声称任何体面的绅士都不会把这种书拿给家人,这部引发了热潮的作品也不会这样招人嫌。当然,没过多久,挨家挨户就都有了这本书,它一版接一版地被印售,不乏热切的买家。[87]

但这也说明,无论个别读者抱有怎样的想法,这本书无疑**名声**不佳。两个月后,即一八四八年十二月,伊丽莎白·里格比发表在《每季评论》上的那篇臭名昭著的文章更坐实了这一名声。

里格比匿名撰文,不但抨击《简·爱》"言语粗俗,语气傲慢"[88],还强烈谴责女主人公,认为她是对传统意义上女性谦卑的冒犯与侮辱。

简的个人主义、独立以及自我主张不仅不得体，还颇具颠覆性。她指责小说"反基督教"，认为女主人公"恶习不改、缺家少教"，有着"异教徒的力量，我行我素"。[89]这样的评论对于一位牧师的女儿——夏洛蒂虽叛逆，但毕竟也是牧师的女儿——来说一定是难以接受的。里格比对作家身份的评论则更加刻薄。她认为如果此书出自女作家之手，那此人一定"有充足的理由被女性的社会早早抛弃了"。[90]这暗示作者是一位堕落的女人，因生活不检点而被体面的女士排挤。（几年后，玛丽安·埃文斯，即后来的乔治·艾略特，开始与 G. H. 刘易斯交往，从此，各类晚宴的女主人们便不再邀请她赴宴。男性朋友们虽没有抛弃她，但男女混杂的场合也不再欢迎这位已婚男士的情人。）

　　年轻的夏洛蒂在和骚塞提及自己渴望成为隽永的志向时，并没有想到自己会遭受这般诋毁。但与勃朗特家接踵而至的悲剧相比，来自《每季评论》的中伤就不值一提了。布兰韦尔的前途以悲剧和毒瘾收场，他在九月突然去世，时年三十一岁。艾米莉的身体也在参加完他的葬礼后每况愈下。她一直没能康复，在与病魔进行了一场可怕的较量后，于十二月九日死于肺结核。安妮也身染肺病，命悬数月，于一八四九年五月二十八日死于斯卡伯勒。夏洛蒂带她去那里看了最后一眼大海。

　　布兰韦尔去世时，夏洛蒂的新小说《谢利》进展顺利，但此后数月，她便无心创作。直到安妮去世后，她才重新投入写作，并坚信"工作"是"唯一的良药，能根治痛彻心扉的悲伤"。[91]在某些方面，《谢利》中的女性主义意识形态比《简·爱》中的更加明显。这部作品通过卡罗琳·赫尔斯通这一形象，呼吁社会给予中产阶级女性更多表达自我、施展才华的机会。虽然《谢利》的开场辛辣地讽刺了一群聚在一起的男性牧师，（用夏洛蒂的话说）很"不女性化"，会引来非难，但它还是缺乏前一部作品的情感力量，因而对人心的震撼也稍逊一筹。[92]

《谢利》于一八四九年十月出版。夏洛蒂起初打算以此为契机,在题为《给〈每季评论〉的几句话》的序言中对批评家们反唇相讥。她以一位"老光棍"的口吻撰文,风格和之前回击刻薄的哈特利·柯尔律治时如出一辙,极尽挖苦讽刺之能事。[93]然而史密斯和埃尔德先生却担心她的语气太过草率和激进。他们建议是时候揭开她的面纱并将贝尔兄弟的真实身份公之于众了。夏洛蒂在八月三十一日写给威廉·史密斯·威廉姆斯的信中坦承,她想要反驳《每季评论》并保持匿名的状态:

> 这里绝不能出现"C.勃朗特"的名字;她怎么想不重要——被侮辱的是"柯勒·贝尔"——他必须还以颜色。请史密斯先生放心刊印我寄去的序言。[94]

但在他们的劝说——坚持激进的口吻很不明智——下,她最终还是改变了主意。她慢慢接受了这样的想法,向文学界揭露她就是夏洛蒂·勃朗特。

其实,柯勒·贝尔的真实身份已经走漏了一段时间。消息甚至传到了哈沃斯。虽然夏洛蒂矢口否认,但好友埃伦·纳西还是发现了真相。艾米莉去世前,夏洛蒂也曾向父亲提及《简·爱》。他们为夏洛蒂感到自豪,而这种自豪感比他们对小说可能抱有的反对要强烈,这也一定让她备感欣慰。既然她的秘密已经为约克郡的熟人所知,而在隐瞒身份这件事情上比两姐妹态度更加坚决的艾米莉也已去世,她似乎再也没有理由继续保密下去。

"柯勒·贝尔"当然还会以作者的名义留在夏洛蒂作品的封面上。但她对伦敦的"文学圈子"的好奇却与日俱增。自从儿时的她读到《布莱克伍德杂志》,任何与星云俱乐部的接触,哪怕只是充作一位被动的旁观者都令她无比兴奋。"我渴望见识一些真正的文学大人物。"她在一八四九年九月给威廉姆斯的信中如是写道。但她还是拒绝卸下伪装。[95] 她已经以柯勒·贝尔的名义和 G. H. 刘易斯通过信,并将一本《简·爱》送给了小说家朱莉娅·卡瓦纳①。此时的她又把《谢利》寄给另外两位小说家哈丽雅特·马蒂诺②和伊丽莎白·盖斯凯尔,但在此期间,她仍抱有"隐居的决心"。[96]

十一月中旬,她还在为"作者身份公开后必将招致的光彩和喧闹"而担心不已、逡巡不定,现在她却愿意私下赴约,与乔治·史密斯及其家人共度时光。[97] 月末,她准备前往伦敦,此行也开启了她后续一系列伦敦之旅。她在动身前一周告诉埃伦·纳西:

> 我是谁已经无须多言——和我有关的人会有所察觉。对于旁人来说,我只想充当一个默默无闻、一成不变的角色。[98]

21　这也正是她之前决计在"文学圈子"面前展示出的样子。他们也许会失望地发现她的气质和激情澎湃、直言不讳的简·爱是那样大相径庭。她先前拒绝受邀前往伦敦,部分原因就在于她担心自己迂腐守旧的举止会使自己难堪。现在她开始意识到"未出阁的乡下老姑娘"这一外在的人格可以和笔名一样为她提供保护。[99]

夏洛蒂与萨克雷的几次会面就是例子。当他打趣地指出富有激情的简·爱和她同样富有激情的作者之间的相似之处时,夏洛蒂却矢口否认其中的联系。她于一八四九年十二月四日在出版商乔治·史密斯

---

① 朱莉娅·卡瓦纳(Julia Kavanagh, 1824–1877),爱尔兰小说家。
② 哈丽雅特·马蒂诺(Harriet Martineau, 1802–1876),英国社会学理论家、翻译家。

萨拉·西登斯、哈丽雅特·马蒂诺、夏洛蒂·勃朗特与伊丽莎白·布朗宁,蚀刻版画,一九三一年

举办的晚会上第一次结识萨克雷。宴酣之余,这位小说家叼着烟接近了夏洛蒂,挑逗地询问她是否在他和史密斯先生的香烟上"发现了秘密"——这分明是在影射罗切斯特惯吸雪茄。夏洛蒂不想和简扯上关系,便佯装不知。[100]

次年六月,萨克雷专门为夏洛蒂在家中举办晚宴,而她对他还以颜色,令他面露难色,中途溜走。作为一部惊世骇俗的小说的作者,她不想迎合自己的名声,低调谦虚得近乎无礼,宁愿和家庭教师细语呢喃,也不愿高谈阔论以娱客人。萨克雷在步入宴会的途中称她为"柯勒·贝尔",而她简洁地答道:"我相信有些书出自这位名叫柯勒·贝尔的作家,但站在你面前和你说话的是勃朗特小姐——我看不出这两者之间有任何联系。"[101]萨克雷在随后一次公开讲话中,大声介绍她为"简·爱",气得她直发抖,而包括乔治·史密斯的母亲(当时在场)和伊丽莎白·盖斯凯尔夫人(后来闻知)在内的女士却认为她的反应之所以如此激烈,是因为她是一位娇弱害羞的女性,受到了惊吓才瑟瑟发抖。[102]她随后愤懑地指责了他。

夏洛蒂成名时展现出的分裂的人格可以追溯到她在罗赫德的岁月,这种人格在她谢世后勃朗特迷思的创立过程中也扮演着至关重要的角色。她并不愿把自己在亲近之人面前所表现出的人格向公众展露。每当她觉得自己受到瞩目时,她的幽默、激情、活力、决心以及偶有的尖锐和犀利便会衰减。即便在知己面前,她也会把那个极富创造力的自我的火焰掩藏起来。她只和妹妹们以及埃热分享过这样的自我。她会继续把这样的自我——如同简和罗切斯特灵魂与灵魂之间的对话——与那些准备深入阅读其小说的读者进行分享。更令人难以理解的是,她在萨克雷、刘易斯这样的文人面前也会让这样的自我凸显出来。她性格的这一面也深入到简·爱的骨髓中。虽然她从未准备公开承认这一点,但是她的这一自我却让批评界抨击她是"丧失了女性特征的女性"。[103]

一个单身女子创作出简·爱这样富有激情的女性,这在萨克雷和刘易斯等与夏洛蒂结识的文学家看来是很耐人寻味的。刘易斯惹恼了夏洛蒂,因为他在一篇有关《谢利》的评论中告知读者这部小说的作者是牧师之女,还说她在写作中迸发的活力无异于粗俗,"恰好与'淑女式的'相悖"。[104]他还当面嘲弄她,暗示他们两人有共同点,因为他们都写过"下流的"小说。[105](刘易斯所谓"下流的"小说是于一八四八年发表的《玫瑰、纯洁和紫罗兰》。书中的女诗人拥有情人,来到伦敦追求文学事业却惨遭失败,最终沦落为一位堕落的女子。夏洛蒂自然不喜欢这种比较。)[106]不同于因循守旧的女性批评家,刘易斯欣赏夏洛蒂笔下的粗俗。但他本人算不得什么体面人物(一贫如洗又放荡不羁的他将与玛丽安·埃文斯罪恶地生活在一起),更不会明白维护社会地位对夏洛蒂来说多么重要。

鉴于夏洛蒂岌岌可危的体面与尊严,她一本正经地回复刘易斯的嘲弄也不难理解。她毕竟是爱尔兰农民的孙女,渴望以一位小姐的体面身份被社会接纳,然而,她的作品却让上流社会瞠目结舌。她的出版商乔治·史密斯回忆道:"那时候,《简·爱》的确被许多人视作不道德的小说。我的母亲有一晚告诉我,赫舍尔夫人在她的客厅发现了这本书并问道:'您把这种书搁在这里,就不担心被您的女儿们读到吗?'"[107]

唯一一个能让夏洛蒂激情澎湃,让她不再想要显得谦逊且"一成不变"的话题就是文学——只有当文学家刺激到她的时候,她才会这样。萨克雷在谈论自己的作品时常常表现得过于漫不经心,"就像是一个银行职员在讨论那些为了月供而保存的账簿那样"。他觉得夏洛蒂对艺术家高尚的浪漫主义的理解是"冠冕堂皇的"[108],却没有考虑到夏洛蒂

急需坚信这种崇高的美学。如果她不相信自己的天才,便没有动力和自
信成就她所成就的一切。她信仰"天才""诗歌"和"灵感"都是某种超验
的力量对艺术家的馈赠——她总将这种力量视为上帝,这也就是她为何
频繁援引圣经来讨论艺术创作。这种信仰在她与来自社会的非难的博
弈中也是至关重要的。

　　夏洛蒂既渴望反叛,又需要服从并被接受,被来回撕扯的她在某种
程度上内化了这种非难。她在罗赫德感受到了想象的力量,担心自己盲
目地消极避世。而作为一位成熟的艺术家,她依旧需要找寻一个方法,
从内部净化自己的创造力,因为它威胁到了她作为女性的得体性。她通
过将这些力量归因于一个高尚甚至神圣的灵性(正如弗洛伦丝·南丁
格尔也需要把自己看起来非女性化的志向定义为来自上帝的呼唤)
而做到了这一点。她在给刘易斯的信中对一位同样采用男性笔名的女
作家评论道:"以我对这个词的理解,正是**诗**升华了男性化的乔治·桑,
并从粗俗中创造出一些神一般的东西。"[109]在夏洛蒂浪漫主义的词汇
中,"诗"不仅仅意味着韵文,还意味着超验的想象力这一"天赐的
才华"。[110]

　　夏洛蒂不得不继续应对那些认为她"粗俗"的指控。对于大多数读
者和评论家来说,《谢利》虽不像《简·爱》那样"令人反感",但也没能怎
样改变人们对贝尔三兄弟的固有成见。[111]一年以来,夏洛蒂下定决心
要尝试为死去的妹妹们(还有她自己)清除不道德的污名。一八五〇年
十二月,她把《呼啸山庄》《阿格尼丝·格雷》以及艾米莉和安妮的一些
诗歌一起再版以纪念妹妹们,希望能把她们名声上的"灰尘掸去",
并"让她们宝贵的名字免于尘埃"。[112]

　　三姐妹在最初决定发表作品时均采用了男性化的笔名来避免偏见。
然而,此举引发了一系列揣测,又在她们的真实性别受到怀疑时演变成

了中伤。现在,为了改变公众的看法,夏洛蒂采取了新的策略。她在以往的社交中习惯用一个温顺且极度女性化的人格来掩饰内心的火焰,而她向世界展示妹妹们的方式可以说是这个方法的延伸。她决定公开她们的身份,却把她们的女性身份当作为她们开脱的借口,而不是抨击她们的由头。如果读者得知夏洛蒂的妹妹们不过是两位"不招摇的女性",特别是当他们得知这几位未嫁的姑娘过着安静且无可指摘的生活,并了解到她们英年早逝的悲剧后,先前被责难的三姐妹就能获得原谅。夏洛蒂承认妹妹们的作品有争议,但她也描绘出她们生活的画卷,并期望这能为她们开脱一二。

就这样,夏洛蒂在《埃利斯与阿克顿·贝尔的生平说明》里第一次向公众揭露了她们的真实性别。《生平说明》刊登在三姐妹再版的选集中,夏洛蒂还为《呼啸山庄》写了一篇序并就她们的诗歌稍作评论。为了让妹妹们免于那些认为她们粗俗的指控,她把她们描述为头脑简单、未受过教育的乡村女孩,根本不知道自己在《呼啸山庄》和《威尔德菲尔庄园的房客》里都做了些什么。为了让自己摆脱与安妮小说的关联(她的作品令批评家最为震惊),夏洛蒂对该作嗤之以鼻,说它是"一个彻头彻尾的错误"[113]并明确反对其再版;她对艾米莉的评论也更多是为其开脱,而非褒奖。她声称妹妹们是无辜的女孩,住在"教育落后的偏远地区"[114],即便她们有错,也并非刻意而为。安妮因生活中的可怕经历而沉浸于创作这种令人难以启齿的话题(影射布兰韦尔的放荡);艾米莉不过是一个容器,被动地任由"命运或者灵感"倾泻。[115]

在夏洛蒂的刻画中,妹妹们是只对自然的指令有所响应的天真艺术家,而不是那些刻意编造小说的有野心的作家。这样的申辩将自然的天赋这一浪漫主义的理想和女性的谦逊与单纯这一传统的理想结合在一起,她期望这样的辩护能反驳公众的看法:贝尔三人是丧失了女性性征的女性。这样的辩护也是基于人们对哈沃斯过于浪漫主义的解读：这里完全与世隔绝，只生活着神秘的"不识字的高沼地赤鹿和粗犷的乡绅"。[116]就算《呼啸山庄》是粗俗的，夏洛蒂也只会埋怨这些举止粗俗、放荡不羁的人，她声称这些人是艾米莉面前唯一有关人性的例子，她只得参照这些人进行创作。

作为夏洛蒂的一次公关尝试，《生平说明》没有她想象中那么成功，甚至在某些方面适得其反。她急于承认妹妹们在小说中犯下"错误"，这就意味着她没能成功将贝尔三人从舆论的抨击中拯救出来。G. H. 刘易斯似乎发觉这些作品比他此前看来更加粗俗，便在《先锋》中撰文，表达自己对于几个避世的小女孩能写出这些小说的惊愕。在他现在看来，这些书"就算对男人来说也是粗俗的：语言粗俗，观念粗俗，显然是暴力和未受过教育的人所特有的粗俗"。[117]

25　　公开承认妹妹们的小说中有错误并用她们的生平经历为她们开脱似乎是夏洛蒂的败笔。但从长远来看，她也开启了勃朗特三姐妹成为偶像人物的里程。伊丽莎白·盖斯凯尔在着笔创作影响深远的《夏洛蒂·勃朗特传》时会把三姐妹的生平故事用作一个策略，分散人们对她们的作品中惊世骇俗的内容的注意。骚塞曾告诫过夏洛蒂，个人的声名大噪是很不符合女性气质的。讽刺的是，勃朗特三姐妹的私生活——虽不是对她们内心真实的写照——从长远来看终将保护她们免遭那些认为她们不得体的指控。

注释

　　[1] 夏洛蒂·勃朗特，《埃利斯与阿克顿·贝尔的生平说明》(以下简称"《生平说明》")，为 1850 年版《呼啸山庄》所写，再版于艾米莉·勃朗特，《呼啸山庄》，保丽娜·内斯特编(伦敦：企鹅，1995)，页 xxxii。

［2］夏洛蒂致罗伯特·骚塞，1836 年 12 月 29 日。夏洛蒂的去信没有保存下来，但骚塞于次年 3 月 12 日的回信中引用了夏洛蒂的原话。玛格丽特·史密斯编，《夏洛蒂·勃朗特书信：第一卷，1829-1847》，页 166。以下简称"《书信》，第一卷"。

［3］同上。夏洛蒂将桂冠诗人形容为"从光辉与荣耀的王座上俯身"。

［4］《生平说明》，页 xxvii。

［5］同上。"我们厌弃个人宣传，因此掩盖了自己的姓名……"

［6］帕姆·赫什，《夏洛蒂·勃朗特与乔治·桑：女性浪漫主义的影响》，载《勃朗特学会》，第二十一卷（1996），页 209-218。

［7］夏洛蒂致威廉·史密斯·威廉姆斯，1849 年 12 月 19 日。玛格丽特·史密斯编，《夏洛蒂·勃朗特书信：第二卷，1848-1851》，页 312。以下简称"《书信》，第二卷"。

［8］见克里斯蒂娜·亚历山大，《夏洛蒂·勃朗特的早期作品》（牛津，1983），页 5。

［9］戏剧《岛民》的创作开始于 1827 年 12 月。见夏洛蒂·勃朗特，《那年的历史》（1829），克里斯蒂娜·亚历山大编，《夏洛蒂·勃朗特的早期作品一版，第一卷，玻璃镇传奇，1826-1832》（牛津，1987），页 5。以下简称"亚历山大编，《早期作品一版》，第一卷"。

［10］夏洛蒂·勃朗特，《岛民的起源》（1829 年 3 月 12 日），同上，页 6。

［11］玛格丽特·史密斯认为，勃朗特姐弟于 1829 年前接触到了《布莱克伍德杂志》，此前，他们从邻居德里弗先生那里借杂志。这位德里弗先生可能就是于 1831 年 12 月去世的乔纳斯·德里弗牧师，去世时三十五岁。他的去世解释了为什么夏洛蒂于 1832 年 5 月从罗赫德给布兰韦尔写信，说她为姨妈同意订阅《弗雷泽杂志》而开心，否则他们都没有杂志读了。但勃朗特姐弟似乎很快就发现了获得《布莱克伍德杂志》的新办法。1833 年 4 月 8 日，帕特里克·勃朗特加入了距离哈沃斯四英里的基斯利机械学院，这使得孩子们可以从图书馆借书，其中很可能就有《布莱克伍德杂志》，图书馆显然订阅了该杂志。(1841 年，该图书馆藏有十一卷《布莱克伍德杂志》。)见《书信》，第一卷，页 112-114 注释 7、注释 8。

［12］利·亨特，《拜伦勋爵和同时期的作家》，载《布莱克伍德杂志》，第二十三卷（1828 年 3 月），页 362、364。

［13］《布莱克伍德杂志》，第二十七卷（1830 年 2 月），页 389。

［14］亚历山大，《夏洛蒂·勃朗特的早期作品》，页 227。

［15］夏洛蒂·勃朗特，《蹩脚诗人》（1830 年 7 月），载亚历山大编，《早期作品一版》，第一卷，页 179-196。手稿显示，夏洛蒂对自己的作家身份抱有矛盾的情绪：她在戏剧第一卷的扉页上写道，该作品出自查尔斯·韦尔斯利勋爵，但第二卷扉页的笔名下面却又写着夏洛蒂·勃朗特。（页 179、187）

［16］同上，页 180。

［17］同上，页 181。

［18］休·卢诺弗编译，《夏洛蒂·勃朗特与艾米莉·勃朗特：比利时文集》（纽黑文与伦敦，1996），导言，页 lii。以下简称"卢诺弗编译，《比利时文集》"。

［19］署名为"杜罗侯爵，夏洛蒂·勃朗特"，1830 年 11 月 13 日。汤姆·温尼弗里思编，《夏洛蒂·勃朗特诗集》（牛津，1984），页 128。

［20］同上，页 129。

［21］见《布莱克伍德杂志》，第二十六卷（1829 年 9 月），页 462。华兹华斯式的诗人有着如自然一般无拘无束的灵魂，"通过天赐的才能洞穿看不见的事物"，能够超越在自然中观察到的一切。

［22］《布莱克伍德杂志》连载了有关华兹华斯的诗歌以及理论的论战，第二十六卷（1829 年 9 月至 12 月），页 453-463，页 593-609，页 774-788，页 894-910；J. A. 赫勒尔德在其文章《小论柯尔律治哲学》中探讨了柯尔律治有关想象的哲学，载《弗雷泽杂志》，第五卷（1832 年 6 月），页 585-597。

［23］约翰·威尔逊，《尤尼莫尔：高地一梦》，载《布莱克伍德杂志》，第三十卷（1831 年 12 月），页 141。

［24］亚历山大，《夏洛蒂·勃朗特的早期作品》，页 21-22。

［25］《伦敦与威斯敏斯特评论》，第十二卷与第五十五卷（1838），页 323。1841 年，基斯利机械学院图书馆的藏书中有"部分《威斯敏斯特评论》"。见克利福德·沃恩，《勃朗特姐弟从哪里借书》，载《勃朗特学会》，

第十一卷（1960），页 344-358。

[26] 夏洛蒂一定读到了 1830 年 2 月发表于《布莱克伍德杂志》上的长篇评论，因为她将伟大的诗人比作"不坠星辰"就出自这里。《布莱克伍德爱丁堡杂志》，第二十七卷（1830 年 2 月），页 389。

[27] 麦考利，评托马斯·穆尔的《拜伦勋爵的书信、日记与生平》，载《爱丁堡评论》，第五十三卷（1831 年 6 月），页 544-572；再版于安德鲁·拉瑟福德编，《拜伦：批评遗产》（伦敦，1970），页 313。基斯利机械学院图书馆可能藏有这一期《爱丁堡评论》。1841 年，图书馆存有"六份"杂志。见沃恩，《勃朗特姐弟从哪里借书》。

[28] 那个时期一些诸如爱德华·布尔沃-利顿的《佩勒姆》（1828）的流行作品里都有次拜伦式的英雄。这些作品描述了贵族社会不道德的政治和情爱，可能影响了夏洛蒂。基斯利机械学院 1841 年的书单里就有《佩勒姆》这部作品。见沃恩，《勃朗特姐弟从哪里借书》。

[29] 夏洛蒂致埃伦·纳西，1834 年 7 月 4 日，《书信》，第一卷，页 130。

[30] 罗赫德日记，1836 年 8 月 11 日，朱丽叶·巴克编，《勃朗特家族：书信中的一生》（伦敦，1997），页 39。以下简称"巴克编，《书信中的一生》"。

[31] 朱丽叶·巴克，《勃朗特传》（伦敦，1994），页 1-2。

[32] 她寄给骚塞的诗反映出她对拜伦式的浪漫主义和灵视的浪漫主义都感兴趣：据玛格丽特·史密斯所说，她可能将一首完成于 1836 年 7 月的仿《唐璜》格律的拜伦式长诗和一首完成于 1836 年 10 月的三节灵视诗寄给了骚塞。《书信》，第一卷，页 167。

[33] 同上，页 166-167。

[34] 同上，页 166。

[35] 他还是一名热血青年时，就与柯尔律治建立乌托邦或"大同社会"的失败的尝试有关。

[36]《书信》，第一卷，页 167。

[37] 夏洛蒂致埃伦·纳西，1836 年 5 月 10 日，《书信》，第一卷，页 144。

[38] 夏洛蒂致罗伯特·骚塞，1837 年 3 月 16 日，《书信》，第一卷，页 169。

［39］同上。

［40］罗伯特·骚塞致夏洛蒂,1837 年 3 月 22 日,《书信》,第一卷,页 170。

［41］见《书信》,第一卷,页 238 注释 1。

［42］夏洛蒂致哈特利·柯尔律治,1840 年 12 月 10 日,《书信》,第一卷,页 241。

［43］见《书信》,第一卷,页 238 注释 4。她在此处引用梅洛迪·莫纳汉的猜测:夏洛蒂寄给他的是未完成的早期小说《阿什沃思》(Ashworth)的稿子。

［44］引自赫什,《夏洛蒂·勃朗特与乔治·桑:女性浪漫主义的影响》,载《勃朗特学会》,第二十一卷(1996),页 209–210。

［45］夏洛蒂致埃伦·纳西,1840 年 8 月 20 日,《书信》,第一卷,页 226。

［46］卢诺弗编译,《比利时文集》,页 362。

［47］尤其有趣的是,据猜测,夏洛蒂去布鲁塞尔时带了一些安格里亚故事的手稿,并将至少一份手稿交给了康斯坦丁·埃热。见克里斯蒂娜·亚历山大,《夏洛蒂·勃朗特于渥都珀里斯的上流生活:一则来自玻璃镇传奇的故事》(伦敦,1995),页 ix。

［48］夏洛蒂致康斯坦丁·埃热,1844 年 7 月 24 日,《书信》,第一卷,页 358。

［49］现存的夏洛蒂致埃热的最后一封信写于 1845 年 11 月 18 日。信中,夏洛蒂恳请老师允许她翌年 5 月写信给他。因为后续再没有书信得以幸存,玛格丽特·史密斯推测也许埃热拒绝了她的请求,并中断了书信往来。(《书信》,第一卷,页 437 注释 10)然而,也有可能是夏洛蒂自己决心不再给埃热写信,因为她发现自己对埃热的迷恋会让她在出版自己和妹妹们的诗集上分心。

［50］夏洛蒂致艾洛特与琼斯先生,1846 年 1 月 28 日,《书信》,第一卷,页 445。

［51］《生平说明》,页 xxvii。

［52］见夏洛蒂致威廉·史密斯·威廉姆斯,1847 年 12 月 15 日,《书信》,第一卷,页 576。在信中,她声称除了 1846 年出版的《诗集》以外,

"《简·爱》以及我匿名寄给一家杂志社的一些法语诗的简短翻译是我出版的全部作品了"。她说的杂志社已无可稽考。盖斯凯尔还讲述了一个有关安妮的轶事(《夏洛蒂·勃朗特传》,页291):她曾告诉埃伦·纳西自己还有一首诗发表在《钱伯斯杂志》上。

[53]《都柏林大学杂志》,1846年10月,见米丽娅姆·阿洛特编,《勃朗特家族:批评遗产》(伦敦:劳特利奇与基根·保罗,1974),页63。以下简称"阿洛特编,《勃朗特批评遗产》"。

[54]《批评家》,1846年7月4日,见阿洛特编,《勃朗特批评遗产》,页59。

[55]《生平说明》,页xxvii。

[56]乔治·史密斯,《夏洛蒂·勃朗特》,载《康希尔杂志》,第九卷(1900年12月),再版于哈罗德·奥利尔编,《勃朗特家族:采访与回忆》(伦敦,1997),页90。以下简称"奥利尔编,《采访与回忆》"。

[57]《阿特拉斯》,1847年10月23日,见阿洛特编,《勃朗特批评遗产》,页68。

[58]阿洛特编,《勃朗特批评遗产》,页67。

[59]萨克雷致威廉·史密斯·威廉姆斯,1847年10月23日,见阿洛特编,《勃朗特批评遗产》,页70。

[60]《弗雷泽杂志》,1847年12月,见阿洛特编,《勃朗特批评遗产》,页86。

[61]同上,页84。

[62]见悉尼·多贝尔发表于《帕拉迪姆》(Palladium)(1850年9月)对《简·爱》的评论:"这个'我'仿佛前无古人,在所有的天堂中,这都是不朽的遗产。"引自凯瑟琳·蒂洛森,《一八四〇年代的小说》(牛津,1954),页299。

[63]G. H.刘易斯,见阿洛特编,《勃朗特批评遗产》,页84。

[64]同上,页86。

[65]夏洛蒂·勃朗特,《简·爱》,迈克尔·梅森编(伦敦:企鹅,1996),页284。以下简称"《简·爱》"。

[66]萨克雷致威廉·史密斯·威廉姆斯,1847年10月23日,见阿洛特

编，《勃朗特批评遗产》，页70。

［67］对比夏洛蒂的信——

我和我的亲戚埃利斯及阿克顿·贝尔不顾尊敬的出版商的再三警告，鲁莽地出版了一部诗集。

当然了，结果在我们的预料之中；我们的书不过是一粒毒品；没人需要，也没人在意。（夏洛蒂致哈特利·柯尔律治，1847年6月16日，《书信》，第一卷，页531）

——和取自 G. H. 刘易斯《兰索普》（莱比锡，1847，页15）的一段文字。它讲述了一位年轻的作家尝试把自己的诗卖给一位出版商，但因为诗歌市场疲软，如果他想出版作品就不得不全额自费（就像勃朗特三姐妹在出版她们的诗集时遇到的窘境）：

"啊，我亲爱的先生，您太年轻，不然您应该知道我们决不会买这样的东西。"

"可您欣赏我的诗，不是吗？"

"但读者不会买它们啊。先生，诗就是毒品！毒品啊！先生。如果《恰尔德·哈洛尔德》现在第一次出版，我可卖不出去。"

［68］《基督醒世刊》，1848年4月，见阿洛特编，《勃朗特批评遗产》，页88。

［69］据玛格丽特·史密斯说，J. G. 洛克哈特于1848年11月13日告知伊丽莎白·里格比两种流传的猜测：一是贝尔三人是兰开夏郡的织工，二是《简·爱》作者是萨克雷的情人。1848年1月，《简·爱》第二版出版，夏洛蒂将这部作品献给萨克雷，这让第二种流言不胫而走。见《书信》，第一卷，页562注释5。

［70］《书信》，第一卷，页587注释1。

［71］夏洛蒂致玛丽·泰勒，1848年9月4日，《书信》，第二卷，页111–112。

［72］同上,页114。

［73］夏洛蒂致威廉·史密斯·威廉姆斯,1848年7月13日,《书信》,第二卷,页84。

［74］夏洛蒂致威廉·史密斯·威廉姆斯,1848年4月20日,《书信》,第二卷,页51。

［75］夏洛蒂致埃伦·纳西,1848年5月3日,《书信》,第二卷,页62。

［76］夏洛蒂致威廉·史密斯·威廉姆斯,1848年1月4日,《书信》,第二卷,页4。

［77］同上。

［78］一年多以后,小说家、夏洛蒂未来的传记作者伊丽莎白·盖斯凯尔(1810–1865)还在多方打探这一秘密。盖斯凯尔致伊丽莎·福克斯,1849年11月26日,J. A. V.查普尔与阿瑟·波拉德合编,《盖斯凯尔夫人书信》(曼彻斯特:曼陀林,1997),页90。以下简称"《盖斯凯尔书信》"。

［79］对勃朗特姐妹的批评性接受各有不同。米丽娅姆·阿洛特在导言中认为,盖斯凯尔夸大了人们对《简·爱》的谩骂,并提醒我们这部作品也得到了好评与赞扬。而汤姆·温尼弗里思在《勃朗特家族与他们的背景:浪漫与现实》(牛津,1973)第七章中总结道,对贝尔兄弟的道德抨击是普遍的,尤其是在《威尔德菲尔庄园的房客》付梓之后,这种反对声愈发激烈。而许多欣赏勃朗特文学力量的批评家也指责她们粗俗。可以说,人们对这些小说的反响虽然不同,但它们无疑招致了恶名。而正是夏洛蒂本人和伊丽莎白·盖斯凯尔在反驳这种恶名的过程中确立了夏洛蒂的公众形象。

［80］《检查者》,1848年1月,见阿洛特编,《勃朗特批评遗产》,页222。

［81］《简·爱》,第二版序言,页5。

［82］《基督醒世刊》,1848年4月,见阿洛特编,《勃朗特批评遗产》,页89。

［83］《旁观者》,1848年7月8日,见阿洛特编,《勃朗特批评遗产》,页250。

［84］夏洛蒂致玛丽·泰勒,1848年9月4日,《书信》,第二卷,页113。

［85］《漫谈者》,1848年9月,见阿洛特编,《勃朗特批评遗产》,页267。

［86］《夏普伦敦杂志》，1848 年 8 月，见阿洛特编，《勃朗特批评遗产》，页 263。

［87］《北美评论》，1848 年 10 月，见阿洛特编，《勃朗特批评遗产》，页 97。

［88］伊丽莎白·里格比，匿名评论，《每季评论》，1848 年 12 月，见阿洛特编，《勃朗特批评遗产》，页 106。

［89］同上，页 109。

［90］同上，页 111。

［91］夏洛蒂致威廉·史密斯·威廉姆斯，1849 年 6 月 25 日，《书信》，第二卷，页 224。

［92］当威廉·史密斯·威廉姆斯反对这一段有关牧师的描写时，夏洛蒂问他道，是否"因为现在您知道了'柯勒·贝尔'的真实身份——这样的场景对您来说就是非女性化的——"？她拒绝删掉这一场景。（夏洛蒂致威廉·史密斯·威廉姆斯，约 1849 年 2 月 10 日，《书信》，第二卷，页 181）

［93］《书信》，第二卷，页 242-245。

［94］夏洛蒂致威廉·史密斯·威廉姆斯，约 1849 年 8 月 31 日，《书信》，第二卷，页 246。

［95］夏洛蒂致威廉·史密斯·威廉姆斯，约 1849 年 9 月 15 日，《书信》，第二卷，页 254。

［96］夏洛蒂致威廉·史密斯·威廉姆斯，约 1849 年 11 月 24 日，《书信》，第二卷，页 296。

［97］夏洛蒂致乔治·史密斯，1849 年 11 月 19 日，《书信》，第二卷，页 290。

［98］夏洛蒂致埃伦·纳西，1849 年 11 月 22 日，《书信》，第二卷，页 293-294。

［99］夏洛蒂致威廉·史密斯·威廉姆斯，1848 年 7 月 31 日，《书信》，第二卷，页 95。

［100］《夏洛蒂·勃朗特传》，页 391。

［101］查尔斯和弗朗西丝·布鲁克菲尔德，《布鲁克菲尔德夫人与她的圈子》，T. J. 怀斯与亚历山大·赛明顿编，《勃朗特家族：生平、友谊与信件

四卷本》,第三卷,页50。以下简称"《勃朗特家族四卷本》"。

[102] 乔治·史密斯强调夏洛蒂的气愤,而盖斯凯尔却突出她的害怕与娇弱。见乔治·史密斯,《夏洛蒂·勃朗特》,载《康希尔杂志》(1900年12月),引自奥利尔编,《采访与回忆》,页99,以及《夏洛蒂·勃朗特传》,页446-448。

[103] 这一说法来自《北不列颠评论》,夏洛蒂在写给威廉·史密斯·威廉姆斯的信中引用了这一表达,1849年8月16日,《书信》,第二卷,页235。

[104] G. H. 刘易斯,《爱丁堡评论》,1850年1月,见阿洛特编,《勃朗特批评遗产》,页163。

[105] 由乔治·史密斯讲述,引自奥利尔编,《采访与回忆》,页100。

[106] 汤姆·温尼弗里思在《勃朗特家族与他们的背景:浪漫与现实》中做了情节摘要,页101-102。

[107] 由乔治·史密斯讲述,引自奥利尔编,《采访与回忆》,页100。

[108] 同上,页99。

[109] 夏洛蒂致G. H. 刘易斯,1848年1月18日,《书信》,第二卷,页14。

[110] 同上。

[111] 如见伊丽莎白·盖斯凯尔的朋友凯瑟琳·温科沃斯致伊丽莎·佩特森,1849年12月5日,她在信中写道:"就力量和对景色的描写来说,我觉得《谢利》中没有什么比得上《简·爱》,但《谢利》中也没有什么像《简·爱》中的个别部分那般令人反感。"(《书信》,第二卷,页303)

[112]《生平说明》,页xxxii。

[113] 同上,页xxx。

[114] 同上,页xxvi。

[115] 夏洛蒂·勃朗特,1850年版《呼啸山庄》序言,见艾米莉·勃朗特,《呼啸山庄》,页xxxvii。以下简称"1850年《呼啸山庄》序"。

[116] 同上,页xxxiii。

[117] G. H. 刘易斯,《先锋》,1850年12月28日,见阿洛特编,《勃朗特批评遗产》,页292。

第二章　可怜的勃朗特小姐

　　　　我承认这本书让我羞愧难当……我放弃了先前对作者和其作品的看法，不再认为她是个喜欢粗俗的人。我对她有怎样的误解啊！……你出色地完成了一部作品，并向我们展示了一位勇敢的女性形象，她因为磨难而愈发完美。[1]

伊丽莎白·盖斯凯尔的《夏洛蒂·勃朗特传》于一八五七年甫一出版，基督教社会主义者、未来《水娃》的作者查尔斯·金斯利就有了上述评论。这一评论展现出这部传记在革新读者观念方面是多么成功。曾经斥责柯勒·贝尔不可靠的人现在却将夏洛蒂·勃朗特尊为一个历尽磨难的圣洁女性形象。《夏洛蒂·勃朗特传》做到了夏洛蒂本人在《埃利斯与阿克顿·贝尔的生平说明》中没能做到的：重新塑造勃朗特的形象。

这个新视角源起何处？夏洛蒂的这位传记作家是怎样转变眼光看待她的？伊丽莎白·盖斯凯尔是夏洛蒂在同意揭晓自己真实身份后所

交往的文人中的一位,一八五〇年八月,两人在湖区的一次聚会上一见如故,而这部传记就起源于两人的友谊。

　　和夏洛蒂一样,盖斯凯尔也是当时颇有前途的女作家之一,《简·爱》出版一年后,她凭借作品《玛丽·巴顿》取得了成功。和夏洛蒂不同的是,她嫁给了一位一神论牧师,住在曼彻斯特,是个城里人,且在女性想象方面相对传统。但她也是个热心肠,只是有时好管闲事;喜欢别人,也渴望讨人喜欢。她一开始就急于淡化《简·爱》中那些不安分的元素,并找寻她所认为的夏洛蒂最好的一面。另一方面,夏洛蒂本人也急于展示出一个公众人格来彻底打消别人对她的质疑。在盖斯凯尔先入为主的假设和夏洛蒂的自我呈现的相互影响下,《夏洛蒂·勃朗特传》就这样问世了。

　　盖斯凯尔夫人于一八五〇年遇到的那个"勃朗特小姐"并非那个创造出《简·爱》的充满激情的灵视者,而是夏洛蒂惯于在社交场合中——无论是当她的父亲将一位主教邀请至他们的住所时,还是在文学集会中——所展示出的形象,"举止温和,气质谦逊"。[2]她往往会安静地(或刻意地?)专注于手中的针线活,为人们展现出一副无可指摘的得体样子。这样被动的淑女形象也并非假象。作为一位顺从的牧师女儿,夏洛蒂生来就被这样教导,这也是她自我的一部分。然而,她也意识到她在扮演一个角色。正如其小说(特别是《维莱特》)所展示的那样,她相信自己作为社会中的一位女性,常常需要戴上一副社会面具来保护更深层面的自我。

　　无论夏洛蒂能以柯勒·贝尔的身份写些什么,她还是觉得自己确实需要来自社会的接受和艺术的认可。她在和女性文学家们相处的过程中更是这样,而她们的支持对于夏洛蒂对体面的追求尤为重要。一八四九年十二月,她以化名第一次前往伦敦拜访作家、记者哈丽雅

27

特·马蒂诺,迫切想要和这位久负盛名的女作家交朋友,并得到她的支持。但当她们谈及当时的文学评论家时,她发现马蒂诺和一些评论家一样,也指责柯勒·贝尔粗俗。

勃朗特小姐并没有像当初在第二版《简·爱》的序言中那样尝试为自己辩驳,而是虚心接受批评,并表示如果自己再越雷池一步,就请马蒂诺指正。[3]她采取了一种看似天真的姿态(她在后来为艾米莉辩护时也是这样),声称自己并不知道评论家们反对的都是什么。(夏洛蒂的辩护者们总称她"没有意识到"自己作品里有任何颠覆性的内容。但是作为一位如此精明的作家,这般后知后觉未免令人难以相信。)在与马蒂诺分别前,夏洛蒂"用一种简单、感人的方式"向马蒂诺传达"自己的悲伤与孤独"。[4]她是否意识到披露个人情感能激起同情心呢?

当然,她展示给同时代的女作家的自我一定和她展示给其他男作家的有所不同。哈丽雅特·马蒂诺在给一位亨特先生(很可能是利·亨特的儿子桑顿,即《先锋》的主编)的信中表达了自己的震惊,不能相信亨特先生和刘易斯竟然会在勃朗特小姐身上看到刻薄与讽刺。在她看来,勃朗特小姐的魄力与她"温柔沉着、温顺冷静"的人格是一致的。的确,在马蒂诺面前,夏洛蒂仿佛将自己抹去了。马蒂诺发现她"如此具有共情力,以至于她的意识走进了他人,却没给自己留下一点儿——她就是激情与偏见之人的反面,也是铁石心肠的利己者的反面"。[5]

夏洛蒂一定是觉得要让马蒂诺和盖斯凯尔这样的女作家相信柯勒·贝尔有着无可指摘的另一面。刘易斯和萨克雷等男性可以从她小说的粗俗中收获男孩的快乐,这触怒了夏洛蒂。但是《简·爱》也为文学女性带来了一个棘手的问题。一方面,面对偏见,她们觉得要团结起来,但包括考文垂·帕特莫尔在内的评论家依旧认为,女性先天因自己有限的能力而被排除在"写书这一适合男性的权利"之外。[6]另一方面,一本像《简·爱》这样被定义为粗俗的书会抹黑女性书写。和夏洛蒂一样的女作家们无法忽视异常成功的柯勒·贝尔,因为"他"的文学天赋太过显眼,不得不被承认。但她们却为夏洛蒂感到不安,或许担心她富于激情的美学会为女作家招致偏见。

　　解决这种不安的办法就是把夏洛蒂的文学想象病态化,同时抓住有关她性格脆弱、生活悲惨以及成长环境孤僻的证据。马蒂诺喜欢评头论足,而盖斯凯尔则富有同情心,但两人都把夏洛蒂作品中的激情和紧张感视为病态,视为生病的心灵——一生持续的苦难和贫瘠令她的心灵生病——的不幸产物。[7]正如盖斯凯尔所说:"她的错误就是她所处的特殊环境的错误。"[8]对于她们来说,重要的是将夏洛蒂看作可怜的人,即使这意味着要夸大她一生的孤单和悲惨。这样一来,她们就能把自己和夏洛蒂作品中令人不快的一面分开,而不觉得她们背叛了女性创作的事业。

　　这并不是说夏洛蒂从未真正遭受过痛苦。童年时,她就经历过母亲与长姐们的离世,也经历过柯文桥牧师之女寄宿学校那令人难忘的苦难。成年后的她也在一八四八至一八四九年间经受了可怕的丧亲之痛,长期被沮丧的情绪笼罩。然而,盖斯凯尔给这种痛苦赋予了一种强烈的道德意义,这与它对夏洛蒂情绪上造成的实际影响并不相同。的确,对苦难的关注似乎是她接受《简·爱》作者的关键。她有时为夏洛蒂开脱,声称她的想象因为可怕的遭遇而变得粗俗。矛盾的是,有时她似乎也相信,苦难实际上净化了夏洛蒂的心灵。但无论她怎样看待这件事,她总能回到同一个想法。在《夏洛蒂·勃朗特传》中,她会继续宣传一种具有误导性的观念:夏洛蒂的整个存在就是不屈不挠的殉道。

　　十九世纪五十年代末,一位前往哈沃斯的游客在仆人的带领下参观了牧师住宅,这位来访者询问勃朗特姐妹是否"总是有着阴郁的性格"。

29

"不,不,先生!"仆人反驳道,"她们已经尽可能高兴和充满活力了……她们过去满是欢声笑语。"[9]然而,盖斯凯尔笔下的悲剧气息会鼓励未来的评论家把勃朗特的房子想象成为一个哥特式的恐怖所在,在那里,"每一个举动,哪怕是眨一下眼皮,都是致命且不祥的"。[10]二十世纪七十年代,《夏洛蒂·勃朗特的死亡世界》的题目也暗含了一种病态,而这种病态与简·爱积极的人生态度格格不入(简·爱毕竟是一名幸存者)。因此,人们不禁要问:这种偏颇的观点怎么能站得住脚?

　　尽管夏洛蒂在人生中经历了痛苦,但她依旧是一个坚强、有志向、有创造力的大胆女人,能够打破传统英国小说的模式。她保持自信,不仅能在找到一个出版商之前,一次又一次勇敢地面对拒稿,还能将自己的内心生活当作有效的艺术来源。她的小说揭示了对人类情感深刻的理解;她与挚友们的书信往来也表明她是风趣、固执、讽刺、恶毒的,同时也是抑郁、尽职、遍体鳞伤的。然而,盖斯凯尔《夏洛蒂·勃朗特传》中的女人在九岁时就失去了所有的光亮。[11]

　　伊丽莎白·盖斯凯尔从未完整地展示过夏洛蒂人格中有力、强烈和不妥协的一面,即以柯勒·贝尔的名义所创作的小说中的那一面。一八四八年四月,在第一次读到《简·爱》时,她的回应就模棱两可。尽管她称赞其原创性,认为这是一本"不寻常的书",但这本书也让她颇为犹豫。"我不知道我是否喜欢这本书,"她对一个朋友说道,"我总站在那些与我对话的人的对立面,以便听到一些有说服力的论点来厘清我的观点。"[12]

　　她一直没能摆脱最初的保留意见。哈丽雅特·马蒂诺曾直言自己并不赞成夏洛蒂对爱情太过激情的处理方式。和直言不讳的马蒂诺不同,盖斯凯尔从未向夏洛蒂表露过自己的真实感受。盖斯凯尔在夏洛蒂面前表示自己会把她的作品当作珍宝,留给女儿[13];背地里,她却十分在意《简·爱》的道德格调，直到大女儿二十岁时才允许她阅读这本书[14]。夏洛蒂死后，盖斯凯尔明确表达了自己的怀疑，并在《夏洛蒂·勃朗特传》中承认（否则这部传记就是圣人般的了）："我不否认她的作品里有粗俗的内容，这一点儿，那一点儿，不然，她的作品就是完全高尚的。"[15]

盖斯凯尔和夏洛蒂对于小说的本质和目的都有着截然不同的看法，这让盖斯凯尔难以理解夏洛蒂的作品。尽管结为朋友，但两者在意识形态上观点迥异。盖斯凯尔夫人在她们第一次见面后评论道，她们"几乎在每一件事上都会发生争执、产生分歧——她称呼我为民主党，还说我容不下丁尼生"。[16]夏洛蒂的政治立场是托利的、贵族的，她浪漫主义的美学是内省的、个人主义的；而盖斯凯尔则是摒弃国教传统的非国教教徒，在一些细微的层面质疑小说本身的道德，自然也质疑那种本身无意于帮助社会进步的小说。

夏洛蒂的艺术取材于最深刻的个人经历。与夏洛蒂不同，盖斯凯尔夫人在儿子死后伤心欲绝的情况下开始创作小说，希望小说能让她走出自我。她的小说涉及社会和政治问题。《玛丽·巴顿》（1848）以曼彻斯特的工厂社区为背景，以富有感情、人道主义的口吻描写劳动力和资本的问题。《露丝》（1853）则关注堕落女性的困境。对她来说，在理想状态下，小说是改革的实际动因，作者应该看向世界，而不是观照自己的内心生活。比起夏洛蒂从男性浪漫主义者和乔治·桑那里继承来的美学，盖斯凯尔博爱的方式更容易被维多利亚时期的女性特质所同化。与夏洛蒂不同，盖斯凯尔在寻找方法，让她能够把自己的文学作品定义为对于女性在传统意义上所扮演的道德和看护性的角色的延伸。

这个角色（尤其是在与家庭生活的关系上）对盖斯凯尔来说十分重要。尽管如此，她还是大方地承认把女性的职责和艺术作品结合起来

是困难的。她把艺术看作一种积极的情感宣泄,认为它能拔高女性的
生活,但也担心艺术会诱导女性,让她们远离理想中的自我牺牲。一八
五〇年二月,她在给朋友伊丽莎·福克斯的信中表达了她对这个话题的
困惑:

31

> 有一件事再清楚不过了,那就是如果家庭职责很重要的话,女
> 性就必须放弃艺术家的生活。这和男人不一样。男人的家庭职责
> 在他们的一生中只占很小的一部分。然而,我们谈论的是女人。我
> 很确定的是,当她们被小人国日常烦琐的照拂之箭压得太紧时,到
> 艺术的隐蔽世界中寻求庇护是有益于健康的;这让她们远离病
> 态……并用艺术的平静安抚她们。我在写作中感受到了这一点,我
> 还看到别人在音乐中感受到了这一点,而你在绘画中感受到了这一
> 点,因此,把两者结合起来,一定是可取的。(我说的是家庭职责和
> 个人发展。)[17]

接下来,她有些焦虑地补充道:

> 如果说自我是努力的结果,那么那些努力并不神圣,**这**一点毫
> 无疑问,而且这也是培养个人生活的危险所在。[18]

尽管盖斯凯尔相信个人有义务充分利用上帝给予的天赋,她却不像夏洛
蒂那般对自己的天赋有一种可怕的浪漫主义的信仰。也许,她之所以在
结识夏洛蒂时就特别渴望发掘她身上的自我牺牲和女性特质,就是因为
担心柯勒·贝尔缺乏这些品质。

和许多维多利亚时期的批评家一样,盖斯凯尔也许觉得《简·爱》

女主人公身上有太多的自我。尽管如此，这本书刚出版时，她也不由自主地和大家一样，为这本书神秘的作者感到兴奋不已。据盖斯凯尔的传记作者珍妮·阿格洛说："她总是渴望故事，渴望参与到别人的生活中去。"[19]勃朗特姐弟能在自己幻想的世界中获得非凡的自我满足，而盖斯凯尔和他们不一样，她发现别人比自己更有趣，并且她很想知道新作者隐藏的身份。

相传，有一位艾普斯医生——实际上就是艾米莉临终抱病时，夏洛蒂求助过的那位医生——也许能给她提供答案，但她的询问毫无结果。一八四八年十一月，为了让自己在文学界出名，夏洛蒂决定迈出第一步，将自己的新小说寄给了几位作家，盖斯凯尔这才知道真相。当她收到夏洛蒂的说明时，盖斯凯尔难掩激动之情，旋即给好友凯瑟琳·温克沃思①写下一封耐人寻味的信："给我寄来《谢利》的柯勒·贝尔（啊哈！你拿什么换这个秘密呢？）竟然是个女人——我会告诉你的。"[20]

在之后的几个月里，她迫切搜集一切能搜集到的信息。她捕捉柯勒·贝尔与哈丽雅特·马蒂诺见面的故事，兴奋地写信给朋友安妮·谢恩，描述出现在马蒂诺伦敦居所的会客厅里的那个"非常瘦小、亮色头发的精灵"。[21]那时，流言已经开始夸大夏洛蒂生活中的孤独和朴实，盖斯凯尔欣然传播了错误的说法，自信却错误地声称这是夏洛蒂第一次来到伦敦，而且她的父亲"除了自己家，这二十六年以来从未夜宿他处"，这同样是错误的。[22]

到了五月，盖斯凯尔夫人与凯-沙特尔沃思夫人就夏洛蒂而通信，而凯-沙特尔沃思夫人让两位小说家最终见了面。《简·爱》和《谢利》的

_____

① 凯瑟琳·温克沃思（Catherine Winkworth, 1827-1878），维多利亚时期英国教育家，倡导女性教育。

作者现在对于那些野心勃勃的女主人十分具有吸引力，而凯-沙特尔沃思夫人和其丈夫詹姆斯爵士最近才结识了著名的柯勒·贝尔。詹姆斯爵士原先是一名医生，是一位杰出的公众人物，在健康和教育领域不辞辛劳地为社会谋福利。但他也是一个不懂得人情世故的人，而他在文学上的自命不凡更令夏洛蒂恼火。但夏洛蒂难以拒绝他的盛情邀请，特别是他的邀请满足了她父亲趋炎附势的心理。在夏洛蒂的描述中，凯-沙特尔沃思夫人是"一位三十二岁的小女人，有着一张漂亮、光滑、活泼的脸"。[23]她对夏洛蒂来说没有那么难以应付。但她和盖斯凯尔夫人一样好打听。

　　当然，盖斯凯尔夫人想要了解凯-沙特尔沃思夫人请来的这位著名的客人，渴望多了解一些《简·爱》背后的女人：

> 不！我从未听说过勃朗特小姐曾经来访；而且我愿意多了解一些有关她的事情，这不亚于我对她作品的兴趣。我指的不仅仅是故事和叙事方式，尽管那也很精彩。我指的是人们能从**她**身上窥探到的，她的思维方式，以及她受了怎样的苦，尽管她全然不知。[24]

从一开始，与柯勒·贝尔的小说相比，盖斯凯尔似乎就对夏洛蒂的人格更感兴趣。她开始把夏洛蒂包装成一个受苦的女人。她突然从对作者写作成就的认可（"尽管那也很精彩"）转向了对这位女性内心痛苦的想象。盖斯凯尔把作者柯勒·贝尔和女人夏洛蒂·勃朗特称为"两条平行的轨道"，而这两者的区别也会成为《夏洛蒂·勃朗特传》的核心。[25]在创造这两者的过程中，盖斯凯尔也许发现，夏洛蒂分裂的自我中有一些非常真实的东西，但她潜在的动机是通过把艺术和夏洛蒂分离进而净化这个女人。在传记中，她果断将柯勒·贝尔推向另一面，正如早期的一位评论家所说:"我们在这里找不到她天赋造就的更为杰出的作品……在哈沃斯牧师住宅的历史中,我们看到的是女人,不是女作家。"[26]

然而,盖斯凯尔夫人早先对夏洛蒂·勃朗特这个女人的偏爱某种程度上来自她好打听的性格,以及她对人们生活的兴趣。但这也反映了她对柯勒·贝尔的小说的不安,并证实了她惯常的处理方法:通过关注作者的痛苦遭遇以消解威胁。在给凯-沙特尔沃思夫人去信的余下部分,尽管盖斯凯尔几乎没再直接评论夏洛蒂,但这也暗示了她选择在怎样的背景下才去审视夏洛蒂。这位婚姻幸福、有着四个孩子的母亲转而对单身女性问题和她们在社会中的位置进行富有同情心的长篇大论,暗自将没结婚的勃朗特小姐定义为一位受害者。

在女性人口数量高于男性的十九世纪五十年代,未婚女性是公众讨论的一个话题。社会该如何应对这些单身的女性? 夏洛蒂在给威廉·史密斯·威廉姆斯的信中回答了这个问题:她提议要扩大就业机会,好奇是否会有"女律师、女医生、女雕刻师、女艺术家、女作家"的更大空间。[27]

盖斯凯尔所谓的单身女性生活的"考验"和"无目的性"的重要性在于,她没有考虑到女性也能从工作中获得满足感(实际上,许多女性都是这样的,如勃朗特姐妹的女性主义朋友玛丽·泰勒,她移民到新西兰,并在当地开了一家店)。盖斯凯尔也没把夏洛蒂树立为一位取得职业成就的单身女性榜样。她的思路并未从"勃朗特小姐"延伸到对文学的讨论(毕竟夏洛蒂无法与狄更斯和萨克雷相提并论),而是长篇大论"被剥夺了成为妻子和母亲的自然职责"的女性那不可避免的痛苦。她还将这个痛苦和自己的满足相比:

> 我总感到幸福,并对主抱有感激之情,我感激我是一位妻子、一位母亲,我感激我能如此欣喜地履行这些清楚且明确的职责。[28]

34　盖斯凯尔所谓的"自然职责"不仅涉及老处女反常的社会地位,还涉及一个生物学上的更加基本的女性身份概念。维多利亚时期的一些医学教科书把大龄处女描写得不仅悲惨,而且病态。老处女因无法实现"其存在的伟大生理终点"[29]——母性定义之下的已婚性行为——而被科学史学家萨莉·沙特尔沃思称为"一种生理灾难的形式"。[30]她们自然的天性受到了不健康的阻碍,导致了数不清的疾病。一八五一年,《心理医学与精神病理学杂志》上发表了一篇文章,作者以道德的口吻描述了老处女的两种选择。如果她不让"那种本该自然流泻在丈夫或孩子身上的爱被宗教的情感指引到受苦的人身上",并培养出"克制和谦逊"的可敬品质,她便要忍受不幸的命运,做个"意志坚定"的悍妇,"举止大胆,缺乏女性气质"。[31]

在《夏洛蒂·勃朗特传》中,盖斯凯尔不遗余力地强调夏洛蒂有着谦逊和自我否定的品质;她将夏洛蒂重新包装为修女一般的角色(她帮扶教区的穷人),以及一个把父亲所需摆在自己所需前面的尽职尽责的女儿形象。盖斯凯尔笔下的夏洛蒂将会是善良的处女,而非泼妇。但她也一直觉得,夏洛蒂单身的状态和她经受的丧亲之痛让她不甚健全;她还怀疑,夏洛蒂小说中不被接受的粗俗和非女性气质的因素都是她不健康的症状。

相比之下,盖斯凯尔则把自己描绘成一位健康的母亲角色,有立场照拂被剥夺了母性权利的勃朗特小姐。在凯-沙特尔沃思夫人的鼓励下,她觉得自己能"对她[夏洛蒂]有所帮助"。[32]这种保护夏洛蒂的冲动构成了《夏洛蒂·勃朗特传》的基础,一位评论家也因此抱怨道:"的确,盖斯凯尔夫人不吝惜自己的同情;但那是一种对受苦者居高临下的同情,是为受苦者的辩护,而非感同身受。"[33]

因此,在没有遇见夏洛蒂之前,盖斯凯尔便结合了流言和偏见,为她描绘了一幅生动的画面。她采取了一种怜悯的态度,而这种态度本质上永远不会改变。尽管她欣赏夏洛蒂的文学造诣,但对她的作品感到不安,并相信只有一个受到伤害的女人才能创作出这样的作品。因此,盖斯凯尔把自己对这位神秘的新小说家的痴迷转为对她个人苦难的同情和好奇。据哈丽雅特·马蒂诺和凯-沙特尔沃思夫人的可靠描述,勃朗特小姐有着谦逊的灵魂。盖斯凯尔准备好带着一种保护的姿态、同情的精神去结识夏洛蒂,并把她从悲惨的生活中拽出来。

一八五〇年八月,夏洛蒂总算和自己未来的传记作者见了面,会面的地点就位于凯-沙特尔沃思湖区的避暑别墅——荆棘庄园。在那里,盖斯凯尔可以花比她预想中更多的时间来检验自己的设想。她们的女主人得了一场重感冒,因此,客人们在逗留的时日里,都很依赖彼此的陪伴。盖斯凯尔给夏洛蒂留下了很好的印象,夏洛蒂随后也写道,她发现盖斯凯尔夫人"最有真才实学,令人欢欣、使人满意、和蔼可亲,且我相信,她有一颗善良的爱心"。[34]盖斯凯尔夫人的答复则更加热情。尽管勃朗特小姐的期望很高,但盖斯凯尔并没有让她失望。

夏洛蒂用几句话总结了盖斯凯尔留给她的印象,而盖斯凯尔夫人则立即给朋友写了许多生动的长信,尽可能地介绍《简·爱》的作者。她们刚结识几天,她就产生了一种冲动,要把夏洛蒂的历史传递出去,这也终将在《夏洛蒂·勃朗特传》中得到表达。这些信(特别是她于八月二十五日写给凯瑟琳·温克沃思的那封)一气呵成,仿佛她无法足够快速地写下所有的细节:"目前这封信中写不下这些内容……我想表达的如此之多,却不知从何说起。"[35]盖斯凯尔早就把夏洛蒂的生平视作"材料",要把它塑造成文学。

盖斯凯尔夫人在给凯瑟琳·温克沃思的信的开头描写了她第一眼瞥见的这个"穿着黑色丝绸长礼服的矮小女士"。她起初因为"房间里炫目的光"没能看清夏洛蒂。[36]当夏洛蒂成为关注的焦点时,盖斯凯尔才"有时间端详一下她"。[37]她开始剖析夏洛蒂,而她清晰的表述和当时心理学家关于患病的悍妇和处女的描写很接近,她们往往"身形消瘦""牙齿稀疏":[38]

> 用她自己的话说,她**发育不良**;瘦弱,比我矮二分之一头,有着柔软的棕色头发,不像我的那般黑;眼睛(很好看,富有表达,径直地、大方地看向你)也是同样的颜色,浅红色的头发;一张大大的嘴,且掉了许多牙齿;整体来说,她**长相平平**;额头是方的、宽的,而**非隆起的**。[39]

然而,一旦盖斯凯尔从外表描述转向夏洛蒂的生平故事,她的口吻就变得愈发同情和复杂。人们很快也会意识到,尽管她的风格有些啰唆,但她正在微观层面创造一种预示着《夏洛蒂·勃朗特传》风格的、高度克制的叙事。

36

盖斯凯尔信中的很多内容都是不准确或被夸大了的,其目的就是要让夏洛蒂原本痛苦的生活看起来愈加贫瘠。虽然盖斯凯尔从未去过哈沃斯,但她叙述的开篇还是在视觉上对哈沃斯(实际上就是一个工业城镇)进行了富有感情的、生动的描绘:"一个只有几间灰色的石屋的村子,坐落在荒凉的沼泽北侧,俯瞰着一望无际的沼泽。"然后她将目光聚焦在牧师住宅本身:"那里有一个草皮庭院和一面石墙(那里不会长花或者灌木),从一条笔直的走道下去,你就到了牧师住宅的大门,门两旁各有一扇窗户。"[40](令盖斯凯尔失望的是,当她终于到访牧师住宅时,她发现窗下其实是长着花的。)她打开房门,迎面就是勃朗特的母亲,一位"年轻漂亮的女人"[41],她结婚时便被父母抛弃(盖斯凯尔一定是从安妮的小说《阿格尼丝·格雷》中得到了这一错误的印象。小说中，女主人公的母亲的确因为嫁给了一个穷牧师而与父母断绝了关系)[42]，并且因怀孕、约克郡恶劣的天气以及"自己选择的奇怪疯癫的丈夫"[43]而早逝。事实上，她死于癌症。

令人惊讶的是，就是这匆匆忙忙写下的几句话为一个传奇奠定了基础，这个传奇最终也会广为人知。哈沃斯作为朝圣地的神话就在这里开端，盖斯凯尔决心在故事的开篇描写夏洛蒂的家，将其描绘成一个浪漫、孤独的所在，坐落于风吹过的荒原上。在《夏洛蒂·勃朗特传》中，她还会使用相同的、电影般的技巧，以一场旅途作为开篇。走出基斯利火车站，上山走向哈沃斯，接着走上狭窄的卵石路，到达牧师住宅和村顶的教堂。多年以后，这种类似于民间故事的叙事形式将成为各色勃朗特传记的标准开头。[44]

到目前为止，在盖斯凯尔有关勃朗特家族所有不准确和真假参半的说法中，没有哪个能比她为帕特里克杜撰的故事更富传奇色彩，而它们也在七年后原原本本地出现在了《夏洛蒂·勃朗特传》中。盖斯凯尔在给凯瑟琳·温克沃思的信中将帕特里克刻画成了一个疯狂的厌世者，有可怕的暴力行为：

　　　勃朗特先生冲**物件**发火，而不冲人。有一次，他的妻子还在产期中，家中出了一些差错，他拿起一把锯，走进她的卧室，把所有的椅子都锯掉了，毫不理睬妻子的抗议，也不在乎她的泪珠。还有一次，他发起脾气，拿起地毯，将它捆紧，并扔进壁炉里焚烧。他坐在壁炉前，一条腿搭在炉架上，堆加炭火，直至毯子被烧掉。没人能忍受整间屋子的烟熏火燎。[45]

37

尽管这个叙述细节详尽（特别是当她描述他"一条腿搭在炉架上"的样子时），但事实上，这根本就是无稽之谈，它来自一个被勃朗特家扫地出门的仆人，真实性十分可疑。[46]

在帕特里克的反对下，盖斯凯尔夫人将这些故事从《夏洛蒂·勃朗特传》的第三版中删掉了。帕特里克的抱怨也不无道理。然而，勃朗特姐妹面对各种家庭暴力却依旧坚守孝道的圣洁形象却很难在公众心目中发生改变，而且还会反复出现在之后的传记中。甚至在二十世纪九十年代，朱丽叶·巴克也觉得有必要在她的长篇传记《勃朗特传》中，用大量篇幅将帕特里克从盖斯凯尔的刻画中拯救出来，并揭示实际上他颇有声望，密切地参与当地的政治和教会活动。

盖斯凯尔夫人在去信的剩余部分概述了夏洛蒂的一生，尽可能将它描写得悲惨。这封信接着讲述了三姐妹被忽略的教育："她们的父亲从未教过三姐妹什么——只有仆人教她们怎么阅读和写作。"[47]（实际上，三姐妹是她们的姨妈所教，可能也有帕特里克的参与。他鼓励早慧的孩子们学有所长，也的确给布兰韦尔上过正式的课程。）[48] 她接着在信中描写了在玛丽亚和伊丽莎白死后，勃朗特三姐妹在柯文桥牧师之女寄宿学校里度过的那段悲惨时光。夏洛蒂也终于作为家庭女教师外出工作，随后前往布鲁塞尔学习。在那里，她被描写得孤苦无依、无人照拂，积攒家庭女教师的微薄收入，独自踏上旅途。实际上，夏洛蒂的姨妈为她提供了资金，而且在第一次前往布鲁塞尔时，她有艾米莉和帕特里克的陪伴（帕特里克全程陪伴着女儿们）。同行的还有两位约克郡的朋友：玛丽和乔·泰勒。

信写回到哈沃斯，就有了《简·爱》的创作以及艾米莉和安妮之死。最终，盖斯凯尔幻想着"已身染痨病"的夏洛蒂之死，并以此为结尾，给自己的故事画上了一个美学句号。[49] 事实上，她似乎并未感染此病，而

盖斯凯尔可能也因此帮了夏洛蒂倒忙。林德尔·戈登甚至认为,有关 38
夏洛蒂健康欠佳的消息可能破坏了她未来的婚姻:那时,与她愈发亲近
的出版商乔治·史密斯原本有可能向她求婚。[50]

　　凯瑟琳·温克沃思一收到信就着了迷似的马上把它寄给了她的姐
姐,令人惊奇的是,她姐姐的反应与本章开篇所引用的查尔斯·金斯利
对《夏洛蒂·勃朗特传》的反应不谋而合。艾米莉·温克沃思被盖斯凯
尔夫人生动的描写吸引了,无法"把那座灰色、方形、冰冷、死气沉沉的
房子从[她的]脑海里抹去"。[51]她心中立马对"可怜的勃朗特小姐"充满
同情,甚至准备(即使是相当勉强地)重新审视自己对夏洛蒂作品的看法:
"虽然我不希望再多一位勃朗特小姐了,但我感觉她的生平**几乎**让人喜欢
上了她的小说。"[52]即使是在早期阶段,盖斯凯尔悲剧的——抑或是不准
确的——描述也让夏洛蒂在传统的观念下变得更容易为人所接受。

　　盖斯凯尔在开始创作《夏洛蒂·勃朗特传》时就纠正了自己在第一
次与女主人公见面时形成的一些错误印象。譬如她在开篇章节承认牧
师住宅窗户下有"窄窄的花径"。但为了避免这场景听起来太过欢快,
她又马上补充道:"只有最坚韧的植物才会生长在那里。"[53]虽然她频繁
与夏洛蒂见面、通信,但在夏洛蒂生命的最后五年,盖斯凯尔的观点基本
没有变化。盖斯凯尔的一些错误观点来自凯-沙特尔沃思夫人(比如那
些有关帕特里克的虚假传闻),而夏洛蒂呈现自我的方式也促成了盖斯
凯尔的看法。

　　有一件事可以解释盖斯凯尔夫人为何要过分强调夏洛蒂经受的苦
难:一八五〇年八月,她们第一次见面时,夏洛蒂仍处于低谷之中——
一八四八至一八四九年间,她失去了一个弟弟、两个妹妹。亲人的逝去
的确给她带来了沉痛的打击。她日复一日地忍受着孤独和失望,并发现
没有了之前经常与她讨论作品的妹妹们,她很难着手她的下一部小说

《维莱特》。但据此就认为夏洛蒂再也无法从生活中发觉快乐也是错误的观点。在造访湖区前的一个月,她在乔治·史密斯的陪伴下,在苏格兰度过了一个十分惬意的假期。如果夏洛蒂在凯-沙特尔沃思家的举手投足都看起来更加克制,那是因为她在那里感受到了来自社交的不安。

39　夏洛蒂对詹姆斯爵士一直没有什么好感。在他面前,她很不自在。他像萨克雷和刘易斯一样期待从《简·爱》那富有激情的作者的"烟火表演"中获得消遣,而这正是夏洛蒂一直以来都不愿意提供的。她天生是一位浪漫主义者,湖区的景致总能令她心潮澎湃,但只要詹姆斯爵士在场,她就觉得"有必要控制或压制"自己的情绪,"唯恐自己的热情有一丝一毫的增长,从而招致人们对'母狮子'女作家——女艺术家——的关注"。[54]盖斯凯尔夫人注意到了夏洛蒂安静的举止("可怜的家伙,她不苟言笑"),认为它说明夏洛蒂"生活得……如此艰苦"。[55]实际上,这样的举止可能只是夏洛蒂在众目睽睽之下惯常的反应。她显然觉得本性"功利"的詹姆斯爵士不可能理解她内心的真正的艺术家,而她的应对之法就是回归淑女的矜持。[56]

夏洛蒂有时也会放下这样的矜持,出于自卫,反唇相讥。在一次谈话中,一个不谙世故的人(或许又是詹姆斯爵士?)引出了有关女性小说家的话题,并认为她们"在这类作品中跨过了男性认为合适的界限"。这话分明是在针对柯勒·贝尔。在场的人——大概是在敏感和有保护欲的盖斯凯尔的引导下——很快就认同这些天真的女作家"对得体的违反是无意识的",她们不可能意识到自己在做什么。[57]夏洛蒂接着反驳道:

> 在上帝让我丧失了弄清什么该说,而什么不该说的感觉前,无论我可能拥有怎样的创造力或表达力,我相信他会把这些能力从我身上带走![58]

她的一番肺腑之言一定很让盖斯凯尔高兴,但实际上,这些话是有争议的。虽然夏洛蒂对她所说的话非常严肃,但她想表达的却不是听众所理解的那样。夏洛蒂一定会在心里补充道,她所谓的感觉(以及上帝的感觉)全然不同于"习俗"所设立的标准,但房间里的其他人可能都十分认可这样的标准。

夏洛蒂发现在凯-沙特尔沃思家与盖斯凯尔夫人的对话能帮她摆脱来自詹姆斯爵士的关注,而这种解脱令人开心。相反,盖斯凯尔并不期待(甚至会回避)来自一位女同行的任何不雅、激烈的言辞。盖斯凯尔还带来了一双富有同情的耳朵。她不想讨论夏洛蒂小说中令人不安的激情,相反,她想知道夏洛蒂的生平。她用一种关怀的口吻提问,而不尝试(像萨克雷那样)激怒夏洛蒂,让她给出爆炸性的回答。(盖斯凯尔注意到夏洛蒂会避免任何可能导致"对其任意一部作品的过多讨论"的东西。)[59]我们不禁好奇,夏洛蒂在多大程度上积极促使盖斯凯尔相信并传播了她太过悲惨、无可指摘的一生。夏洛蒂似乎选择强调那些遭受磨难最多或最为孤单的时光(如柯文桥的经历)来回应盖斯凯尔的关切。

有一个故事只可能出自夏洛蒂之口,它讲述了她在前往布鲁塞尔的途中如何登上了前往奥斯坦德的邮船。一个第一次出国就被迫独行的毫无防备的女性形象深刻地影响了盖斯凯尔,而她在给凯瑟琳·温克沃思的信中也较为详细地记述了事情的经过:

> 她从未离开过约克郡,到伦敦去时也很害怕——她叫了一辆出租马车,那是一个晚上,马车行驶到塔台楼梯处,她联系并登上了前往奥斯坦德的邮政船只。他们起先拒绝让她上船,但最后还是让她上去了。[60]

40

事实上,直到夏洛蒂第二次返回布鲁塞尔时,帕特里克才允许她在没有监护人的陪同下出行。如果她没有告诉盖斯凯尔夫人自己是在父亲、妹妹和两个朋友的陪伴下第一次踏上旅途,那是因为她觉得她的聆听者更愿意听一个孑然一身的女人的悲惨遭遇。她也一定明白这个小插曲会是一个很棒的故事,因为她之后在《维莱特》的第六章再次使用了这个故事:露西·斯诺在没有家人和他人支持的情况下,披星戴月,在船夫的咒骂下独自踏上了未知的旅途。但这两个故事有一个明显的区别:夏洛蒂向盖斯凯尔讲述自己的"害怕",而这种传统意义上的女性反应在勇敢的露西身上便荡然无存了。在面临危险时,露西"充满了活力和警惕,而不是沮丧和忧虑"。[61]

夏洛蒂在《简·爱》中表露了一些自己最为深刻的情感,但评论家们中伤了她。在荆棘庄园与盖斯凯尔夫人交谈的过程中,她发现了怎样讲述自己的故事才会博得同情。她们之间的对话甚至让她在短短两周后就同意威廉·史密斯·威廉姆斯的提议:出版一篇有关妹妹们的介绍。夏洛蒂考虑这样做已经有一段时间了,但之前她一直觉得自己没有准备好。盖斯凯尔热心的回应或许让她相信,强调妹妹们隔绝的生活以及她们坐落于荒原之上的家的荒凉会让评论家们更加理解她们。无论怎样,盖斯凯尔从荆棘庄园得到的对哈沃斯的浪漫印象与夏洛蒂在《埃利斯和阿克顿·贝尔的生平说明》(完成于九月十九日)和《〈呼啸山庄〉序》(完成于几周后)中留给人们的印象相似。[62]

虽然这些说法为后来的勃朗特迷思奠定了基础,但勃朗特家实际上并不像它们描述的那样。即使在今天,前往牧师住宅的参观者也总会吃惊地发现它并非一个周围几英里被狂风肆虐的沼泽所环绕的、孤独的、无保护的建筑,相反,它距离最近的酒馆和邮局只有几步路。朱丽叶·巴克翔实的研究表明,在夏洛蒂生活的年代,那里"并非什么幻想中具有布利佳敦风格的穷乡僻壤"①，而是"一个忙碌、工业化的城镇"。勃朗特一家于一八二〇年搬到哈沃斯居住时，那里就有了十三家纺织厂，并在持续扩张中。[63]沃尔特·怀特曾于十九世纪五十年代参观哈沃斯，并在《在约克郡的一个月》中回忆起工厂工人木底鞋发出的咔嗒声，拿哈沃斯与萨尔特奇迹相提并论。所谓萨尔特奇迹就是由来托拜厄斯·索尔特②在布拉德福德所创建的豪华工业综合体。[64]

巴克认为"孤立的"和"孤独的"不适合用来形容哈沃斯：它位于约克郡和兰开夏郡之间的主线上，与布拉德福德、哈利法克斯和伯恩利三个主要城镇等距，是一个有着不少于六个酒馆的、规模相当大的村镇。

巴克也向我们展示了哈沃斯的社会组成与夏洛蒂在《呼啸山庄》序言中描述的完全不同。序言里的哈沃斯仿佛只有粗鲁的农民和野蛮、不开化的地主，而实际上，哈沃斯的居民中有"相当数量的技术人口和生意人"，包括一个外科大夫、一个酒商、一个手表匠、五个屠户、两个糖果商、十一个杂货商和三个家具工。[65]正如汤姆·温尼弗里思所指出的那样，如果勃朗特一家不愿意与这些人交朋友，那可能是出于阶级的不安。他们与卑微的爱尔兰祖先只有一代之隔，坚守着自己新获得的体面，或许不想因为和糖果商"打交道"而失掉这种体面。

但他们的熟人里也包括受过教育的人物，如诗人兼校长威廉·迪尔登，他于一八二九至一八三〇年在基斯利教书时和勃朗特一家熟识起来。之后，布兰韦尔也加入了和迪尔登一样的文学艺术圈，在约克郡的报纸上发表诗歌，而夏洛蒂和埃伦·纳西的通信中满是被遗忘了的名字和有关当地牧师群体的闲言碎语。最近，玛格丽特·康纳在研究自己家

---

① 《布利佳敦》(*Brigadoon*)，1954 年上映的美国爱情影片，以苏格兰的一处世外桃源般的乡村为背景。

② 也称泰特斯·索尔特勋爵(Sir Titus Salt, 1803-1876)，英国工业家、政治家、社会家。

史的过程中发现了一个名叫简·爱的真人,她竟然是勃朗特姐妹在罗赫德学校时的一位同学的表亲。尽管除了一个人名的来源外,这个意外的发现没能告诉我们其他任何与夏洛蒂小说相关的信息,但它偶然揭露了勃朗特一家不得不参与的、复杂的社会关系网。[66]

勃朗特一家也并未生活在文化真空里。除了随性但也广泛、深刻的阅读外,他们并非不了解更加广阔的文化世界。朱丽叶·巴克称,一八四一年,欧洲最著名的钢琴家弗兰兹·李斯特曾在附近的哈利法克斯演奏,而布兰韦尔可能观赏了演出。[67]同样,克里斯蒂娜·亚历山大和简·塞拉斯于最近出版的一部有关勃朗特艺术的研究表明,他们所参与的正在当地开展的文化活动的数量比人们之前想象的要多。据她们透露,勃朗特一家不仅参观了一八三四年在利兹举办的皇家北方艺术促进会的夏季展,而且夏洛蒂本人的两幅画作也被展会接受,并与专业画家的作品一同展出。[68]

虽然这种研究能为我们提供一个客观的社会画面,但它并未告诉我们年轻的勃朗特姐弟对家庭生活的主观体验如何。孤寂既是一种内心状态,也是一个外部事实,我们很难想象即使艾米莉生活在车水马龙的大都市,她也只会感受到"孤寂"。他们生动的想象力从小就集中在牧师住宅上方的荒原而不是下方的村庄,且他们倾向于用文学的眼光看待身边的世界。他们浪漫主义的遗产传递出他们对自然的热爱,也激发了他们对周遭枯燥乏味的日常的失落感。夏洛蒂在早期的信件中曾提到"我们荒凉的小山村的孤独"[69]和"我们所生活的荒凉的沼泽地小村庄"[70],这说明她想要把家刻画得更加浪漫。差不多就在夏洛蒂给骚塞写信的同时,布兰韦尔也出于相同目的致信威廉·华兹华斯。为了唤起这位老诗人的感性,这位少年把自己描写成一个大自然的孩子,自打出生那天起就"在荒山野岭中生活"。[71]

在传记作者注意到这点之前,年轻的夏洛蒂就在日记中发掘出家在文学创作中的潜力。勃朗特家的子女们也许被《布莱克伍德杂志》刊登的《墓园章节》的一系列故事所鼓动,在自家房前的墓地里阅读传奇故事。[72]在罗赫德恋家心切的夏洛蒂记载了一个白日梦,幻想着自己回到了牧师住宅。她的日记于一九四一年出版,其措辞让二十世纪的一位传记作者"和任意就勃朗特家族发表过文章的评论家一样"大失所望。[73]实际上,在段落的结尾,我们可以看到她划掉了一个词,并选择了一个 43
更加诗意的表达,这表明她有意将她的回忆转化为文学:

> 我的眼睛盯着窗户,透过窗子看不到别的景色,只有一片单调的沼泽荒原,从教堂墓地的中心升起一座灰色的教堂塔,那里满是坟墓,以至于丛生的杂草和粗糙的草坪在墓碑之间几乎没有空间生长。记忆的眼睛里,它们上方悬挂着漫天灰色的云,常常笼罩着十月中的一天阴冷的结尾,透过窗架,低处的地平线上,[出现了]闪过一轮苍白的、光环环绕的月亮。[74]

月亮、教堂、墓地和暴风雨划过的天空确实预示着勃朗特传奇的核心意象,这些可怕的意象由盖斯凯尔创造并被不断改造,如一九四〇年,美国一部文辞藻丽的传记中这样写道:

> 我接下来要描述的房子是一个灰色的两层居所,在教堂和沼泽中荒凉地矗立着,饱经恶劣天气的摧残。
> 我仿佛是从教堂墓地那里看到它的——它正面朝向这里;甚至比它身后的天空还要暗淡,天空也因暴风雨即将来临而变得灰蒙蒙的。它的苍白是铅色的;是恐惧的颜色,抑或是狂想的颜色。它看

起来像是在闹鬼。窗户对着墓地,死人的肋骨一根接着一根,三层并一层地埋在那些采石场下,等待末日的来临。[75]

像后来的迷思缔造者一样,年轻的夏洛蒂思乡心切,没有想象去往基斯利方向的磨坊和工厂,也没有幻想出哈沃斯那十一位杂货商忙生意的样子。当盖斯凯尔夫人在荆棘庄园请她描述自己家时,她也不太可能提到上述情景。荒原和夏洛蒂的孤独正是盖斯凯尔想要听到的[76];日常生活的平凡琐事似乎不值一提。

三年后,当夏洛蒂邀请盖斯凯尔夫人留宿牧师住宅时,她风趣地夸大哈沃斯的荒凉:

> 当你离开家园……来到哈沃斯时,你必须打起精神,以免你会踏上前往美国的不毛之地的短暂旅途。丢下你的丈夫、孩子和文明,你必须走向野蛮、孤独和自由。[77]

44　盖斯凯尔也许无法充分理解这些话中的讽刺意味而把夏洛蒂的话当真。哈沃斯的迷思已在她的心中根深蒂固了。

夏洛蒂和盖斯凯尔夫人的第一次会面很成功。绝大部分时间里,她们两人形影不离,都想要讨彼此欢心;分开时,她们也想保持联络。通过突出自己个性中被压抑和需要帮助的一面,夏洛蒂激发了盖斯凯尔的保护欲;而作为文学圈中的一位富有同情心的朋友,盖斯凯尔将夏洛蒂看作一位淑女,这也吸引了她。然而,她们随后萌生的友谊虽然温暖,却并不真正亲密,因为夏洛蒂总要隐藏一部分自我。表面上,她们关系友好,私下里,她们对彼此都有所隐瞒。

　　她们两人刚一回到各自家中就开始通信。夏洛蒂的信虽然真诚友好,但也透露出她希望新朋友以怎样的方式去解读她。夏洛蒂去世后,盖斯凯尔重新研究《夏洛蒂·勃朗特传》,并惊讶地发现夏洛蒂"写作时的口吻会根据不同的对象而有所变化"。[78]社交时的夏洛蒂很在意别人的眼光。在《维莱特》中,具有自传性质的女主人公露西·斯诺反映出自己的性格如何根据不同的人物而有所变化:对于轻浮的吉内芙拉来说,她是"老顽固"或尖酸年老、愤世嫉俗的"第欧根尼"[79];面对约翰医生,她是"安静的露西……像影子一样无害"[80];在保罗·埃马纽埃尔看来,她"风情万种"、性感迷人[81]。

　　夏洛蒂在与文人打交道的过程中也像变色龙一样。在 G. H. 刘易斯看来,她可以用柯勒·贝尔的口吻写作,《简·爱》也是为了讨好市场而被创作出来的。[82]然而,她告诉盖斯凯尔夫人的恰恰相反:自己永远不会低俗到为了金钱而创作小说。[83]这种矛盾很大程度上揭示了十九世纪五十年代职业女作家在自我定义方面的困境,也显示出夏洛蒂急于向盖斯凯尔展示自己淑女的一面。

　　两人会面结束后,夏洛蒂就在第一封写给盖斯凯尔的信中精心修饰以期迎合对方的情感。盖斯凯尔对于尽职的未婚女儿和难伺候的鳏夫父亲之间的关系饶有兴趣(这一关系也成了盖斯凯尔小说中反复出现的主题),她也一定对下面这一幕很感兴趣。它一窥夏洛蒂的家庭生活,而背景则是阴森的墓园和肆虐的狂风,耐人寻味:

　　　　爸爸和我刚用过茶;他正安静地坐在他的房间里,而我坐在我的房间中;"狂风暴雨"正席卷花园和墓地;至于荒原——浓雾将它们掩藏。[84]

夏洛蒂接下来讨论了一个相对来说不太隐私的话题：她最近读的书。这时她的语气变了，风格也不再像她在以柯勒·贝尔的名义写给 G. H. 刘易斯的那些文绉绉的信中那般自命不凡。她推荐了一篇刊登于《威斯敏斯特评论》的文章，该文拐弯抹角地评价了莎拉·刘易斯的作品《女人的使命》，把女人说成道德的缪斯，而非能凭借自身实力有所成就的创造者。虽然作者对工作中的女性表示了一定的尊重，但他依旧认为女性的首要职责是激发男性身上英雄般的创造力。[85] 夏洛蒂接着就女性的生存条件发表了观点，认为"在社会系统的基础之上，存在着我们再怎样努力也无法触及的根深蒂固的恶，这是我们不能抱怨的，我们最好不要总为此劳心伤神"。[86] 尽管她建议人们对生活中无法解决的问题视若无睹，但实际上，她已经准备好要在艺术中思考这些在现实生活中无法思考的事。也许柯勒·贝尔在《简·爱》中把女性的思想当作反抗之地，而当她以勒朗特小姐的身份与盖斯凯尔夫人讨论有关女性的问题时，她则热衷于展现出一副温顺友好的面孔。[87]

一八五〇年十二月，盖斯凯尔夫人向凯-沙特尔沃思夫人汇报她与夏洛蒂关系的进展：

> 我给她写了一封长信，写下了几近粗鲁的建议（如果这些建议纯粹来自头脑的理智，而不是因为内心——一颗为她的孤独而隐隐作痛的心——的温暖，那它们就是粗鲁的），而她友好热情地回复了我，感谢我所说的一切。[88]

在健康不佳、心情颓丧的时候，夏洛蒂热切渴望得到同情，盖斯凯尔也愿意纵容她的呻吟和痛苦。夏洛蒂须得有个好心情才能提笔给乔治·史密斯写信[89]，而在垂头丧气之时，她更愿意给盖斯凯尔写信[90]。但她有时并不感激朋友的关心。一八五一年四月,她向乔治·史密斯抱怨道,两位"小姐"(盖斯凯尔夫人和哈丽雅特·马蒂诺)"似乎私下里觉得我生病了"。她们有一种习惯,一旦夏洛蒂忘记回信,她们就会散布谣言,说她"身体欠佳"。"为什么我就不能像别人一样健康呢?"她悲叹道。[91]

如果说这些女士容不得夏洛蒂身强体健,或许是因为她们更喜欢另一个样子的她。对于她们来说,只有疾病和痛苦才能解释她作品中的激情。尽管她们都各自采取了激进的做法——盖斯凯尔从工人的视角描写了一场罢工,而马蒂诺则倾向于无神论,但在什么作品适合女性接受的问题上,两者始终抱有传统的观点。对夏洛蒂的小说,她们都觉得,未婚女性流露出性欲说明其精神不健康。对比两者刚刚相识时所写下的小说,人们能明显注意到盖斯凯尔和夏洛蒂在对艺术、女性特质以及性的处理方面有着巨大的差异。当时,盖斯凯尔正在创作《露丝》,而夏洛蒂则在创作《维莱特》。两部作品都在一八五三年早些时候出版。

盖斯凯尔的《露丝》有明确的道德和社会目的。她通过查尔斯·狄更斯与一家拯救"堕落"女性(多为妓女)的慈善机构取得了联系,这家机构帮助这些女性移居国外并开始新的生活。盖斯凯尔的小说旨在通过描写无辜的女孩如何误入歧途而为这些身处困境的社会弃儿博得同情。她笔下的露丝·希尔顿是一个脆弱的孤儿,在血汗工厂做裁缝的她与一个出身不错的年轻男人私奔。这个男人引诱了她,让她怀有身孕,而后抛弃了她。

在小说的剩余部分,露丝都在赎罪,她先是以母亲的身份赎罪,最终转换身份,牺牲自我以求救赎。在一家发热医院工作时,她在病人中遇见了曾经勾引她的男人,并在照顾他的过程中感染了斑疹伤寒症,殉道而死。尽管她最初堕落了,但因为她在其他方面都太过善良,她才会轻信他人。一位持怀疑态度的评论家指出,盖斯凯尔设法让她的女主人公在失去童贞的同时保持对性的天使般的无知。[92]她在一种孩子般的冷淡、没有性欲的状态下走向堕落:

> 露丝天真无邪,如雪一般纯洁。她听说过坠入爱河的事,却不懂它的征兆;她也确实没在它们身上动过脑筋。[93]

在文化层面,夏洛蒂的《维莱特》则属于一个完全不同的世界。G. H. 刘易斯在一篇评论里指出,它的激情、力量和"对传统的不屑"使它能与乔治·桑的作品比肩,而它之于《露丝》,有如阳光之于月光。[94]小说的主人公露西·斯诺与露丝·希尔顿恰好相反:露西外表沉默、墨守成规,内心却充满了反叛的欲望。但与露丝不同的是,她没有堕落。然而,在维多利亚时期的一些人看来,夏洛蒂对她的精神面貌的生动描绘也许比盖斯凯尔所描写的道德故事更令他们感到不安。

毫不意外,夏洛蒂发现创作《维莱特》是件难事。无法再用笔名隐藏身份的她知道自己在下一次出版作品时会受到人身攻击。她坚定追求自己的艺术本能,回归了赋予《简·爱》生命力的自传体美学,挖掘内心深处的痛苦以寻找素材,这在很大程度上说明她勇气可嘉。在社交层面,勃朗特小姐也许遵循了女性言谈举止得体的标准。但在艺术上,柯勒·贝尔绝对致力于自己最初的观点,无论这个观点能否符合她所谓的批评家"对淑女气质的定义"。[95]夏洛蒂不得不在客厅里以《简·爱》作者的身份示人,这让她比以往任何时候都更加意识到内在和外在自我的脱节。她表面上循规蹈矩,内心实则热血沸腾,而内外之间的矛盾也在随后成为《维莱特》的核心主题。

这部小说的灵感源自夏洛蒂在比利时的经历,讲述了英国孤儿露西·斯诺的故事：她在虚构的布鲁塞尔①的一所学校里教书，这所学校很像埃热寄宿学校。故事讲述了露西与两个男人的关系：魅力十足却肤浅的约翰·格雷厄姆·布雷顿医生（以乔治·史密斯为原型）对她的爱视若无睹，而富有激情且善变的保罗·埃马纽埃尔教授（以康斯坦丁·埃热为原型）则回应了她的爱。这种情节剧式的剧情——往前追溯回哥特文学，往后照见了十九世纪六十年代耸人听闻的小说②——涉及背信弃义的耶稣会士们和一位邪恶的女校长（以埃热的妻子为原型），他们一心想要毁掉露西和保罗先生的幸福。但这本书真正的主题是女主人公动荡的内心世界。

小说的背景和一些事件以夏洛蒂的真实经历为基础。和露西一样，夏洛蒂曾于一八四三年的暑假绝望地前往了一个罗马天主教忏悔室，对"主人"的单相思和埃热夫人对她愈发冷淡的态度都让她备受煎熬。然而，倘若把这部小说当作对夏洛蒂真实生活的天真誊写，那就错了。正如夏洛蒂所说，她只允许现实建议而非命令她。在这部布局最为精巧的小说中，夏洛蒂实现的深刻性和分析的复杂性远非简单的自传所能企及。[96]

马修·阿诺德认为《维莱特》"丑陋，令人不悦，使人浑身战栗"，若说这本书读来并不令人舒服，也不无虚假。[97]简·爱敞开了心扉："读者，我嫁给了他"是文学史上最富有感染力的话了，因为它把我们当作朋友一样进行对话。[98]但也有人认为简粗俗且过于坚定，并因此断然拒绝了她。在露西·斯诺身上，夏洛蒂则提供了一个情感同样炽热但更不

48

---

① 夏洛蒂虚构出名为维莱特的地方，目前，学者普遍认为维莱特就是虚构的布鲁塞尔。

② 耸人听闻的小说（sensation novels）往往情节离奇，耸人听闻，令人神经紧张，感官刺激。这类小说兴起于十九世纪六十年代，代表作家及作品有：威尔基·柯林斯（Wilkie Collins, 1824-1889）的《白衣女人》（1860）以及玛丽·伊丽莎白·布拉登（Mary Elizabeth Braddon, 1837-1915）的《奥德利夫人的秘密》（1862）。本书第四章频繁出现该文类，不再另作说明。

可靠的叙述者,这位叙述者经常向读者隐瞒重要的信息,并在自己的性格和举止方面误导读者。未婚的女性如果想承认自己的性欲,便要放弃对女性气质的坚守,生活在这样一个社会中,露西·斯诺一直否认自己坠入了爱河,哪怕这是显而易见的事实。她尝试压抑自己内心的感情,却最终导致自己精神崩溃。这是一部有关崩溃与恢复、身份与无意识的小说。小说中,有关埋葬的意象反复出现,这也暗示小说中大部分的事件都隐藏在表象之下。

　　未婚的露西生活在一个不知道该如何应对独立的单身女性的社会里。当然,盖斯凯尔夫人与凯-沙特尔沃思也曾讨论过这一话题并提及夏洛蒂。在她们的设想中,这些女性经受"考验",无怨无悔地禁欲,克制自我而不追求完满的婚姻或成为人母,此时,露西就不那么温顺了。她之所以会令维多利亚时期的读者震惊,不是因为她受苦,而是因为她以马修·阿诺德不以为然的"饥渴、反叛和暴怒"来回应这种苦难。[99]露西在参观一个艺术画廊时发现文化将女人分成两种刻板的形象,但这两种形象没有一种是完全人性化的。一面墙上挂着一张具有鲁本斯①风格的克里奥佩特拉,她赤身裸体、性感淫秽,如蛞蝓般缺乏灵性;而另一种艺术则选择对一系列感伤的体裁抱有病态的虔诚,展示了女性生活中的场景,聚焦于婚姻和母亲的身份。[100]露西因无法遵循这两种腐朽观点中的任意一种而崩溃了;这种崩溃真的出人意料吗?

　　露西(和夏洛蒂)的最大成就就在于她(们)在内外交迫的状态下,依旧为强大的人格难以言喻的冲动找寻表达。夏洛蒂以一种近乎超现实的强烈梦幻笔触描写了露西的崩溃,而这种崩溃正是因为露西努力抑

―――――――――――

　　① 彼得·保罗·鲁本斯(Peter Paul Rubens, 1577-1640),佛兰德斯画家,巴洛克画派早期代表人物。

制那难以抑制的欲望。一些读者会发现《维莱特》证实了一种医学观点：对性的压抑会让道德软弱的老处女歇斯底里。但夏洛蒂的观点与那些给女性贴标签并把她们物化的医生的观点截然不同。她不仅允许自己笔下的病人以他们主观的声音去描绘情感的细微之处，暗示性欲不仅仅涉及生殖本能，而且还避免道德评判，从不假装露西经过一段时间的自我克制和慈善工作就会痊愈。更重要的是，她认为起作用的是社会因素而非单纯的生理因素：迫使露西精神崩溃的并不是她未被满足的欲望，而是那不允许她承认自己拥有欲望的传统。

49

　　然而，《维莱特》并非一味对人类精神的弹性与恢复力抱有悲观的态度。露西最终成功将自己破碎的人生拼凑到了一起。小说的结局不落窠臼，没有以婚姻收场，却暗示读者露西的爱人可能在一场船难中罹难而没能回到她身边。尽管这著名的结局是开放式的，但露西还是在工作和独立中获得了一种满足感，自己创办了一所蒸蒸日上的学校。事实上，她不得不承认自己对爱的欲望（即便它从未被真正满足过），这让她成为一个更加完整的人。虽然这部幻灭的小说具有坚定的道德现实主义，但露西·斯诺和简·爱同为幸存者，只是她有着属于自己的生存方式。

　　夏洛蒂在创作《维莱特》时走走停停，不时遇到阻碍，但她不想与同为小说家的朋友讨论这一点，因为她意识到盖斯凯尔夫人也许无法完全同情自己的女主人公。但盖斯凯尔总就《露丝》向夏洛蒂寻求建议。[101]这反映出她们两人对待艺术的不同态度。夏洛蒂的核心关切在于毫不妥协地表达自己内心的看法，盖斯凯尔则更担心自己对读者的影响，因为她的最终目的不是个人的表达，而是催人向善的改革。

　　在一封信中，夏洛蒂曾富有洞见地询问盖斯凯尔夫人是否觉得写作简单：

做一个完全**属于自己的女人**，无论你的作品会怎样影响别人的思想，你都不受影响、不为动摇；它会引起怎样的责难，又会引发怎样的同情呢？……一句话，你是否从未因想让那些**想法**总是善良，却有时无法公正**看待问题**的人接受你的想法，而试图使你笔下的角色比生活中的更讨人喜欢呢？不要回答这个问题；它不是用来回答的……[102]

《维莱特》表明，无论在艺术的哪个层面，夏洛蒂都完全致力于做听命于自己的女性。她显然没有为了讨好自己的读者而柔化露西·斯诺的个性。令人惊讶的是，虽然她的身份已经暴露，但她依旧愿意用自己内心深处的黑暗作为创意的起点。她果断将自己认识的人用作小说人物的原型（特别是乔治·史密斯和他的母亲，他们以约翰医生和布雷顿太太的角色出现在小说中），哪怕她确定他们能在那些不讨喜的描写中认出自己。

50　　但在《露丝》中，盖斯凯尔夫人知道自己选了一个富有争议的主题，并担心公众也许无法接纳一个堕落的女人作为小说的女主人公。实际上，她迫切需要保护自己的道德清誉，这也许是她为何会在一八五三年一月恳请夏洛蒂延期发表《维莱特》：以便这两本原计划同时问世的小说不会一起接受评论。盖斯凯尔给出的理由是她不想让那些批评家进行令人反感的比较，尽管他们已然对女作家抱有偏见；但这也可能是因为她不想与"粗俗的"柯勒·贝尔被当作一丘之貉。

　　到头来，人们对《露丝》还是褒贬不一。作品甫一出版，盖斯凯尔就说有一本书在曼彻斯特被焚毁了。但这一孤立的事件并没有反映出文学批评家的态度，比起作者在选择小说核心人物上的不道德，他们中的许多人似乎更担心《露丝》作为一部小说无法取信于人。为了将露丝塑造得令人同情,盖斯凯尔还是在心理现实主义方面做出了让步,正如一位批评家所说,这一做法令她的女主人公更像是"深思熟虑的产物,并非来自生活"。[103]和许多读者一样,夏洛蒂觉得小说在结尾处悲惨得不自然,好奇为什么露丝在遭受了如此多的磨难后还要死去。[104]当然,盖斯凯尔的策略就是将露丝塑造得楚楚可怜,乃至于最铁石心肠的批评家也不得不原谅她;盖斯凯尔就是要狠狠惩罚她,这样才不会有人站出来说露丝并没有为自己的罪行付出代价。在这个方面,《露丝》预示了《夏洛蒂·勃朗特传》:在《夏洛蒂·勃朗特传》中,女主人公的女性美德和历经的悲剧会被用来掩盖她所谓的过错。

尽管盖斯凯尔不想让批评家拿自己的小说和夏洛蒂的作品作比较,她本人却在第一次读到《维莱特》时那样做了。她告诉凯-沙特尔沃思夫人:

> 勃朗特小姐和我的不同之处就在于她把她所有的粗俗都写进了书里,而我则把自己所有的良善写了进去。我确信她把从自己的生活中**汲取**到的很多病态的东西都写**进**了她的作品中;而我的小说则比我本人要好得多,我甚至总为自己写下它们而羞愧,就好像我是个伪君子一样。[105]

她并不是唯一一位在小说中发现病态内容的读者,她觉得这种病态有损夏洛蒂本来能成就的"超凡的伟大",但前提是她"在幸福且健康的环境中长大"。在盖斯凯尔夫人眼里,勃朗特小姐"对父亲、周遭的穷人和老佣人们尽职尽责",她悲惨的生活无可指摘,然而,她的艺术眼光虽然"异常高明",却始终被污染了。[106]

夏洛蒂一定预料到了自己对女性心理无所保留的刻画会在一些方面造成恐慌。她甚至询问乔治·史密斯是否准备匿名发表《维莱特》，好让她能再次受到"隐姓埋名的掩护"。[107]毫不意外,他拒不放弃响亮的"柯勒·贝尔"的署名。

第一批评论文章发表时,夏洛蒂发现自己先前的担心不无道理。即便挑剔的哈丽雅特·马蒂诺也和道德高尚的勃朗特小姐做起了朋友,她便因此认为自己可以指望她的支持。然而,马蒂诺却在《日报》的一篇未署名(但容易被认出)的评论中抨击了这本小说。评论重申了自《简·爱》出版以来人们对柯勒·贝尔的固有批判:认可她"原创性的印记"和艺术的力量,但对她的激情嗤之以鼻。这篇评论甚至还公然给这本书贴上了病态的标签。马蒂诺认为露西·斯诺的心理太复杂,并宣称她内心的矛盾和性欲远非寻常女性所能体会到的,这本不该被拿来描写。"女人的生命中缺乏内省,有的却是无意识和沉稳,"她接着说道,"但在这本书里我们没有看到这些。"[108]

马蒂诺小姐没有盖斯凯尔夫人那般和蔼可亲,她在一封信中直截了当地把自己的反对告诉了夏洛蒂:"我不喜欢那种爱情,无论是它的类型,还是它的程度。"[109]盖斯凯尔同情夏洛蒂,而马蒂诺对于所谓病态激情的过度敏感却让她对夏洛蒂求全责备。马蒂诺本人未婚,她之所以反应过激可能是因为她担心柯勒·贝尔的作品会被一些男性加以利用,他们本就拒绝接受单身女作家,把她们视为寻求刺激的饥渴处女。

夏洛蒂愤怒地回复了马蒂诺,并在信中表示自己于一八五〇年请她不吝赐教时不是这个意思。她觉得自己一直以来都在尝试触及一个有关情感的真理:无论社会怎么看,单身女性拥有自然的激情,天经地义。"我知道什么是爱,因为我理解它,"她写道,"而且,如果男人或是女人竟会因为感受到这样的爱而羞愧,那这个世界上再无什么是正确的、高

尚的、忠诚的、真实的和无私的了。"[110] 她很受伤,这件事也为她们的
友谊画上了句号。

　　我们不难看出伊丽莎白·盖斯凯尔和哈丽雅特·马蒂诺为何会觉
得《维莱特》难以下咽;盖斯凯尔更是这样,她试图在道德纯洁和博爱的
基础上定义女性写作。一些医学界的男士把智力劳动和活跃的性行为
定义为男性化的,生活在这样一个世界里,盖斯凯尔急于向人们展示文
学作品可以是纯洁无瑕且女性化的。而另一方面,夏洛蒂把激情放在她
幻想的核心,这一方式尤其使女作家们担忧不已。她不仅承认女主人公
身上的性欲,还把性和艺术创造力隐晦地连接在了一起。

　　当简·爱坦承自己拥有激情时,这种对欲望的承认也融入了女性对
职业成就的需要,而这两点在传统意义上都是男性的专利:

　　　　没人知道除了政治叛乱,还有多少叛乱在人们的生活中酝酿。
　　通常来讲,女人应该是镇静的;但女人和男人的感受是一样的;她们
　　也需要锻炼能力,也和自己的兄弟们一样需要奋斗的空间……[111]

在《谢利》中,夏洛蒂通过神圣的天才和女艺术家的性结合这一隐喻表
达了自己对女性想象的看法。在《维莱特》中,悲剧的女演员瓦什蒂则
把艺术和性的力量结合到了可怕且不道德的程度。如果盖斯凯尔(她
曾拿自己和圣徒塞巴斯蒂安作比较)[112] 热衷于将写作推崇为一个对于
女性来说精神纯洁的职业,那么她不能接受夏洛蒂的激情也就不足
为奇了。

　　从文学角度来讲,《维莱特》取得了如此瞩目之成就,大多数评论家
都赞赏它的力量和成熟,尽管他们也吹毛求疵,认为它"粗俗""男性化"
或"病态"。《基督醒世刊》于四月出版时就对夏洛蒂进行了批判,其猛

烈程度不亚于任何来自《每季评论》的评论。匿名作者又是一位女性，这再度说明女性作家尤其能感受到来自柯勒·贝尔的威胁。

评论家安妮·莫兹利用一句话概括了自己对两性关系的看法："我们的壁炉前需要一位女性。"[113] 在这方面，露西·斯诺无疑没有多少吸引力。她提醒读者道：

> 对礼仪的暴戾，道德的沦丧，对邪恶的容忍，不，是对它的冷漠……让《简·爱》成了一部危险的书，这也一定会让所有深思熟虑、刚正不阿的人永远无法相信作者。[114]

53　她接着抨击柯勒·贝尔的女主人公"缺乏女性气质，违反了端庄克制，轻视了令人羞耻的恐惧，独立自主，对约定俗成的礼仪不屑一顾"。她的批评也针对个人。她认为露西·斯诺体现了"女作家本人的情感和经历"。[115] 在耗费如此多的心力让文学圈子相信勃朗特小姐的可敬后，夏洛蒂发现这种针对女性的批评颇具威胁性。

当《简·爱》的道德最初受到质疑时，夏洛蒂以柯勒·贝尔的口吻创作了一篇言辞激烈的序言。然而，现在她已经被普遍认作是一位女性了，诚如安妮·莫兹利所说，她在不违反端庄克制的情况下无法公开反击。相反，夏洛蒂私下里用更加辩护性的口吻给《基督醒世刊》致信。她像在《埃利斯与阿克顿·贝尔的生平说明》中那样尝试把自己的成长经历作为挡箭牌，但她的做法有些笨拙。"我出生于一个与世隔绝的乡村牧师住宅，并在那里长大。"她这样告诉编辑，希望自己作为牧师的女儿能够得到尊重，而自己与世隔绝的成长经历能够解释清作品中任何冒犯上流社会的内容。[116] 然而，一封写给编辑的私人信件并没有产生多少作用。虽然她还能依靠体贴的盖斯凯尔夫人的同情，但她粗俗的名声已被坐实。

一八五三年九月,盖斯凯尔夫人总算亲自拜访了柯勒·贝尔的乡村牧师住宅。那里比她想象中更加欢快和宽敞。夏洛蒂最近重新将它装饰了一番,客厅里新挂着深红色的窗帘,舒适温馨。盖斯凯尔夫人赞许房子非常"精美整洁"。[117]种种迹象表明,夏洛蒂严肃对待家庭职责,这很令人欣慰,也坚定了盖斯凯尔的想法:也许柯勒·贝尔有些病态,但勃朗特小姐拥有女性细腻的灵魂。帕特里克老套正式的礼节让盖斯凯尔夫人不舒服,但大多数时光,她都与夏洛蒂独处,而在富有同情心的聆听者面前,夏洛蒂也变得健谈起来。她向朋友约翰·福斯特说道:"有些人很快就穷尽了事实和逸闻;但勃朗特小姐绝非他们当中的一员。她讲述了发生在自己和妹妹们身上疯狂且怪异的事实。"[118]

实际上,夏洛蒂在向客人透露自己的生活时很是谨慎。她们讨论了《维莱特》,但她对自己和导师康斯坦丁·埃热的关系——它启发了露西·斯诺和保罗·埃马纽埃尔之间的爱情——绝口不提。盖斯凯尔已猜到小说和夏洛蒂在布鲁塞尔的经历有关,她认出了一些事件,如夏洛蒂曾提到的在泰晤士河登船的场景。她告诉凯-沙特尔沃思夫人自己相信这"十分准确地描述了她生平的某一经历,这个经历和那个时期唤醒的所有情感十分特别,令她记忆犹新"。[119]因此,她直言自己不喜欢露西·斯诺就显得十分冒失。这不能让夏洛蒂敞开心扉,而在为《夏洛蒂·勃朗特传》进行细致的调研之前,盖斯凯尔一直对《维莱特》这部作品感到费解。

但在其他方面,夏洛蒂远远满足了客人对故事的渴求。还在罗赫德上学时,夏洛蒂就在熄灯之后讲鬼故事吓唬别的女孩。[120]现在,她用一些更富戏剧性的当地传奇和丑闻牢牢抓住了盖斯凯尔夫人的好奇心。

盖斯凯尔夫人急于证实自己对未经开化的哈沃斯先入为主的看法,便囫
囵吞枣,把"缺乏规矩的人家……荒诞不经的故事"当作了当地的日
常。[121]她随后会把这些故事写进传记里,并称哈沃斯居住着希思克利
夫那样的厌世者,他们威胁着要射杀不幸的游客;那里还有沉迷斗鸡、猎
熊的粗俗之人,未成年的女子竟在姐姐的眼皮下被姐夫勾引。她还援引
伊丽莎白时代有关哈沃斯的说法,让它显得极其落后野蛮,而她最初的
想法也得到了夏洛蒂的支持。

　　盖斯凯尔夫人造访期间,夏洛蒂可能不愿向她袒露自己在布鲁塞尔
的全部经历,但她的确吐露了一个与自己相关的重要事实:她父亲的助
理牧师阿瑟·贝尔·尼科尔斯已经向她求婚。好多年前,尼科尔斯就爱
上了她,他是一位智慧、感性、正直但缺乏求知欲的人。起先,她不假思
索地拒绝了他的求婚,但随着时间的推移,她愈发被他坦率、强烈的感情
打动——他用加倍的坚持和纵情的泪水回应自己收到的拒绝。但夏洛
蒂的父亲表面上反对这桩婚事,理由是尼科尔斯"穷困潦倒"。[122]

　　盖斯凯尔夫人一定觉得婚姻和人母的角色——她曾为这些"清楚
且明确的职责"感激上帝——能成为勃朗特小姐的救赎,治愈她的病
态。凭借其特有的慷慨和热心的干预,盖斯凯尔很快就着手尝试帮助尼
科尔斯改善他一贫如洗的境地:她询问朋友理查德·蒙克顿·米尔恩
斯能否利用他的影响力来为这位贫困的助理牧师谋得些生活津贴。
米尔恩斯也的确设法向他推荐了两个不错的助理牧师职位,但都因距哈
沃斯比较远而被尼科尔斯拒绝了。

55　　夏洛蒂对尼科尔斯的热情与日俱增,尤其是当她于十一月得知她曾
一度想要嫁给的乔治·史密斯已经订婚。一月,她就收到了尼科尔斯的
求婚,四月,这对爱侣总算收到了帕特里克的祝福。六月婚礼的前夕,
夏洛蒂最后一次前往曼彻斯特拜访盖斯凯尔,那是她们两人一起度过的

最愉快、最轻松的时光。活泼随和的凯瑟琳·温克沃思也在场,她让夏洛蒂有一种宾至如归的感觉。在一片欢声笑语中,夏洛蒂觉得能一吐自己对即将到来的婚姻的焦虑。不同于她对康斯坦丁·埃热的炙热情感,这个话题可以被无拘无束地拿来探讨,而且她确信能得到她们的理解与支持。在盖斯凯尔夫人看来,这场婚姻似乎为夏洛蒂独自挣扎的故事画上了幸福的句号。

这是两位作家最后一次见面,随后一年,两人便失去了联系。夏洛蒂的婚姻生活比自己预想中的更加忙碌和幸福,盖斯凯尔夫人则担心阿瑟·尼科尔斯英国国教的教条主义会让他对持有异议的自己产生偏见,便主动疏远了他们。但一八五五年春,她从一位名叫约翰·格林伍德的文具商那里收到了夏洛蒂的死讯,这令她大惊失色。格林伍德曾为夏洛蒂供应创作小说的稿纸,而盖斯凯尔在拜访哈沃斯时也曾和他有过一面之缘。(从一个像格林伍德一样的好事之人那里得知这样的消息也在很大程度上说明她与夏洛蒂夫妇的关系不太融洽。)

一八五五年三月三十一日,结婚不满一年且可能怀有几个月身孕的夏洛蒂去世了。[123] 盖斯凯尔夫人当即(这是她标志性的反应)恳请约翰·格林伍德讲清事情的"每一个细节"。"我无法告诉你这则消息让我**多么悲痛**,"她对他说道:

> 我亲爱的朋友、亲爱的朋友,在这个世界上我再也见不到她了!我甚至不知道她生病了。十二月,她给我们的一位朋友写信说自己一切安好且幸福,自那以后,我就再没有收到任何有关她的消息了……我要知道**每一个**细节。[124]

在宣泄情感的过程中,盖斯凯尔甚至思考当初能否通过劝说朋友引产来

阻止她的死:"对于过去的事,再后悔也无济于事;但我有时的确会想,
56 如果当初我来了,我本来能让她引产的——哪怕他们一开始会生我的
气——这样做对她的生命来说是完全必要的。"[125]

　　六月初,盖斯凯尔夫人还在为自己没能守候在夏洛蒂床边而后悔不
已。"我觉得我本来能……或许救她一命的。"她在六月四日给乔治·
史密斯的信中这样写道。[126]随后,她开始计划挽救自己过世的朋友的
名誉,盼着有一天能让夏洛蒂在书中复活:

　　　　有一天,那可能是好多年之后了——但只要假以天年,且可能
　　会被这本书伤害到的人都去世了,我就会出版我所认识的她,并让
　　世界(如果我的表达足够强大)像钦佩这位作家一样,尊重这位
　　女性。[127]

如果公众只知道勃朗特小姐遭受的苦难和女性的美德,他们就会原谅
柯勒·贝尔作品中任何粗俗的笔触。

注释

　　[1]查尔斯·金斯利致盖斯凯尔,1857年5月14日,见阿洛特编,《勃朗
特批评遗产》,页343。

　　[2]《夏洛蒂·勃朗特传》,页498。

　　[3]哈丽雅特·马蒂诺,《自传》,玛丽亚·韦斯顿·查普曼编(波士顿,
1877),第二卷,页21-25,引自奥利尔编,《采访与回忆》,页125。

　　[4]《夏洛蒂·勃朗特传》,页392。

　　[5]哈丽雅特·马蒂诺致？桑顿·亨特,1851年1月24日,《书信》,
第二卷,页564-565。

　　[6]引自伊莱恩·肖瓦尔特,《她们自己的文学·英国女小说家:从勃朗

特到莱辛》(1977;修订版,伦敦,1982),页 75。

[7] 有关勃朗特与盖斯凯尔的关系,见戴尔德丽·达尔贝蒂斯,《死者遗物中的书籍创作》,载《维多利亚研究》,1995 年秋,页 1–31。

[8] 盖斯凯尔致夏洛特·弗劳德,约 1850 年 8 月 25 日,《盖斯凯尔书信》,页 128。

[9] 雷金纳德·布伦特,《杰拉德·布伦特回忆录,他的家庭和祖先》(伦敦,1911),页 66。

[10] E. 罗米厄与 G. 罗米厄,《勃朗特三姐妹》(伦敦,1931),页 253;引自勃朗特家族著,朱丽叶·巴克编,《诗歌选集》(伦敦,1993),导言,页 xxvii。

[11]《夏洛蒂·勃朗特传》,页 108。

[12] 盖斯凯尔致? 安妮·谢恩,约 1848 年 4 月 24 日,《盖斯凯尔书信》,页 57。

[13] 夏洛蒂致威廉·史密斯·威廉姆斯,约 1849 年 11 月 24 日,《书信》,第二卷,页 296。

[14] 盖斯凯尔致玛丽安娜·盖斯凯尔,1854 年 5 月至 6 月,《盖斯凯尔书信》,页 860。盖斯凯尔夫人允许女儿阅读这本小说:"恐怕我从未告诉过你我不介意你阅读《简·爱》。"

[15]《夏洛蒂·勃朗特传》,页 495。

[16] 盖斯凯尔致夏洛特·弗劳德,约 1850 年 8 月 25 日,《盖斯凯尔书信》,页 129。

[17] 盖斯凯尔致伊丽莎·福克斯,约 1850 年 2 月,《盖斯凯尔书信》,页 106。

[18] 同上,页 107。

[19] 珍妮·阿格洛,《伊丽莎白·盖斯凯尔:讲故事的习惯》(伦敦,1993),页 3。

[20] 盖斯凯尔致? 凯瑟琳·温克沃思,约 1849 年 11 月底,《盖斯凯尔书信》,页 93。

[21] 盖斯凯尔致安妮·谢恩,1849 年 12 月 20 日,《盖斯凯尔书信》,页 96。

[22] 同上,页 97。

[23] 夏洛蒂致埃伦·纳西,1850 年 3 月 19 日,《书信》,第二卷,页 366。

[24] 盖斯凯尔致凯-沙特尔沃思夫人,1850 年 5 月 14 日,《盖斯凯尔书信》,页 116。

[25]《夏洛蒂·勃朗特传》,页 334。

[26]《周六评论》,1857 年 4 月 4 日,见安格斯·伊森编,《伊丽莎白·盖斯凯尔:批评遗产》(伦敦,1991),页 378。以下简称"伊森编,《盖斯凯尔批评遗产》"。

[27] 夏洛蒂致威廉·史密斯·威廉姆斯,1848 年 5 月 12 日,《书信》,第二卷,页 66。

[28] 盖斯凯尔致凯-沙特尔沃思夫人,1850 年 5 月 14 日,《盖斯凯尔书信》,页 117–118。

[29]《心理关系中的女性》,载《心理医学与精神病理学杂志》,第四卷(1851),页 35,引自萨莉·沙特尔沃思,《夏洛蒂·勃朗特与维多利亚心理学》(剑桥,1996),页 200。

[30] 同上,页 199。

[31] 同上,页 200。

[32] 盖斯凯尔致凯-沙特尔沃思夫人,1850 年 5 月 14 日,《盖斯凯尔书信》,页 116。

[33] E. S. 达拉斯,《布莱克伍德杂志》,1857 年 7 月,见伊森编,《盖斯凯尔批评遗产》,页 405。

[34] 夏洛蒂致埃伦·纳西,1850 年 8 月 26 日,《书信》,第二卷,页 450。

[35] 盖斯凯尔致凯瑟琳·温克沃思,1850 年 8 月 25 日,《盖斯凯尔书信》,页 123。

[36] 同上。

[37] 同上。

[38]《心理关系中的女性》,引自沙特尔沃思,《夏洛蒂·勃朗特与维多利亚心理学》,页 200。

[39] 盖斯凯尔致凯瑟琳·温克沃思,1850 年 8 月 25 日,《盖斯凯尔

书信》,页 123。

[40] 同上,页 124。

[41] 同上。

[42] 安妮·勃朗特,《阿格尼丝·格雷》,安杰琳·戈雷奥编(伦敦:企鹅,1988),页 61。以下简称"《阿格尼丝·格雷》"。

[43] 盖斯凯尔致凯瑟琳·温克沃思,1850 年 8 月 25 日,《盖斯凯尔书信》,页 124。

[44] 如艾琳·库珀·威利斯,《勃朗特家族》(1933);弗吉尼亚·穆尔,《艾米莉·勃朗特的匆匆一生》(1936);欧内斯特·雷蒙德,《勃朗特的脚步》(1948);玛戈·彼得斯,《不安的灵魂:夏洛蒂·勃朗特传》(1975);以及凯瑟琳·弗兰克,《艾米莉·勃朗特:不羁的灵魂》(1990)。

[45] 盖斯凯尔致凯瑟琳·温克沃思,1850 年 8 月 25 日,《盖斯凯尔书信》,页 124–125。

[46] 巴克破除了盖斯凯尔对帕特里克·勃朗特的大部分控诉。见巴克,《勃朗特传》,页 106–109。

[47] 盖斯凯尔致凯瑟琳·温克沃思,1850 年 8 月 25 日,《盖斯凯尔书信》,页 125。

[48] 帕特里克在一封写于 1835 年的信中提起夏洛蒂和艾米莉很快要动身前往伍勒小姐位于罗赫德的学校,并宣布他决定把安妮留在家中,以便"她的姨妈和我亲自教导"。如果他打算亲自教导安妮,那么他也很可能曾经教导过他的其他女儿。见帕特里克·勃朗特致 J. C. 弗兰克斯夫人,1835 年 7 月 6 日,《书信》,第一卷,页 141。

[49] 同上,页 126。

[50] 林德尔·戈登,《夏洛蒂·勃朗特:激情的一生》(伦敦,1994),页 223。

[51] 艾米莉·温克沃思致凯瑟琳·温克沃思,1850 年 8 月 30 日,《勃朗特家族四卷本》,第三卷,页 151。

[52] 同上。

[53]《夏洛蒂·勃朗特传》,页 56。

[54] 夏洛蒂致玛格丽特·伍勒,1850 年 9 月 27 日,《书信》,第二卷,页 477。

[55] 盖斯凯尔致伊丽莎·福克斯,1850 年 8 月 27 日,《盖斯凯尔书信》,页 130。

[56] 夏洛蒂致威廉·史密斯·威廉姆斯,1850 年 9 月 5 日,《书信》,第二卷,页 463。

[57]《夏洛蒂·勃朗特传》,页 495。

[58] 同上。

[59] 同上,页 532。

[60] 盖斯凯尔致凯瑟琳·温克沃思,1850 年 8 月 25 日,《盖斯凯尔书信》,页 125。

[61] 夏洛蒂·勃朗特,《维莱特》,马克·利利编(伦敦:企鹅,1981),页 111。以下简称"《维莱特》"。

[62] 1849 年 8 月 31 日,夏洛蒂就艾米莉与安妮致信威廉·史密斯·威廉姆斯道:"也许会有那么一刻让我谈谈她们,但那一刻还没有到。"(《书信》,第二卷,页 246)1850 年 9 月 27 日,她致信威廉姆斯说自己已决定要为《呼啸山庄》写序。(《书信》,第二卷,页 479)

[63] 巴克,《勃朗特传》,页 92-93。

[64] 查尔斯·莱蒙编,《哈沃斯的早期拜访者》(哈沃斯,1996),页 42。以下简称"莱蒙编,《早期拜访者》"。

[65] 巴克,《勃朗特传》,页 93。

[66] 玛格丽特·康纳,《简·爱:摩拉维亚的联系》,载《勃朗特学会》,第二十二卷(1997),页 37-43。

[67] 巴克,《勃朗特传》,页 368。

[68] 克里斯蒂娜·亚历山大与简·塞拉斯,《勃朗特的艺术》(剑桥,1995),页 25-26。

[69] 夏洛蒂致埃伦·纳西,1834 年 2 月 11 日,《书信》,第一卷,页 126。

[70] 夏洛蒂致布兰韦尔·勃朗特,1832 年 5 月 17 日,《书信》,第一卷,页 112。

[71] 布兰韦尔·勃朗特致威廉·华兹华斯,1837 年 1 月 10 日,《书信》,第一卷,页 160。

[72] 1828 年至 1829 年连载于《布莱克伍德杂志》。

[73] 凯瑟琳·华莱士,《不朽的小麦》(伦敦,1951),页 38;直到 1941 年,范妮·E.拉奇福德的《勃朗特姐弟的童年网》(纽约,1941)才摘录了夏洛蒂的罗赫德日记。

[74] 勃朗特牧师住宅博物馆手稿,参考编号：Bonnell 98(6v)。

[75] 多萝西·海伦·科尼什,《这就是勃朗特一家》(纽约,1940),页 1。

[76] 有一次在湖区散步时,盖斯凯尔借景色为由询问夏洛蒂哈沃斯周围的荒原。(盖斯凯尔致不知名者,《盖斯凯尔书信》,页 127)

[77] 夏洛蒂致盖斯凯尔,1853 年 6 月 1 日,《勃朗特家族四卷本》,第四卷,页 70。

[78] 盖斯凯尔致威廉·史密斯·威廉姆斯,1855 年 12 月 15 日,《盖斯凯尔书信》,页 375。

[79]《维莱特》,页 153。

[80] 同上,页 421。

[81] 同上,页 418。

[82] 盖斯凯尔致 G. H. 刘易斯,1847 年 11 月 6 日,《书信》,第一卷,页 559。

[83] 盖斯凯尔致 W. M. 詹姆斯,1851 年 10 月 29 日,《书信》,第二卷,页 707。盖斯凯尔讲述了夏洛蒂的评论："如果我不得不谋生,我还是会再次出去当一名家庭女教师,虽然我不喜欢这样的生活,但我觉得一个人应该自发书写内心的充盈。"

[84] 夏洛蒂致盖斯凯尔,1850 年 8 月 27 日,《书信》,第二卷,页 456。

[85]《威斯敏斯特评论》,第五十二卷(1850 年 1 月),页 352-378。

[86] 夏洛蒂致盖斯凯尔,1850 年 8 月 27 日,《书信》,第二卷,页 457。

[87] 虽然《简·爱》中使用了革命隐喻,但夏洛蒂从来不是一位政治上的女权主义者。她对于探索社会对女性思想的主观影响更感兴趣,而不是推动某一个社会改革计划。讽刺的是,十九世纪六七十年代,在反对《传染病法

案》(在这一法案之下,涉嫌卖淫的女性可以被关起来并被强制接受医生检查)的过程中,维多利亚时期的女性主义得以发展,但是这种女性主义更多得益于盖斯凯尔小说中的博爱道德主义,而不是《简·爱》或者《维莱特》中的浪漫个人主义。活动家约瑟芬·巴特勒将《露丝》视作社会净化运动的奠基作之一,该运动将女性视作腐化的男性性行为的无辜受害者,而腐化的男性性行为才是卖淫行为的罪魁祸首。见戴尔德丽·达尔贝蒂斯,《掩盖虚构:伊丽莎白·盖斯凯尔与维多利亚社会文本》(伦敦,1997),页81。

[88]盖斯凯尔致凯-沙特尔沃思夫人,1850年12月12日,《盖斯凯尔书信》,页139。

[89]夏洛蒂致乔治·史密斯,1851年9月22日,《书信》,第二卷,页699。夏洛蒂以一种欢快的口吻开头:"我确定我当下并不灰心丧气,而是很高兴,我会以这种心情给你写信。"

[90]夏洛蒂致盖斯凯尔,1851年9月20日,《书信》,第二卷,页696。夏洛蒂以一种很阴郁的口吻收尾:"你要我写我自己。对于那个宝贵的话题,我能有什么话说呢?我很健康。我的精神并不总是一样的。我身上并没有发生什么。我对这个世界没期望、指望些什么——并且我很庆幸我没有泄气,没有忍受更多。"

[91]夏洛蒂致乔治·史密斯,1851年4月19日,《书信》,第二卷,页606–607。

[92]如《夏普》,引自伊森编,《盖斯凯尔批评遗产》,页208。

[93]伊丽莎白·盖斯凯尔,《露丝》,艾伦·谢尔斯顿编(1853;牛津,1985),页44。以下简称"《露丝》"。

[94]G.H.刘易斯,关于《维莱特》与《露丝》的评论,载《威斯敏斯特评论》(1853年4月),见阿洛特编,《勃朗特批评遗产》,页210–211。

[95]夏洛蒂致威廉·史密斯·威廉姆斯,1853年3月9日,《勃朗特家族四卷本》,第四卷,页51。

[96]萨莉·沙特尔沃思在《夏洛蒂·勃朗特与维多利亚心理学》中对这部作品进行了精彩的解读,将夏洛蒂笔下的精神状态描写与当时心理学理论的一些方面相比,探讨了夏洛蒂对这些观点的扬弃。

[97]马修·阿诺德致阿瑟·休·克拉夫,1853年3月21日,塞西尔·

Y. 兰编,《马修·阿诺德书信》(伦敦与夏洛茨维尔,1996),第一卷,页258。

[98]《简·爱》,页498。

[99] 马修·阿诺德,摘自致福斯特夫人的一封信,1853年4月14日,见阿洛特编,《勃朗特批评遗产》,页201。

[100]《维莱特》,页275-278。

[101] 关于盖斯凯尔与勃朗特更为亲密的关系,见保利娜·内斯特,《女性友谊与社群》(牛津,1985),第二章。

[102] 夏洛蒂致盖斯凯尔,1853年7月9日,《勃朗特家族四卷本》,第四卷,页76-77。

[103] 匿名评论,载《旁观者》,1853年1月15日,见伊森编,《盖斯凯尔批评遗产》,页212。

[104] 夏洛蒂致盖斯凯尔,1852年4月26日,《勃朗特家族四卷本》,第三卷,页332。

[105] 盖斯凯尔致凯-沙特尔沃思夫人,1853年4月7日,《盖斯凯尔书信》,页228。

[106] 同上,页228-229。

[107] 盖斯凯尔致乔治·史密斯,1852年10月30日,《勃朗特家族四卷本》,第四卷,页13。

[108] 哈丽雅特·马蒂诺,《日报》,1853年2月3日,见阿洛特编,《勃朗特批评遗产》,页172-173。

[109] 哈丽雅特·马蒂诺致夏洛蒂,无日期,《勃朗特家族四卷本》,第四卷,页41。

[110] 夏洛蒂致哈丽雅特·马蒂诺,无日期,同上,页42。

[111]《简·爱》,页125。

[112] 盖斯凯尔致安妮·罗布森,1853年1月27日前,《盖斯凯尔书信》,页220。

[113] 安妮·莫兹利,匿名评论,《基督醒世刊》,1853年4月,见阿洛特编,《勃朗特批评遗产》,页207。

[114] 同上,页203。

[115] 同上,页 207。

[116] 夏洛蒂致《基督醒世刊》编辑,1853 年 7 月 18 日,《勃朗特家族四卷本》,第四卷,页 79。

[117] 盖斯凯尔致不知名者,1853 年 9 月末,《盖斯凯尔书信》,页 248。

[118] 盖斯凯尔致? 约翰·福斯特,1853 年 9 月,《盖斯凯尔书信》,页 246。

[119] 盖斯凯尔致凯-沙特尔沃思夫人,1853 年 4 月 7 日,《盖斯凯尔书信》,页 228。

[120] 埃伦·纳西,《夏洛蒂·勃朗特回忆录》,载《书信》,第一卷,页 592。

[121] 盖斯凯尔致约翰·福斯特,1853 年 9 月,《盖斯凯尔书信》,页 244。

[122] 盖斯凯尔致理查德·蒙克顿·米尔恩斯,1853 年 10 月 29 日,《盖斯凯尔书信》,页 253。

[123] 见巴克,《勃朗特传》,页 967-968 注释 96;还有另一种质疑夏洛蒂怀孕的看法,见约翰·梅纳德,《夏洛蒂·勃朗特与性》(剑桥,1984;1987),附录,页 218-224。

[124] 盖斯凯尔致约翰·格林伍德,1855 年 4 月 4 日,《盖斯凯尔书信》,页 335-336。

[125] 盖斯凯尔致约翰·格林伍德,1855 年 4 月 12 日,《盖斯凯尔书信》,页 337。安娜·昂斯沃斯认为盖斯凯尔所使用的"引产"一词是技术层面的意思。安娜·昂斯沃斯,《盖斯凯尔夫人与夏洛蒂·勃朗特》,载《盖斯凯尔学会通讯》,第八卷(1989 年 8 月),引自阿格洛,《伊丽莎白·盖斯凯尔》,页 656 注释 4。

[126] 盖斯凯尔致乔治·史密斯,1855 年 6 月 4 日,《盖斯凯尔书信》,页 346。

[127] 盖斯凯尔致乔治·史密斯,1855 年 5 月 31 日,《盖斯凯尔书信》,页 345。

第三章　文学中的生命

夏洛蒂去世后的几周里，盖斯凯尔夫人开始构思一本回忆录，可以说，这本回忆录将成为十九世纪最著名的英文传记。它不仅将勃朗特一家推向了迷思的领域，而且对传记这一文学体裁更难能可贵的是，它自己也成为经典。到目前为止，人们仍把它视为维多利亚时期的杰作之一。在女性书写的历史上，一位先锋的女性小说家为另外一位同仁撰写一部足本传记是一个具有里程碑意义的事件。但讽刺的是，它也对勃朗特三姐妹的文学声誉造成了深刻且矛盾的影响。

盖斯凯尔的《夏洛蒂·勃朗特传》让人们重新关注勃朗特三姐妹那动人、戏剧性并令人振奋的生活，而没有批判性地分析那些令她们家喻户晓的小说。这部传记并不旨在歌颂作者们的文学作品，而是要为她们开脱，把她们塑造成偶像。它讲述的传奇——孤单的三姊妹、堕落的兄弟和他们疯狂厌世的父亲的悲剧命运在狂风肆虐的荒原上上演——是盖斯凯尔思维定式的产物。她充满善意地为夏洛蒂辩解，并让柯勒·贝尔以一个无可指摘的殉道者兼女主人公的形象重新登上公众舞台，在此过程中,她更加笼统地为那位女性作家刻画出一个神圣的形象。同样重要的是,我们要记住盖斯凯尔是一位难以约束自己想象力的女作家。"你看,"她在创作传记时坦然说道,"你不得不精确并尊重事实;对一位小说家来说,这是最难的。"[1]

盖斯凯尔悲剧性的幻想会潜移默化地影响公众的思维。半个世纪后,亨利·詹姆斯抱怨人们对勃朗特的生平故事形成了一种"被误导的痴迷",它影响了人们对勃朗特小说的批判性鉴赏,取代了这些小说在文化意识中应有的地位:

> 我认为对后世来说,勃朗特姐妹的浪漫传统本质上仍受到一种力量和一幅画面的促进,那种力量脱离了……她们的天赋,那幅画面则刻画了她们沉闷悲惨的历史和孤独贫苦的生活。那幅画面有如《简·爱》和《呼啸山庄》中最生动的一页,被牢牢挂在我们面前。正如我们所说,如果说这些东西是"故事",是生动的、引人入胜的故事,那么首先,产生这些故事的媒介本身也是一个故事,尽管这样一个故事是他人无权欣赏的……它涵盖并取代了勃朗特三姐妹的问题、精神、风格、天才和品位,切实体现了我们了不起的公众就一个文学问题——如果这么说不夸张的话——所产生的思维上的彻底混乱。[2]

如果勃朗特的历史被当作了"故事",那是因为它受到了盖斯凯尔传记的深远影响。借由强烈的情感、对场景生动的描绘以及对情节剧的使用,小说家盖斯凯尔仿佛在无意识地尝试创造一个有关道德救赎的故事,使其足够有吸引力,能和勃朗特姐妹不纯洁的小说相抗衡,引人注目并取得最终的胜利。

盖斯凯尔全身心致力于恢复夏洛蒂名誉的这项工程,仅用两年时间就完成了传记。一八五〇年夏,盖斯凯尔第一次在凯-沙特尔沃思的住处见到了夏洛蒂,那时的她脑海中就有了传记的基本框架和对夏洛蒂的看法,心中满是对她所遭受过的苦难的同情和对她在哈沃斯荒凉的生活过度夸张的设想。但夏洛蒂刚一过世,盖斯凯尔便觉得自己无法出版她之前渴望讲述的故事了。她无法相信帕特里克·勃朗特会同意向世界揭露在她看来疯狂古怪的一面。她知道,为了收集足够出版一部传记的材料,帕特里克的配合是不可或缺的。

但一八五五年六月中旬,即夏洛蒂去世三个月后,盖斯凯尔从帕特里克那里收到了一封意外的来信,那时他还不知道在她眼中,他是一个乖张暴力之人。他在信中正式邀请她担任夏洛蒂传记的作者,这正是她几周以来梦寐以求的,让她既惊又喜。他慢条斯理地解释道:

> 我发现自从我亲爱的女儿夏洛蒂去世以来,不少蹩脚文人以 59
> 及一些聪明诚实的作家在报纸和册子上刊登有关她的文章,我看
> 到很多报道并不属实,甚至大多是虚假的;且我有理由怀疑还会
> 有一些没有资格的人胆敢为夏洛蒂立传。在此情势之下,我觉得
> 没有比邀请某一知名作家为她简单记述一生并就她的作品给出
> 一些评论而更好的计划了。实现我的心愿,您在我看来是最佳
> 人选。[3]

讽刺的是,这部将创造勃朗特迷思的传记最初是被委托用以破除迷思的:作为授权传记,其目的在于使那些开始叫嚣着讲述夏洛蒂故事的人们安分守己。

帕特里克所谓的“蹩脚文人”就包括哈丽雅特·马蒂诺,她在

《日报》上发表讣告,重复了自己所有的偏见。她重申了自己对勃朗特小说中粗俗和激情的看法,认为夏洛蒂悲剧的一生既是粗俗和激情的源头,也是赎罪,并恳请读者记住她在坐落于"沉闷的荒野"之上的那座"荒凉的房子"中"可怕的……人生经历"。马蒂诺与后来的盖斯凯尔只能假设夏洛蒂完全脱离于文化常规,并以此解释她为何我行我素。实际上,夏洛蒂从孩提时起就一直热衷于时政新闻。但马蒂诺却说她"生活在约克郡的荒山里……一个读不到报纸的地方(或者,她在那里从不读报纸)"。[4]马蒂诺错误地以为身体羸弱的夏洛蒂无法在荒原上走动,只得透过窗户径直望向妹妹们的坟墓(事实上,安妮安葬在斯卡伯勒,而她其余过世的亲人们则安葬在教堂里)。马修·阿诺德也发表了一首悼亡诗,并在这首诗中犯了一个类似的错误,即认为夏洛蒂的妹妹们安葬在杂草丛生的墓地里。[5](相同的错误还出现在艾米莉·狄金森或许是为了纪念夏洛蒂去世五周年所写的悼亡诗中,其中,柯勒·贝尔的墓碑上"覆盖着狡猾的苔藓"。)[6]

促使帕特里克向盖斯凯尔发出请求的真正导火索是《夏普伦敦杂志》上发表的一篇匿名文章,它让夏洛蒂的朋友埃伦·纳西义愤填膺。埃伦对其中"歪曲的事实"和"恶毒的精神"深恶痛绝,认为这篇文章理应得到回应。她马上给牧师住宅写信表达自己的忿怒,并提议或许著名作家盖斯凯尔夫人才是那个"作出答复,并……对那位作者作出合理谴责"的人。[7]夏洛蒂的丈夫觉得埃伦反应过激,但帕特里克却欣然接受了她的提议。

实际上,这篇在埃伦看来"恶毒的"文章几乎是逐字逐句改编自盖斯凯尔夫人五年前在湖区第一次见到夏洛蒂后立马写给凯瑟琳·温克沃思的那封长信。盖斯凯尔夫人和她的朋友们往往习惯于在作者不知情的情况下自由传阅信件。温克沃思随后寄给姐姐的这封信不知

老年时期的帕特里克·勃朗特;盖斯凯尔的《夏洛蒂·勃朗特传》让勃朗特家族家喻户晓,勃朗特父亲的照片很快也在哈沃斯被当作旅游纪念品售卖

如何落入了一位记者之手。[8]因此,盖斯凯尔夫人现在被要求发表一部作品来纠正她犯下的错误。

盖斯凯尔当即接受了提议,但她还是担心夏洛蒂的父亲和丈夫可能会阻碍她写出自己眼中的女主人公的真相。珍妮特·马尔科姆在西尔维娅·普拉斯①的传记中这样写道:"亲人是传记作者的天敌。"[9]即便在夏洛蒂生前,盖斯凯尔夫人也从未对帕特里克或阿瑟·尼科尔斯有过好感:前者生性怪僻,竟把家具砍碎,而后者的宗教顾虑影响了她和夏洛蒂的友谊。夏洛蒂刚去世时,盖斯凯尔觉得自己直接和他们打交道很是不便,因此便委托好事之徒约翰·格林伍德去打听她想知道的事,如让他小心询问萨克雷是否给帕特里克寄去吊唁信。

七月二十三日,为了获得精神上的支持,她在凯瑟琳·温克沃思的陪同下抵达哈沃斯,并发现夏洛蒂的父亲和丈夫对于写传记这件事态度截然不同。阿瑟·尼科尔斯反对"创作传记;但他还是在勃朗特先生的愿望前妥协了"。[10]颇为奇怪的是,虽然盖斯凯尔把帕特里克描绘得很不讨喜,但帕特里克却是她最坚定的支持者。这许是因为这部传记满足了他的野心:看到勃朗特的姓氏从默默无闻一跃而至名誉的圣殿。而另一方面,尼科尔斯对名人的魔力并不感冒,本能地把传记当作一种亵渎。他之所以向帕特里克屈服,并勉强承认一部权威的传记也许能制止汹涌的流言蜚语,是因为他认为自己有义务和岳父维持良好的关系。虽然岳父最初反对过他的婚事,但尼科尔斯现在只得和他一同生活,直到这位老人于一八六一年去世。

盖斯凯尔夫人带着第一批收集到的材料离开了牧师住宅——大约

---

① 西尔维娅·普拉斯(Sylvia Plath, 1932-1963),继艾米莉·狄金森和伊丽莎白·毕肖普之后最重要的美国女诗人,英国诗人特德·休斯(Ted Hughes, 1930-1998)的前妻。

是一打夏洛蒂二十出头时写给家人的信。[11]她接着和埃伦·纳西取得 61
了联系,埃伦为她提供了超过三百封信件[12],并向她保证"她——夏洛
蒂·勃朗特——作为一位**朋友**、一位**女儿**、一位**姐姐**及一位**妻子**,越是被
了解(且在必要的时候,通过她自己的话被了解),就越会被欣赏"。[13]

　　这本来可以成为《夏洛蒂·勃朗特传》的主旨。它完美说明了盖斯
凯尔的目的:将私下里的夏洛蒂刻画出来,来抵消公众人物柯勒·贝得
留给人们的印象。盖斯凯尔之所以急于拿到夏洛蒂写给埃伦的信(埃
伦虽然温柔得体,但她没有文化追求,夏洛蒂也不曾与她讨论自己的文
学志向),是因为这些信定会衬托出她想在传记中塑造出的那个顾家且
有女人味的形象。(夏洛蒂在给玛丽·泰勒的信中则更加开放,泰勒是
一位独立的女性主义者,她们两人从在罗赫德求学时起就是朋友。但不
幸的是,玛丽为防书信被后世窥探而将它们毁掉了。)

　　夏洛蒂写给埃伦的信也许无法反映出她完整的自我,但盖斯凯尔
正确地认为这些信对营造一种亲密感极具价值。如果她能引用夏洛蒂
写给一位挚友的原话,那她就能让读者觉得他们在分享一段亲密关系。
虽然从表面上看信的内容稀松平常,比如涉及埃伦为夏洛蒂新买的一个
淋浴花洒[14],但一种在私人世界里分享的感觉会更加强烈。这让后来
的一些狂热者产生了一种错觉,令他们对偶像抱有极其私人的情感。
一八九九年,一位多愁善感的作家曾吹嘘"比起我许多活着的朋友,
夏洛蒂·勃朗特更接近我的内心"。[15]

　　对于传记而言,盖斯凯尔希望营造的亲密氛围是革命性的。阿瑟·
尼科尔斯在发现盖斯凯尔打算大量引用夏洛蒂的私人信件时曾大吃一
惊,这也说明《夏洛蒂·勃朗特传》亲密得令人难以想象。这位鳏夫原
本以为传记作者只是为了收集信息才想披览夏洛蒂的信件,并在盖斯凯
尔和乔治·史密斯的共同努力下,被迫在版权让渡的问题上签了字。[16]

同时期的男性传记作者创作的关于男性的传记——如一八五七年塞缪尔·斯迈尔斯为工程师乔治·史蒂芬森所作的畅销传记——很少关注主人公的童年、家庭环境及情感生活，而更愿意讨论他们的社会成就。[17]盖斯凯尔则决定在让柯勒·贝尔的形象回归家庭的过程中突出这些方面。

一些永远不会出现在为著名的男性所作传记中的细节却令盖斯凯尔异常重视。夏洛蒂于一八五一年写给埃伦的一封信占据了传记的整整一页。她在信中谈及最近买的衣服：她用一件黑斗篷换下了另一件白斗篷以便更好地搭配她黑色的绸缎裙子，买下一顶粉色衬里的帽子，不敢肆意挥霍的她拒绝了昂贵的彩色丝绸，转而挑选了黑色的。引文与我们分享了两位女性朋友的日常，盖斯凯尔也以此证明勃朗特小姐"女性的品位"，以及她"对谦逊、精巧且整洁的着装的喜爱"：这些都证明夏洛蒂在女性气质方面无可指摘。盖斯凯尔甚至引用夏洛蒂对自己内衣的评论："……最好是一些小号的紧胸内衣（女性的全码对我来说并不合身），每日的样式既简单，质量又好。"[18]这下我们便不难理解阿瑟·尼科尔斯为何会觉得自己过世的妻子受到了侵犯，并为此感到尴尬。

在呈现个人家庭的角度时，盖斯凯尔也为公众的想法开辟了一个空间，这个空间既是女性特有的，也是维多利亚小说的素材。她对那些琐碎的家庭细节——衣着、家务或者仆人在收到一个来自女主人的礼物时的欣喜——的小心利用营造了一种女性化的氛围，同时也提供了某种结构，而经典现实主义小说家往往利用这种结构去创造对真实生活的幻想。盖斯凯尔刚开始构思传记，她的小说家本能就被激活了。在最初与埃伦取得联系的几周前，她生动地告诉另一位通信者她的目标是"在脑海里形成一幅她的[夏洛蒂的]性格及生活场景的画面"，这说明她已经意识到要积极地把自己的素材塑造成一个美学形象。[19]

正如一位评论家所说,盖斯凯尔笔下的勃朗特故事是这样讲述的:

> 这部传记完全像一部小说一样展开,光影和色彩的巧妙安
> 排——对于一些物体的突出以及对另一些物体的明显压制——就
> 像一场精妙的戏剧一样,令人们兴奋不已,而不是像日光和**自然**
> 那般简单。[20]

正如我们所见,有关传记开篇的基本想法早在盖斯凯尔与夏洛蒂第一次
会面后就在她的脑海中形成了——对哈沃斯的全景描写最终缩小到对
牧师住宅的特写。那位评论家其实还能够补充道,这部传记很像盖斯凯
尔本人的作品:《玛丽·巴顿》的故事在曼彻斯特周围的田野中展开,在
扫视了一群傍晚的行人后聚焦于巴顿一家,而《露丝》的开篇几段则描
写了“东部某郡一市镇”的历史和建筑,随后,女主人公出现在一幢房子
的台阶上。[21]

但在《夏洛蒂·勃朗特传》中,开篇的旅途没有在到达山上的牧师
住宅后结束,而是止于教堂,且首先披露的不是女主人公本人,而是勃朗
特家族的墓碑,上面刻满名字和接二连三的死亡信息(盖斯凯尔让热情
的约翰·格林伍德为她抄下墓碑上的碑文)。她从一开始就让我们直
面悲剧,给传记的剩余部分笼罩上了一层悲伤的阴影,这也是传记里的
人物们在日常生活中始料未及的。

盖斯凯尔喜欢用文学伎俩来努力赢取读者的同情,而被称为叙事预
述的修辞手法就是很好的例子。宿命论对勃朗特迷思来说不可或缺,因
为盖斯凯尔沉湎于故事的悲剧性结尾,并提醒人们“乌云笼罩着那注定
要遭难的人家,每时每刻都将黑暗聚拢”。[22]盖斯凯尔也承认少年勃朗

特姐弟有过欢乐的时光——譬如她引用了一封夏洛蒂写给埃伦的信,信中讲述了朋友玛丽与玛莎·泰勒的造访——但她必须马上补充道,这样的欢乐"现在已经荡然无存"。[23]

正如一位勃朗特的狂热者于一九一四年所说,正是这种戏剧性的宿命论给之后几代人留下了"这样的印象:勃朗特一家住在哈沃斯的牧师住宅时,生活和诗息息相关,生活就是诗;的确,悲剧和诗歌往往也是生活"。[24]亨利·詹姆斯在抱怨勃朗特故事已经沦为"被误导的痴迷"时恰好也抱有这样疑惑的态度。正如詹姆斯所说:

> 文学是一个目标,一个有计划的结果;生活则是缘由,它并不具备意识,却令人焦躁不安、手足无措。然而,当我们考虑勃朗特姐妹时,流行的做法则是把原因和结果混为一谈,乃至于在这样的痴迷面前,我们不再知道我们掌握了什么,抑或是我们在讨论些什么。[25]

64 如果盖斯凯尔的遗产让公众错把生活当成了文学,这并不令人吃惊。所有的生命写作(弗吉尼亚·伍尔夫这样称呼传记)都是一个自相矛盾的过程,零碎的生活经验被塑造成正式的文学结构,并被人为赋予一种方向。从词源来看,"传记"——"生命写作"——一词是矛盾修辞法。在某种程度上,所有的传记作者都从虚构叙事中借鉴了一些叙事技巧,但盖斯凯尔比大多数传记作者都要技高一筹,在她手里,勃朗特历史确实变得诗意起来。

盖斯凯尔把个人印象、信件、轶事、当地历史等证据都融入了夏洛蒂的生平,并在此过程中运用了她作为小说家所学到的许多技巧。她在绘声绘色的场景描述方面尤其天赋异禀,譬如她对帕特里克暴戾脾性的刻画,但她也知道如何在合适的时机弃用修辞手法。比如在描写前往哈沃斯的旅途时,她并未否认该地真实的情况,而是简明扼要地记录了工厂以及位于山上的一些其他贸易和制造业。她在记录这些不浪漫的地标时,口吻极为单调平淡,没给读者留下任何印象。令读者记忆深刻的则是些极具色彩、富有诗意的描写:"像波浪一般蜿蜒起伏的山峦……山顶是荒芜凄凉的荒原——它们给人以隔绝孤寂之感,从这点看,它们是宏大的。而它们又以一种单调而遮天蔽日的屏障给人以幽闭之感,从这点看,它们又是令人窒息的。"[26] 盖斯凯尔在此处所创造出的悲伤孤独的意象压倒了她所记录的事实,这在《夏洛蒂·勃朗特传》中很是常见。

然而,盖斯凯尔决心在一个方面保持平淡无奇的口吻,即夏洛蒂与男性的关系上面。《简·爱》和《维莱特》都因为过于热烈地描写爱情而受到批评。因此,盖斯凯尔认为有必要把她笔下的女主人公刻画成一个没有性欲的、无可指摘的形象。她在突出夏洛蒂和埃伦的友情时也回避了一些别的关系,比如夏洛蒂和乔治·史密斯的友谊,后者曾出版了柯勒·贝尔的小说,现在则要出版《夏洛蒂·勃朗特传》。

虽然盖斯凯尔在传记中引用了夏洛蒂写给史密斯的部分信件,但她并未分析他们之间的关系。实际上,他们之间的关系远比单纯的商业合作要热烈得多,但史密斯最终还是对她冷淡下来,而夏洛蒂也得出结论:他太过肤浅而不该得到她的全部尊重。[27] 史密斯可能一直把盖斯凯尔蒙在鼓里,不让她探知他与夏洛蒂之间紧密的联系,只让她阅读了几封夏洛蒂写给他的信。[28] 但由于盖斯凯尔那时还依赖史密斯在编辑上提供支持,即使有所怀疑,她也不会尝试仔细核查他们的关系。相比于后世的传记作者,盖斯凯尔有一个巨大的优势,即她与夏洛蒂及其熟人们在私下里都有接触。但这也阻碍了她的视角。她决不会冒着让史密斯难堪的风险去暗示他曾与自己看重的女作家调情。

65

但盖斯凯尔论是非、道长短的性情意味着别的男性无法逃脱被她无情揭露的尴尬——那些曾经被夏洛蒂拒之门外的男性会被拎到读者面前。盖斯凯尔想以此说明，无论夏洛蒂的小说中有何暗示，勃朗特小姐并不会"轻易屈服"于"爱的激情"。[29]盖斯凯尔高兴地写道，夏洛蒂曾收到并拒绝了史密斯与埃尔德出版公司的一位雇员出人意料的求婚。此人名叫詹姆斯·泰勒，是个性情暴躁的苏格兰人（虽然《夏洛蒂·勃朗特传》将他的名字隐去，但他也不难认出自己）。夏洛蒂觉得泰勒其貌不扬，他的出现更让她浑身冰冷，这很容易让人们觉得，她在回绝他时也是在拒绝激情本身。盖斯凯尔竟然置那鳏夫的感情于不顾，描写了夏洛蒂拒绝阿瑟·尼科尔斯的第一次求婚，并以此说明《简·爱》的作者——"被无知的评论家苛责的她"——如何"冷静又谦逊地"回应一个"热烈又激情的爱的宣言"。[30]

盖斯凯尔想要证明夏洛蒂在与男性的接触中矜持克制，这种急切的心情愈演愈烈，她甚至想掩盖自己于一八五六年五月在布鲁塞尔途中发现的真相。她原本计划就夏洛蒂在学校读书时的情形采访埃热夫妇，但当她抵达时，埃热夫人拒绝见她，哪怕得知她是夏洛蒂的朋友。埃热先生接待了她，并为她展示或朗读了夏洛蒂在回到英国后写给他的信件，而他夫人怪异的举止也立时得到了解释。

盖斯凯尔一直对夏洛蒂在布鲁塞尔的经历有所怀疑。当她第一次读到《维莱特》时，她告诉凯-沙特尔沃思夫人："它揭示了她思想的深处，是的，还有她**内心**的深处，我怀疑是否曾有任何人彻底了解过她的思想和内心。"[31]但她还是觉得，《夏洛蒂·勃朗特传》绝不能把夏洛蒂对老师的强烈情感——这看起来无疑像是她对一位已婚男子的单相思——公之于众。她不会使用这些证据，因为这与她尝试塑造的那个道德纯洁的形象格格不入。在成书中，她引用了埃热为她誊录的一些无伤

大雅的段落,但她也知道,这些被完整保留下来的信就像一颗定时炸弹,
随时能够炸毁她一直以来所精心建构的得体形象:"我不能告诉你,我 66
该如何反对任何能导致这些信件出版的事情。"盖斯凯尔于一八五六年
八月一日给乔治·史密斯写信道。[32]（这颗炸弹直到一九一三年才
爆炸,它爆炸时的确把夏洛蒂的公众形象炸毁了。）

　　结束布鲁塞尔之旅回到家的盖斯凯尔觉得自己和夏洛蒂的亲属以
及他们和传记之间的关系都愈发紧张。她迫切想要读到埃热先生给夏
洛蒂的回信(也许她怀疑埃热先生鼓励学生对自己投入感情),但她也
担心阿瑟·尼科尔斯已经毁掉了这些信。[33]虽然这些信最终也没有
出现,但我们没有理由去指责尼科尔斯,因为夏洛蒂也能轻易烧毁或者
埋葬这些信——《维莱特》中的露西·斯诺就曾这样对待约翰医生的
来信。但盖斯凯尔越来越肯定夏洛蒂的丈夫在阻碍她获得传记素材。

　　尼科尔斯是一个谨慎且注重隐私的人,他一直担心公众读到夏洛蒂
的信件,所以盖斯凯尔才会察觉到他不愿意配合。他刚结婚时就惊讶地
发现妻子和埃伦·纳西竟然在背地里肆无忌惮地议论她两人共同的朋
友。他要求埃伦烧掉夏洛蒂的信件,但所幸她没有遵从他的要求。不出
意料,这给埃伦和尼科尔斯之间的关系造成了隔阂,她私下里甚至觉得
这个男人夹在了自己与老友之间。当盖斯凯尔为创作《夏洛蒂·勃朗
特传》展开调研时,她发现与埃伦建立联系比与夏洛蒂的丈夫建立联系
要简单得多:埃伦钟爱保留夏洛蒂的信件,而且愿意与盖斯凯尔分享。

　　一八五六年夏,盖斯凯尔着手传记已达一年,她意识到尽管自己对
尼科尔斯有所畏惧,但她还要再访哈沃斯。即使埃热的信不复存在,那
里还有她想阅读的其他材料,尤其是夏洛蒂未出版的第一部小说
《教师》的手稿。盖斯凯尔告诉埃伦,她对这部作品的兴趣完全出于文
学上的原因[34],但她也担心这部作品与埃热先生有关,担心其相关度

"甚至比《维莱特》更明显、更纯粹"[35]。如果《教师》的确与埃热先生有关,而且被发表了,盖斯凯尔则担心埃热或许会为了保护自己免遭指控——是他率先向自己的女学生示爱的——而将夏洛蒂的来信公之于众,并借机报复。

坐立不安的盖斯凯尔没有勇气独自前往牧师住宅,因而邀请了傲慢的詹姆斯·凯-沙特尔沃思爵士同往。詹姆斯·凯-沙特尔沃思爵士对人情世故很不通达,因此才能公然提出过分的要求。珍妮特·马尔科姆曾生动地将传记作者比喻为窃贼,而"窃贼"这一绰号几乎可以直接套用在詹姆斯爵士身上。盖斯凯尔后来激动地告诉乔治·史密斯:

> 在 J. P. K-沙特尔沃思爵士的陪同下,我对哈沃斯的拜访很成功,很显然,勃朗特与尼科尔斯两位先生都很敬仰他——还有,他从不担心自己强行索取他认为必要的东西会给别人带来痛苦而因此作罢。虽然尼科尔斯先生再三强调自己离不开这些东西,他还是冷漠地要走了其中不少物品,并极友好地将它们转交给我。[36]

这些物品中就包括《教师》的手稿。盖斯凯尔一读完这部作品便松了一口气,因为小说里正直的英国男主人公和康斯坦丁·埃热毫不相像,但出于对夏洛蒂形象的极度敏感,她还是认为这部小说"被粗俗和渎神的行径所玷污,它对圣经的引用比她的其他任何一部作品都更加令人不悦"。[37]更令人震惊的是,干劲十足的詹姆斯爵士马上宣布自己有意编辑整理这份手稿以备出版,而没有意识到在这个世界上,夏洛蒂把自己的作品托付给谁都不会托付给他。

阿瑟·尼科尔斯最终还是介入并接下了这份工作。尽管尼科尔斯缓和了夏洛蒂原文的部分语气(比如将"你这该死的傲慢!"改成了"真可恶……"),但他对于这部作品远不如盖斯凯尔那样焦虑,即便他作为一位勤勤恳恳的牧师对得体有着很高的标准。[38]盖斯凯尔决计要把夏洛蒂与一切"粗俗的"东西剥离开,哪怕这意味着要把她和她的写作割裂开来。她在看过修改后向乔治·史密斯写信道:"可是天呐!我希望尼科尔斯先生能多修改一些!……因为(如果可以的话)我不会再让任何一个能够称之为粗俗的音节与她的名字联系在一起了。"[39]

　　盖斯凯尔夫人在詹姆斯爵士的帮助下所带走的手稿中还有一些是夏洛蒂少年时代的作品,它们后来也很出名。盖斯凯尔惊讶于那些满是微型文字的小册页,把它们当作"创造力近乎疯狂边缘"的例子。[40]在这一点上,她依旧先入为主地把她的新发现当作夏洛蒂文学想象的病态体现。她并不认为夏洛蒂早期的作品是一个学徒对自己技巧的最初磨炼,她更在意那个受苦受难的女人(她认为夏洛蒂在村子里与世隔绝的成长经历助长了她不健康的幻想),而不是一位崭露头角、志存高远的作家。

68

　　但在看过夏洛蒂少年时代的作品后,盖斯凯尔也不得不承认其中一些欢快的片段让她觉得勃朗特姐弟的童年比她预想中的更加积极乐观。她在给艾米莉·谢恩的一封信中表示,那些材料也让她对帕特里克"刮目相看":其实,帕特里克也会把玩具士兵带回家,也会用孩子们能够理解的语言与他们分享他的政治抱负。[41]尽管有新证据表明帕特里克是一位呵护子女的父亲,盖斯凯尔还是执着于她与夏洛蒂第一次会面后对帕特里克抱有的想法,并在传记中把他塑造成一个厌世者,说他有着"野蛮且错误"的观点和"古怪离奇的行事准则"。[42]

　　盖斯凯尔十分清楚自己所提倡的对夏洛蒂父亲的刻画会有损读者对他的尊重。乔治·史密斯在一八五六年夏读完《夏洛蒂·勃朗特传》的部分草稿后也这样直白地告诉她。[43]但她还是坚决反对轻描淡写夏洛蒂童年时期"家庭的特殊情况"。[44]对盖斯凯尔所写的传记而言，最重要的是突出女主人公早先生活的悲伤和贫苦，只有这样做才能俘获读者的同情，并为她成年时期的小说中那些令人不悦的内容辩解一二。

　　夏洛蒂失去了她的母亲和姐姐们，在柯文桥牧师之女寄宿学校里吃糠咽菜，历经严苛的管教、疾病的侵扰，甚至面对过死亡。实际上，盖斯凯尔对这段经历的处理方式是相对冷静的记录式的。夏洛蒂已经在《简·爱》中对这段经历进行了艺术的表达，盖斯凯尔则认为她的职责就是尽可能确立小说背后的事实，表明小说中"生动的画面"可能给公众留下了"过于深刻的印象"，并把这段经历给孩童时期的夏洛蒂带来的主观影响和客观事实区分开来。[45]即便如此，她的研究还是得出了一个被现代学术性传记作者普遍接受的结论：学校的管理，特别是伙食条件一定非常糟糕。她视野的歪曲之处就体现在她对勃朗特姐弟家庭生活的描写上。

　　盖斯凯尔显然觉得夏洛蒂在柯文桥的遭遇还远不够痛苦，因而她未经核实就把帕特里克描绘成一个憔悴的怪人：他不仅不给孩子们爱，甚至还剥夺他们基本的食物。她宣扬了一种完全错误的想法，即他故意让孩子们吃斯巴达式的素食，导致他们健康不佳，个个早逝。（罗赫德的学生们发现少年夏洛蒂确实不喜荤腥[46]，但勃朗特家并不鼓励偏食行为。艾米莉和安妮在一八三四年十一月二十四日的日记中写到她们晚上要吃水煮牛肉。）[47]

　　盖斯凯尔始终没有妥善解决她先入为主的设想与现实之间的割裂：她认为勃朗特姐弟的童年是单调痛苦的，而夏洛蒂早期作品中却流露出欢快的活力。也许在某种程度上，她之所以强调夏洛蒂童年的艰苦和残酷，是因为这迎合了人们对于小说的期待。《简·爱》是十九世纪中叶对儿童进行描写的先锋文学，但盖斯凯尔笔下这位严肃的小女孩勇敢地扮演着弟弟和妹妹们的监护人,这样一幅画面更像狄更斯而非勃朗特的风格。但她的当务之急没有改变:夏洛蒂的一生因接踵而至的苦难而愈显神圣。即便证据相反,她还是做到了这一点。

譬如她反复告诉读者,勃朗特姐弟有着"异于同龄人的严肃和沉默"[48],对"童年的快乐和嬉闹一无所知"[49],或者"不习惯于孩子般的欢乐"[50]。她接着大段地引用夏洛蒂的《那一年的历史》,十三岁的夏洛蒂在这部作品中欢快地回忆自己和弟弟妹妹们两三年前发明的"剧":布兰韦尔出现在她和艾米莉房门前,两姐妹欢呼着跳下床,抓起他新得的玩具士兵,安妮则跪在厨房的一把椅子上,渴望地望着蛋糕。上述片段引文展现了一种温馨甜蜜、无拘无束的家庭氛围。还有一个片段引文也同样生动:孩子们拒绝上床睡觉,还厚着脸皮询问仆人为什么看起来闷闷不乐。[51]

盖斯凯尔一定在私下合理地解释了她为何要这样刻画帕特里克,利用了他对传记的支持,打算对他进行攻击,因为她相信这样做是为了更好地挽救夏洛蒂的名声。在把现实人物用作创作素材这一方面,盖斯凯尔和当初的夏洛蒂一样不讲情面。但盖斯凯尔创作的非虚构作品也使她的处境更加危险。

盖斯凯尔也一定意识到了这一点,她在一八五六年十月写给乔治·史密斯的信中问道:"你是否担心触犯诽谤法[?]"[52]她觉得自己涉嫌诽谤包括托马斯·纽比(艾米莉和安妮那不择手段的出版商)和伊丽莎白·里格比(现在称伊斯特莱克夫人)在内的三人,里格比曾经在《每季评论》中抨击《简·爱》,称如果作家是一位女性的话,那么她一定"被女性的社会早早抛弃了"。[53]但这两人最终都没有引起任何骚动。但她提到的第三人斯科特夫人在付梓的《夏洛蒂·勃朗特传》中读到自己时,确实威胁要采取法律行动。

70

哈沃斯牧师住宅与教堂,大约拍摄于一八六〇年

盖斯凯尔夫人为《夏洛蒂·勃朗特传》所画的一幅浪漫插图

在上一段与一位鲁滨逊先生的婚姻中,斯科特夫人曾与受雇教育自己儿子的布兰韦尔·勃朗特有过婚外情。安妮·勃朗特也一直在那户人家当家庭女教师,她备受折磨,不得不亲眼见证这段婚外情的发展。鲁滨逊先生一听闻此事,就把布兰韦尔开除并遣送回哈沃斯。一八四五年末,夏洛蒂、艾米莉和安妮三人开始将《诗集》编订成册,开启了随后的文学生涯,布兰韦尔却因为被刚刚丧偶的鲁滨逊夫人拒绝而失魂落魄。他于一八四八年九月去世,此前他的精神和身体都处在崩溃边缘,更因酗酒和吸毒而每况愈下。

虽然盖斯凯尔觉得鲁滨逊夫人有可能诉诸反诽谤法,但她执意把这个故事用作《夏洛蒂·勃朗特传》的关键情节。我们不知道除了从帕特里克和夏洛蒂那里收集来的材料以及一些流言蜚语外,她是否还有其他文字证据可以证实这场婚外情的存在(朱丽叶·巴克认为她可能读过布兰韦尔写给时任哈沃斯教堂司士的朋友约翰·布朗的信,他在信中描述了婚外情的经过)。[54]她的确意识到自己的做法有风险,但还是忍不住写下这个故事。她并未透露那个"坏女人"[55]的名字,但认识该女子的人还是能在书中轻易将她辨认出来。

她既然意识到了风险,为什么还要进行如此激烈的人身攻击呢?她用来描写布兰韦尔婚外情的语言中充满了情感和道德色彩,她甚至把《夏洛蒂·勃朗特传》当作公开平台,劝说堕落的斯科特夫人进行忏悔。但实际上,比起斯科特夫人的灵魂,她更关心为夏洛蒂、艾米莉和安妮寻找一个借口,以解释她们为何能写出如此缺乏女性特质的小说。她在给乔治·史密斯的一封信中解释道:

> 这是一个可怕的故事,我本不该把它讲出来,我只是为了说明勃朗特姐妹不得不长期忍受痛苦,以及是什么让她们在某种程度上

71　　　　沾染了些粗俗的表达,正如人们就《呼啸山庄》和《威尔德菲尔庄园
　　　　的房客》所抱怨的那样……这下你知道我**为什么**想要对比这两种
　　　　人生了吧?[56]

鲁滨逊的婚外情事件在道德和美学层面都形成了对比。一方面,布兰
韦尔和他的情人可以被当作勃朗特姐妹作品中那些不可接受的内容的
源头。盖斯凯尔的想法与夏洛蒂在《生平说明》中为妹妹们所作的辩解
如出一辙,她坚称小说中的激情、暴力以及恶劣的语言并非作者想象的
产物,而是对现实天真的复制,来源于"外部生活经年累月压迫在她们
感官上的残忍严酷的事实"。[57]

　　另一方面,从叙事的角度看,这个故事对于小说家有着难以抵挡的
诱惑。通奸是十九世纪小说的主题之一(福楼拜的《包法利夫人》可谓
通奸小说最杰出的代表,与《夏洛蒂·勃朗特传》同于一八五七年发
表),鲁滨逊夫人则让盖斯凯尔有机会制造出一个"圣母"与"妓女"的对
比,这一对比对于维多利亚小说的读者而言更是耳熟能详。鲁滨逊夫人
被塑造成一个不思悔改的堕落女人,用来衬托夏洛蒂的纯洁。就连她们
的服装都被拿来对比。她常常赞美夏洛蒂"喜爱谦逊、精巧且整洁的
着装"[58],却指责鲁滨逊夫人是一位"举止与年龄不相匹配的花哨
女人"[59],在梅菲尔欢快的舞厅中搔首弄姿。

　　到了布兰韦尔蒙羞归家的危机时刻,盖斯凯尔笔锋一转,用起了押
头韵的情节剧,笔下的主人公们化身为戏剧中的人物:

　　　　失明的父亲[帕特里克患有白内障,后经一次手术成功康复]
　　　　正襟危坐,只想诅咒那放荡的女人,是她勾引自己的独子犯下这弥
　　　　天大罪,令他名声尽毁。[60]

激动之处，帕特里克的指控更加肆无忌惮，他控诉那"堕落的"女人[61]不仅有外遇，还杀死了勃朗特两姐妹，那些"无辜受害者的过早离世也许在某些方面就归咎于她"。[62]

盖斯凯尔不仅意识到布兰韦尔的这段耻辱经历能够被戏剧化地表现出来，还发现它具有一个更具体的叙事用途。她不得不隐瞒夏洛蒂对埃热先生的迷恋，还要找到一个符合心理现实主义的合理解释来说明夏洛蒂为什么会离开布鲁塞尔，又为何会在回家以后如此沮丧。为了让人们觉得布兰韦尔的堕落比实际上发生得要早，盖斯凯尔篡改了事件发生的顺序，这样一来，她就能够把夏洛蒂的焦虑归咎在弟弟布兰韦尔身上。[63]布兰韦尔的婚外情就这样被巧妙地用来掩盖夏洛蒂本人对一位已婚男性的单相思，这让《夏洛蒂·勃朗特传》的女主人公不会因为与性欲有关的暗示而受到玷污。

布兰韦尔堕落的情节就发生在勃朗特三姐妹开始创作那些随后会震撼世界、令她三人家喻户晓的小说时。在盖斯凯尔看来，这些事件的发生顺序很重要，但这并不是因为她制定了一个正确的时间表，而是因为她想在提到那些不能提及的小说前为读者铺垫一种恰当的氛围。她的策略就是在承认夏洛蒂、艾米莉和安妮一直以来都在进行创作**前**把她们忍受的家庭悲剧都描绘下来，并为她们博得同情、求得原谅。同样，她在告诉我们《呼啸山庄》《阿格尼丝·格雷》和《教师》在这个阶段已经完成前用超过三页的篇幅来讲述姐妹们如何为帕特里克的眼疾而担忧不已。

盖斯凯尔在向读者提出了一个直接且感性的恳求后才开始介绍《简·爱》。她一句接一句地辩解，直到最末尾才提到这部小说：

> 想想她的家庭，那里还有一人被悔恨的暗影笼罩，直到他的头

脑混乱,并失去了他的天才和生命;——想想她那老眼昏花、即将失明的父亲;——想想那些身体羸弱,全靠她照拂的妹妹们;——再去钦佩那值得钦佩的勇气,而这种勇气在《简·爱》的创作中一以贯之。[64]

这是最令盖斯凯尔担忧的一部小说,因为女主人公和作者本人联系密切。批评家指责简大胆莽撞、厚颜无耻、举止不当,她却决心把《夏洛蒂·勃朗特传》中的夏洛蒂塑造成一副谦逊安静的样子,让她成为“耐心温良”的典范。[65]盖斯凯尔要证明残酷的环境也许影响了夏洛蒂的文学想象,但她作为一位女性在举手投足间却是无可指摘的。盖斯凯尔笔下的夏洛蒂没有像批评家口中的简那样“低声抱怨上帝委任的职责”[66],而是扮演起家庭妇女的传统角色,心甘情愿地接受“上帝将我们摆在家庭中间时留给我们的至高无上的责任”[67]。

73　　盖斯凯尔想向我们展示写作绝不妨碍夏洛蒂完成家务。因此,她描述了夏洛蒂如何在创作《简·爱》的兴奋之余仍不迷失自己或遗忘自己的职责。老仆塔比视力衰微,但碍于自尊的她不愿承认自己因视力不佳而无法把土豆坏掉的部分剜掉。夏洛蒂便“溜进厨房,瞒着塔比,悄悄地端走那碗蔬菜,她打断自己写作中的全部思绪和灵感,仔细地剜掉土豆上的斑点,再不声不响地把它们放回原位”。为免读者遗漏这一点,盖斯凯尔还特意指出其中的道德:“这件小事或许展示了她是如何井然有序并充分地完成了自己的职责——即便‘主导权’在她身上时。”“悄悄地”“仔细地”“不声不响地”“井然有序地”[68]等副词就是夏洛蒂女性气质的标志。

　　盖斯凯尔相信女人和男人一样拥有神圣的义务,要运用上帝赐予的天赋,但她也急于向我们表明勃朗特小姐在追梦成为作家的过程中并没有过于野心勃勃或刻意强求。她和妹妹们坚持把她们的手稿送往一家又一家出版公司,这样的勇气可能被当作一种非女性化的自信。因此,为了让读者相信"勃朗特小姐不懂人情世故,并愿意聆听他人的意见",盖斯凯尔给他们讲述了"一件小事":

> 她曾就一份手稿致信一位出版商,她已将此手稿寄给了他们,却并未收到任何回信,因此,她询问弟弟到底是什么原因导致出版商迟迟不予答复。他马上表示是因为她没在信中附上邮票。[69]

这一幕旨在向读者展示《简·爱》这样一部热烈的作品的作者听从了男性的判断。其实,布兰韦尔的建议没有盖斯凯尔所说的那样有价值。乔治·史密斯在收到一张来自柯勒·贝尔的邮票时觉得莫名其妙,柯勒·贝尔显然对出版商悭吝的举动抱有奇怪的想法。[70]

　　盖斯凯尔还在其他方面寻找证据来揭示女主人公淑女般的谦虚品质。一八五六年十二月,她致信乔治·史密斯,激动地谈论起夏洛蒂信中的一段话。夏洛蒂在信中满意地提到史密斯的母亲是如何在社交场合中照看她的:"我喜欢那种监视;它就像在守护我一样。"盖斯凯尔认为这是传记的绝佳内容,因为它展示了"女性对于保护——陪护(不管你怎样称呼它)——的信赖和享受;那就是我想要展示的女性气质,不同于人们对她抱有的普遍看法——她是一个'意志坚定、思想解放'的女性"。[71]

　　帕特里克最初联系盖斯凯尔时曾特别要求她"简要"描述他女儿的一生,并对其作品进行批判性的鉴赏。但这位传记作者一直觉得勃朗特小姐比柯勒·贝尔让人同情,便颠倒了侧重点,刻意拒绝对《简·爱》进行深度探讨。她没有尝试从文学角度为这部作品辩护,而是生硬地说:"每一位阅读这本传记的人都一定很熟悉这部作品,而我不会去分析这样一部作品。"[72]

相反,盖斯凯尔把全部愤怒都转向了抨击这部小说的批评家们,并把自己的叙事风格提升到了宗教的高度,让自己听起来更像是一个传教士而不是一位传记作者:夏洛蒂过着凄凉、挣扎且孤单的生活;她唯一的社交对象就是"朴实无华、笨嘴拙舌的北方人,他们不擅长文明世界用来掩饰邪恶的委婉辞令"(盖斯凯尔曾特别强调夏洛蒂与淑女埃伦之间的友谊,人们因此很难想象她要怎样为上述言论辩护);她那可怜堕落的兄弟让她对邪恶更加了如指掌;而丧亲之痛则让她家中的壁炉失去了生气和爱。这样一来,评论家又怎能得出结论呢?他应该和税吏一起祷告,而不是和法利赛人一起妄下结论。[①][73]

盖斯凯尔强调女主人公在面对苦难时展现出了耐心和"女性气质",这构成了她尝试向读者传达的偶像形象的核心。她知道,如果想扭转公众对柯勒·贝尔的看法,她需要勾勒出强有力的轮廓,而不是模糊的边缘。尽管盖斯凯尔对夏洛蒂的刻画表面上是连贯的,《夏洛蒂·勃朗特传》却包含了一个更为复杂的内核,或许也正是因为这样,它才能成为一部如此迷人的艺术作品。维多利亚时代的英格兰女作家不得已的挣扎才是更深层次的真相,它们穿过隐藏在表面下的裂隙和矛盾而被呈现出来。

在夏洛蒂出版作品、成为作家的那一刻,盖斯凯尔写道:

> 从那以后,夏洛蒂·勃朗特的生活就被分成两个平行的轨道——她作为作家柯勒·贝尔的生活和作为女人夏洛蒂·勃朗特的生活。每个角色都承担着各自的职责,互不干涉;两者并非不可调和,但调和起来却是有难度的。[74]

75

---

① 有关税吏(Republican)与法利赛人(Pharisee)的对比,见《新约·路加福音》(18:10—14)。

这反映出夏洛蒂的两个人格——一个是受人敬仰的牧师的女儿,一个则是不落窠臼的作家——之间真正的内在张力,也说明盖斯凯尔发现要将柯勒·贝尔转变为一个谦逊且牺牲自我的女性榜样是何等困难。

尽管盖斯凯尔试图掩饰柯勒·贝尔笔下令人不快的内容或对它们轻描淡写以实现协调,她却无法迫使真正的夏洛蒂沉默。夏洛蒂常常试图挣脱神圣外衣的束缚。实际上,传记中所引用的夏洛蒂的部分言论违背了盖斯凯尔女性化的策略。夏洛蒂曾对 G. H. 刘易斯说过,"我希望批评家们能把我当作一位**作家**去评判,而不是一个女人",而盖斯凯尔对夏洛蒂此番说辞的引用令人感到尤为讽刺,因为《夏洛蒂·勃朗特传》的全部策略就是让读者把夏洛蒂当作一个女人而非一位作家来评判。[75]

盖斯凯尔对夏洛蒂信件的大量引用常常与其努力塑造的女性形象相悖。夏洛蒂雄心勃勃、自信满满的一面仍能浮现出几分,这很不寻常。盖斯凯尔甚至把夏洛蒂年轻时写给哈特利·柯尔律治(他没有赞扬夏洛蒂寄给他的故事)的那封尖刻的讽刺信也囊括其中。[76]她删掉了其中最不具备女性气质的一段(夏洛蒂嘲讽狄更斯等男性作家是"寄宿学校的女子"),并为夏洛蒂轻浮的口吻道歉,还解释说布兰韦尔给她带来了不好的影响,但她还是援引了足够长的书信来展示出一位愤怒且自信的年轻女性。

然而,盖斯凯尔对夏洛蒂其他方面的雄心壮志视而不见。她引用夏洛蒂给埃热先生去信的一部分,夏洛蒂在信中表达了对失明的担忧(鉴于她父亲的盲疾,她的恐惧可以理解),并表示要写一本书,献给自己的文学老师。盖斯凯尔对这些文学上的希冀一笔带过、不予置喙,相反,她更关注视力问题。她告诉我们,近视就意味着夏洛蒂这位优秀的家庭主妇不得不放弃缝纫而选择针织,并在这段时间里尽可能避免写作。[77]

（夏洛蒂衰弱的视力可能没有多少影响。罗赫德的女孩们曾惊讶地发现夏洛蒂教自己闭着眼睛写作,这也是对关闭外部世界并进入内心世界的一个生动的比喻。）[78]

76　　尽管有上述解读,夏洛蒂还是以一副坚定自信的样子出现了,特别是在传记的后半部分,这一部分涵盖了她作为一名作家的全盛时期。盖斯凯尔在这里的叙述几乎被大量信件淹没了。前几章的小说风格让步于另一种不同的描述方式,后者遵循维多利亚文学传记中"生平与信件"的传统。有些信讲述了夏洛蒂家中发生的丧事,其中蕴含的情感并非刻意而为,却比盖斯凯尔夸张地提及"厄运"或求取读者同情时更加感人。但如果这些信传达出了一个遭逢苦难而变得完美的女性形象,夏洛蒂那些就文学话题而写给男作家的信则表明她并不谦逊,不会乖乖听从弟弟关于出版商和邮票的看法;相反,她对自己的想法十分自信,甚至有些粗鲁。

这些冗长、未经充分理解的引文呈现出的是作为作家的夏洛蒂,它们永远在那里供感兴趣的人们翻阅。但它们无法像盖斯凯尔直白且感性的恳求一样引人注目并扼住公众的咽喉。十九世纪七十年代,年幼的小说家梅·辛克莱就津津有味地阅读了《夏洛蒂·勃朗特传》,但"略过了伦敦之行和夏洛蒂的书信"。[79]如此一来,许多读者就会忽略夹杂在字里行间的更为复杂的事实,而简单接受表浅的解读,即女主人公是一位家庭职责的殉道者。

《夏洛蒂·勃朗特传》从头到尾都充斥着冲突与矛盾。它一直在事实研究和小说表达之间徘徊不定,似乎不确定自己要成为一部怎样的书。一方面,盖斯凯尔暗示自己在刻意进行虚构,在叙事中奇怪地穿插了童话、古典神话和斯堪的纳维亚传奇。正如其小说所展示的,她相信故事叙述(无论是希腊悲剧还是流言蜚语)组成了一张将整个社会联结在一起的网。[80] 在《夏洛蒂·勃朗特传》中，她想遵循原型叙事的本能，常常把她的人物浓缩为一些简单的定式人物——荡妇、尽职的女儿、浪荡的儿子。但这一做法与她对柯文桥经历的纪录片式的处理或者对夏洛蒂信件更为微妙的运用形成了对比，这些经历和信件虽然涉及复杂的人性，但总能不言而喻。她的解读呈现出一种简化的道德或戏剧性的力量，往往掩盖了她所提供的多重证据，而她的叙事中有着许多彼此不同且有时相互矛盾的部分。

　　长此以往，这种多样性会让不同的读者对《夏洛蒂·勃朗特传》抱有不同的解读。许多人会把夏洛蒂当作一个圣人，认为她能够承受常人所不能承受的苦难，其他人则认为故事十分普通，它不过记录了她与埃伦·纳西的中产阶级友谊中的亲密日常；有人依然只能看到盖斯凯尔笔下那具备传奇色彩的宿命论，关注厄运、情节剧和孤独，其他人则认为传记见证了维多利亚时代女作家在自我定义方面经历的困境。《夏洛蒂·勃朗特传》之所以历久弥新，或许原因之一就在于人们可以从如此丰富的角度对它进行解读。尽管后世的传记作者反复质疑《夏洛蒂·勃朗特传》的准确性，但没有任何新作超越了这部最早的传记，而其他的勃朗特传记在文学感染力上也都无法与它匹敌。

　　盖斯凯尔曾不顾一切创作这部传记，但她后来所谓的"这本不幸的书"也让她惴惴不安。[81] 她不仅因为不熟悉传记这一体裁而面临艺术上的难题，还因为《夏洛蒂·勃朗特传》与阿瑟·尼科尔斯和帕特里克·勃朗特心生芥蒂，更因忽视了他们的感受而愧疚不已。她决定一完成传记就逃离英国，并于一八五七年二月十三日前往欧洲度长假。[82] 她想要在传记出版时完全与外界隔绝，但对专司诽谤罪的律师和批评家的恐惧却始终盘踞在她内心深处。

　　《夏洛蒂·勃朗特传》于一八五七年三月二十五日甫一付梓便大获

77

成功[83]，几周不到就要重印。[84]但盖斯凯尔的担心很快就变成了现实：斯科特夫人的代理律师们寄来了一封信。手足无措的威廉·盖斯凯尔代表外出度假的妻子很快就和他的律师们屈服了。五月底，尚未售出的《夏洛蒂·勃朗特传》被全部召回，而《泰晤士报》也刊登文章，撤回对斯科特夫人的指控。《雅典娜》随后也为发表过一篇有关《夏洛蒂·勃朗特传》的好评并轻信传记作者是一位"事实的准确收集者"而向读者致歉。[85]

　　盖斯凯尔到家时才发现自己"捅了马蜂窝"并被迫对整本书做了修改。[86]她重写了有关布兰韦尔堕落的一章，删除了所有对斯科特夫人的指控。虽然禁刊令在这个"坏女人"的胁迫下被颁布出来，但覆水难收，它也无法阻止故事通过其他戏剧性的方式流传开来。与布兰韦尔有关的绝命诱惑终将在勃朗特传奇中占据一席之地。（比如在奥斯卡·W.弗金斯于一九三二年创作的戏剧《紫色荒原》中，鲁滨逊夫人和布兰韦尔在哈沃斯幽会。剧中的布兰韦尔变成了一位拜伦式的英雄，身穿斗篷，嘴里念叨着："我是烟道，激情经由我被排出……却熏黑了它们途经的过道。"）[87]

　　尽管如此，斯科特夫人对法律的有力运用还是给这段经历带来了足够的疑点，并让鲁滨逊婚外情事件成了一个谜，令未来的传记作者不明就里。布兰韦尔的熟人弗朗西斯·莱兰于一八八六年发表了一本传记，声称整个事件不过是一个疯子的错觉；这一理论旨在为布兰韦尔的道德进行辩护，却抹黑了他的精神健康。（不幸的是，莱兰拿拜伦和同父异母的妹妹奥古丝塔之间的暧昧类比，称那不过是被拜伦抛弃的疯癫妻子的臆想，但事实上，拜伦和奥古丝塔的乱伦确有其事。）

　　一九六〇年，达夫妮·杜穆里埃声称整个事件都是为了掩盖一个更黑暗的犯罪事实而被编造出来的。她暗示布兰韦尔被开除是因为他性侵（或以其他方式侵害）了鲁滨逊家的儿子。[88]讽刺的是，在过去的一百年里，盖斯凯尔的朋友，诗人兼政治家理查德·蒙克顿·米尔恩斯

（霍顿勋爵）的摘记簿里就有这场婚外情的证据：他曾于一八五九年十月参观哈沃斯时看到了布兰韦尔写给约翰·布朗的那封详细记载了这场婚外恋的信，并誊录了部分内容。然而，直到二十世纪九十年代，朱丽叶·巴克才偶然发现了这一证据：在圣三一学院图书馆工作的黛安娜·查丁发现了霍顿勋爵的笔记，引起了巴克的注意。[89]

原鲁滨逊夫人并非唯一一个有所抱怨的人。盖斯凯尔被迫对第三版的《夏洛蒂·勃朗特传》所作的其他重大修改还涉及柯文桥牧师之女寄宿学校及其创办者威廉·卡勒斯·威尔逊，他的支持者们发起了一场运动，在报界为他辩护。[90]盖斯凯尔早已无力反驳，很快便妥协了；她重写了那一章，不再把勃朗特姐妹遭受的苦难统统归咎于威尔逊个人，但她还是指责一位粗心大意的厨子搞砸了学校的伙食，并认为学校地理位置欠佳。

许多与夏洛蒂有联系的人也多有怨言。盖斯凯尔抱怨道："每一位被这本不幸的书伤害过的人都颇有微词。"[91]就连那些无关痛痒的人物都很失望。哈丽雅特·马蒂诺十分气恼，她觉得自己与夏洛蒂因《维莱特》而心生嫌隙这件事不该被公布了出来，并坚持这些事要按照她的说法被写进《夏洛蒂·勃朗特传》的第三版。[92]勃朗特家先前的两个仆人要求帕特里克出具介绍信来证明他们并不像《夏洛蒂·勃朗特传》中那样糟蹋食物。当地的一位姑娘无法接受读到自己被"勾引"，而该词也被换成了"背叛"。[93]不出意料，帕特里克要求盖斯凯尔删掉有关他残忍古怪的那些轶事。她按照要求做了更改，但收效甚微，因为第一版中绘声绘色的描写无法逆转地成了家喻户晓的传奇。

盖斯凯尔的文学本能无疑掩盖了她在与真人打交道的事实，但她也塑造了勃朗特家的形象，在大众心目中留下了不可磨灭的印象，时常取代了人们对勃朗特小说的关注。如果盖斯凯尔从未写过《夏洛蒂·

79

勃朗特传》，后世也不会有人能像二十世纪二十年代的这位传记作者一样自信地对夏洛蒂评价道："今天，有一个人阅读她的作品，可能就有一百个人更加沉迷于她的生平故事。"[94]盖斯凯尔也许刻意向人们展示女作家不必牺牲她们的女性气质或道德来宣传一种女作家的典范。然而，她对勃朗特小说潜在的焦虑让她无法直截了当地为这些思想过人、天赋异禀、志向远大的作家摇旗呐喊。

在一九一一年版《不列颠百科全书》（至今仍被视为参考文献的不朽杰作）的"勃朗特"词条下，我们依旧可以看到盖斯凯尔的遗产。该词条对她们作品的评论不足二十行，对她们生平的论述却多达二百三十六行。它没有提到希思克利夫，却把夏洛蒂于一八五一年参观伦敦世界博览会这样的生平琐事看得十分重要并囊括进去。作者克莱门特·肖特承认"单纯重复勃朗特家族的故事根本无法说明其不朽的魅力及超乎寻常的感染力"。他接着发人深省地说道："传记作者盖斯凯尔夫人讲述的生平和小说一样有趣。"

对比《不列颠百科全书》的"乔治·艾略特"词条，我们就会发现当时对另外一位经典女小说家的呈现方式大不一样。有一点或许很重要：艾略特的词条是一位女性所写[95]，她细致、批判性地评价了艾略特的小说与非虚构作品，并将她的作品与当时诸如萨克雷、托尔斯泰以及巴尔扎克在内的其他领军小说家的作品进行比较。此举不言而喻：艾略特和男性一样因为思想而受到重视，而勃朗特三姐妹则因家庭生活的惨剧而被世人铭记，依旧被阻挡在文学这一男性的殿堂之外。

注释

[1] 引自珍妮·阿格洛，《伊丽莎白·盖斯凯尔》，页397。

[2] 亨利·詹姆斯，《巴尔扎克的经验》，载《两个讲座》（波士顿与纽约，

1905），页 63-64；转引自安妮特·特罗姆利，《面具：夏洛蒂·勃朗特小说中的自传作者》（维多利亚，1982），页 13。

[3] 帕特里克·勃朗特致盖斯凯尔，1855 年 6 月 16 日（被误写为 7 月 16 日），《勃朗特家族四卷本》，第四卷，页 190。

[4] 哈丽雅特·马蒂诺，《夏洛蒂·勃朗特讣告》，载《日报》，1855 年 4 月，见阿洛特编，《勃朗特批评遗产》，页 303-304。

[5] 马修·阿诺德，《哈沃斯墓园》，载《弗雷泽杂志》，1855 年 5 月，见阿洛特编，《勃朗特批评遗产》，页 309。

[6] R. W. 富兰克林编，《艾米莉·狄金森诗歌》（马萨诸塞州剑桥与伦敦，1998），第一卷，第 146 首，页 187-188。

[7] 埃伦·纳西致阿瑟·贝尔·尼科尔斯，1855 年 7 月 6 日，《勃朗特家族四卷本》，第四卷，页 189。

[8] 见《书信》，第一卷，页 27 注释 1。据推测，作者可能是弗兰克·斯梅德利，他是《夏普伦敦杂志》的前编辑，也是凯瑟琳·温克沃思的熟人。

[9] 珍妮特·马尔科姆，《沉默的女人：西尔维娅·普拉斯与特德·休斯》（1993；伦敦，1994），页 10-11。

[10] 盖斯凯尔致埃伦·纳西，1855 年 7 月 24 日，《盖斯凯尔书信》，页 361。

[11] 同上。

[12] 埃伦·纳西从夏洛蒂那里曾收到"超过五百封"书信，她选了其中一些供盖斯凯尔阅读，而盖斯凯尔则从三百三十封信件中取材以创作传记。（《书信》，第一卷，页 28-29）

[13] 盖斯凯尔致埃伦·纳西，1855 年 9 月 6 日，《盖斯凯尔书信》，页 370。

[14]《夏洛蒂·勃朗特传》，页 384。

[15] 玛丽昂·哈兰，《家中的夏洛蒂·勃朗特》（纽约与伦敦，1899），页 279。

[16] 见盖斯凯尔致乔治·史密斯，1856 年 11 月 15 日，《盖斯凯尔书信》，页 420-421；也见盖斯凯尔致乔治·史密斯，1856 年 11 月 22 日，《盖斯凯尔书

信》,页 422。

[17] 见艾莉森·克肖,《一位女性一生的事业:伊丽莎白·盖斯凯尔的〈夏洛蒂·勃朗特传〉》,载《勃朗特学会》,第二十卷(1990)。

[18]《夏洛蒂·勃朗特传》,页 444-445。

[19] 盖斯凯尔致不知名者,1855 年 8 月 23 日,《盖斯凯尔书信》,页 369。

[20] 詹姆斯·菲茨詹姆斯·斯蒂芬,匿名评论,载《爱丁堡评论》,1857 年 7 月,见伊森编,《盖斯凯尔批评遗产》,页 417-418。

[21]《露丝》,页 1。

[22]《夏洛蒂·勃朗特传》,页 352。

[23] 同上,页 182。

[24] W. H. 德雷珀牧师,《约克郡邮报》,1914 年 1 月 14 日。(剪报,勃朗特牧师住宅博物馆档案馆)

[25] 亨利·詹姆斯,《巴尔扎克的经验》,页 65。

[26]《夏洛蒂·勃朗特传》,页 55。

[27] 有关乔治·史密斯与夏洛蒂之间的关系,见戈登,《夏洛蒂·勃朗特:激情的一生》,第七章。也见巴克,《勃朗特传》,第二十二至第二十五章各处。

[28] 见巴克,《勃朗特传》,页 784。

[29]《夏洛蒂·勃朗特传》,页 443。

[30] 同上,页 491。

[31] 盖斯凯尔致凯-沙特尔沃思夫人,1853 年 4 月 7 日,《盖斯凯尔书信》,页 229。

[32] 盖斯凯尔致乔治·史密斯,1856 年 8 月 1 日,《盖斯凯尔书信》,页 400-401。

[33] 盖斯凯尔致埃伦·纳西,1856 年 7 月 9 日,《盖斯凯尔书信》,页 394。

[34] 同上。

[35] 盖斯凯尔致乔治·史密斯,1856 年 8 月 1 日,《盖斯凯尔书信》,页 401。

[36] 盖斯凯尔致乔治·史密斯,约 1856 年 7 月 25 日,《盖斯凯尔书信》,页 398。

[37] 盖斯凯尔致艾米莉·谢恩,1856 年 9 月 7 日与 8 日,《盖斯凯尔书信》,页 410。

[38] 见夏洛蒂·勃朗特,《教师》,玛格丽特·史密斯与赫伯特·罗森加滕编(牛津,1987),导言,页 xxxi。以下简称"《教师》"。

[39] 盖斯凯尔致乔治·史密斯,1856 年 10 月 2 日,《盖斯凯尔书信》,页 417。

[40] 盖斯凯尔致乔治·史密斯,约 1856 年 7 月 25 日,《盖斯凯尔书信》,页 398。

[41] 盖斯凯尔致艾米莉·谢恩,1856 年 9 月 7 日与 8 日,《盖斯凯尔书信》,页 411。

[42]《夏洛蒂·勃朗特传》,页 90。

[43] 盖斯凯尔致埃伦·纳西,1856 年 7 月 9 日,《盖斯凯尔书信》,页 395–396。

[44] 同上,页 396。

[45]《夏洛蒂·勃朗特传》,页 98。

[46] 埃伦·纳西,《夏洛蒂·勃朗特回忆录》,载《书信》,第一卷,页 590。

[47] 巴克编,《书信中的一生》,页 29。

[48]《夏洛蒂·勃朗特传》,页 87。

[49] 同上,页 210。

[50] 同上,页 93。

[51] 同上,页 116、115。

[52] 盖斯凯尔致乔治·史密斯,1856 年 10 月 2 日,《盖斯凯尔书信》,页 418。

[53] 伊丽莎白·里格比,《每季评论》,1848 年 12 月,见阿洛特编,《勃朗特批评遗产》,页 111。

[54] 见巴克,《勃朗特传》,页 459。

[55]《夏洛蒂·勃朗特传》,页 273。

[56] 盖斯凯尔致乔治·史密斯,1856 年 12 月 29 日,《盖斯凯尔书信》,

页 432。

[57]《夏洛蒂·勃朗特传》,页 335。

[58] 同上,页 444。

[59] 同上,页 281。

[60] 同上,页 280。

[61] 同上,页 283。

[62] 同上,页 281。

[63] 同上,页 263–264。

[64] 同上,页 305。

[65] 同上,页 511。

[66] 伊丽莎白·里格比,《每季评论》,1848 年 12 月,见阿洛特编,《勃朗特批评遗产》,页 109。

[67]《夏洛蒂·勃朗特传》,页 295。

[68] 同上,页 306–307。

[69] 同上,页 316–317。

[70] 乔治·史密斯,《夏洛蒂·勃朗特》,载《康希尔杂志》,1900 年 12 月,再版于奥利尔编,《采访与回忆》,页 87。

[71] 盖斯凯尔致乔治·史密斯,1856 年 12 月 26 日,《盖斯凯尔书信》,页 429–430。

[72]《夏洛蒂·勃朗特传》,页 326。

[73] 同上,页 360。

[74] 同上,页 334。

[75] 同上,页 398。

[76] 盖斯凯尔错误地认为这封信是写给华兹华斯的。同上,页 201–202。

[77] 同上,页 277。

[78] 罗赫德日记,约 1836 年 10 月,见巴克编,《书信中的一生》,页 40。

[79] 梅·辛克莱,《勃朗特三姐妹》(伦敦,1912),页 239。

[80] 尤其是盖斯凯尔的最后一部小说《妻子与女儿》(1866),其中满是童话典故。

［81］盖斯凯尔致乔治·史密斯,约 1857 年 8 月初,《盖斯凯尔书信》,页 463。

［82］盖斯凯尔致埃米琳·斯托里,1857 年 2 月 8 日,《盖斯凯尔书信》,页 445。

［83］巴克,《勃朗特传》,页 795-796。第一版印有两千零二十一册。

［84］1857 年 4 月 22 日额外印刷了一千五百册,5 月 4 日又重印了七百册。(巴克,《勃朗特传》,页 796)

［85］《雅典娜》,见《勃朗特家族四卷本》,第四卷,页 224。

［86］盖斯凯尔致埃伦·纳西,1857 年 6 月 16 日,《盖斯凯尔书信》,页 453。

［87］奥斯卡·W.弗金斯,《紫色荒原》(明尼苏达,1932),页 144。

［88］见达夫妮·杜穆里埃,《布兰韦尔·勃朗特的地狱》(伦敦,1960),第十三章。

［89］见巴克,《勃朗特传》,页 897 注释 6,以及页 459。

［90］见《夏洛蒂·勃朗特传》,页 41,《文本说明》与附录 A。

［91］盖斯凯尔致乔治·史密斯,约 1857 年 8 月初,《盖斯凯尔书信》,页 463。

［92］见《夏洛蒂·勃朗特传》,页 617-618 注释 6。

［93］盖斯凯尔致玛莎·布朗,1857 年 9 月 3 日,《盖斯凯尔书信》,页 470。

［94］K.A.R.萨格登,《勃朗特家族简史》(牛津,1929),页 108。

［95］珀尔·玛丽·特雷莎·克雷吉。

第四章　家庭天使

伊丽莎白·盖斯凯尔的《夏洛蒂·勃朗特传》原本为缅怀逝者而作，但它也标志着勃朗特家族作为文化偶像的诞生。《夏洛蒂·勃朗特传》出版于一八五七年，短短几年后，朝圣者们便动身前往哈沃斯，更短的衍生传记也开始涌现出来，夏洛蒂成了世间的圣人，在公众心目中被重新定义：她不仅道德高尚，还是一位文学家。到十九世纪八十年代，已经家喻户晓的夏洛蒂被列入一份世界名人录，上榜的仅有四名女性，剩下三名分别是圣女贞德、伊丽莎白一世和维多利亚女王。[1]盖斯凯尔重新塑造了她，让"夏洛蒂·勃朗特"的魅力不仅在于她真实的历史人物身份，还在于她的象征价值。

《夏洛蒂·勃朗特传》一出版就饱受争议，但它在主人公的形象上取得令人瞩目的公关胜利，把粗俗的柯勒·贝尔变为了一位勇敢的女主角，在磨难之下愈发完美。在《夏洛蒂·勃朗特传》的影响下，就连挑剔的哈丽雅特·马蒂诺似乎也忘记了勃朗特小姐不过是个凡人。她在一篇对《夏洛蒂·勃朗特传》的评论中用理想化的、圣洁的措辞来评价那个因激情十足而曾被她批评过的女人："夏洛蒂·勃朗特并不知道自己拥有比圣凯瑟琳或圣布里吉特更好的头衔,她为自己在高尚的人中间赢得一席之地,这些人的美德被镌刻下来,将会永垂不朽。"[2]

　　大多数批评家也都强调夏洛蒂的道德和精神力量,而不是她作为一位作家所取得的成就。《旁观者》认为夏洛蒂"了不起",因为"责任感优先于她生命中的一切":她的故事讲述了"殉道者的苦难和圣徒的胜利"。[3]《经济学人》为她的"终日的克己"和"无时无刻不被证实的正直"而对她"钦佩至极",而她"自始至终都愿意温顺地扮演女性角色"的举动也令他们印象深刻。[4]《曼彻斯特检查者时报》则赞赏她"基督徒的坚忍……庄重的顺从……和……堪称典范的耐心"。[5]盖斯凯尔热衷于将夏洛蒂的形象塑造得女性化,她会对《弗雷泽杂志》上的评价尤为满意:"这样的一生总是有女人味的。"[6]

　　盖斯凯尔决定着眼于夏洛蒂·勃朗特这个女人而非柯勒·贝尔这位作家,她的想法成功了。和查尔斯·金斯利一样,许多读者一定因为自己当初竟然把这位圣洁的完人当作粗鄙之人并对其不屑一顾而感到羞愧。然而,还有一些持不同看法的人旧事重提,认为夏洛蒂创作了不道德的小说。《基督教观察者》认为仍有必要谴责《简·爱》这部小说,因为其中的道德"显然是坏的",它"鼓动人们相信无法控制的激情是一切罪恶的借口"。[7]但这只是例外。大体来讲,夏洛蒂的名誉被一举挽回了。

　　《夏洛蒂·勃朗特传》立刻让夏洛蒂在人们心目中成了模范女性。它对精神层面的英雄主义的强调直接迎合了那个时代的感性。传记具有道德力量,能够改变读者的生活,这种观点在十九世纪五十年代蔚然成风。维多利亚时代的圣徒行述并非简单地对死者阿谀奉承,因为传记作为一个说教工具需要提供理想典范,而不是不论美丑地记录现实。在一篇对盖斯凯尔《夏洛蒂·勃朗特传》的评论中,哈丽雅特·马蒂诺有着和许多人一样的观点,她拿当时的传记和中世纪的圣人传记以及普鲁塔克①所写的传记相比,认为它们是"异教徒的老师"。她发现这些作品意在激励行动:"在英雄、忏悔者和殉道者身上,人们看到了自己能够成为的榜样。"[8]

意在用传记影响读者的经典传记大师要数塞缪尔·斯迈尔斯了,他为乔治·史蒂芬森所写的生平传记和盖斯凯尔的《夏洛蒂·勃朗特传》于同年出版。斯迈尔斯凭借其经典作品《自助》(1859)中的乐观个人主义而闻名,后又借由《工程师传》(1861-1862)而一跃成为维多利亚时期最具影响力的流行传记作者。在《自助》一书中,斯迈尔斯宣传了独立、活力、勤奋、节俭的好处,并向读者们保证提高自我的力量就掌握在他们自己手中。榜样的生活是他哲学的重要一部分:"好规矩可能会有很大的作用,"他写道,"但是好榜样的作用更大,因为我们从榜样身上获得行动的指导——智慧起了作用。"[9]他青睐"生活而非文学,行动而非学习",看重传记,因为它能启发道德并具有实际的用途:"伟……人们的传记……作为对别人的帮助、引导和激励是最富有教益、最有用处的。"[10]

像《工程师传》这样的选集回顾了普鲁塔克笔下对罗马人的精简且具有说教意义的刻画,代表了十九世纪最成功的体裁之一。在大多数情况下,它们都是通过树立榜样来教导人们,但一本题为"失意人生,或失败的人"的作品也说明除了榜样的例子外,还会有警示的作品。特罗洛普的作品《我们当前的生活方式》(1875)则展示了这类作品的市场潜力。[11]在书的开篇,业余作家卡布里夫人给《早餐桌》的编辑写信,希望她的新书能够获得好评。我们毫不怀疑她唯利是图的动机,因为她选择了一种畅销的

---

①　普鲁塔克(Plutarch,约46-120),罗马帝国时代的希腊作家、哲学家,代表作为《希腊罗马名人传》。

体裁——传记选集。然而，"有罪的女王"这一题目与塞缪尔·斯迈尔斯所崇尚的生活质朴、思想高尚的标准相去甚远。她并没有用坚韧的道德来激励读者，而是为他们提供了各式各样的犯罪女性。[12]

当然，斯迈尔斯笔下的工程师们都是男性。然而，和记录男性成就的选集一同发展起来的还有一种类似的女性题材，在这种女性题材中，夏洛蒂·勃朗特的形象在盖斯凯尔《夏洛蒂·勃朗特传》出版后的头几年开始深入人心。[13]这些书的题目包括《有价值的女性》《崇高女性的生平故事》或《伟大女性的生平》，旨在吸引年轻的中产阶级女性读者。和男性传记一样，它们含蓄地表达了一种信念，即阅读具有通过改变读者的态度、举止以及自我认知进而影响他们行为的力量。

我们很难知道在实际生活中，这些读者在多大程度上尝试以她们面前的模范女性为榜样来生活。但从目前藏于福西特图书馆的两本《我们时代的女主角们》（1860）上的个人题词来看，老师和家长们与作者约瑟夫·约翰逊（一位斯迈尔斯式的作家，著有《诚实生活》与《有的放矢》）一样相信这本书的教育意义。其中一本书是"来自亲爱的妈妈和爸爸"的圣诞节礼物，父母期盼这本书能让他们的女儿具有责任心；而另一本则来自"普莱斯和理查兹小姐"，是对一位女学生"品行端正的奖励"，老师们"衷心希望并祝愿她能努力效仿那些书中谈到的人物"。

如果普莱斯和理查兹小姐和获奖的学生得知《我们时代的女主角们》中所呈现的夏洛蒂·勃朗特的公众形象与生活中的夏洛蒂存在差距，她们会大吃一惊（或许也会觉得好笑）。年轻的夏洛蒂在担任学校老师时竟在私下里贬低自己的学生是"肥头呆脑的蠢材"或令她作呕的傻瓜。[14]在夏洛蒂死后，她被印在了书本上，又一次承担起服务教育的责任，教育人们"［一部］好的传记就是最好的布道"。[15]从盖斯凯尔《夏洛蒂·勃朗特传》中圣洁的刻画到后来的人物选集，夏洛蒂在公众想象中扮演的角色愈发受到限制。

83

盖斯凯尔也许把她的女主人公塑造成了英雄,强调了她面对苦难时的女性美德,却同时牺牲了她在写作上取得的成就。但《夏洛蒂·勃朗特传》依旧是一个复杂精细的艺术之作。人物选集整理收录的是戴着人格面具的夏洛蒂·勃朗特,直到她成了它们意在推广的文化价值的单一化身。

　　这些写给女孩的书常常由男性创作,其潜在的道德观也反映出塞缪尔·斯迈尔斯本人对女性的态度:"我们总听说伟大的男性而非伟大的女性。我们听到最多的是好女人。"[16]"伟大"与"好"之间的性别划分也反映出盖斯凯尔笔下夏洛蒂·勃朗特分裂的人格——作家之于女性。十九世纪中期,带有男性权威内涵的"作者身份"一词和"女性气质"格格不入,而"女性气质"一词的道德含义超越了单纯的性别事实。莎拉·刘易斯在其颇具影响力的著作《女人的使命》中规劝女性读者"把肮脏的思想和行动世界留给男人们",并称"道德世界才是我们的"。[17]而人物选集则继承了这一点,它们倾向于夸大女性在道德角色上的重要性,这反映出男性和女性被划分进了"公开和个人的两个领域……维多利亚时期的文化竭力想要把这两个领域分隔开来"。[18]

　　这种世界观把像夏洛蒂·勃朗特这样一位著名的小说家置于了矛盾的境地。女性本该在私人的空间中低调行事,而出版书籍必然是一种公开行为。那些人物选集的作者如何通过为读者指出模范女性(她们之所以声名远播恰恰是因为她们敢于远离家庭的壁炉)来应对划分领域这一倡议所引发的悖论呢?那些男性的生平故事(如斯迈尔斯创作的那些)列举了精力充沛的男主人公,他们阔步走向外面的世界去闯一番大事业,人们却期待女主人公始终充当家庭天使。但和男性人物选集一样,入选女性选集的基本标准也是名望。从本质上讲,人们只能在公共领域收获名望,划分领域的理论家却想要封锁公共领域,供男性专用。

　　《崇高女性的生平故事》(1867)一书的作者尝试解决这一问题,决心

"聚焦那些名声在外却依旧勤劳持家的女性",并在作品的开篇告诫女孩 84
们决不要忘记"她们真正的幸福总在家庭生活中"。[19]这和夏洛蒂·勃朗
特三十年前从桂冠诗人罗伯特·骚塞那里收到的建议如出一辙。那时,
骚塞想打消她对名声的渴望,提醒她文学不是女性的事业。令人失望的
是,《简·爱》出版二十年后,勃朗特三姐妹的文学成就似乎没能让人们对
女孩抱有的偏见有所改观。

另一方面,这些传记作者认为很有必要让读者相信女性的归宿是家
庭,这说明女性主义观念已被视为一个真正的威胁。《五十位著名女性》
(1864)提出了这样一个问题:"到底什么才是**女人的工作**?"它用一个听似
科学的说法——适者生存——来解释为何要将女性排除在职业之外:

> 女性的体质、社会的构造以及普遍的规律都有必要将女性排除
> 在各种职业门外,在拥挤的劳动力市场,普遍规律会排除弱者直到
> 强者获得充足的供给。[20]

让读者备感欣慰的是,英雄事迹并不仅限于公共领域,被动的女性英雄
也和主动的男性英雄一样有价值:

> 还有一种壁炉旁的英雄主义——每天忍受考验,克制自我——
> 更是困难,因为她们收获甚微,且环境简陋。[21]

另一位人物选集的作者承认那些著名女性的生活也许看起来丰富多彩,
但他还是鼓励读者不要因为生活中的局限而垂头丧气:"毫无疑问,对
于一位对生活充满希望的年轻女性来讲,适应日常的生活往往是一件
难事。"[22]

在此背景之下,夏洛蒂·勃朗特也被赋予了一个顾家的道德形象,其程度之甚几乎使人们忘记她还曾写过小说。讽刺的是,她成了曾被自己在小说《谢利》中质疑过的意识形态的代言人。被关在叔叔家生活的卡罗琳·赫尔斯通没有精神追求,终于病入膏肓。据她那"随时愿意花上整整一天去缝补袜子上的两个破洞,还会在缝补过后,认为自己高尚地完成了'使命'"的婶婶说,卡罗琳应该全身心投入到"女性的职责"中去。[23]但卡罗琳无法在家务中牺牲自己并收获成就感。"这是生活吗?"她问道,

85

> 你因为缺少一些自己赖以生存的东西,就要为别人牺牲自己的生活,这难道不是很空虚、可笑、匮乏和渴求吗?我想是的。难道拥有美德就要舍弃自我吗?我不相信。[24]

讽刺的是,柯勒·贝尔虽质疑过"自我舍弃"的道德价值,盖斯凯尔《夏洛蒂·勃朗特传》的评论者却特别赞扬了夏洛蒂·勃朗特的"克己"。传记选集甚至更强调她"高尚的自我牺牲的本质"[25]、"高度的责任感"[26]以及家庭美德。一八五九年出版的《有价值的女性》等书中所宣扬的价值观印证了 J. S. 穆勒一八六一年有关"被夸大的自我舍弃是当前女性特质的人为理想"的说法。[27]也许卡罗琳·赫尔斯通在反抗局限的家庭生活中感到绝望,甚至愤怒,但这本选集中的勃朗特三姐妹则在家务中找到了最大的快乐。

在女性的语境下,斯迈尔斯式的工作道德变成了家庭美德:

> 房间里的每件小事都要求孩子们去做,但这与其说是出于必要,倒不如说是出于义务,而夏洛蒂之所以在去世前一年还在承担这些

职责,一是因为习惯,二是因为**喜欢**。这些安静、看起来阴郁的孩子在成为名人后依旧日复一日做着相同的事,她们擦拭壁炉、擦洗家具、整理床铺、洒扫地板、烘烤面包,并且做各种简单的料理。[28]

实际上,文章忽略了帕特里克·勃朗特曾雇用家政帮忙,也忽略了艾米莉和安妮两人在世时都没有体验过成为"名人"的感觉。很明显,历史的准确性不如教导人们何为谦逊之典范来得重要。

盖斯凯尔曾向读者描述了无私的夏洛蒂如何从创作《简·爱》的激动中抽身而跑去料理视力衰微的老仆所无法妥善处理的土豆。《有价值的女性》一书的作者急于把这一幕写进书里,却忘记提及那时的夏洛蒂正在创作《简·爱》。在这部衍生传记中,盖斯凯尔原本的时间顺序被混淆了。有关土豆的一幕被放在了《简·爱》创作之前,作者也没有提到,实际上,艾米莉和安妮谢世时,塔比依旧活着:

> 塔比视力衰微,她觉得自己尽善尽美地完成了任务,但实际上她完成得很不好,夏洛蒂则展示出了一种善良,这位年轻的女主人从塔比眼前偷走盘子,收拾完,再把它们放回橱柜,仿佛从未帮助老仆人提高过她那笨拙的手艺。就算塔比是这家的祖母,她也不会从这些可敬的女人身上得到更多殷勤的照拂了;她于八十岁离世,下葬时,她们为失去塔比而默哀。正是她们的善良促使她们多年来都自愿承担照料她的重担。

"使夏洛蒂、艾米莉和安妮·勃朗特被后世铭记"的并非《简·爱》《呼啸山庄》或《威尔德菲尔庄园的房客》,而是她们"对繁重的家庭职责留有的敬意"。[29]

《有价值的女性》出版时(1859年),维多利亚文化对家庭生活推崇备至,但这本书直到一九〇四年仍被再版,二十世纪也在大量产生类似的人物选。约瑟夫·约翰逊曾因为在《我们时代的女主角们:杰出女性的生活写照,以及她们善良的作品、诚实的生活和高尚的行为》(1860)一书中凭借对夏洛蒂的描写成为最早崭露头角的传记作者,一九〇三年,老当益壮的他在《一举成名的我们时代的聪明女孩们》的再版中重复了之前的故事。

一些早期的版本倾向以一种严肃的口吻强调夏洛蒂殉道的悲剧,而这种严肃的口吻在十九世纪后期一些更为感性的叙述被弱化,但她一直以来都是一副圣洁顾家的形象。夏洛蒂总被描绘成"一个完美的家庭形象"。[30]即使在那些承认她"在文学史上留下了辉煌"的人物选中,她都首先象征着"纯洁、善良和美德"。[31]在一幅画中,夏洛蒂是一位"令人尊敬的女儿",围着一条干净的围裙为自己失明的老父亲端茶[32];在另一幅以乔治·里士满为夏洛蒂所作的著名肖像画为基础的画中,插画师加了一顶多褶边的帽子来强调她作为一位女性的可敬之处[33]。

在《夏洛蒂·勃朗特传》中,夏洛蒂的圣洁总与其男性亲属的怪癖形成鲜明对比。在许多描述中,帕特里克·勃朗特的形象都被化繁为简,始终是由盖斯凯尔创造出的那个暴力的厌世者,但奇怪的是,三姐妹仍对这位家中的长辈尽职照顾、非常尊重。布兰韦尔也仅仅被用来衬托他那道德高尚、思想纯洁的姐妹们。出于绅士风度,一位作者试图略过布兰韦尔在故事中扮演的角色,只模棱两可地提到他那些"令人难以启齿的行径"。[34]读者们一定都在肆意想象着到底发生了什么。

埃伦·纳西于一八七一年出版了一部简短的轶事回忆录,我们从中就能看到夏洛蒂与那些说教性的人物选中所描写的圣洁人格是多么密不可分了。埃伦生动地描述了一些与勃朗特家有关的最新细节,但她在

孝顺的女儿：夏洛蒂为失明的老
父亲奉茶；来自《有价值的女性：
一本写给女孩的书》(1859)

描写朋友时的口吻与道德家的口吻别无二致。《有价值的女性》一书的
作者曾盛赞夏洛蒂,因为她"高度的责任感使[她]一生的努力成了每日
的殉道"。[35]埃伦迫切想为夏洛蒂辩护,反驳那些"指责"《简·爱》"违
反宗教"的人们,并重复了当时颇为流行的说法:"日复一日,她都是一
位基督徒,以一位殉道圣徒的坚定意志背负着十字架!"[36]在挚友眼中,
夏洛蒂也开始呈现出一种理想化的刻板形象。

　　我们很难说人们对《简·爱》的控诉到底持续了多久,因为证据是
模糊的。一方面,托马斯·威米斯·里德于一八七七年出版了继盖斯凯
尔《夏洛蒂·勃朗特传》后的第二部足本传记,重新评价了夏洛蒂的一
生,认为她的小说不再像以前那样令人震惊。他写道:"如今,我们没听

说她的作品'不道德'。如果年轻人从……近来最流行的故事转向《简·爱》或《维莱特》,盼望着或许能找到一些兴奋剂来刺激自己疲倦的味蕾,他们会徒劳无功,因为这里没有任何能和不得体沾上边的东西。"[37]当然,玛丽·E.布拉登等作家创作的耸人听闻的小说在十九世纪六十年代大受欢迎,它们比《简·爱》还骇人听闻,书中满是女杀人犯和不顾廉耻、道德扭曲的故事。但也有证据表明在威米斯·里德创作传记时,《简·爱》尚未摆脱恶劣的评价。

尽管有代表性的传记选集都倾向于把勃朗特姐妹的小说边缘化到被人遗忘的程度,但《简·爱》在夏洛蒂谢世的几十年中并未完全从人们的视野中消失。相反,它被重新想象、组合、定义。帕齐·斯通曼对这部小说的衍生作品进行了精彩的分析,向人们展示了简这一角色在十九世纪后半叶席卷剧院的大量的舞台剧改编中是如何被规训并围于家庭职责的。[38]十九世纪四五十年代的情节剧更尊重夏洛蒂对自己笔下女主人公的最初构想,强调简的精神独立,但十九世纪六七十年代的作品却尝试把简转变成为一个传统女性美德的圣洁典范。换句话说,只有在盖斯凯尔《夏洛蒂·勃朗特传》出版前,简才一直保有其火一般的个性。盖斯凯尔之后的剧作家们纷纷效仿那些将夏洛蒂·勃朗特美化的传记作者,他们显然觉得不能让简以原本的形象出现在舞台上,因为她太具威胁性。

剧院的改编者认为他们需要把颠覆性的简重新塑造成一副温驯的样子。但《简·爱》就隐藏在那个时期的小说中,对耸人听闻的小说——托马斯·威米斯·里德认为这一体裁与《简·爱》这部小说相去甚远——施加了潜在的影响。早在一八五五年,评论家玛格丽特·奥利芬特就把简定义为耸人听闻的小说的女主人公的雏形:

　　她偷偷出现——苍白，娇小，绝非美丽，有点天才，有点泼辣——是个危险的小人物，不利于社会安全。[39]

但威米斯·里德没有说错，简的确不同于那些精打细算、利己任性的女主人公，不像布拉登笔下的奥德利夫人或罗达·布劳顿《如花绽放》（1867）中那个任性、善于摆布他人的内尔。斯通曼将奥德利夫人形容为"一位极为活跃的阴谋家、骗子、重婚者、杀人犯"，而在内尔身上，简·爱深入人心的自尊似乎变成了一种令人作呕的自恋。

　　"回过头来看，"斯通曼不失公允地写道，"把《简·爱》当作这类文学的源头无法令人心悦诚服。"[40]仿佛维多利亚时期的流行文化只有把简·爱一分为二才能将其同化，又仿佛一位女主角不可能既道德正直，又同时在社会层面具有颠覆性。在舞台剧改编中，简品德高尚，缺乏叛逆和激情，而在耸人听闻的小说中，她的力量与独立变成了可怕的利己主义与堕落。

　　与耸人听闻流派的关联并不会给《简·爱》带来什么好名声。在任何情况下，虽然《简·爱》的作者被神圣化了，但从一些逸闻趣事中收集到的证据来看，直到十九世纪末（及以后），这部已被列入文学经典行列的小说在某些圈子看来依旧是不得体的。讽刺的是，许多拿夏洛蒂的生平故事当作榜样事迹的女孩也被禁止阅读她的小说。《简·爱》就曾引发过删减。据伊丽莎白·马勒森（她是一位进步人士，也是乔治·艾略特的朋友）的女儿回忆，大约十九世纪八十年代，马勒森在为孩子们大声朗读小说时"完全删掉了罗切斯特发疯的妻子，她的删节如此巧妙，我们竟未发觉情节上有任何错处！"[41]一八八九年，一些女子寄宿学校的年轻老师想要阅读《简·爱》，但女校长明令禁止她们在二十五岁前翻阅这部小说。[42]二十世纪二十年代时，我的祖母还是个孩子，她也不

89

被允许阅读《简·爱》，但不是因为它"违反宗教"，而是因为它被人们当作一个极其刺激、令人恐惧的恐怖故事。

如果严加甄选，夏洛蒂的作品也会体现而非违背她作为道德典范和精神向导的形象：一九一二年出版的《夏洛蒂·勃朗特的思想摘录》一书从她的作品中拣选句子并把它们像格言一样呈现出来，这或许能帮助当时的读者应对日常生活中的道德窘境。[43]虽然这并非理解夏洛蒂的唯一方法，但她家庭天使的形象大约一直流行到第一次世界大战之时。譬如一九〇九年，《藏书家》称："一个好女人就是天使的替身……夏洛蒂·勃朗特就是这样的女人……她满足于……家中的日常琐事。"[44]

一八九四年，托马斯·威尔莫特出版了《起死回生者的二十张照片》，这部作品说明夏洛蒂的"灵性"本质具备奇幻反转的能力。威尔莫特拿出了所谓相机底片的复制品（他称其为"修整过的底片"），并称这张底片拍到了一个女人的通灵幻象。据说，"一位世间的天使在精灵信使的跟随下"拜访了这位女士，并称自己就是夏洛蒂·勃朗特。[45]在那张所谓的"照片"中，一个女性被四个没有肉身的头颅（人们难免好奇这四个头颅是否代表着艾米莉、安妮、布兰韦尔和帕特里克）包围着，并伸出手来。

这并非过世的夏洛蒂·勃朗特第一次出现在墓园以外的其他地方。一八七二年，哈丽雅特·比彻·斯托告诉乔治·艾略特自己在一场降神会中与夏洛蒂的鬼魂进行了一番长谈。[46]这一经历可以被视为一种潜意识的表达，传达了当时许多女作家都有的一种根深蒂固的情感需求，即认同自己是某个女性文学传统中的一分子。《汤姆叔叔的小屋》这部悲天悯人的作品有着盖斯凯尔的文学传统，书中高尚的角色经由死亡、苦难、自我牺牲而愈显神圣，也难怪这位作者会对《夏洛蒂·勃朗特传》中殉道的女主人公如此着迷。但威尔莫特的照片却传递出不同的内容：

十九世纪八十年代,相机捕捉到的夏洛蒂的所谓鬼魂,其余身体残缺的头颅是否代表着勃朗特家族的其他成员?

夏洛蒂·勃朗特的幽灵头戴面纱,很像圣母马利亚,与比彻·斯托口中能言善道的鬼魂不同,这里的夏洛蒂缄默不语。人们在将夏洛蒂幻化成灵魂并转变成一位圣徒的过程中,也剥夺了她的声音。

虽然很多把夏洛蒂认作女性举止典范的流行作家都是男性,但如果就此认为她的形象对于女性(她们正在寻找比刻板的主妇美德更加深刻的东西)而言没有吸引力,那就错了。正如伊莱恩·肖瓦尔特所说,十九世纪五十年代,许多女性都在积极寻找能在情感上引起共鸣的领袖:"她们渴望鼓舞人心的职业榜样,但也渴望浪漫的女主角,渴望同甘共苦的姐妹情,渴望那些哭泣、挣扎、反叛的女性。"[47]在此背景下,盖斯凯尔的《夏洛蒂·勃朗特传》引起了轰动。

在传记最初出版时,批评家 E. S. 达拉斯因其语调感伤而对其嗤之以鼻,他质疑盖斯凯尔为何对夏洛蒂的"挣扎"小题大做。他认为夏洛蒂与成千上万的中产阶级年轻女性有着相同的经历:她们没有工作,不得已去织袜子或发明甜食以谋生计。[48]实际上,达拉斯无意间指出了盖斯凯尔传记的魅力所在。正是浪漫的悲剧和平凡的日常的结合让夏洛蒂成为一位如此贴近生活的女主人公,哪怕她的文学天赋独一无二,她的经历也的确折射出千万读者自身的经历。夏洛蒂的作品造就了她的非凡,而相比之下,她的家庭生活十分普通,但正是因为盖斯凯尔为了突出夏洛蒂的家庭生活而边缘化了她的作品,我们才有可能把她看作一位普通的女性。

盖斯凯尔所讲述的夏洛蒂的故事起先听来像是在呼吁孤单的女性要彼此支持,履行家中职责。她初见夏洛蒂后就马上给凯瑟琳·温克沃思写了一封生动的长信,这封信不仅促使温克沃思的姐姐艾米莉原谅可怜的勃朗特小姐创作出《简·爱》,还让她思考女性如何团结一致来提升生活质量:"哦,亲爱的,"她写道,"设想一下,如果这世上独身的姐妹们都能团结一些来帮助彼此走出困境。"[49]那时,盖斯凯尔甚至和凯-沙特尔沃思夫人一直讨论为未嫁的女性建立在俗修女会的利弊,只是凯-沙特尔沃思夫人不同意为单身女性提供家庭生活以外的选择。

《夏洛蒂·勃朗特传》在塑造女主人公悲惨孤独的形象时也极力营造出一种女性群体的氛围,这是它内含的矛盾之一。它不仅描写了夏洛蒂如何在妹妹们经受考验时对她们鼎力支持,还穿插了一些轶事,而夏洛蒂在其中往往扮演一位安慰者的角色,抚慰那些遭受虐待或忍受痛苦的女性。盖斯凯尔在描述参加夏洛蒂葬礼的吊唁者时,从哈沃斯的当地人中挑选出哽咽难鸣的女性进行描写。作为牧师的女儿以及助理牧师的妻子,真实生活中的夏洛蒂一定无法避免教区的日常社交。她被盖斯凯尔奉为修女般的"姊妹",安慰帮助那些不幸之人,包括一位失明的女孩和一位失去名节的姑娘(就是那位因自己的丑闻被公之于众而万分沮丧的女孩,其家人迫使盖斯凯尔在《夏洛蒂·勃朗特传》的第三版中将'勾引'一词改成了'背叛')。这些画面创造出一种女性博爱的感觉,而在读者心目中,夏洛蒂则是一个为人们提供情感慰藉的形象。资深小说家玛格丽特·奥利芬特认为五十多年前盖斯凯尔创作的《夏洛蒂·勃朗特传》像是在为"每一位被遗忘的女性"辩护。

《夏洛蒂·勃朗特传》强调夏洛蒂在生活中经受的苦难而不突出她在事业上取得的成就,这对于那些认为女子的归宿在于家庭的人来说可谓正中下怀。但矛盾的是,《夏洛蒂·勃朗特传》也具有颠覆性。有人认为盖斯凯尔将女性的私生活公之于众的做法违背了女性谦逊的传统,揭露了隐藏在表象之下的痛苦,是对女性解放的支持。如奥利芬特所说,《夏洛蒂·勃朗特传》中蕴含的情感已经"粉碎了所谓的女性最为显著的特征——'娇弱'。当情感袒露无遗时,柔软的面纱也就被揭开了"。[50]

正因为盖斯凯尔的传记十分复杂且充满矛盾,我们才可能从一系列角度去看待这部作品。有人认为它讴歌了勤于家事之人,还有人认为盖斯凯尔一直强调夏洛蒂承担家庭重任,这会让她在文学创作上取得的成就更令人刮目相看。有趣的是,无论他们觉得人们该歌颂还是怜悯忙于家事的夏洛蒂,维多利亚时期的大多数人还是将她所肩负的家庭职责看作一种自我牺牲,哪怕她心甘情愿。实际上,勃朗特姐妹或许正需要这样的家庭生活,单身的她们在家中侍奉父亲,因此才有思想上的空间来培养天赋。虽然她们的兄弟不会因为性别而被禁止以写作谋生,但他没有发挥自己的潜力。二十几岁的夏洛蒂告诉埃伦·纳西自己宁愿做女佣也不愿做家庭女教师,或许她这样说并非出于对自我的舍弃,而是因为她意识到了熨烫、擦洗之类的体力活能让她的思维自由驰骋。

　　作为苦难的象征,夏洛蒂对于正在找寻殉道的女主角的女作家和像查尔斯·金斯利一样的道德家同样具有吸引力。有思想追求的年轻的梅·辛克莱(一八六三年生,随后成为二十世纪早期英国女小说家领军者之一)自打孩提时在父亲的书房里发现了盖斯凯尔的《夏洛蒂·勃朗特传》后,就将该作陆续读了“二十几遍”。[51]第一次接触《夏洛蒂·勃朗特传》对她而言是决定性的时刻。她翻开破旧的书,被两幅插画中“挥之不去的阴暗”[52]吸引住了。一幅画描绘的是牧师住宅,“一个阴森简陋的房子,斜靠在满是墓碑的教堂墓地”,另一幅描绘的则是墓碑。[53]她一旦开始阅读,就对这本书爱不释手:

　　　　我第一次陷入这样一种现实,这种现实比我知道的一切都要悲楚,我陷入了一个令我无法忍受的悲剧中……有些篇目令我至今不忍卒读,它们会把领悟的痛苦重新点燃。[54]

辛克莱沉浸在盖斯凯尔笔下的宿命论中:

　　　　前奏中,丧钟持续不断地敲响,并在整部作品中不时响起;结尾时,它再度敲响;《遗骸葬于此地》的副歌凄婉哀怨地萦绕在我耳畔。[55]

这部传记对个人悲剧的强调说明作者“对夏洛蒂的理解非常粗略,仅限于哈沃斯、荒原、牧师住宅以及墓碑”。但这个有志气的小女孩(她一直在家自学,直到十八岁时,她才在彻特纳姆女子学院学习了一年)还是意识到勃朗特三姐妹的生命中有着"某种神秘的东西"——天才。最终,辛克莱从《夏洛蒂·勃朗特传》中形成了一种对女艺术家的看法,认为她们因殉道而变得圣洁,并把勃朗特三姐妹的痛苦当作她们文学天才中不可或缺的一部分。她们的天才是"某种救赎,不仅慰藉苦难、孤独与丧亲之痛,还能从中汲取力量"。[56]

或许《夏洛蒂·勃朗特传》也证实了辛克莱自己的苦难。她的父亲和布兰韦尔一样是个酒鬼,一八八一年,他在贫困潦倒中去世。这段经历给辛克莱留下了不可磨灭的印记,会出现在她的小说中。有趣的是,从人们对她的小说《圣火》(1904)的反应来看,在勃朗特三姐妹的小说出版半个多世纪后,男性批评家依然难以接受女性刻画醉酒。一位名叫弗兰克·斯温纳顿的文学批评家回忆道:"辛克莱了解男性醉酒时的感受,对此,一位与我相识的智慧出众、精明异常的男人摇了摇头。我的朋友严肃地说道:'她懂得太多了。'"[57]

辛克莱家中也像勃朗特家一样被丧亲之痛笼罩。她童年时就失去了一个姐姐(夏洛蒂也曾失去了玛丽亚和伊丽莎白),而她刚一成年就见证了自己的五位兄弟接连死于先天性心脏病。等到她年岁稍长时,勃朗特三姐妹依旧分量十足,她也终于在一九一二年出版了一部关于她们的传记研究。在辛克莱看来,虽然勃朗特三姐妹的生活悲惨不已,但她的一生却有过之而无不及,甚至在许多方面,她更忧郁、更孤独、更贫苦。三姐妹拥有彼此,她却踽踽独行;三姐妹在父亲的帮助下早慧,她却不得不在母亲的反对下,为自己的教育而奋斗。

作为一个家道中落的中产阶级家庭的独生女,年轻的辛克莱很快意识到她在生活中所要承担的角色就是给予母亲陪伴和支持。这位母亲很擅长巧妙地控制女儿的情绪,并想让她一直保持无知和温顺。[58]在一首创作于十六岁时的诗中,辛克莱描写了一位女性的恐惧,她担心为了照顾一双年老的父母，要牺牲自己的生活而永远无法发挥自己的天赋——"哦，这生不如死！"[59]尽管辛克莱在思想上反抗母亲，拒绝传统的基督教，但她还是一直挣扎着履行维多利亚时期女儿的传统职责。这也许是因为她在反复阅读《夏洛蒂·勃朗特传》时发现盖斯凯尔笔下的夏洛蒂就是这样一个榜样：她过着克己的家庭生活，却没有丢掉自己的文学天赋。当然，尽管她自学的决心显示出她对个人成就的不懈追求，但辛克莱却在道德和哲学层面把"自我舍弃"这一概念理想化为达到更高精神境界的必经之路。[60]

辛克莱的早期小说向我们揭示出她并不确定女性身份该当如何，特别是关于性在女性生命中应当扮演怎样的角色这一问题。正如苏珊娜·雷特所说，辛克莱是一位身处维多利亚时期和现代之间的矛盾女性。同时代的人们对她一本正经、极其正式且老派的举止嗤之以鼻，但她自己却热衷于一些诸如精神分析和意象派的新思想。她同情女性选举权运动，但也像维多利亚时期的人一样害怕在游行示威中抛头露面。[61]辛克莱之所以如此认同勃朗特三姐妹，兴许是因为她看到了她们是如何平衡这些矛盾的。夏洛蒂表面上（特别是在盖斯凯尔笔下）遵循维多利亚时期的价值观，而辛克莱也从自己的母亲那里继承了这种价值观。但她还是将这种表面的传统和内心的不羁结合起来，而她思想上的大胆追求在二十世纪初期看来颇为现代，与当时的时代格格不入。

美国诗人艾米莉·狄金森（1830-1886）是另一位终其一生对勃朗特姐妹感到无比亲切的作家。[62]十九世纪六十年代初，狄金森写给"主人"（有批评家认为这位神秘人物是报社编辑塞缪尔·鲍尔斯，也有人认为他纯粹是一个假想出来的人物）的信及情诗中随处可见《简·爱》和《维莱特》的影子。她的信与夏洛蒂写给埃热的信相仿，但诡异的是，夏洛蒂的信直到一九一三年才全部出版。[63]

　　一八六〇年,狄金森已经读过了盖斯凯尔的《夏洛蒂·勃朗特传》,她创作了一首诗悼念夏洛蒂,提出了自己对作者柯勒·贝尔与女人夏洛蒂·勃朗特之间的关系的理解。她在诗的开篇将柯勒·贝尔描写为死去的夜莺,再也不会回来:

　　　　　覆盖着狡猾的苔藓

　　　　　处处长满了野草

　　　　　"柯勒·贝尔"的小笼子

　　　　　安置在静谧的哈沃斯

　　　　　这只鸟——观察着别的鸟儿

　　　　　在霜雪凄厉之际

　　　　　迁徙别居——

　　　　　也静静地干着相同的事——

　　　　　但归巢之日却情况迥异——

　　　　　自打约克夏郡群山遍绿——

　　　　　在我遇见的所有鸟巢中——

　　　　　都不见那只夜莺的行踪——

在上述版本中,柯勒·贝尔一去不复返。但狄金森还为诗歌写下备选的第二和第三两节。在这两节中,她宣布"勃朗特"死后得到永生,幻想她升入天堂:

95 　　　　　　　　或——

　　　　　　从多次的漂泊中被唤回，

　　　　　　客西马尼知道——

　　　　　　经历了怎样的痛苦

　　　　　　她才将常春花够到！

　　　　　　伊甸园的声音轻轻

　　　　　　落在她迷茫的耳畔——

　　　　　　当"勃朗特"抵达之时

　　　　　　啊，该是天堂多么美妙的下晌！[64]

从某个层面来说，"柯勒·贝尔"与"勃朗特"的不同说明基督教对作者和女人的区别：作者在当时取得了世俗的名声后便不再创作了，犹如昙花一现，但女人永恒的灵魂却属于上帝。或许这首诗不是刻意为之，但它让夏洛蒂的来世在维多利亚时期人们的想象中变得模糊起来。夏洛蒂在圣洁光辉的环绕下活在人们的记忆中，柯勒·贝尔的文学成就却总被遗忘。

　　虽然人们强调夏洛蒂的悲惨生活，但这并不意味着没人会因三姐妹的作品而欣赏她们。哪怕为数不多，但确实总有一些读者愿意为她们的文学成就而争辩。《英国女性杂志》是一本女性为自己创办的进步性杂志，创刊于一八五八年，用理性而非感性的论证为拓展职业机会辩护。一八六〇年，一篇刊登于该杂志的长篇评论涉及最近重印的盖斯凯尔所作的传记、安妮的《威尔德菲尔庄园的房客》以及刚刚上市的廉价版的《简·爱》《呼啸山庄》和《谢利》。

　　这位评论者并没有用勃朗特三姐妹悲惨的生活来为她们小说中不

得体的内容开脱,而是很客观地为《威尔德菲尔庄园的房客》辩护,并对《呼啸山庄》发表了严谨周到的看法:"有些人认为任何缺乏严肃、明确和说教意义的书都是不好的,对此我们无话可说。对那些思想更为深邃的人而言,道德自会呈现出来,许多与人们有关的矛盾、谜团以及定理也会供人们考量,这些要比道德好得多。"[65]这正是勃朗特三姐妹在她们的小说刚刚出版时所期盼的评论,但同时也是盖斯凯尔在《夏洛蒂·勃朗特传》中有意回避的:将这些小说当作文学作品客观地进行评论。

然而,在十九世纪的流行文学中,吸引说教作家的仍然是勃朗特的 96 生平,而不是她们的小说。但随着十九世纪社会的进步以及人们对女性教育问题的态度的转变,人们利用夏洛蒂传递出的道德讯息也开始发生变化。她不再是家庭天使,而开始象征着一种新的女性身份。一八八九年,米莉森特·福西特发表了一部人物选,名叫《我们时代的卓越女性》。福西特是医学先驱伊丽莎白·加勒特·安德森的妹妹,也是约翰·斯图亚特·穆勒的朋友,同时还是一位女性教育和女性选举权运动的倡导者。这本书中收录了夏洛蒂和艾米莉·勃朗特和其他有作为的女性,如弗洛伦丝·南丁格尔、伊丽莎白·弗莱和玛丽·卡彭特。书中的勃朗特两姐妹和她们在传统的人物选中一样被描写成道德典范。但这里的道德有所不同,它更像是《谢利》中名叫罗斯·约克的年轻姑娘所秉持的道德:她拒绝家庭主妇"黑暗枯燥的职责"[66],并称如果上帝赋予了她天赋,那么把天赋关在摆放瓷器的壁橱里或"藏在一大碗冻土豆中"等暴殄天物的行为都是不对的[67]。

福西特直言自己的作品"主要针对职业女性和年轻人","激励并提醒他们,女性用各种各样的方式完成了多少了不起的工作"。她对"适合女性从事的工作"的定义并不完全违背领域划分的原则。她想说明"更多的自由和更好的教育"不仅没让女性忽略自己的职责,反而让她们将自己在传统意义上所扮演的护理角色职业化了,如护工。[68]她把夏洛蒂和艾米莉刻画成职业女性的先驱,并把写作当作她们真正的工作,而不是像约瑟夫·约翰逊那样把她们的写作视为一个简单的"成就",或是对女性家庭职责的锦上添花。福西特与早期的模范人物选的作者大不相同,虽然她沿用了盖斯凯尔的做法,对帕特里克·勃朗特进行了无情的刻画,但她转移了重心。她笔下的帕特里克不再是一个被尽职尽责的女儿们悉心照料着的喜怒无常的父亲,相反,他因没能积极照顾孩子们并支持自己的妻子而受到了她的批评。[69]

　　这本书也提醒读者"从事文学创作的女性所面临的偏见",而勃朗特三姐妹在最初出版作品时就不得不与这样的偏见做斗争,它指出三姐妹通力合作,讲述了她们怎样彼此讨论创作中的作品。[70]那一时期的其他流行书籍却让这种姐妹间的互帮互助流于感伤(比如《黄金友情》这部煽情的作品将勃朗特三姐妹和兰戈伦小姐们相提并论。兰戈伦小姐们虽因同性恋情而闻名于世,但在当时,这种恋情却被一种天真的、去性别化的方式呈现出来)。但对于米莉森特·福西特这位女性权益的积极倡导者而言,女性团结一致是一种理想,具有实际和潜在的政治意义。

　　令人吃惊的是,福西特在解读夏洛蒂与阿瑟·贝尔·尼科尔斯的婚姻时没有感情用事。《黄金友情》把这场幸福的婚姻作为一个故事的传统结局,只是女主人公的谢世让这个故事突然变得悲惨起来:"在一窥更为丰满的人生和爱情后,她被[上帝]带回了家。"[71]米莉森特·福西特却并不认为婚姻让夏洛蒂过上了"更为丰满的人生",实际上,她十分偏颇地把夏洛蒂的丈夫刻画成了一个反面角色,不仅控诉他阻挠夏洛蒂写作,还指控正是因为他"无休止地"强迫她从事"教区烦琐的日常工作",她才会过早离世。[72]这样的自我牺牲不再值得赞赏,相反,它代表了一个被男性主导的观念——它决定了什么才是女性的工作——脱离

夏洛蒂·勃朗特肖像版画,约一八七〇年,其服饰细节凸显了维多利亚时期所要彰显的女性气质

了自己真正事业的女性。"真是对牛弹琴,"福西特总结道,"很遗憾,夏洛蒂嫁给了一个并不看重她文学地位的男人。"[73]

福西特把夏洛蒂和艾米莉重新定义为"职业女性",这说明一八六〇年《英国女性杂志》中那些为女性职业权益发声的先驱所倡导的价值已经开始深入人心。和当今的许多女性一样,夏洛蒂的解放也是从家庭生活开始的。一九一〇年,夏洛蒂出现在克拉拉·H. 惠特莫尔创作的《从王政复辟到维多利亚中期英国小说中的女性作品》这样一部美国的批评性研究中,而她的出现证实了人们在女性教育方面取得的进步,因为该书的前身是一篇硕士论文。作者想"填补一个空白,因为最近一位在校女生告诉我:'我们的社团想要研究女性,但我们寻遍图书馆却一无所获'"。此前,"几乎所有有关文学的著作都是从男性视角出发的",而惠特莫尔的目标听起来很现代,即拯救女性写作,使其免遭"遗忘"。[74]这些说法说明夏洛蒂的作品开始被用来服务女性教育,也预示了二十世纪七十年代女性主义批评家们所倡导的改革。

在维多利亚早期,夏洛蒂总像傀儡一般被道德家利用,而在二十世纪早期,她又总像傀儡一样被女性主义者利用。为了服务争取女性权益的意识形态,人们牺牲了夏洛蒂同时作为个体和作家的复杂性。正如她的小说和信件所揭示的,真正的夏洛蒂没有一个自成体系的性别政治理论。与其说她是一个政治女权主义者,不如说她是一个艺术女性主义者。但六十年过去了,她被那些激进的运动家称作先驱。一九一三年,当地《晚报》刊登了一篇奇怪的报道,将她的名字和发生在约克郡谢利庄园的一起纵火案联系在一起,纵火者是妇女选举权运动的倡导者,据说,这起事件与夏洛蒂的小说有关,但纵火者纵火的原因始终是个谜。[75]

在第一次世界大战期间,夏洛蒂被用作激励女性劳动的标志。《女性画报》的字里行间洋溢着必胜的言论并敦促人们道，"在这个危机的关头，我们的行动和思想被风纪与爱国的行动主导，今天，成功获得自由的女儿们"应向夏洛蒂·勃朗特看齐，她是一位"努力为女性赢得工作自由"的"先驱"。[76]莫德·戈德林在一九一五年的传记《夏洛蒂·勃朗特：女人》中也有类似说法。"值此国难之际"，戈德林将夏洛蒂比作圣女贞德，还将她视为一个一路上披荆斩棘并最大限度地发挥了自己能力的榜样。[77]夏洛蒂曾经代表着人们心目中理想的女性被动特质，现在却摇身一变，成为披着男性外衣的巾帼英雄。但在这两种情况下，夏洛蒂主要被视作具有道德启发作用的偶像而不是个体。

夏洛蒂·勃朗特之所以能在谢世后的六十年中成为一个如此引人注目、家喻户晓的圣徒，原因之一就在于人们能在哈沃斯轻易找到她的圣祠。人们对夏洛蒂近乎宗教似的敬畏很快就聚焦在让她几乎度过自己一生的地方，那里有她生活的遗迹，朝圣者慕名而至，人们对勃朗特的狂热也在那里不断增长。十九世纪后半叶，虽然文学崇拜不仅限于勃朗特家族，但夏洛蒂还是激发出了一种非比寻常的热情。正如一份报纸所说："奥斯丁小姐和萨克雷有倾慕者，夏洛蒂·勃朗特却有崇拜者。"[78]

夏洛蒂去世前，她的几位坚定的仰慕者就为一睹柯勒·贝尔的真容而前往哈沃斯。更有人于一八五三登门拜访牧师住宅，当时盖斯凯尔也在场，两位女士对她不理不睬，因为在她们看来，她表达敬意的方式甚是鲁莽。[79]但直到《夏洛蒂·勃朗特传》于一八五七年付梓后，朝圣者才络绎不绝前往哈沃斯。盖斯凯尔浓墨描述夏洛蒂的成长环境。她浪漫的刻画令读者心驰神往，他们一定都想看看这个村庄。来访者中也不免有人因现实没有达到他们的预期而感到失望，正如一八五七年《布拉德福德观察者》中的一份报道所说：

99   我们原本以为哈沃斯是一个分散落后的小村庄,有一座荒凉的
牧师住宅和一座年久失修的教堂,在大片贫瘠的石楠的环绕下与世
隔绝,只有与之毗邻的墓园中的墓碑才能打破它单调的景致。但我
们发现这个艰苦的小村庄已经变成了一个占地巨大、欣欣向荣的村
落。当然,这并不是一个开明或富有诗意的地方,但古雅、紧凑、进
步。顺便说一下,在这里我们还看到有三个巨大的非国教教堂和两
三所规模不小的学校。[80]

但早期的拜访者并不失望。盖斯凯尔对牧师住宅的迷人刻画让来自利
物浦的托马斯·阿克罗伊德牧师兴奋不已,他一有机会就造访了那个圣
地。教堂司事领着阿克罗伊德参观,而据其他拜访者说,这位司事喋喋
不休,自诩知道最多与勃朗特有关的轶事,并乐此不疲。他的说法往往
并不可靠,比如他曾声称萨克雷、哈丽雅特·马蒂诺和拉尔夫·沃尔
多·爱默生曾与夏洛蒂一起坐在教堂中勃朗特家的专属位子上。[81]晚
餐之后,阿克罗伊德鼓起勇气拜访勃朗特先生,后者则热情地接待了他。
当到访者提到他刚读完《夏洛蒂·勃朗特传》却认为人们不该把读到的
一切都信以为真时,帕特里克幽默地回复道:"你知道,盖斯凯尔夫人是
一位小说家,我们必须允许她有些浪漫,不是吗? 这是她所擅长的。"[82]
    阿克罗伊德是幸运的,因为他能和勃朗特家最后一位幸存者进行对
话。正如那位老者所言:"当然,你知道我无法见到今后所有的来访者。
我们现在就有大量的拜访者。"[83]那时,这个数字的确在上涨。一八五
八年,朝圣者(他们这样公开称呼自己)开始注意到村庄似乎已经习惯
了络绎不绝的陌生人,甚至开始从中牟利。沃尔特·怀特惊讶地发现一
些商店的橱窗"说明它们期待游客;药剂店摆放着教堂、牧师住宅和

勃朗特先生的照片；没人会为你的到来而吃惊"。在布兰韦尔常去的黑公牛酒馆，女店主告诉怀特："她这里已经有许多游客光顾了，但她还盼着夏季结束前会有'海量的'游客。"[84]

　　一直在利兹讲学的爱尔兰经济学家约翰·埃利奥特·凯恩斯决定去哈沃斯短途旅行。他发现通往牧师住宅的山上有一家杂货店，店里陈列着"大量的"《维莱特》《谢利》和《简·爱》。[85]一八六一年，当地在售纪念品的种类增加了。查尔斯·黑尔是盖斯凯尔家的熟人，也是十九世纪被勃朗特一家从美国吸引来的朝圣者之一，他从哈沃斯给母亲寄信，而特制的信纸上印有"夏洛蒂·勃朗特之家"的字样和一张牧师住宅的画。[86]

　　但黑尔并不是那种会满足于纪念品的游客。他想要些真正的遗物。他在黑公牛酒馆用一个曾经属于夏洛蒂的碟子用了晚餐，这令他兴奋不已，更激发了他对纪念品的兴味。他失望地发现他错过了三周前举办的那场勃朗特家庭用品售卖会，那时，帕特里克刚过世不久。但他还是设法将牧师住宅中剩余的零碎物件掠夺一空，其中包括部分窗檐门楣的线脚和木制品，还有"勃朗特先生四十一年间每日都在使用的拉铃的金属线和曲柄"，而最令人印象深刻的是，他还得到了"夏洛蒂·勃朗特卧室窗户的整个下窗扇"。黑尔将房子中的木制品做成相框，并配上了夏洛蒂曾经的窗户玻璃，以便他可以"透过夏洛蒂观看窗前阴郁景致时所使用的同一媒介"来欣赏他的照片。[87]

　　这种实物崇拜本身无关紧要，但在勃朗特的狂热者中很是常见。《夏洛蒂·勃朗特传》出版后，夏洛蒂的父亲竟要将她的信件裁成正方形的小块用来满足人们对夏洛蒂亲笔手书的渴求。一八五八年，帕特里克回复了来自马萨诸塞州林恩市一位名叫 T. 富兰克林·巴切勒的人，这封信现藏于纽约的皮尔庞特·摩根图书馆。信中随附一张碎纸片，该纸片很小,上面仅有夏洛蒂手书"亲爱的爸爸,我离开了 S……",和下一行的"已经安顿下来了"。[88]没有什么能比这更加生动地说明夏洛蒂的名声怎样攫取了她真正的意义。人们仅仅将她的文字奉为遗物,却不看重其本身的含义,其价值也随之降低。夏洛蒂书信的当代编者玛格丽特·史密斯奇迹般地设法从世界各地散落的碎片中拼凑出了这封信的大部分内容:它写于一八四九年,安妮已于斯卡伯勒去世,而夏洛蒂正在法利的海边调养身体。[89]史密斯在寻找这封信的确切内容时突破重重阻碍,甚至还要排除赝品——为了满足人们对勃朗特藏品的需求,赝品也开始流入市场。

维多利亚时期的人们喜欢把逝去亲人的头发做成时髦的珠宝,异常严肃地对待遗物。在一八四一年出版的《不同寻常的大众错觉与群众的疯狂》一书中,先驱社会学家兼记者查尔斯·麦凯对遗物这一话题的处理比起他研究过的其他狂热——鬼屋和巫术——都更具同情心。迷信的教皇党人对圣人遗骨的赝品崇敬备至,但出人意料的是,麦凯并未对此视如敝屣。他写道,人们对遗物的热爱"是最好、最善良的天性中最容易被激发出的一种热爱,很少有人会冷漠到去嘲笑这样一种热爱"。[90]

麦凯之所以心生同情,是因为:所有遗物都是"家庭遗物"的延续,是默哀中的亲朋好友对逝者的"神圣"纪念。这一家庭化的感性背景轻松地契合了盖斯凯尔所营造的那种与夏洛蒂如同亲人般的亲密氛围,勃朗特遗物具有如此魔力也就不足为奇了。一八九四年,一位年轻的女士觉得,如能得到"夏洛蒂曾穿过的旧衣服的一小块或她曾戴过的旧手套的一指",自己都会成为"全美国最幸福的女人"。[91]对勃朗特遗物的崇拜会成为勃朗特崇拜中不可分割的一部分。二十世纪七十年代,早先的朝圣者的一位后人讲述了自己如何在勃朗特牧师住宅博物馆馆长的批准下,试戴了一条曾经属于艾米莉的披肩,并声称自己感受到了死气沉沉的鬼手透过披肩重重压在自己身上。[92]仿佛这件遗物把自己曾经的主人从坟墓中带了回来。

直到十九世纪九十年代"勃朗特热"的滥觞,游客才开始集体造访哈沃斯。十九世纪六十年代到访的游客都是勃朗特的狂热者,他们阅读了勃朗特姐妹的小说和盖斯凯尔的《夏洛蒂·勃朗特传》,不辞辛劳,前来朝圣。一八六六年,来自宾夕法尼亚州米德维尔的埃玛·卡勒姆·胡德科珀小姐为了实现自己一直以来一探勃朗特故居的梦想,专程从意大利之行取道而来。[93]十九世纪六十年代实际的参观人数依然相对较少。一八七四年,据一位来自法国的朝圣者计算,在过去的十五年间,教堂访客记录簿上有"超过三千个名字",平均每年超过两百人。[94]但光是一八九五年夏,哈沃斯就吸引了一万游客。[95]

一八九五年五月,约克郡便士银行上面的几间房间被用来开设新的勃朗特文物博物馆,那里张灯结彩,还请来了铜管乐队,这直接导致了游客数量的增长。[96]建造该博物馆是新成立的勃朗特学会的主意。该学会于一八九四年在约克郡记者 W. W. 耶茨的提议下创立,旨在收集并保存该郡最负盛名的文学家族的手稿及其他遗物。[97](此前曾有一个组织不甚完善的博物馆附属于一家茶店,店主把它当作副业经营,但在十九世纪八十年代经营失败了。)在博物馆的开馆典礼上,夏洛蒂的传记作者托马斯·威米斯·里德爵士发表了讲话,他在讲话中承认勃朗特姐妹的天才,但也强调她们的品德超越了文学价值:

名望,哪怕是最高的文学名望,可能像财富一样不翼而飞,但美德永存。我们相信勃朗特姐妹的名望会像是文学天际中的星辰一样永存,但……我们知道,她们一生中所树立的英雄榜样形象会作为激励与鼓舞永垂不朽。[98]

这个博物馆会让人们对夏洛蒂的个人崇拜愈演愈烈,也会让于一九〇四年来访的年轻的弗吉尼亚·伍尔夫产生矛盾的看法。她发现琳琅满目的遗物令人动容,但也表示它们虽然让夏洛蒂·勃朗特作为女人回到了我们身边,但也让人们忘记了"最值得记忆的事实:她也是一位伟大的作家"。[99]在那篇有关哈沃斯之旅的文章(也是她最早发表的文章)的开头,她用一种犹豫的口吻写道:"我不知道前往名人故居的朝圣之旅是否该被谴责为感伤之旅。"[100]和亨利·詹姆斯一样,她似乎担心不加克制的崇拜会背离真正的鉴赏。

　　一八九五年,博物馆的开馆引起了公众强烈的兴趣,反映出十九世纪九十年代出现的勃朗特热更加火爆。勃朗特三姐妹的小说于一八八九年脱离版权保护,这催生了大量的新版本,更加剧了所谓的"热病"。一八九六年,记者出身的勃朗特专家克莱门特·肖特和缺乏道德原则的T. J. 怀斯设法从埃伦·纳西那里骗取了夏洛蒂的信件,并最终将其整理为一卷书信集,取名《夏洛蒂·勃朗特与她的圈子》,激发出人们新的兴致。[101]

　　一八九九至一九〇〇年哈沃斯版本的《夏洛蒂·勃朗特与妹妹们的生活和作品》占据了市场的顶端,著名小说家、文学评论家汉弗莱·沃德夫人则为夏洛蒂的几部小说写了导读。沃德夫人的文学批评质量上乘,并就公众对勃朗特生平的过分关注表达了担忧。史密斯与埃尔德出版公司的态度模棱两可,他们把盖斯凯尔的《夏洛蒂·勃朗特传》也收录到这部七卷本的作品中,隐晦地把它与勃朗特的作品摆在了同一高度;此举必定让亨利·詹姆斯更加担心人们将文学与生活混为一谈的做法。

　　版权失效主要影响了廉价版小说的数量,当时流入市场的廉价版本多数由当地印刷厂印制。(勃朗特三姐妹的小说之所以在十九世纪后半叶的美国风靡一时,是因为当时英国的版权法不适用于美国。)《简·爱》于一八四七年问世时,其三卷本的售价为一几尼[102],而当时一位家庭女教师的年薪(除食宿外)可能仅有十六英镑[103]。但一九〇〇年,人们仅用六便士就能买到一卷本的《简·爱》。[104]那时的工人阶级买得起书,且自从《一八七〇年教育法》颁布以来,他们就开始识字并热衷阅读。

　　英国文学正是在那个时期作为一门学科开始扎根的。人们认为妇女和工人阶级适合学习英国文学,一是因为他们缺乏拉丁语和希腊语的教育,二是因为该学科具有道德价值。[105]工人教育运动鼓励自立自助,而像《一些流行书籍及其作者》(1901)——夏洛蒂也在其中——这样面向低收入阶层的作品也试图为读者提供生平摘要、故事梗概并为他们推荐经典且适宜的书目。但有趣的是,该书从《简·爱》中摘录的一段说明,在今天的人们眼中,男女主人公之间的纠葛构成了小说的核心,而在当时的人们看来,他们之间的关系在道德上是站不住脚的,因为选段的男主人公不是罗切斯特,而是圣约翰·里弗斯。[106]读者是否和珍妮特·温特森《橘子不是唯一的水果》一书中的叙述者一样错误地以为简这位完美的基督教女主人公最终嫁给了那位传教士呢(叙述者的母亲信奉福音教派,她迫使叙述者相信这一结局)?[107]

　　夏洛蒂·勃朗特被奉为一位自学成才的作家,无论这种看法多么不准确,我们都不难看出她是怎样吸引那些寻求通过教育实现自我提升的广大读者的。她的故事堪称个人战胜物质匮乏和出身寒微的典范。一九一三年五月,工人教育协会约克郡分会下属五个团体的成员前往哈沃斯,他们的朝圣之旅最终以"一场茶话会"作为结束,而夏洛蒂才是他们要认同的文学中的女主人公。[108]

　　十九世纪后期,工人阶级教育的兴起与"大规模休闲"这一新概念同时出现,交通状况得以改善,廉价假期得以兴起。据约翰·厄里在《游客观察》中所说,工人阶级的假期最初兴起于英格兰北部。[109]十九世纪九十年代,哈沃斯开始出现在越来越多的旅行指南中,这些指南"简明扼要,供大众使用"[110],并提供"各种时间短、快乐多、休闲且随心的假日介绍"[111]。这些书中有地图插页和徒步线路规划,鼓励人们去勃朗特故居朝圣,助长了勃朗特热。

　　这些名为《休息日》《去哪里度半日假》《北部郡的徒步假日》《春日漫步以及勃朗特之地》《从哈利法克斯参观勃朗特之地的最佳方式》和《勃朗特荒原与村庄》的指南往往针对北部城镇居民,为他们提供"廉价、愉快、离家不远的消遣",推荐徒步和教育旅行,赞扬"人们寻求修养的本能"。[112]虽然一九一一年一本名叫《约克郡的僻静之地》的指南也曾告诫游客可能会对缺乏浪漫的"陡峭街道、石屋、工业的氛围以及从磨坊里传出的石油和木材的味道"[113]大失所望,但在疲惫的城市居民的想象中,盖斯凯尔眼中那沉闷放旷的所在如今还是变成了令人心生慰藉的乡村田园。

　　二十世纪初,来访哈沃斯的游客在没有得到当地牧师的特殊许可下仍不许进入牧师住宅,但一本指南愤怒地指出,还是"有人,特别是美国人,觉得自己有权进去一探究竟"。[114]一九二八年,这种情况发生了变化,当地一位富有的赞助人买下了这幢房子,并将其赠予勃朗特学会作为博物馆和图书馆用来收藏手稿与文物。一九三三年,蕾切尔·弗格森在她的传记剧《夏洛蒂·勃朗特》的开篇采用了一个现代的场景:在新开放的牧师住宅博物馆中,一对狂热过度的美国游客说道:"怎么,勃朗特一家**摸**过那桌子!"[115]他们还打算"看看廉价的纪念品"。[116]而一位英国女孩称帕特里克为"可恶的老怪物"[117],却坦言道:"我甚至不能翻开勃朗特的大部分小说。我尝试把《谢利》读完,但我读不下去。"[118]勃朗特热已经如火

哈沃斯牧师住宅向群众开放，一九二八年

如荼，而这种狂热的现象和勃朗特家族一样值得注意。

　　和那些想要通过触摸文物来与偶像接触的人一样，无论过去还是现在，哈沃斯的造访者都在追求真实的体验。虽然朝圣者的想法往往不切实际，但他们还是希望村子和牧师住宅能保持它们在勃朗特家所生活的那个年代的模样不变。一九九四年，有人提议在周围的荒原建造风车来提供环境友好型的能源而遭到反对。一群文化名人联名致信《泰晤士报文学增刊》谴责这种行为，因为它"大肆掠夺了与文学有着特殊关联的景观"，这也成了《泰晤士报》的一位领导的话题。[119]文章表明游客将再也无法欣赏曾令勃朗特一家驻目的景色。包括梅尔文·布拉格、汤姆·斯托帕德、安东尼娅·弗雷泽夫人在内的反对者似乎并不为磨坊和烟霾、灰尘（勃朗特一家在世时，它们曾将哈沃斯笼罩）的消失而伤怀，也不是为曾经布满街道的污水被清理干净而伤感。[120]（夏洛蒂在

105

一八四八年写给威廉·史密斯·威廉姆斯的信中罕见地描写了约克郡村庄肮脏不堪的一幕："我们北方聚集着烟黑色的房子,簇拥在排放着烟灰的磨坊周围。")[121]他们也没有意识到自十九世纪六十年代以来,自然资源保护者们一直都有类似的抗议。

一八六一年,查尔斯·黑尔之所以能抢购下夏洛蒂卧室窗户的窗扇,是因为帕特里克的继任者,同时也是牧师住宅的所有者约翰·韦德牧师决定用一种现代的平板玻璃替换原先老式的小玻璃。游客们大声抱怨这一损失。一八六七年,W. H. 库克在《圣詹姆斯杂志》上抨击"品位极差"的韦德,说他甚至不许自己往客厅里看。著名的三姐妹曾在客厅进行创作,而她们创作出的作品"为这位居住者当下的府邸赋予了不朽的光彩,即使他尘归尘、土归土,即使那崭新的窗框腐烂,这些作品也会长存于世"。[122]

韦德不想让各色人等进入他的新房也不足为奇,他可没有时间留给勃朗特崇拜。十九世纪七十年代,他改变了哈沃斯的风格,为牧师住宅填了一间厢房,并主持了教堂的拆除和新建,而只保留了老教堂的塔顶。勃朗特的崇拜者们很想保留哈沃斯的原貌,但上述工作还是在他们此起彼伏的反对声中完成了。据说这也导致十九世纪八十年代游客数量的下滑。一八九〇年布拉德福德地区的一本旅游指南解释道,"近来"哈沃斯游客数量的减少可能是因为老教堂连带其"古色古香的高靠背长椅"都被拆除了。[123]

今天,我们绝对不会允许类似的破坏行为。当代遗产运动的核心就在于保存,而勃朗特牧师住宅博物馆的内部现已修复完毕,使它看起来尽可能逼真。第二次世界大战前,一些游客认为这个摆放着玻璃展柜的牧师住宅,包括三姐妹过去进行创作的客厅更像是一个商店而不是一个供人居住的地方。[124]今天的室内摆设十分重视细节和历史准确性。

在没有原始家具的情况下,牧师住宅博物馆会小心提供逼真的仿制品, 106
比如他们最近委托定制了一张雕刻华丽的床,与布兰韦尔所画的那张床
一模一样。房子布置得和剧场一样精致,而在二十世纪九十年代,游客
甚至可以偷听由当地一家话剧公司的女演员们扮演的夏洛蒂、艾米莉和
安妮之间的对话。

　　如此创意得到了游客们的欣赏,在最近的一次调查中,游客对厕所
设施不足[125]以外的一切都表达了高度的赞赏。但现如今,无论哈沃斯
能提供怎样的卫生设施,这在勃朗特时代的居民看来都会是一种奢望:
一八五〇年一份有关哈沃斯卫生状况的报告曾抱怨当地厕所严重不足
的问题,公共街道上仅有两个厕所,每一个都由十几户人家共用,且它们
就暴露在路人眼中。[126]近年来,博物馆平均每年都能吸引超过十万名
游客来访;而一九七四年,在克里斯托弗·弗莱名为《哈沃斯的勃朗特
一家》[127]的电视剧改编上映后,游客数量达到了历史之最:二十二万一
千四百九十七人。然而,这个村子已经名声在外,这些数字也只占据了
全年游客数(超一百万)[128]的一小部分,而他们当中的许多游客只是想
外出一天,与文学并无关系。一九九六年,从哈沃斯通往山下的基斯利
与沃斯谷铁路(一九七〇年的感伤电影《铁路儿童》就以这条铁路为
背景)载客数比牧师住宅游客数多将近三万人。[129]

　　人们对牧师住宅的接受也随着时间推移发生了变化。在盖斯凯尔
和与她同时代的人们看来,那幢箱子形状的房子看起来"灰暗、方正、冰
冷、死气沉沉";后来的作家们在描写这幢房子时采用了哥特风格。到
了二十世纪七十年代,人们对于建筑物的品位已经发生了变化,这幢房
子似乎也有了一种怀旧的气质,一种罗兰爱思①式的魅力。牧师住宅的

————————

　　①　罗兰爱思(Laura Ashley),英国时尚家居品牌,颇具英国传统特色。

绝美景色却被用在《铁路儿童》这部电影中,这说明现实与传说中"阴森、禁锢生命的壳子"[130]看起来会截然不同。十九世纪五十年代末的黑白照片能让房子看起来阴森荒凉,特别是从上面的角度径直取拍时,而二十世纪九十年代的一本旅游手册中一张角度更加迷人的照片则展示了这座建筑的另一面:它沐浴在夏日金色的阳光下,四周环绕着柔软青翠的花圃。[131]

在过去的一百五十年中,哈沃斯就这样在旅游业中站稳了脚跟。随着周边地区磨坊和工厂的消失,旅游业对当地经济愈发重要,成为哈沃斯当前的龙头产业。[132]而今天报纸的旅游版面则延续了世纪之交旅游导览的传统,建议游客在前往勃朗特故地的呼啸山庄时穿好雨靴。[133]二十世纪九十年代,一位旅游局官员将勃朗特作为一个能与可口可乐相提并论的品牌,当地企业也往往只因为勃朗特的知名度就大肆使用该名称。[134]一家以勃朗特命名的出租车公司和理发店其实和哈沃斯最负盛名的家族没什么关联,二十世纪五十年代一位家具制造商兼殡仪馆老板也打着"勃朗特产品"的旗号为自己生产的棺材等产品做广告,令人费解。[135]

如今许多与勃朗特家族相关的流行意象的出现都晚于在维多利亚时期的夏洛蒂崇拜。二十世纪,艾米莉取代了夏洛蒂的卓越地位,一度被奉为荒原上自由无拘的灵魂。正是通过人们对艾米莉的崇拜,勃朗特一家作为自然的力量从狂风呼啸而过的荒原上崛起的迷思才得以广泛传播。暴风雨般的激情与艾米莉(或与好莱坞对《呼啸山庄》的改编)联系在一起,这种激情现已成为勃朗特品牌不可或缺的一部分。但在哈沃斯陡峭的主街上林立着的纪念品店(如"勃朗特大全")中,仍随处可见伊丽莎白·盖斯凯尔塑造的那位家庭天使。

印有勃朗特一家的茶巾或黄铜制成的小型长柄暖床器传递出一种

劣质的家庭怀旧气息,而这在某种层面与盖斯凯尔创造的那个卷起袖子为塔比剜土豆的家庭主妇夏洛蒂不无关联。"勃朗特原创特制酒"(莫非是在影射布兰韦尔的酗酒问题?)就放在一个旧时厨房里的古色古香的粗陶酒壶中,而先前曾为布兰韦尔提供鸦片酊的那家药店现在则变成了某种更为新奇的药店,兜售维多利亚风格包装的彩色浴盐,而其中一款"艾米莉·勃朗特肥皂"散发着"难以捕捉的荒野香气"。我于一九九四年参观哈沃斯,失望地从一位店主那里得知他经营的这片土地原先是一个书店,因销量不足才不得不将其关闭。

　　"勃朗特"往往代表着一种与文学无关的普遍意义上的怀旧。在一把从村中购得的印有"哈沃斯"字样的纪念茶壶上,牧师住宅变成了一个茅草屋,门前环绕着玫瑰花。这种改变是粗鲁的,它尝试唤起人们对于传统英国性的看法。"勃朗特老式配方饼干"这个在全国销售(非哈沃斯当地特产)的品牌将勃朗特的名号用作包装上所谓"传统且健康烘焙"的代言,此举旨在让批量生产的饼干听起来像是家庭烘焙,穿越历史,回归维多利亚时期有关家庭主妇夏洛蒂的陈词滥调。包装上的牧师住宅插图是一幅精美的水彩画,这幅画具有欺骗性,将房子置于一片郁郁葱葱的绿洲之中,去掉了住宅右边的建筑和前方的墓地。

　　如"勃朗特自然泉水"("清新闪耀,冰镇饮用")这样的勃朗特产品常常体现了现实和幻想之间的脱节。瓶装商称"高沼地是勃朗特子女的游乐场",他们一定没意识到在勃朗特生活的时代,哈沃斯正因供水不清洁而臭名昭著。[136](一八五七年,盖斯凯尔为自己颇具侵犯性的传记写作方式而感到不安,她尝试安抚阿瑟·尼科尔斯,因为哈沃斯"极度缺水",她便向他捐赠了一百英镑的大额善款用来支付乡村急需的水泵。)[137]但这个品牌也展现出一次精明的公关:他们的故事因勃朗特的大名而被全国性的报纸争相报道。[138]

108

　　当夏洛蒂告诉骚塞自己想要成为隽永时,她幻想自己的名字出现在书本上,而不是饼干的包装上。这种品牌的推广行为也许增加了勃朗特的知名度,但也带来了令人不安的贬损效应,因为它掩盖了这样一个事实:勃朗特的**作品**及其文学和情感的复杂性才是她们留给后世最重要的礼物。

注释

　　[1] 亨利·威廉·杜尔肯,《世界要人:关于古今世界名人生平事迹及性格的简述与批评》(伦敦,约 1881)。

　　[2] 哈丽雅特·马蒂诺,《威斯敏斯特评论》,1857 年 7 月 1 日,见伊森编,《盖斯凯尔批评遗产》,页 427。

　　[3]《旁观者》,1857 年 4 月 4 日,见伊森编,《盖斯凯尔批评遗产》,页 380、381。

　　[4]《经济学人》,1857 年 5 月 18 日,见伊森编,《盖斯凯尔批评遗产》,页 387。

　　[5]《曼彻斯特检查者时报》,1857 年 5 月 2 日,见伊森编,《盖斯凯尔批评遗产》,页 390。

　　[6]《弗雷泽杂志》,1857 年 5 月,见伊森编,《盖斯凯尔批评遗产》,页 397。

　　[7]《基督教观察者》,1857 年 7 月,见伊森编,《盖斯凯尔批评遗产》,页 411。

　　[8] 哈丽雅特·马蒂诺,《威斯敏斯特评论》,1857 年 7 月 1 日,见伊森编,《盖斯凯尔批评遗产》,页 427。

　　[9] 塞缪尔·斯迈尔斯,《自助》,引自艾拉·布鲁斯·纳德尔,《传记:虚构、事实与形式》(伦敦与贝辛斯托克,1984),页 21。

　　[10] 同上,页 27。

　　[11] 同上,页 20。

　　[12] 安东尼·特罗洛普,《我们当前的生活方式》(1875;伦敦,1993),

页1–2。卡布里夫人的目的不是教育读者,而是通过刻画"那些高贵、放纵的罪人"来戏弄读者。

[13] 乔治·克雷克两卷本的《困境中对知识的追求,以轶事为例》(1830–1831)大获成功,曾启发了年轻的塞缪尔·斯迈尔斯,从这部作品1847年名为《女性榜样》的附录中,我们可以看出当时社会对女性榜样的需求正在增长。见纳德尔,《传记:虚构、事实与形式》,页23。

[14] 夏洛蒂·勃朗特,罗赫德日记,1836年8月11日,见巴克编,《书信中的一生》,页39。

[15] 罗伯特·科克伦,《伟大女性的生平》(伦敦与爱丁堡,1888),序言。

[16] 塞缪尔·斯迈尔斯,《性格》(1871;伦敦,1897),页43。引自艾莉森·克肖,《一位女性一生的事业:伊丽莎白·盖斯凯尔的〈夏洛蒂·勃朗特传〉》,载《勃朗特学会》,第二十卷(1990),页16。

[17] 引自丽贝卡·弗雷泽,《夏洛蒂·勃朗特》(伦敦,1988),页333。

[18] 多萝西·默明,《戈黛娃的骑行》(布卢明顿与印第安纳波利斯,1993),页xiv。

[19] 威廉·H.达文波特·亚当斯,《崇高女性的生平故事》(伦敦,1867;修订版,1904),序言。

[20] 匿名,《五十位著名女性:美德、堕落以及人生教训》(伦敦,1864),页1–2。

[21] 同上,页3。

[22] 匿名,《有价值的女性:一本写给女孩的书》(伦敦,1859),页v。

[23] 夏洛蒂·勃朗特,《谢利》,安德鲁与朱迪丝·胡克编(伦敦:企鹅,1985),页107。以下简称"《谢利》"。

[24] 同上,页190。

[25] 科克伦,《伟大女性的生平》,页253。

[26] 匿名,《有价值的女性:一本写给女孩的书》,页12。

[27] J.S.穆勒,《论女性的服从》,引自弗雷泽,《夏洛蒂·勃朗特》,页333。

[28] 匿名,《有价值的女性:一本写给女孩的书》,页7。

［29］同上，页19–20。

［30］亚当斯，《崇高女性的生平故事》，页287。

［31］查尔斯·布鲁斯，《英国杰出女性：英雄主义、善良和伟大的成就造就的辉煌人生》（伦敦与爱丁堡，1875），页5。

［32］匿名，《有价值的女性：一本写给女孩的书》，页18对面。

［33］同上，页817。

［34］约瑟夫·约翰逊，《我们时代的女主角们》（伦敦，1860），页117。

［35］匿名，《有价值的女性：一本写给女孩的书》，页12。

［36］埃伦·纳西，《夏洛蒂·勃朗特回忆录》，载《斯克里布纳周报》，1871年5月，再版于奥利尔编，《采访与回忆》，页14。

［37］托马斯·威米斯·里德，《夏洛蒂·勃朗特：一部专著》（伦敦，1877），页229。

［38］见帕齐·斯通曼，《勃朗特的光影转世：〈简·爱〉与〈呼啸山庄〉的文化传播》（赫默尔亨普斯特德，1996），第一章。

［39］玛格丽特·奥利芬特，《布莱克伍德杂志》，1855年5月，见阿洛特编，《勃朗特批评遗产》，页311。

［40］斯通曼，《勃朗特的光影转世：〈简·爱〉与〈呼啸山庄〉的文化传播》，页28。

［41］引自凯瑟琳·蒂洛森，《一八四〇年代的小说》（牛津，1954），页57。

［42］乔纳森·盖索恩-哈迪，《公立学校现象》（1977；伦敦：企鹅，1979），页262。

［43］格蕾丝·米尔恩·雷，《夏洛蒂·勃朗特的思想摘录》（爱丁堡，1912）。

［44］哈罗德·F. B.惠勒，《关于勃朗特的某些手稿》，载《藏书家》，第二卷，第十二期（1909年2月），页287。

［45］托马斯·斯坦利·威尔莫特，《起死回生者的二十张照片》（伦敦，1894），页54。

［46］见伊莱恩·肖瓦尔特，《她们自己的文学·英国女小说家：从勃朗特到莱辛》（1977；修订版，伦敦，1982），页106。

［47］同上，页103。

［48］E.S.达拉斯，《布莱克伍德爱丁堡杂志》，1857年7月，见伊森编，《盖斯凯尔批评遗产》，页406。

［49］艾米莉·温克沃思致凯瑟琳·温克沃思，1850年8月30日，《勃朗特家族四卷本》，第三卷，页151。

［50］玛格丽特·奥利芬特写于1897年，引自克肖，《一位女性一生的事业》，页12–13。

［51］辛克莱，《勃朗特三姐妹》，页238。

［52］同上。

［53］同上，页237。

［54］同上，页238。

［55］同上。

［56］同上，页239。

［57］苏珊娜·雷特，《梅·辛克莱：一位现代的维多利亚人》（牛津，2000），页23。

［58］西奥菲勒斯·E.M.博尔，《梅·辛克莱小姐：小说家》（新泽西州克兰伯里，1973），页27。

［59］同上，页40。

［60］雷特，《梅·辛克莱：一位现代的维多利亚人》，页50。

［61］同上，页109。

［62］葆拉·贝内特，《艾米莉·狄金森》（赫默尔亨普斯特德，1990），页14–15。

［63］见朱迪斯·法尔，《艾米莉·狄金森的激情》（马萨诸塞州剑桥，1992），第四章。

［64］富兰克林编，《艾米莉·狄金森诗歌》，第146首，第一卷，页187–188。

［65］《英国女性杂志》，第四卷（1860），页345。

［66］《谢利》，页167。

［67］同上，页385。

［68］米莉森特·加勒特·福西特,《我们时代的卓越女性》(伦敦与纽约,1889),页 v。

［69］同上,页 100。

［70］同上,页 107。

［71］F. L. 克拉克,《黄金友情:真诚朋友的生活与性格》(伦敦,1884),页 159。

［72］福西特,《我们时代的卓越女性》,页 109。

［73］同上,页 110。

［74］克拉拉·H. 惠特莫尔,《从王政复辟到维多利亚中期英国小说中的女性作品》(纽约与伦敦,1910),序言。

［75］《晚报》,1913 年 10 月 28 日。(勃朗特牧师住宅博物馆档案馆)

［76］《女性画报》,1916 年 4 月 22 日,页 571。

［77］莫德·戈德林,《夏洛蒂·勃朗特:女人》(伦敦,1915),页 12-13。

［78］J. M. 罗伯逊,《为什么夏洛蒂·勃朗特还能引起热忱》,载《周日纪事》,1916 年 4 月 9 日。

［79］盖斯凯尔致? 约翰·福斯特,1853 年 9 月,《盖斯凯尔书信》,页 243。

［80］J. W. E.,《在哈沃斯的一天》,载《布拉德福德观察者》,1857 年 11 月 19 日,页 8;引自巴克,《勃朗特传》,页 811。

［81］W. H. 库克,《哈沃斯冬日的一天》,载《圣詹姆斯杂志》,第二十一卷(1867 年 12 月至 1868 年 3 月),页 166。

［82］托马斯·阿克罗伊德,《在哈沃斯的一天》(1857),再版于莱蒙编,《早期拜访者》,页 37。

［83］同上。

［84］沃尔特·怀特,《在约克郡的一个月》(1858);引自 J. 科普利,《哈沃斯的一位早期拜访者》,载《勃朗特学会》,第十六卷(1973),页 219-221;也见莱蒙编,《早期拜访者》,页 43。

［85］约翰·埃利奥特·凯恩斯致一位朋友,1858 年,再版于莱蒙编,《早期拜访者》,页 48。

［86］查尔斯·黑尔致母亲,1861 年 11 月 11 日,见莱蒙编,《早期拜访

者》,页80。

[87] 同上,页81。

[88] 帕特里克·勃朗特致T.富兰克林·巴切勒,1858年12月22日,皮尔庞特·摩根图书馆手稿,参考编号: Bonnell, MA2696。

[89] 玛格丽特·史密斯,《一封重新拼凑的信》,载《勃朗特学会》,第二十卷(1990),页42-47。

[90] 查尔斯·麦凯,《不同寻常的大众错觉与群众的疯狂》(1841;韦尔,1995),页695。

[91] 一位美国人致W. W.耶茨,引自《报道家》,1894年2月17日。(勃朗特牧师住宅博物馆档案馆)

[92] 玛丽·巴特菲尔德,《与勃朗特一家面对面?》,载《周日时报杂志》,1976年10月17日,页65。

[93] 海伦·H.阿诺德,《埃玛·胡德科珀·科尔塔佐回忆录,1866-1882》,载《勃朗特学会》,第十三卷(1958),页222。

[94] 埃米尔·朗格卢瓦,《一百年前》,载《勃朗特学会》,第十六卷(1973),页223。

[95] 查尔斯·莱蒙,《勃朗特学会百年史,1893-1993》,载《勃朗特学会》增刊,第二十卷(1993),页9。

[96] 同上,页6-8。

[97] 同上,页2-3。

[98] 同上。结果里德患病,而他的演讲则由《利兹报》的编辑W.S.卡梅伦代为朗读。

[99] 弗吉尼亚·伍尔夫,《哈沃斯,1904年11月》,见莱蒙编,《早期拜访者》,页126。

[100] 同上,页124。

[101] 有关书信的复杂历史及早先的一些失败的出版尝试,见《书信》,第一卷,页27-71。同时见芭芭拉·怀特黑德,《夏洛蒂·勃朗特和她"最亲爱的内尔"》(奥特利,1993),《书信传奇》,页192-249。

[102] 有关十九世纪四十年代的书籍价格,见理查德·奥尔蒂克,《英国

普通读者》(芝加哥,1957),第十二章。

[103]这是夏洛蒂·勃朗特于1841年受聘于罗登的怀特家时,扣除了四英镑洗衣费用后的工资。(夏洛蒂致埃伦·纳西,约1841年3月3日,《书信》,第一卷,页246)

[104]有关勃朗特三姐妹的大众读者群体,见凯瑟琳·蒂洛森,《回到本世纪初》,载《勃朗特学会》,第十九卷(1986),页3-17。

[105]克里斯·鲍尔迪克,《英文批评的社会使命,1848-1932》(牛津,1987),第三章。

[106]约瑟夫·谢勒,《一些流行书籍及其作者》(伦敦,1901),页35-40。

[107]珍妮特·温特森,《橘子不是唯一的水果》(伦敦:潘多拉简装版,1985),页74。

[108]《利兹报》,1913年5月14日。(勃朗特牧师住宅博物馆档案馆)

[109]约翰·厄里,《游客观察》(伦敦,1990),页24-25。

[110]约翰尼·格雷,《去哪里度半日假:布拉德福德周边一百八十个愉快的徒步之旅》(布拉德福德,1890),页v。

[111]H.怀尔德,《北部郡的徒步假日》(伦敦与曼彻斯特,1912),页7。

[112]格雷,《去哪里度半日假:布拉德福德周边一百八十个愉快的徒步之旅》,页vi。

[113]J. S.弗莱彻,《约克郡的僻静之地》(伦敦,1911),页56。

[114]怀尔德,《北部郡的徒步假日》,页149。

[115]蕾切尔·弗格森,《夏洛蒂·勃朗特:三幕剧》(伦敦,1933),页14。

[116]同上,页17。

[117]同上,页13。

[118]同上,页16。

[119]《泰晤士报》,1994年2月19日。

[120]有关哈沃斯缺乏下水管道,见巴克,《勃朗特传》,页95。

[121]夏洛蒂致威廉·史密斯·威廉姆斯,1848年6月15日,《书信》,第二卷,页72。

［122］W. H. 库克,《哈沃斯冬日的一天》,载《圣詹姆斯杂志》,第二十一卷(1867 年 12 月至 1868 年 3 月),页 167。

［123］格雷,《去哪里度半日假:布拉德福德周边一百八十个愉快的徒步之旅》,页 94。

［124］人们尝试重新装饰牧师住宅使其看起来和勃朗特生活的时代一样,该工程最初竣工于 1959 年,同时人们还扩建了一个规模相当可观的空间用来存放勃朗特学会的书籍和手稿。见莱蒙,《勃朗特学会百年史》,页 60。

［125］《电报与阿耳戈斯》,1999 年 3 月 13 日。

［126］萨莉·沙特尔沃思,《夏洛蒂·勃朗特与维多利亚心理学》,页 22。

［127］莱蒙,《勃朗特学会百年史》,页 140。

［128］理查德·哈格里夫斯,《为什么会是一个酷热长夏》,载《基斯利新闻》,1997 年 3 月 28 日。

［129］同上。

［130］J. A. 麦克勒思,《风暴与其他诗歌》(伦敦,1927),页 3。

［131］《穿越过去手册》,旧日时光,1999 年。

［132］《哈沃斯该如何应对旅游业?》,载《基斯利新闻》,1999 年 3 月 5 日。

［133］如《穿上你的雨靴去呼啸山庄》,载《独立报》,1994 年 5 月 21 日,周末版,页 42;《凯茜回家到勃朗特之地》,载《星期日电讯报》,1993 年 12 月 12 日,评论版,页 24;《狂风大作的激情山庄》,载《每日电讯报》,1996 年 9 月 28 日,艺术版,页 5。

［134］剪报,报纸不详。

［135］诺曼·施雷普内尔,《勃朗特圣地:战栗与幽暗》。(剪报,报纸不详)

［136］勃朗特天然泉水有限公司,邮政信箱 99,约克郡哈沃斯。

［137］盖斯凯尔致乔治·史密斯,1856 年 12 月 29 日,《盖斯凯尔书信》,页 434。

［138］《勃朗特瓶装计划》,载《周日独立报》,1993 年 3 月 14 日。

第五章　秘密与心理传记

一

　　在二十世纪最初的几年里，公众心目中的夏洛蒂·勃朗特还是那个最初由盖斯凯尔创造，并被许多不知名作家载入书中的道德的女主人公。如果说有一件事破坏了夏洛蒂圣洁的形象，那就是一九一三年七月二十九日，《泰晤士报》上刊登了四封她于一八四四至一八四五年写给自己比利时的老师康斯坦丁·埃热的信。[①] 埃热信件的公布令外界争执不下。人们激烈地讨论传记牵涉的伦理问题：这种将公众人物的私生活公之于众的行为是否妥当？而夏洛蒂道德声誉的捍卫者们也不知该如何处理自己的偶像与一位已婚男子坠入爱河的事实，哪怕这是人之常情。

　　在某些方面，埃热信件的突然出现似乎就像一位传记作者的心愿得以实现，与一九九〇年 A. S. 拜厄特在小说《占有》中虚构的故事如出一辙，令人激动不已：一位研究者发现了一位维多利亚时期的诗人藏匿的

---

① 以下称为"埃热信件"。

作品。[1]信中所揭露的内容很快被称作"夏洛蒂·勃朗特的秘密"。但从后来大量的阐释来看,这些书信的内容显然比表面上的更加难以捉摸。这些书信被读作一位勤勉学业的学生对老师的感激之情[2],一位歇斯底里的女学生的极端痴迷[3],一种悲剧的、不被回应的激情[4],一种神经质的恋父情结[5],一种把自我戏剧化地表达出来的富有想象力的行为[6]以及夏洛蒂对自己文学志向的表露[7]。

阐释的丰富性也说明了传记的原始材料多么具有可塑性,又多么依赖读者视角。但即使我们能像上帝一样窥探夏洛蒂的思想,她对埃热的感情可能也是混乱且自相矛盾的。有些传记作者尝试提供自洽的解释,倾向于只有一种正确的解读,但从更加现实的角度来讲,他们或许要允许书信具有不确定性和多样性,并类比弗吉尼亚·伍尔夫的看法:"在人们看来,一本仅仅记录了六七个自我的传记就是完整的,但兴许一个人还有上千个自我。"[8]

埃热信件中最令人瞩目的一点在于它们的口吻并不统一。这些信是用法语写就的,其中一封有英文附言,它们的语气变化多端,这也许可以解释它们为何会引发如此不同的解读。夏洛蒂时而以一种学生心怀感激的口吻写信,时而像创作小说一样戏剧性地表达自己的情感,而有时她的风格又传达出一种令人无法忍受的绝望和依赖。但她距离坦承爱意最近的一次则是她告诉埃热自己因为他而爱上了法语。

如果说这些信是模棱两可的,那么夏洛蒂·勃朗特与康斯坦丁·埃热的关系亦是如此。他们初遇时,夏洛蒂二十五岁,雄心勃勃,渴望才学,而埃热三十二岁,虽然也还年轻,但已结婚,家中人丁兴旺。埃热是夏洛蒂的老师,同时也是学校女校长的丈夫,无疑处在权威的位子上,但无论从哪个意义上讲,他都不可能是一位父亲般的角色。

她起初是他的学生,但一定和他之前经常遇到的那些不听话的学生

110

很不一样。她后来成了他的同事,他们在学校授课,她还教他和他的妻弟英语(她觉得他们的口音十分有趣)。[9]如此看来,女校长埃热夫人对这位神秘的新住户逐渐冷淡起来也许就不足为奇了。一八四三年七月,夏洛蒂觉得埃热夫人愈发多疑,并告诉埃伦:"我觉得自己慢慢明白了她为何对我有所保留,我们之间又为何有如此嫌隙了;其中的原因有时让我发笑,有时又几乎让我哭泣。"[10]

埃热夫人在某些层面显然觉得这位英语老师威胁到了自己。几年后,她在评论夏洛蒂写给丈夫的信时,将夏洛蒂比作她经常遇到的那种歇斯底里的女生(有人怀疑她是否目睹了自己的学生频频爱上她的丈夫),但她也补充道,相比于她们,这位经济独立、感情热烈且年龄稍长的英国女性更加危险,因为想要了解她会更加困难。[11]而据一位学生说,在与学生相处的过程中,埃热似乎是那种喜欢在情感上占据主导的男性:他喜欢让女孩落泪(他对待夏洛蒂便是如此)[12],一到那时,他就会变得温柔体贴[13]。

埃热也许能在操纵学生感情并与她们调情过后轻易逃避责任,因为在这所学校,老师和学生之间习惯用更加亲昵的语言与彼此沟通。夏洛蒂离开学校后,也曾在给一位学生的去信中称其为"我亲爱的小维克图瓦",并告诉她自己如何"爱护"学生。[14]她还向一位名叫玛蒂尔德的学生保证对她的"钟爱之情";玛蒂尔德也向她倾诉衷肠,告诉老师"给你写信时,我觉得自己的心门都敞开了"。[15]这与夏洛蒂在罗赫德时期的英式礼节相去甚远,她在罗赫德任教时甚至没有直呼过学生的名字。①[16]这位内心激情澎湃但举止保守的约克郡女性可能给康斯坦丁·埃热的自由表达赋予了它原本并不具备的更深层的含义。

---

① 原文为 first name,即"名"。在英语世界,直呼对方的"名"被视为一种亲切的做法。

虽然夏洛蒂对埃热的爱意更浓烈一些,但我们似乎也很难否认在这段关系中,他们彼此之间都有着强烈的感情。埃热一定很满足于她对他的教学所给予的反馈,而他为她设立的高标准也说明他对她的能力有着高度的评价。他对她文章的修改也表明他们在学识上彼此挑战;对于她的作品,他十分投入,极其专注,从不轻慢,也不会含糊其词。

夏洛蒂姨妈的死讯把她和艾米莉一同唤回哈沃斯,而一八四三年一月,她只身返回寄宿学校。她对埃热的情感依赖愈发严重,埃热夫人对她愈发冷漠,她也愈发孤独和抑郁。到了十月,她度过了一个噩梦般孤独的暑假(这个暑假也驱使她在圣古杜勒天主教堂向一位神父做了"真正的忏悔"[17],而这一幕在《维莱特》中也至关重要),此时的她觉得自己与埃热夫人之间疏远异常且互不信任,于是她说出了自己的想法,不料埃热先生却劝说她留下来。[18]一八四四年一月一日,她永远离开了布鲁塞尔。

这四封幸存下来的"埃热信件"——他们之间一定还有更多书信往来——写于一八四四年七月至一八四五年十一月。第一封信写于一八四四年七月二十四日,风格友善,但不甚亲密。夏洛蒂"很清楚"还没有轮到她写信,因为埃热尚未回复她先前的信件,但她觉得自己必须好好利用这个机会:一位英国朋友要前往欧洲大陆旅行,能为她捎去一封信(那时的邮费并不是一笔小数目)。

但她笔锋一转,激动地写道:"啊,先生!我给您去过一封信,那封信很不理智,因为那时悲伤正折磨侵蚀着我的心,但我不会再如此行事了。"[19]这说明她在上一封信中越界了。她紧接着说自己害怕将法语遗忘。换句话说,她害怕任何可能妨碍她与埃热交流的事情发生。

但这封信中真正的激情和高潮与埃热先生无关,而是在于夏洛蒂一直以来都抱有的强烈的文学志向,而他尽心竭力的教导也证实她颇有抱

112

负：她坦承自己的梦想是写一本书并将其献给老师，但她也知道自己的文学生涯已经结束了。一番痛苦的推心置腹过后，她退缩了。她语气突变，似乎觉得自己太过分了，还用学生时代的恭敬口吻写道："**请向夫人传达我的敬意。**"[20]

第二封信写于十月二十四日，只是篇幅更短，由另一位前往布鲁塞尔的朋友代为传递。埃热一直没有回复，这一次夏洛蒂恳请他回信，但仍不忘小心问候他的夫人与孩子。她的下一封信写于一八四五年一月八日，埃热还是没有回信。

这封信开门见山，没有惯用的"先生"称谓，仿佛这不是一封信，而是一部小说中的片段：

> 泰勒先生归来，我询问他是否有我的一封信——"不，什么都没有。""耐心"——我说——"他的姐姐也要马上回来了"——泰勒小姐回来了。"埃热先生没有任何东西给你，"她说道，"既没有信，也没有消息。"
>
> 当我弄清楚这些话的含义后……我拼尽全力不让自己哭出声来，也不去抱怨——
>
> 但是，一个人越不抱怨，越想蛮横地控制自己，他的身体就越反抗，他外表平静，内心的不安却令他无法忍受。
>
> 日日夜夜，我寝不安席、食不甘味，即便睡着，也会被噩梦纠缠……[21]

这种寄信的痛苦会反复出现在夏洛蒂成熟时期的作品中，这似乎是受到了埃热未能回信这一经历的启发。然而勃朗特少年时代作品最初的编者范妮·拉奇福德则发现，上述段落与夏洛蒂六年前创作的安格里亚传

奇中的一段情节类似：扎莫纳公爵夫人被丈夫忽视，他既不在自己   113
身边，还不忠诚。公爵夫人反复询问是否收到回信，并告诉侍从自己如
何忍受"漫长、疲惫、无眠的夜晚"，还说只要收到一封信，她就能安枕。
一位信使空手而归，打断了他们的对话：

> "没有我的信吗？华纳先生？你就没捎回一点音讯吗？一句
> 报平安的话，或者对我的关怀都没有吗？""夫人，一个字儿也
> 没有。"[22]

是夏洛蒂的文学想象启发了她写给埃热的书信吗？还是说这些书信反
而启发了《维莱特》中的一些情节？这部小说将夏洛蒂对埃热的一厢情
愿转变为了露西与保罗·埃马纽埃尔之间的相互爱恋，但她或许早在
一八四四至一八四五年间的信中就已经虚构出自己与"主人"之间的
关系。她仿佛把埃热的某些方面用来塑造埃马纽埃尔，可我们仔细一看
就会发现这些方面在她的文学想象中有着更为久远的历史，可以追溯到
她去往布鲁塞尔之前，比如他总夹着一根雪茄。也许埃热和罗切斯特、
埃马纽埃尔一样吸烟[23]，但是早在安格里亚的故事中，夏洛蒂就用雪茄
来象征人物的男性气质[24]。

在幸存的信中，夏洛蒂给埃热的最后一封写于十一月十八日。[25]
信的结尾处用英文写下了"永别"。夏洛蒂是否以此在为"**虚构的**通信，
一种近乎想象的行为"做结语呢？[26]信一寄出，便如石沉大海（他本来就
很少给她写信，且这些信无一幸存）[27]，她又是否通过书信有意探索
最终在《简·爱》和《维莱特》中被十分娴熟地运用到的激情且主观的
表达方式呢？

现存的最后一封信讲述了她怎样试图将埃热忘记，他们在情感上的

不对等以及她日日盼他回信而不得的失意与痛苦。但我们也知道当她写这封信时,她的脑海中已经萌生了其他希冀。同年秋天,她发现艾米莉创作的诗歌并开始鼓励妹妹们准备出版《诗集》。回过头来,我们可以看到她不再被埃热的思想奴役,某种宣泄也已经开始。这封绝笔信是对绝望最为极端的表达,也是几封信中风格最为独特、情感最为连贯的一封。但她迷恋的语气也掩盖了这样一个事实:她已经整装待发,要开始一段新的旅途了。

114　　　夏洛蒂的“主人”在她心中激起的万千思绪和情感最终还是无法被定义。它们之所以从我们的眼前溜走,主要是因为信件不完整。我们只能从现有的证据中尝试拼凑出她当时的心理状态,但弗吉尼亚·伍尔夫的小说《海浪》中的伯纳德说过,传记能做的不过是“把那些毛边的残损之物钉起来”。[28]缝隙总会有的。

　　我们的视角并不完整,而诡异的是,现存于大英图书馆的四封信中的三封也都被悉心粘贴缝合在一起。埃热在收到夏洛蒂的来信后撕碎并扔掉了其中三封,他的妻子却把它们捡了回来,万分痛苦地将它们拼好并放在自己首饰盒中保管起来。她一定让丈夫得知了自己的做法,因为埃热于一八五六年向盖斯凯尔展示(或念)了这些信。

　　夏洛蒂离开布鲁塞尔二十一年后,埃热的女儿路易丝参加了一场有关《简·爱》作者的讲座。路易丝儿时那张真诚的小脸曾让夏洛蒂很是怜爱。[29]演讲者告诉听众,夏洛蒂·勃朗特曾受到过布鲁塞尔埃热一家的冷酷对待。路易丝伤心地向母亲诉说了此事,而母亲也给她看了这些信。

　　埃热夫人于一八九〇年去世,路易丝遍览母亲的信件,取出了夏洛蒂的几封并把它们交给了父亲。他再度试图把这些信扔掉,但路易丝把它们从废纸篓中捡了回去,因为一位朋友告诉她这些都是重要的文献。康斯坦丁·埃热于一八九六年去世,几年后,路易丝终于和哥哥保罗

（一位杰出的科学家）谈起此事。在评论家 M. H. 施皮尔曼的建议下，他决定把这些信捐赠给大英博物馆。①

　　保罗·埃热之所以将这些信件公开，主要是因为他想要澄清事实。实际上，有关夏洛蒂与他父亲关系的传闻已经发酵很久了。在十九世纪后半叶的流行人物选集中，尽管夏洛蒂的偶像形象没有多少变化，但其他作家已经开始质疑伊丽莎白·盖斯凯尔是否把故事和盘托出。

　　一八七七年，自盖斯凯尔的《夏洛蒂·勃朗特传》付梓以来第二部有关夏洛蒂的足本传记出版了。作者托马斯·威米斯·里德是《利兹报》的编辑，他从埃伦·纳西处得到了盖斯凯尔夫人没有读过的夏洛蒂的信件。[30]这部传记主要是向读者展示"《简·爱》作者的一生绝非我们现在所认为的那般恺恺不欢"。[31]尽管他一再坚持老套的道德说辞，即夏洛蒂的一生因"自我克制"而"变得圣洁而高贵"[32]，但他还是就夏洛蒂与老师间的关系做出了自己的推测。他引用了一封信——夏洛蒂在信中告诉埃伦自己违背良心，返回了布鲁塞尔[33]——并暗示她在埃热寄宿学校"偷尝到奇怪的乐趣"[34]，而证据"不在《夏洛蒂·勃朗特传》和书信中，而是在《维莱特》中……那是对她的心路历程最为生动的写照"。[35]

　　十年后，奥古斯丁·比勒尔②在他写的传记中也表达了类似的怀疑。他表面上举起双手，唯恐自己侵犯"一个女性内心的秘密"[36]，但也用两句话大胆地总结了夏洛蒂与埃热间的关系，其含义不言而喻："埃热夫人被疏远了，勃朗特小姐和埃热相处得更好。"[37]比勒尔对这一事件的巧妙处理也说明，在十九世纪八十年代一本得体的传记中，什么能说，什么不能说。他建议那些想要了解夏洛蒂秘密的读者"从字里行间

115

---

　　①　一九一三年，保罗·埃热将夏洛蒂的来信捐献给大英博物馆，这些信件现藏于大英图书馆（MS38732）。

　　②　奥古斯丁·比勒尔（Augustine Birrel，1850–1933），英国政治家、作家。

阅读《维莱特》",但同时也警告道："如果他们聪明,不,如果他们精细,就会对自己的发现闭口不谈。"[38]讽刺的是,这些婉转的表达却让读者的推测远比它们实际上所暗示的更具破坏性:夏洛蒂和埃热先生确实有过婚外情。

　　这类推测招致了一些作家的激烈抨击,他们认为这是对夏洛蒂的一种侮辱。从盖斯凯尔起,传记作者就对勃朗特一家有着一种不同寻常的占有欲和保护欲,玛丽昂·哈兰也不例外。她那部感性的《家中的夏洛蒂·勃朗特》于一八九九年出版。当时,有关埃热和夏洛蒂的流言甚嚣尘上,她觉得有必要平息"骇人听闻的穷酸文人"在大西洋两岸兜售的"有关一段无望的激情的浪漫且臭名昭著的言论"。[39]哈兰坚称夏洛蒂不可能在情感上对埃热先生产生依赖,但她抱有这样的想法并不是因为她仔细检查了现有的证据,而是因为她对自己笔下的女主人公理想化的形象有所坚守。

　　哈兰所谓的令她不屑一顾的"骇人听闻的穷酸文人"代表的是一种开始取代说教性的人物选集并流传开来的简短劣质的传记。它们提供了一种休闲的阅读体验,旨在寓教于乐。一个典型的例子就是劳拉·卡特·霍洛韦于一八八三年在美国出版的简装版的《与夏洛蒂·勃朗特的一小时,或约克郡荒原的花朵》。这本书辞藻华丽,但内容不甚准确,比如书中称夏洛蒂的母亲为约克郡人[40],并断言从夏洛蒂八岁那年前往柯文桥寄宿学校起,她就没长过一英尺[41],还说她仅在伦敦的出版商面前"现身"过一次[42]。霍洛韦罔顾事实,任由想象驰骋,不仅重复了盖斯凯尔笔下未经证实的说法,称帕特里克剪碎了妻子最好的衣服,还添油加醋,幻想面料上印有"精美的图案"。[43]

　　如此投机的商人难以拒绝这样的谣言:夏洛蒂是一场单相思"大风波"的受害者。[44]但还有其他作家更进一步,明确表示夏洛蒂与埃热不仅彼此爱慕,更对彼此抱有激情。这些作者中有一位名叫约翰·马勒姆-德布利比的狂热分子。在他的身上,世纪之交的"勃朗特热"已经到了只能被形容为病态的地步。

马勒姆-德布利比的《勃朗特作品的关键》(1911)是一个极端的例子,展示了曾令亨利·詹姆斯甚为不安的认识层面的混乱。对于一位阴谋论者来说,夏洛蒂的某些虚构以现实经历为基础,这一点颇有说服力。盖斯凯尔曾试图为勃朗特姐妹辩护,让她们免受指控,称她们只是把自己的所见所闻写了下来:哈沃斯的居民粗鲁,而她们的兄弟浪荡。马勒姆-德布利比的结论更是夸张,他称夏洛蒂小说中的所有内容都是照搬生活,而任何与生活不吻合的细节都是"为了混淆视听"。[45]

他常常从一种理性或半理性的直觉讲起,比如盖斯凯尔并没有将夏洛蒂在布鲁塞尔的全部故事讲述出来或夏洛蒂对埃热先生有着炽热的情感。但他完全堕入其他领域,却没有能力区分现实和虚构。他视埃热为夏洛蒂一生挚爱,这是一回事;但他同样坚称夏洛蒂是《呼啸山庄》的作者,这全然是另外一回事。他随后声称,畅销书《流浪的犹太人》的作家,法国流行小说家欧仁·苏在一八五〇至一八五一年的连载小说《玛丽小姐,或小学女教师》[46]中描写的就是埃热先生与夏洛蒂两情相悦的真实故事,却没告诉我们苏又是从哪里捕风捉影,得知了有关他们之间"危险友谊"[47]的秘密。[48]

如果马勒姆-德布利比这些疯狂的观点受到了不应有的关注,那是因为勃朗特的狂热者中一些更加理智的人热衷于确认小说中出现的人物和地名的真实状况,而马勒姆-德布利比用另一种方式满足了他们的诉求。[49]一九一一年,《勃朗特作品的关键》在勃朗特学会 W. W. 耶茨的批准下出版发行,耶茨本人也订购了这本书。一九〇六年,他曾担任英国国家肖像馆馆长顾问,而在他的建议下,馆长买下了一幅画像,据说这幅画是埃热先生为夏洛蒂所作,但它显然是伪造的,因为伪造者不仅拼错了埃热的名字,甚至懒得将"玛丽·维克斯小姐"的字样擦拭干净。下议院终于在一九一三年对该画的真伪提出了质疑,将它鉴定为赝品。[50]

马勒姆-德布利比或许宣传了一种不受欢迎的理论:夏洛蒂与埃热两厢情愿,却并未发生关系。但更恶毒的报道也流传开来。法国一本书的作者称夏洛蒂与埃热发生了性关系。[51]埃热之子决心要平息这种没有来由的指控,这才急于将这些信件公之于众。他认为这些信件一旦被公布就会"揭露迄今为止所谓的'夏洛蒂·勃朗特的秘密'的真实含义,并说明那些传记作者的臆测是多么无根无据"。[52]在他看来,"与其让人怀疑他们有所隐瞒"倒不如"将坦荡襟怀示于众人"。[53]

虽然埃热的儿子试图对夏洛蒂的"坦荡"轻描淡写,但当这些信于一九一三年登上《泰晤士报》时,整个报界还是炸开了锅。十九世纪九十年代以来,报界就时刻准备好报道任何与勃朗特有关的话题,哪怕是鸡毛蒜皮的小事。维多利亚时期对于殉道、疾病、死亡的高度强调已经逊位于公众对浪漫爱情的渴望。但如果说勃朗特的故事中缺少了些什么,那就是爱情。流行作家和记者一直试图通过《作家的爱情故事》(1904)和《十二大激情故事》(1912)等作品以及如连载于《太阳周刊》的《夏洛蒂·勃朗特的爱情故事》(1896)等报刊文章来弥补这一缺憾。上述作品试图从夏洛蒂与丈夫的关系中挖掘浪漫,但这段婚姻缺乏当时的读者所追求的那种轰动的价值。

对勃朗特爱情故事的寻找在二十世纪四十年代好莱坞电影《魂牵梦萦》①中得到了最为荒诞的表达:其中,艾米莉离奇地死于对尼科尔斯的单相思,而埃热则被演绎为一个狡黠好色的法国人,他带夏洛蒂去当

---

① 电影 *Devotion* 于民国时期在中国上映,被译为《魂牵梦萦》。

地的游艺节,在爱情的隧道中为她指点迷津。在埃热信件被公布前,报界没有机会在勃朗特的故事中发掘浪漫,但自那以后,他们愈发不满足:一篇以"勃朗特情书补遗"为题的文章甚至试图用一个有关伯德小姐——帕特里克曾向这位伯德小姐求婚未果——的故事来与夏洛蒂那扣人心弦的私密爱情故事相抗衡。[54]

那些视自己为夏洛蒂名誉守护者的人对埃热信件的反应比较冷淡。他们在为女主角下意识的辩护中所展现出的情绪说明他们感受到极大的威胁。克莱门特·肖特也被置于尴尬的境地。作为勃朗特信件的编辑,他自诩为勃朗特研究的专家,而作为专家的他曾向那"愚蠢且无礼的诋毁"[55]——夏洛蒂可能与一位已婚男士有染——泼冷水。似乎任何认为夏洛蒂对埃热的感情超越了一个学生对老师的感激之情的人都是在指控她的行为不甚光彩,会让她跌下神坛。

然而,这些信中无疑充斥着热烈的感情。对于肖特来说不幸的是,这些信件的突然出现似乎是在向公众说明他对夏洛蒂的了解比他自己所宣称的要少。人们要求他对此作出回应,而他气势汹汹地将自己原先的话又重复了一遍:这根本就是无稽之谈。"哪怕一个热情的女人也不可能给一个年龄两倍于自己的男人写信,更何况此人有家有室,又是自己的老师。"[56]肖特一心想要消除这些无礼的指责,但他对夏洛蒂·勃朗特本人及其圈子的了解却把他出卖了:夏洛蒂生于一八一六年,而埃热生于一八〇九年。只有丰富的想象力才能把七岁的年龄差距说成"年龄两倍于自己"。

可问题在于这些书信中强烈的情感——哪怕是柏拉图式的——与夏洛蒂一直展现出的那种圣洁的、理想化的形象格格不入。为了对这些公开的信件作出回应,肖特的朋友 W. 罗伯逊·尼科尔在《泰晤士报》上发表了一篇题为"为夏洛蒂·勃朗特辩护"的文章,试图竭力维护她家庭天使的形象。他笨拙地辩护道："她是女儿中最名副其实的一位，是家庭生活的典范，对她来说，生活不是家庭，而是学校，她的心永远属于老师和学生。"[57]

为夏洛蒂辩护的不仅仅是那些坚持把她看作家庭天使的人，她的女性主义追随者同样惴惴不安。《约克郡邮报》上发表的一篇文章谴责"近来对夏洛蒂人格和性格的中伤"，同时赞扬她是"女性才学提高运动中的领袖"。这位记者不仅为夏洛蒂的性"纯洁"辩护，甚至还把她归为政治人物，认为她"阐明了制度的不公，而这个制度剥夺了女性在制定和实施这个国家法律方面的正当权利"。[58]

小说家梅·辛克莱在孩提时代就深受盖斯凯尔《夏洛蒂·勃朗特传》中悲剧带来的影响，她十分猛烈地抨击了将这些信件公开的做法。埃热信件在她的批评性传记《勃朗特三姐妹》的第一版与第二版之间被公布出来。在这些信件被公布前，她和肖特一样反驳夏洛蒂可能爱上了自己老师的说法。她在给《泰晤士报》的一封信和自己作品的修订本中极力掩饰这一新的发现。

辛克莱以一种知识分子对报纸一贯抱有的轻蔑态度谴责了那种将"夏洛蒂·勃朗特的小秘密曝光，让整条弗利特街①都幸灾乐祸"的卑劣行径。[59]她声称，这些信件"对于我们认识夏洛蒂·勃朗特没有任何价值，哪怕我们有权知道"。[60]从表面上看，这种说法似乎不同寻常。后续没有一位传记作者同意辛克莱的说法，而是认为这些信件具有极其重要的文学和个人记录价值。

辛克莱拒不把埃热信件作为夏洛蒂人格的重要证据，这不单单是

---

①　弗利特街（Fleet Street）位于英国伦敦，二十世纪八十年代前，英国主流媒体都位于弗利特街，此街仍是英国媒体的代名词。

因为她对揭露人们私生活中亲密关系的行为所涉及的伦理问题很是看重，也与她心目中理想的女艺术家形象有关。作为当时的领军作家之一，辛克莱是一代女性作家的先锋，用一位当代批评家的话来说，这些女作家正在寻找"一种新的精神性"。[61]年轻时，她就对哲学，尤其是对唯心主义形而上学、神秘主义甚至唯灵论颇有兴趣，极不信仰唯物论。

与十九世纪九十年代那些通过文学平台宣扬自身政治诉求的新女性不同，辛克莱对女性气质的内在、精神和主观层面更感兴趣，在小说《创造者》(1910)中几乎鼓吹将外部世界全盘否定的做法。"经历？……"她写道，"它宠坏了你，束缚了你的手脚，将你误导、扭曲并蒙蔽……我了解女艺术家，她们从未克服自己的经历，也正因如此，她们什么也做不了。"[62]小说的核心人物是一位女作家，她保护自己免受污染："为确保自己与世隔绝，她用一个有挡板的楼梯把自己和外界隔开，楼梯脚下有一扇紧锁的大门。"[63]

在此背景下，夏洛蒂成了超凡脱俗的女主角，对她来说，主体性比任何与他者的关系都要重要。从盖斯凯尔起，早先的传记作者把夏洛蒂克制的社交当作她羞怯或淑女气质的表现，但在辛克莱眼中，这种对世俗价值的明显排斥是在精神上高人一等的标志。在她看来，女性想象应该是纯洁且自足的。夏洛蒂能从外部世界获得灵感，这已经匪夷所思，更不要说她是从一个男人身上获得灵感了。"即便是宽厚之人也这样认为，"她轻蔑地写道，"无论埃热先生为夏洛蒂做了什么，没做什么，他所做的一切都造就了她的天才。"[64]辛克莱认为这一假设的背后是反女权主义在作祟，并嘲讽道："每当一个女人的才华让你困惑的时候，你的做法很简单，*cherchez l'homme*①。"[65]

①法语：找出那个男人。

　　辛克莱对已婚批评家奥利芬特夫人尤为恼恨,觉得她永远无法理解夏洛蒂"未经许可认识神秘事物、闯入隐蔽之所并敞开自己少女心扉的行为"。[66]辛克莱强调"少女心扉"是有原因的。也许是为了给孑然一身的自己正名,抑或是为了应付独身的生活状态,那时的她越来越相信,对于女艺术家来说,独身与创造力之间有着密切的关系。正如最近一位为辛克莱立传的作者所说,她终其一生"一直觉得自己放弃了性而取得了思想上的独立"[67],相信"亲密行为实际上会阻碍女性对卓越艺术的追求"[68]。

　　因此,尽管她勉强公开承认埃热信件中有"一些激情的元素,纯洁且无意",但私下里的她却如坐针毡,因为这些信件说明夏洛蒂也有情感需求和性需要。据辛克莱的门生丽贝卡·韦斯特说:

　　　　埃热信件的发表对于梅来说是一个如丧亲般沉痛的打击,因为她一直很想把夏洛蒂当作艺术女神来看待。[69]

然而,辛克莱对奥利芬特夫人和那些认为夏洛蒂对埃热的迷恋激发了她创作的批评家的攻击不仅具有个人意义,还是对丑化夏洛蒂的行为的回击。这种行为可以追溯到萨克雷的时代,那时的人们将夏洛蒂刻画成一个如饥似渴的老处女,认为其艺术也不过是在袒露自己对性的渴望。如果说辛克莱急于抹杀这样的观点,即单身的女艺术家是扭曲、饥渴且歇斯底里的,那是因为女性选举权运动的反对者中也有类似的观点,比如伦敦大学实验病理学教授阿尔姆罗斯·赖特爵士认为,好斗的女性往往因为性欲得不到满足而患上精神障碍疾病。[70]

　　辛克莱对于性的态度是复杂多变且往往自相矛盾的。一九一三年,她发现了精神分析并将其中的一些观点用在了自己的唯心主义哲学中,发展出有关升华的概念。她于一九一四年出版的小说《三姐妹》说明她开始相信克制性欲会让普通女性变得歇斯底里，因为她们需要通过婚姻来发泄欲望，但在精神上具有天赋的人却能通过引导欲望进入灵魂的通道进而净化或升华她们的欲望。一九一七年，她在《为唯心主义辩护》中写道："所有升华都是欲望的转移和传递，从一个不太有价值或不太合适的目标转移向另一个更具价值或者更为合适的目标。"[71]

我们在她的一部早期作品中就能看到这些思想的萌芽，它展示了作者对性在女性生活中所占据的地位的矛盾看法。一方面，她的小说《助手》(1907)的开篇便是婚床，通过一个冷漠妻子的角色攻击了维多利亚时期性冷淡的理想女性形象：这位妻子最终认识到性爱也是精神体验的一种形式。[72]但另一方面，她在对性欲抱有强烈兴趣的同时还需要把性上升到精神层面。十九世纪五十年代，哈丽雅特·马蒂诺认为夏洛蒂笔下的女主人公表达出的情欲是病态且不体面的，而六十年过后，这些情欲似乎仍令辛克莱难以应付。一九〇八年，她在人人文库①版本的《简·爱》导言中用一种过度纯洁的眼光解读女主人公的激情，把它当作"奇怪的纯真……因奉献和自我的牺牲而心生喜悦，却对动物的本能一无所知"。[73]

辛克莱也在《勃朗特三姐妹》一书中赞扬夏洛蒂有着纯洁的激情。在夏洛蒂之前，"男女之间的激情就意味着动物的激情"，是一种"被泥土玷污了的……东西"，而她"洗涤了它，让它沐浴在清晨的露珠中，用泪水将它洗礼，并为它披上光与火的外衣"。[74]夏洛蒂的小说的确展示出她对激情持有一种理想化的态度，她也确实把这种态度和天才的净化

---

① 人人文库(Everyman's Library)，1906年由伦敦出版商约瑟夫·马拉比·登特(Joseph Malaby Dent, 1849–1926)创建，旨在建立世界文学文库，让包括文化精英和工人阶级在内的所有人都负担得起。

力联系在了一起，但辛克莱更强调纯洁的激情是看不见、摸不着的。她把夏洛蒂同化为女艺术家的精神理想，这种理想不仅反映出她本人的想法，还有与她同时期的女性主义者的普遍倾向：她们认为在性的问题上，女性比男性更加纯洁，而且她们提倡一种理想的人际关系，这种关系纯真无邪、超凡脱俗。[75]讽刺的是，在文学中，这种意识形态的文化渊源来自盖斯凯尔的《露丝》那样的作品而非夏洛蒂的小说。

那些将夏洛蒂奉为圣人的老派信徒和包括梅·辛克莱在内的女性主义知识分子可能都不愿意接受埃热信件这一事实，他们对这些信件的重要性轻描淡写，但收效甚微。弗雷德丽卡·麦克唐纳比夏洛蒂晚二十年在布鲁塞尔的寄宿学校学习，她于一九一四年出版了一本标题惹人注目的作品：《夏洛蒂·勃朗特的秘密》。虽然麦克唐纳在埃热的教学风格上提供了有价值的一手资料，但她对夏洛蒂情感生活的处理却很夸张。她总结道，布鲁塞尔的经历后，夏洛蒂的存在"不仅有了色彩，还被一种悲剧的浪漫爱情所支配"，爱情"令她心碎"。"将她的天才唤醒的"并不是埃热先生的才学，而是他引发的爱情的"悸动"。[76]

夏洛蒂那被盖斯凯尔压抑的激情虽得以复原，但不无代价。在后来许多有关勃朗特的故事中，她与埃热的关系都被当作一种带有通俗爱情色彩的浪漫悲剧，而感性的情绪也把这段关系之于夏洛蒂之后文学发展的重要性掩盖了。即便威妮弗雷德·热兰①这位头脑清晰、治学严谨的勃朗特传记作者在描述这段经历时也在情感方面大施笔墨。她在创作生涯的早期曾就这个话题写过一部剧，名为《我亲爱的主人》，而一九五五年的一篇评论认为，这部剧"不比一部女性杂志上的连载小说"高明

---

① 威妮弗雷德·伊夫琳·热兰（Winifred Eveleen Gérin, 1901–1981），出生于德国汉堡，英国传记作家，出版多部与勃朗特家族相关的传记作品。

多少。[77]

　　到一九六三年为止，人们频频把夏洛蒂与埃热的关系不恰当地浪漫化，以至于它要经受人们的冷嘲热讽。纽约上演了一部名为《勃朗特姐妹》的"歌剧"，而夏洛蒂的比利时老师在剧中扮演一位拉丁裔情人，喊道，"*Dammi uno baccio. . . Sulla bocca, Carlotta*"①。剧本中一幅插图改编自布兰韦尔为三姐妹所作的那幅著名的肖像画，图中的夏洛蒂身穿一条低胸连衣裙，一副挑逗的神情。[78]维多利亚时期那些维护夏洛蒂道德清誉的人们看到如此场景，一定死不瞑目。

<h1 style="text-align:center">二</h1>

　　保罗·埃热之所以决定把夏洛蒂写给他父亲的信公布出来，很大程度上是因为这些信中牵扯的人都辞世了，没有必要再照顾他们的情绪。但这些信件发表时，人们对于传记的态度也发生了变化。萨克雷的女儿里奇夫人（她依稀记得六十多年前，父亲被勃朗特小姐从自己的晚宴上逼走）或许会埋怨《泰晤士报》刊印一位女士私人信件的行为，认为此举有失骑士风度。但七十六岁的她属于上一代人。[79]传记已经失去了说教的功用，不再把主角们奉为圣徒，相反，传记作者更加自由地挖掘笔下人物性格的阴暗面。十九世纪九十年代，一位勃朗特的研究者批评了"一种不合乎逻辑的要求……即对公众人物的刻画应当去掉所有阴影"。[80]所谓"阴影"指的就是一切可能损害名誉的内容，也可能指人物内心的阴暗面。

123

------

　　①　意大利语：给你一个吻……吻在嘴唇上，卡洛塔。Carlotta 应为 Charlotte 的意大利语音译。

　　二十世纪二十年代,传记作者都在活跃地寻找那些"阴影"。先前被人们忽视的种种经验占据了核心地位,特别是性。那个时期的传记领域发生了翻天覆地的变化,而弗吉尼亚·伍尔夫得出了这样的结论:传记的事实"不同于科学的事实——科学的事实总是一成不变。但是传记的事实服从于观念的改变;随着时间的推移,人们的观念也会发生改变"。[81]那时,生命写作正在成为一种修正艺术。到了二十世纪,夏洛蒂的人格也经历了巨大的改造。

　　埃热信件出现在西格蒙德·弗洛伊德的《列奥纳多·达·芬奇的童年回忆》(1910)与利顿·斯特雷奇的《维多利亚时代名人传》(1918)之间,上述作品是传记领域的两大里程碑之作。两位作者在事实研究方面都没有多少新进展,他们描写的对象早有生平记录,因此他们只是新瓶装旧酒——用新的方式看待旧的题材。他们的一个共同愿望是与十九世纪圣徒行述中那种理想化的倾向分道扬镳。弗洛伊德的作品揭示了潜意识隐匿的运作方式,而斯特雷奇则揭露了可敬的表象背后隐藏的不良动机。弗洛伊德和斯特雷奇都间接影响了人们对夏洛蒂的看法,并为二十世纪二十年代心理传记这种新形式的出现奠定了基础。

　　这并不是说此前从未有人觉得夏洛蒂存在心理问题。盖斯凯尔夫人与哈丽雅特·马蒂诺一直怀疑夏洛蒂小说中的激情源自她性格中的某种病态。尽管盖斯凯尔避免在《夏洛蒂·勃朗特传》中公开探讨这些焦虑,但至少一位评论者发现了她的疑虑。《检查者》的一位批评家说道:"我们要领会言外之意。"这位批评家认为这部传记"可能会被思虑不周之人当作一本不健康的书籍",因为"它探讨病态的思想,却几乎只字不提这些思想是不健全的"。[82]

124　人们在《夏洛蒂·勃朗特传》中可以看到它怎样诱使细心的读者去思考盖斯凯尔是否在暗示夏洛蒂存在心理健康问题。强调苦难就意味着整本书的叙事充满了消极情绪,但往往没有明确对象。因此,它有时会让人们觉得夏洛蒂总是无缘无故处在一种痛苦中,而这种痛苦与外界发生的悲剧是脱节的。

布鲁塞尔的那段经历更是如此。盖斯凯尔装聋作哑,绝口不提夏洛蒂内心苦痛的真正原因在于她对埃热的强烈感情。在高潮的一幕中,她告诉我们一向尽心尽责的夏洛蒂非常渴望返回哈沃斯,但又觉得自己必须留在寄宿学校完成学业。夏洛蒂一直想和妹妹们在牧师住宅开办一所小学校,而在盖斯凯尔看来,这能让她在补贴家用的同时经营父亲的房子,履行自己作为一位贫困的女性、待嫁的女儿的职责:

> 现在她想学德语,决计强迫自己留在布鲁塞尔,直到她的目标实现。回家的强烈愿望占据了她,而更强烈的克己意志不许她这样做。她内心展开了激烈的斗争;为了征服自己的意志,她的每一根心弦都在颤抖;等她将自己战胜时,她却不像一位胜利者那样平静且威严地坐在王座上,而像一个气喘吁吁、精疲力竭、历尽磨难的受害者。她的神经和情绪都崩溃了。[83]

盖斯凯尔意在让我们相信夏洛蒂求学是出于无私,为了让自己适应未来的教师职业,而且她也甘愿为此受苦。但最初的读者并不知道盖斯凯尔担心夏洛蒂一直忍受着病态的激情所引发的道德疾患,这才对上述场景大肆渲染。这些病态的情绪看起来确实与实际情况不符。

然而,大多数与盖斯凯尔同时代的人都忽略了这种自我克制的模棱两可之处,单纯将其视作道德上的英雄主义。二十世纪二十年代,把维多利亚时代自我克制的美德重新定义为一种受虐倾向的确成了一种风尚。但在《夏洛蒂·勃朗特传》刚出版时,只有少数人觉得夏洛蒂的精

神"不健全"。当时,《曼彻斯特检查者时报》更能代表大众的看法,它们
迅速平息了针对夏洛蒂的诽谤,并宣称:

> 如果基督徒的坚忍……庄重的顺从……和……堪称典范的耐
> 心被当作心理疾病,我们就必须承认我们的信仰。世界不会因为这
> 样的疾病所造成的瘟疫而变得更糟。[84]

125

盖斯凯尔的《夏洛蒂·勃朗特传》确保人们把夏洛蒂奉为一位高尚的女
性,而这时再去挖掘她内心深处的秘密对她而言就是一种侮辱了。有些
人并不将夏洛蒂视为单纯的道德典范,但他们也无法质疑她的精神健
康。早在一八五八年,《心理医学与精神病理学杂志》就刊登了一篇文
章,从心理学的角度对夏洛蒂的一生进行了不同寻常的解读。令人吃惊
的是,这篇文章并未试图把她作为一个医学案例进行分析。有些人兴许
会觉得这是一篇有关女性病态的论文,但这篇匿名的文章并未提及任何
精神疾病,而是以一种克制、尊敬并大方的语气表达了对夏洛蒂人格的
"欣赏"。

　　这篇文章主要从遗传和环境的角度探讨与"智力水平"有关的病原
学。不同于盖斯凯尔之后的规范化议题,这篇文章关注夏洛蒂不同寻常
的"心理发展",而非其道德或女性美德,赞扬简·爱这一角色是其创造
者的"心理转录",并强调帕特里克的才华和干劲为女儿的能力与成就
带来了积极的影响。[85]作者欣赏《夏洛蒂·勃朗特传》中生动的细节,但
认为它夸大了约克郡的荒凉,并觉得它对夏洛蒂性格的刻画缺乏连贯
性。在仔细阅读了夏洛蒂的信件和作品后,他(或她,但作者是女性的
概率较小)将她的性格概括为:

一种被不断压制着的火一般炽热的性情——一种生动、闪光、狂野和怪诞的想象力……一种温暖、有爱的性情……一种深刻、真诚、务实的虔诚……一种保守、胆怯、墨守成规的思维习惯——一种极其高尚的天性，热情且有抱负，被长期的忧虑和苦难消磨殆尽。[86]

对比维多利亚时期的公众对她生平的解读，夏洛蒂在这篇文章中被赋予更为复杂的个性。

虽然这篇文章发表在一本专业的科学期刊上，但它的文类和一位外行人所写的不无区别。作者本人也并不觉得自诩为心理学家就能让他突破常规礼节的约束进而探索研究对象的爱情世界。他隐晦地提出这样一个问题：夏洛蒂的婚姻是否满足了"她天生具备的那种完美、广博、无所不包的爱"，但他又突然停滞不前，承认"我们无权过问"。[87]而到了一九二〇年，心理传记已经变得更加专业和肆无忌惮。卢茜尔·杜利发表在《美国心理学杂志》上的长篇文章《夏洛蒂·勃朗特作为天才女性的精神分析》是最早使用弗洛伊德的新学科词汇分析夏洛蒂的文章。在这方面，它是革命性的。

弗洛伊德在有关列奥纳多·达·芬奇的著作中批判了传统传记作者的"拘谨"，因为他们没能探索他眼中理解传记主人公精神生活的关键——性。[88]如果说埃热信件的公开为夏洛蒂后世的名声增添了一份浪漫的色彩，精神分析则第一次坦率地告诉了我们："她确实性欲强烈……我们在她的小说中看到性的主题所扮演的角色。"[89]哈丽雅特·马蒂诺和伊丽莎白·盖斯凯尔在描写夏洛蒂文学中的激情时都用了"病态"这一贬义词，而该词在一八五三年时既指道德堕落，也指精神欠佳。精神分析试图在讨论性这一问题时摒弃说教的语气。正如弗吉尼

126

亚·伍尔夫所说:"从心理学家为我们发掘的事实来看,先前被人们当作罪过的东西现在可能会被认作不幸。"[90]

但如果这种新视角能把夏洛蒂重新与性的话题联系在一起,它也会再度把她病态化,不仅暗示她有病态的特质,还把她的全部生活和艺术置于"扭曲的人格"之上。[91]卢茜尔·杜利的精神分析重新定义了夏洛蒂,认为她"在本质上是神经质的"。[92]盖斯凯尔和马蒂诺认为夏洛蒂的病态毁坏了她的艺术,杜利却不同,她将神经质等同于天才。她承认夏洛蒂的作品技艺高超、与众不同:"这些反躬自省的故事讲述了女性的内心生活,而在此之前或自那以后,没有一位英国作家做到了这一点。"[93]但与此同时,她并不认为这位小说家具备任何刻意而为的艺术技巧或成年人的责任感。她相信这些小说"完全"是"无意识"的产物,这点"不容置疑"。[94]因此,夏洛蒂作为一位作家的真正价值不在于她的智慧或表达,而在于她被压抑着的情感冲突,而这种冲突"未经删减"就从"潜意识的底层"流入她的作品,对此,她显然并不知情或者无能为力。[95]

杜利把核心的无意识冲突归咎于"父亲固恋"或"恋父情结"。[96]盖斯凯尔确保帕特里克会永远被当作一位主宰者;杜利则重新解读了夏洛蒂那家喻户晓的孝道(维多利亚时期的传记作者曾专门赞扬过她的孝道),认为它是夏洛蒂乱伦幻想的征候:自打童年起,她就压抑着这样的幻想,从未将其摆脱。因此,成年时的她还"处在幼时的模子中",永远无法在"情感"上达到"完全的成熟"。[97]正因为她压抑着自己对父亲的禁忌之欲,性的力量才得以升华成为艺术上的创造力。

与其说小说是一种思想上的成就,倒不如说它是一种精神上的安全阀,小说创作可能也为夏洛蒂提供了一种治疗方法,阻止她完全"精神崩溃,这种病多见于早发性痴呆病例中"。[98]但在杜利看来,她被压抑的欲望还是引发了癔病与神经衰弱——早期精神分析学家在女性身上最常诊断出的两种病症。她把夏洛蒂一生中所患有的疾病理解为无意识的冲突在身心上的反应。虽然我们不得不承认夏洛蒂的头疼（常伴有抑郁的症状）——特别是在一八四八至一八四九年的丧亲之痛后——与悼亡期间的精神痛苦脱不了干系，但杜利对夏洛蒂之死和临终疾病的解读却更具争议性。

奇怪的是，杜利并未因夏洛蒂结婚就认为她摆脱了恋父情结，而是觉得婚姻是她对童年时期安全需要的"回归"。杜利忽略了夏洛蒂信件中那些表明她与"亲爱的阿瑟"生活幸福的证据，用完全消极的口吻来描述这段关系。她称夏洛蒂无法应对成人的现实：先拥有一位丈夫，接着拥有孩子（这更可怕）。她的身孕将"她最严重的情结的全部抗拒力"都激发了出来。杜利是第一位提出与恋父情结有关的"心理反应"导致夏洛蒂之死——传记作者长期以来猜测的焦点——的批评家：

> 死亡似乎才是这种挣扎的最终归宿……她的生命与赋予她生命的父亲紧紧相连，如果没有这种毁灭性的矛盾，她不可能成为一位母亲。[99]

公平地讲，杜利也承认没有医学证据能证明她的说法，并为此加上了条件限制。她的说法很对：

> 目前，我们对精神与心理之间的关系不甚了了，在不加科学佐证的情况下就将她的死亡归因于生育所带来的心理矛盾，这不过是一种神秘主义。[100]

128

她还承认没有足够的数据被记录下来以支持准确的诊断,这也是事实。包括呕吐、发烧、消瘦和疲惫在内的症状也符合一些慢性消耗性疾病。她的死亡证明上写着"肺结核"(一种消耗性结核病),但这很模糊,没有多少临床意义。死后诊断范围从肺病[101]到妊娠剧吐(妊娠期严重的晨吐,极端情况下可致死)[102],从艾迪森氏病[103]到伤寒[104]都有。我们可能永远也无法确切知道夏洛蒂究竟死于什么,但追随杜利的心理传记作者却要确定夏洛蒂临终时所患上的疾病,这种需求太过强烈,他们也只得武断地坚持杜利的猜测。

杜利创作文章时,精神分析还处于探索的早期阶段,但实际上,这篇文章比后来许多说法都巧妙得多。人们更喜欢她的文章,这主要是因为她的论点中有一些空白和对立,这让她的文章摆脱了那种试图不惜一切代价将夏洛蒂局限于某一理论框架下的教条主义。就所谓的恋父情结而言,我们可以看到杜利尝试用一种简化的弗洛伊德理论进行概括,却发现自己陷入了对夏洛蒂作品的文本细读中。

杜利想把夏洛蒂对父亲的"毕生羁绊"当作万能钥匙,用它解释其性格和举止的方方面面,而实际上,她对"毕生羁绊"的过分强调既归功于维多利亚时期圣徒行述所创立的孝道传统,也归功于作者受到的弗洛伊德式的训练。[105]所以当谈到夏洛蒂对埃热的感情时,杜利首先自信地把这些情绪定义为"父亲固恋"的早期症状,而这种对父亲的依恋被视为她作为主体存在的根源。但没过几页,她就诚实地承认埃热信件改变了她的想法:夏洛蒂对老师的爱并不像她先前所论述的那样是对童年乱伦幻想的回归,而是"一种真正的成年人的激情",正当合理。[106]

杜利对埃热信件的矛盾情绪也许说明她在尝试建构的精神分析范式和对夏洛蒂信件的个人理解之间左右为难。或许在文章的结尾,杜利

的核心论点才登场,她脱离了纯粹的生平论述,用最后一部分来分析
《维莱特》。此前,她一直认为夏洛蒂的艺术价值就在于无意识,正因为
她没有意识到被压抑着的恋父情结,她的艺术才能充满活力。但她在文
章的结尾却提出了一个相反的看法:实际上,《维莱特》说明夏洛蒂**意识
到了恋父情结**。

129

杜利起初把夏洛蒂描述成一副懵懂的样子,现在却认为她在刻画保
利娜这个角色时探索了童年时期与父母一方的关系如何在成年后的性
关系中被重新演绎,更因此称赞她"为心理学作出了巨大贡献"。我们
刚在她的引导下相信夏洛蒂是典型的无意识艺术家,她便赞扬夏洛蒂对
神经质"精湛、详细、连贯"的描写,这都表明作者在有意控制、客观分
析,而非天真地表露感情。[107] 杜利甚至像是在暗示夏洛蒂本人就是一
位理论心理学家,对最终培养出弗洛伊德的十九世纪思潮不仅有思索,
更有贡献。阅读《维莱特》似乎让她觉得虽然这部小说有自传的性质,
但作者并非在天真地吐露自己没有意识到的冲突和情结。

杜利对自己建构出的病理理论不甚满意,就连弗洛伊德本人也曾质
疑精神分析能否将创意解释清楚,他于一九二八年承认:"哎,在富有创
意的艺术家这一问题面前,分析必须缴械投降了。"[108] 夏洛蒂的小说是
无意识的倾泻,这一论点的问题就在于它将夏洛蒂与自己作品之间的关
系幼稚化了,认为创造这些作品只需要梦而非刻意而为的艺术技巧,并
隐晦地否认或至少贬低了它之于整个文化的关系。《简·爱》和《维莱
特》(特别是后者)确实非常深刻地探索并坦率地呈现了隐藏在心灵
深处的东西。它们艺术性地运用了梦幻的符号,并承认了——虽然是用
隐喻的语言——性欲和性压抑的存在。心理传记作者并没有把夏洛蒂
当作一位能从自我分析中获得洞见的成熟艺术家,也没有将她奉为精神
分析的先驱,而是把她看作自己精神混乱的受害者,仿佛她的作品只是

疾病的症状,而非精巧的艺术。在他们眼中,夏洛蒂并非一位积极的思考者,与她相比,那些一息尚存的病人都占尽上风,他们至少能有所回应,而她只得被动地躺下。

夏洛蒂的心理传记作者不顾反对,直到二十世纪七十年代还在关注她的疾病。罗伯特·基夫的《夏洛蒂·勃朗特的死亡世界》出版时,心理传记已失去了卢茜尔·杜利文章中的那种活力,变得过度简化和程式化。与以往相比,心理传记不再那样具有探索性,而是更加教条,作为一种体裁也有所衰败。

基夫吹嘘自己把夏洛蒂的知识背景或她成年后与亲朋好友的关系等"细枝末节"给"剪掉"了,相信自己触及了"核心意义"。[109]他将夏洛蒂一生的意义都追溯到她五岁那年母亲去世所带来的创伤(荒唐的是,他竟拿丧母的创伤与纳粹死亡集中营相提并论)。他似乎是说创伤让夏洛蒂始终陷入一种类似于幼儿精神错乱的状态,让她无论如何都无法面对成人的现实。让她在三十八岁就早早过世的——她的**母亲**谢世时也正是这个年纪——一定是一种无意识的意志:"夏洛蒂临终时还在向死者还债,她惩罚自己并像自己当初被拒绝一样而拒绝她的孩子。"[110]他用一种宿命论的象征主义口吻总结道:

> 一颗黑色的阴郁之核在她体内已经有三十三年了。那团黑色的物质现在开始像癌症一样扩散,把它曾经的栖身之所吞噬……对死亡的渴望就来自她内心深处。[111]

约翰·梅纳德在《夏洛蒂·勃朗特与性》(1984)一书中猛烈抨击了许多心理传记作者笔下过于简单的刻画,认为他们常常忽视夏洛蒂艺术与思想的复杂性。夏洛蒂确实对抑郁甚至是近乎崩溃的状态感兴趣,这来自

个人经历。但这仅仅是她生平情感经历的一方面，而她的一生中也有
"幸福、友谊与创意的喜悦和更加深邃却并不令人费解的对于失去的悲
伤"。[112]重要的是，正是因为她能把这一经历放进自己脑海并加以审
视，她才能创造性地把它利用起来。《夏洛蒂·勃朗特的死亡世界》这
样的书夸大了她早年丧母时所经受的精神伤害，让她看似处于精神失常
的边缘，人们因此很难想象她是怎样在文学上取得成就，又是怎样在日
常生活中正常过活的。（要知道夏洛蒂在历经丧亲之痛的随后五年中
仍能在悼念弟弟妹妹之余创作出《谢利》的大部分，完成《维莱特》这部
杰作，甚至步入婚姻的殿堂。相比之下，维多利亚女王在阿尔伯特亲王
去世后的几年中都无法应付公开活动。）

　　梅纳德推翻了二十世纪的一种流行观点，即夏洛蒂作为维多利亚时 131
期的一位未婚女性对性知之甚少，而她作品中任何对性明显的指涉都绝
非是有意的。夏洛蒂对性的文学探索首先源于她自己的阅读经验，其次
源于她的直觉与内省自查。青少年时期的她就无拘无束地探索了维多
利亚时代之前的一系列文学作品，包括拜伦的《唐璜》和莎士比亚喜剧
中的下流片段，深知它们会让像朋友埃伦那样体面的女孩大吃一
惊。[113]另外，最近的研究表明维多利亚文化对于性这一话题并不像现
代人所认为的那般讳莫如深，而夏洛蒂可能从医学文献和当时的出版界
那里了解到人们对性的公开探讨。[114]但另一个问题在于年轻的夏洛蒂
能通过流言、笑话或暗示性的语言道听途说到多少关于性的知识。哈丽
雅特·马蒂诺和伊丽莎白·盖斯凯尔要么觉得夏洛蒂小说里有着病态
的激情，要么直接否认了激情的存在，但这并不意味着夏洛蒂本人也被
否定了。

　　为了解释清夏洛蒂为何吸引了如此之多的精神分析解读，梅纳德指
出，她的小说中有着丰富的象征性内容，像"精心设计的游乐场吸引孩

子那样"吸引着心理传记作者。[115]但他遗漏了一点:盖斯凯尔的《夏洛蒂·勃朗特传》的遗产也起到了至关重要的作用。首先,盖斯凯尔在《夏洛蒂·勃朗特传》中对夏洛蒂的童年经历大施笔墨,强调了它的重要性;其次,《夏洛蒂·勃朗特传》也在其他方面激发了心理传记作者的想象力。他们称夏洛蒂一定死于精神压力引发的疾病,而这种论断也说明盖斯凯尔把她塑造成了一位小说中的人物。在小说中,没有人会无缘无故地死去,疾病的感染也不会随意选择一位受害者。盖斯凯尔在《夏洛蒂·勃朗特传》的第一章描写了勃朗特家族的墓碑,为她的叙事奠定了一种宿命论的基调,无情地等待着死亡的降临。

　　盖斯凯尔坚称勃朗特姐妹过着孤寂的生活,这启发了一种新视角,把她们和外部世界分隔开来。因此,心理传记作者很容易只把勃朗特姐妹放在家庭语境中加以考量,而忽略了她们的社会、文化和思想背景。盖斯凯尔将《简·爱》中的粗俗归咎于布兰韦尔。一位心理传记作者把他视为罗切斯特的原型,称夏洛蒂的心理发育还停留在幼儿时期对姐弟乱伦的幻想中,但讽刺的是,这位作家某种程度上也陷入维多利亚时代的传统——人们天真地认为这些小说具有自传性质,并想以此为勃朗特姐妹开脱,认为这些可怕的内容并不是她们凭空想象出来的。[116]

　　心理传记为人们开启了新的大门,但也限制了他们理解夏洛蒂的方式。重要的是,它把焦点从勃朗特悲剧的外部因素转移到了夏洛蒂情感的主观性上,承认精神痛苦可能是内外部因素共同引起的,也承认内心生活可以和外部事件一样合理地成为传记的主题。然而,在将艺术创作病态化的过程中,心理传记虽然措辞精妙,但还是作出了近乎傲慢的假设:只有精神失常的女性才会诉诸创作以寻求补偿。(如一八九二年,《女性作家:她们的作品和方式》一书中就有这种十九世纪的迂腐观点:"幸福的女人不会写作……她们内心满足,几乎不需要表达。她们生活完满,别无所需,只要静静重复那些家庭职责,家庭妇女觉得她们真正的使命就在于平静的家务之中,这没错。")[117]

此外,心理传记作者显然需要一种全面的解释或唯一一把钥匙,用来解开勃朗特一家(无论是占据着主导地位的父亲、过世的母亲还是与夏洛蒂相争不下的弟弟)的人格之谜,这就意味着为了使证据和他们预先的设想相吻合,他们往往会牺牲微妙性与复杂性。但心理传记最大的问题就在于它常常把研究对象与社会、文化和文学分开,但实际上,它们对夏洛蒂的生平和作品产生的影响不亚于她儿时的一些无意识的需求对她造成的影响。

从卢茜尔·杜利(1920)到罗伯特·基夫(1979),心理传记作者的作品往往是针对学术读者群体的。虽然把勃朗特姐妹视为性欲没有得到满足的老处女的看法成了二十世纪的某种陈词滥调,但对夏洛蒂的"受虐性格"进行分析的往往都是学术期刊而非大众媒体。[118]但在二十世纪二十年代,为了满足普通读者群体的需要,心理传记也被重新包装。在一种拙劣的精神分析法的间接影响下,罗莎蒙德·兰布里奇的《夏洛蒂·勃朗特:一项心理学研究》(1929)也围绕着由精神压力所引发的疾病和性压抑展开。虽然该作有着这样一个标题,但它读起来更像是利顿·斯特雷奇风格的传记,而不是弗洛伊德式的精神分析。

斯特雷奇于一九一八年出版的《维多利亚时代名人传》试图为传记领域带来一场革新。这本书以反传统的手法刻画了四位十九世纪的大人物:红衣主教曼宁、弗洛伦丝·南丁格尔、托马斯·阿诺德和戈登将军,而选择这几位人物进行描写在某种程度上就是为了控诉第一次世界大战所要建立的价值观体系。其粗鲁甚至讽刺的口吻意在推翻那个动荡年代的偶像,揭露他们的缺点。传记不再像十九世纪时那样对伟人歌功颂德,激励读者效仿他们,而是要揭露人物性格中不好的一面。

在盖斯凯尔《夏洛蒂·勃朗特传》出版后,夏洛蒂·勃朗特就拥有了一副尽职尽责、饱受磨难的公众形象,而她作为维多利亚时期一位声名显赫的人物不逊于斯特雷奇笔下四位人物中的任何一位。他褪去了弗洛伦丝·南丁格尔的外衣,让原本手中提着一盏灯的天使般的女人变得野心十足、尖酸刻薄,暗示她因为性欲得不到满足而扭曲,而他的做法也为后世处理这位哈沃斯的圣徒开创了先河。盖斯凯尔视自己为一位保护者,斯特雷奇却将传记作者认作笔下主人公的敌人:

> 他会出乎意料地攻击他笔下的主人公;他会扑向人物的侧翼或后方;他会突然将探照灯照向迄今为止都未被探索过的隐蔽之所。[119]

斯特雷奇想改变传记的美学和它的意识形态。他在《维多利亚时代名人传》的序言中抨击维多利亚时期的典型传记就是"两大卷本"的"烦冗颂歌"时,可能正是想到了盖斯凯尔的《夏洛蒂·勃朗特传》。[120]他强调生命写作需要简洁、艺术和正式的结构,而他的传记作品可谓精心打磨的智慧杰作。夏洛蒂吸引了罗莎蒙德·兰布里奇这位传记作者,可惜的是,兰布里奇虽采用了斯特雷奇揭露性的手法,却缺乏他精湛的文学技艺。

兰布里奇和精神分析学家以及斯特雷奇式的传记作者都坚信,被"昧地瞒天的维多利亚时代"的伪善所遮蔽的一定会在现代重见光明。[121]她明确表示自己的传记旨在破除人们"对夏洛蒂顶礼膜拜的愚蠢行径"。[122]兰布里奇蔑视"维多利亚时期的传记作者所抱有的'逝者皆贤'的一成不变的想法",重新审视夏洛蒂的"殉道",还要让人们知道,这种殉道绝不值得钦佩。[123]

兰布里奇幻想着要是夏洛蒂还活着该多好。布卢姆斯伯里会张开双臂迎接她。奥古斯塔斯·约翰①和雅各布·爱泼斯坦②会祈求与她促膝长谈。在这个新解放的世界里,一切都会顺利。但实际上,夏洛蒂注定要成为压抑的化身,一个"戴着铁面具的女人"[124],"从未反抗过"[125]自己从小就被灌输的维多利亚时期严苛的价值观。

尽管兰布里奇声称自己恪守真相,但她对揭露迷思背后的事实并不感兴趣。她的书中包括盖斯凯尔《夏洛蒂·勃朗特传》中一些显而易见的错误,这也说明她的描摹更依赖于十九世纪的虚构说法而非确凿的研究。盖斯凯尔的《夏洛蒂·勃朗特传》中有这样一则未经核实的故事(其真实性早就被质疑过):帕特里克那清教徒的秉性驱使他将孩子们彩色的靴子猛然掷入火中。兰布里奇不仅饶有兴味地重复了这一故事,还添油加醋,为每一双鞋配上了颜色:夏洛蒂的那双是绿色的,艾米莉的那双则是紫色的。[126]她竭尽所能把帕特里克刻画成一个令人印象深刻的反面人物、一位令人窒息的家长、一个让孩子在肉体和精神上都忍饥挨饿的人以及令夏洛蒂殉道的"敬爱的爸爸"。[127]

兰布里奇并未意识到她更多是在反对十九世纪圣徒传记作者所创造的单一形象,而不是她所谓的"名叫夏洛蒂的真实女性"。[128]她只看到了夏洛蒂人格中尽职尽责、自我牺牲的一面,却把这些品质重新解读为她对自己刻意的惩罚。在兰布里奇的道德世界中,忍受痛苦不再像维多利亚时代的人们所信奉的那样有助于灵魂。相反,她思索道:"生活对于人们来说,就像(或应该像)生活之于花鸟:一种幸福的延伸。"[129]
(《维莱特》一书在道德和心理层面都很复杂,而它的作者竟落入这样一

①　奥古斯塔斯·约翰(Augustus John, 1878-1961),英国画家。
②　雅各布·爱泼斯坦(Jacob Epstein, 1880-1959),英国雕塑家(出生于美国)。

位愚不可及的人手中,真令人唏嘘。)夏洛蒂一直都被"催人性命的职责"奴役着,就算她生活悲惨,那也是她"自己的过错"。[130]从勃朗特的外部悲剧向夏洛蒂内心煎熬的转向也带来了一种责备的声音。

在兰布里奇的想象中,夏洛蒂死气沉沉,只懂得恪尽职守。仅仅为了证明勃朗特姐弟"从小就自命清高"[131],她甚至拒不承认他们少年时代的作品中也焕发着活力。她认为夏洛蒂的问题在于"压抑的个性"。这就是所谓的能解开"[她的]不幸之谜、身心之疾及命运之顽症"的唯一钥匙。[132]然而,这位传记作者之所以对笔下人物性格中更具活力的一面视而不见,主要是因为她对夏洛蒂作品中的文本依据缺乏兴趣。她称夏洛蒂

135 在一生中压抑太久,甚至忘记艺术这一媒介以外自我表达的方式。但那毕竟不是生活,而是一种个人倾向,为了公众而将其消毒、使其无害。[133]

因此,在作家的生平面前,即使那些跻身正典行列的最伟大的英国小说也要黯然失色。

毫不意外,读者们并不认同兰布里奇"心理学研究"中的那个夏洛蒂。二十世纪三十年代,夏洛蒂的名声跌到了谷底。《广播时报》认为"现在有一种……贬低夏洛蒂的倾向,嘲笑她是维多利亚时期焦虑的家庭女教师"。[134]夏洛蒂的小说挑战了传统,这一点常常为人所遗忘。一九三六年,有人极不准确地将她描述为这样一位作家:"她传统的品位和她对漂亮女主人公(她们的一言一行从不'粗俗')的青睐为我们带来了《简·爱》。"[135](实际上,《简·爱》最早出版时就因小说中长相平庸的女主人公和所谓的粗俗而引人注目。)这样的观点显然不以真实的

夏洛蒂为依据,而是基于她在人们心目中扮演的偶像形象。对于许多像兰布里奇一样的人来说,当时的夏洛蒂已成为维多利亚时代消极的刻板印象的缩影:循规蹈矩,一本正经,谈性色变。

　　那是艾米莉崛起的年代。在艾米莉去世后的几十年中,人们一直诋毁或忽视她的狂野和她对社会规范的漠视,但正是这些品质让她成了二十世纪二三十年代传记作者笔下的宠儿,他们总认为她具备夏洛蒂所不具备的永恒的灵性。这次轮到艾米莉被奉为经典了,而她的姐姐威风不再。无论两姐妹在现实生活中存在怎样的竞争,和二十世纪三十年代"艾米莉派"与上一代"夏洛蒂派"之间的矛盾相比,这种竞争都可谓小巫见大巫了。[136]

　　小说家 E. F. 本森于一九三二年出版了有关夏洛蒂的传记,他和许多同时代的人一样用神秘主义的笃信语言崇拜艾米莉。与此同时,他也热衷于揭露她姐姐身上可能具备的所有人性的弱点。为了反对他眼中的维多利亚时代的感伤主义,他决心挖掘夏洛蒂性格中不甚讨喜的一面。夏洛蒂二十多岁时曾在本森的一位祖先家中当了几个月的家庭教师,并在给埃伦的信中尖酸刻薄地评价了雇主。[137]虽然本森对此讳莫如深,但这一插曲可能加剧了他对夏洛蒂的反感。

　　本森在开篇就明确表示,传记作者"无权掩盖或美化主人公身上的丑陋之处"。[138]他认为盖斯凯尔对夏洛蒂的刻画剥夺了她的个性,让她"在残酷的考验下,全然一副温柔、有爱、耐心十足"的样子。[139]他眼中的工作就是要"清除"这些理想化的"粉饰"[140],并代之以一幅真实的画面,将笔下人物的道德缺点与局限包括进去。"从夏洛特的信中,"他一本正经地补充道,"我们知道她的本性很是冷酷、褊狭。"[141]

　　不同于兰布里奇的刻画,本森笔下的夏洛蒂并不是一副为家庭职责殉难的形象。他眼中的夏洛蒂"太像一个战士了,甚至无法将她和那些

136

长期受苦却依旧善良的普通百姓相提并论"。[142]夏洛蒂一直以来都痛恨家庭教师这一职业;她曾惊讶地发现自己更像一个保姆而不是一位教师,还发现教师的社会地位不高不低,处在这个位子很难和人谈条件,常常令她倍感难堪。她还觉得雇主并不同情自己。本森援引了夏洛蒂的一些负面说法,称她薄情寡义、尖酸刻薄,无情地指出她的"粗鲁"和"对他人的挑剔"。[143]从普遍的人性角度来讲,背地里抱怨自己的雇主看起来也无关紧要。但对于本森来说,这说明夏洛蒂妄自尊大,喜欢对他人评头论足,让她无法像"普通人"一样享受生活,"缺乏宽容……是她众多不幸的根源"。[144]他像兰布里奇一样埋怨夏洛蒂,认为她所有的不幸都是她咎由自取。

本森对夏洛蒂的抨击主要集中在她与布兰韦尔和艾米莉的关系上,他认为夏洛蒂辜负了这两人。在布兰韦尔被鲁滨逊夫人拒绝后的最后几年中,他和姐姐越来越疏远。日夜颠倒的他白天睡觉,晚上酗酒,和他生活简直如同在地狱一般。夏洛蒂不忍见他自甘堕落,有时甚至很难和他对话。尽管这本书是为夏洛蒂所写的传记,但本森并未尝试进入夏洛蒂的主体世界,没有从她的角度来理解问题,而是居高临下地指责她的"无情"和"冷酷",声称"她对《简·爱》中罗切斯特先生那放荡疯癫的妻子都比她对布兰韦尔仁慈得多"。[145]

本森拿夏洛蒂的"冷酷"和他眼中的艾米莉高尚、宽仁的天性作对比。他凭空设想出这样一个场景来表达自己的想法:布兰韦尔从黑公牛酒馆回到家中,夏洛蒂对他不理不睬,而热心的妹妹艾米莉却邀他到自己的房间里舒服地聊天。到了二十世纪三十年代,有关艾米莉和布兰韦尔(现在他俩成了传记的题材)两人很是亲密的说法逐渐流行起来。事实上,这一未经证实的看法主要来自人们对艾米莉诗歌的阅读和猜测,加之维多利亚时期流行一种说法——布兰韦尔一定与妹妹一同创作了《呼啸山庄》，因为这部作品太过粗俗，不可能单单出自一位女性之手。

据本森说，夏洛蒂的冷酷让临终时的艾米莉拒绝接受她的帮助和同情，因为她无法接受自己哥哥没能得到的同情。他觉得夏洛蒂已经失去了艾米莉的爱。盖斯凯尔描述过夏洛蒂是如何从荒原带回一枝石楠花，试图让自己垂死的妹妹振作起来，却发现艾米莉已经认不得自己钟爱的花朵了。[146] 然而，勃朗特故事中最感人至深的一幕被本森不屑一顾地当作"一次廉价的尝试，用来挽回无法挽回的东西"。[147]

在批评夏洛蒂过分挑剔的天性时，本森本人自然也是极其挑剔的。他的传记旨在重新评价夏洛蒂，它虽源于斯特雷奇的传统，却和维多利亚时期的颂歌一样具有说教意味，而且是消极的。夏洛蒂远离了自己的作品，因为传记作者并不打算更加深入地理解她的文学想象，而是要对她的私生活进行评价，仿佛人们对一位伟大小说家的期待要高于他们对普通人的要求。本森需要指责，需要选择自己支持的一方，但在此过程中，他似乎无法理解夏洛蒂与家人之间情感的微妙与复杂。他想逃离维多利亚时期的感伤主义者所发出的无穷无尽的赞美声，这也许是值得钦佩的，但他没有采取一种中立的探索精神，驱使他的似乎不是对理解的渴望，而是一种需要：他需要寻找到微不足道的缺点和个人的局限性。

但他的确让"坏女人夏洛蒂"出了名。这也是对她人格的一种构想（多年后，她仍会时不时以这种形象出现在人们的视野中），一种对理想化和感伤主义的必然的——有时也是苍白无力、不甚友好的——反抗。盖斯凯尔的《夏洛蒂·勃朗特传》是一部被一代又一代人翻阅的传世经典，即使今天，一些作家仍觉得有必要平衡这部作品中的赞美声，常常把自己的愤怒发泄到女主人公和传记作者身上来。

比如一九九三年，小说家夏洛特·科里在《独立报》的"英雄与恶棍"栏目中诋毁夏洛蒂，对她在创作《维莱特》时残忍地利用现实人物——特别是把埃热夫人变成小说中邪恶的女校长贝克夫人——的做法感到强烈的愤怒。科里称夏洛蒂"偏执、报复心强、道德败坏"，并嘲笑她是那种"向每一个进入其视野的男人都投怀送抱"的女人[148]，却并未提到她在接受阿瑟·尼科尔斯求婚前曾拒绝过其他三位男性。这种观点也许来自萨克雷的猜测：《简·爱》的作者真正渴望的是一个男人，只是她长相太过平庸，年纪又太大，得不到男人的垂青。[149]科里总结道，夏洛蒂苦于自己身形样貌缺乏吸引力，她的小说便成了她宣泄郁结着的愤怒和恶意的一条渠道。

在反观萨克雷对夏洛蒂滑稽却略带厌女情绪的贬损时，人们不禁要问：他是否因她能力出众并对自己的艺术秉承着高度认真的态度而感受到了威胁。但科里的动机就更难理解了。女性主义者十分敬重夏洛蒂，将她奉为文学先驱，但作为小说家的科里显然对此无动于衷。不得不在夏洛蒂的阴影下进行创作的她是否觉得要反抗这位无比巨大的偶像？她显然对勃朗特家抱有复杂的感情，这种矛盾的情绪也许和勃朗特家至今仍能激起的崇拜有着必然的关联。科里虽在书中谴责夏洛蒂，但也鼓励英雄崇拜，并认同勃朗特家族。她或许有意自嘲，甚至把这种主张推向了十分荒唐的境地：一九九四年，作为勃朗特学会的积极分子，她在该学会于哈沃斯举办的年度联欢会上组织了一场名叫"哪只狗狗长得像"的比赛，比赛中，粉丝们带来了自家的狗，看哪一只长得最像勃朗特家名唤基普尔与格拉斯普尔的宠物狗。

如果人们意识到勃朗特学会的边缘仍然存在奇怪的狂热分子，便不难理解为何有人会煞费苦心对一位过世已久的作家进行针对女性的攻击了。一九九三年，勃朗特学会的年会被一位男子打断，他声称自己经常收到夏洛蒂鬼魂的来信,这令年会的组织者们十分难堪。这位地狱天使①的前成员称,是盖斯凯尔的《夏洛蒂·勃朗特传》让他皈依了基督教,相信圣洁的夏洛蒂拯救了自己,并想就报纸上发表的一篇文章(大概就是科里的那篇)表示不满,因为那篇文章攻击了他的偶像,说她长相丑陋。[150]

这会让旁观者觉得:若想把夏洛蒂从古怪的追随者手中救下,人们总需要一梭子反偶像的子弹。但正如我们所看到的,在二十世纪相当长的一段时间里,反偶像主义一直都是传记写作的一种常见基调。埃热信件的出版和随后由精神分析和斯特雷奇引发的双重革命赋予了传记作者探索夏洛蒂人格和经历的自由,而此前,这些都是禁区。这可能也让他们得以更加深入地了解夏洛蒂的生平和艺术。但在实践中,在某些方面作为一种积极力量的反偶像本能往往损害了人们对她生平和艺术的理解。心理传记作者决心将维多利亚时期那位道德的女主人公变成一位瑟瑟发抖、精神残缺的人,天真地在书中吐露着自己的情结,而斯特雷奇的继承者们则抱怨、批判夏洛蒂,这往往使他们无法充分地实现想象的飞跃而走进前人的一生,因为要做到这一点至少是需要一些同理心的。而夏洛蒂吸引了如此消极的研究视角,这也足以证明作为文化偶像的她具有巨大持久的影响力。勃朗特一家已经成为文化景观中的永恒景点,经得起任何攻击。

注释

[1] A. S. 拜厄特,《占有:一部传奇》(伦敦,1990)。

[2] 克莱门特·肖特在《泰晤士报》上的观点,1913 年 7 月 30 日。

---

① 地狱天使(Hell's Angel),二十世纪五六十年代兴起于美国的摩托党团伙,成员往往身着皮衣,骑着大马力的摩托车。后扩散至加拿大,并于八十年代成了黑帮组织。

［3］埃热夫人把夏洛蒂的行为比作她当校长时经常遇到的那些狂热的女学生的癔症(歇斯底里)。见 M. H. 施皮尔曼,《勃朗特-埃热书信的内部史》(伦敦,1919),页 2。

［4］弗雷德丽卡·麦克唐纳在《夏洛蒂·勃朗特的秘密》(伦敦,1914)中的观点。

［5］许多心理传记都沿用这一说法,如卢茜尔·杜利,《夏洛蒂·勃朗特作为天才女性的精神分析》,载《美国心理学杂志》,第二十一卷,第三期(1920年 7 月),页 221-272;或凯特·弗里德兰德发表于 1941 年的文章,《夏洛蒂·勃朗特:受虐性格研究》,再版于亨德里克·M.鲁伊滕比克编,《文学想象与作家天赋》(芝加哥,1965)。

［6］见拉奇福德,《勃朗特姐弟的童年网》,页 162-164。

［7］见戈登,《夏洛蒂·勃朗特:激情的一生》,第四章。

［8］引自纳德尔,《传记:虚构、事实与形式》,页 144。

［9］夏洛蒂致埃伦·纳西,1843 年 3 月 6 日,《书信》,第一卷,页 311。

［10］夏洛蒂致埃伦·纳西,约 1843 年 6 月末,《书信》,第一卷,页 325。

［11］施皮尔曼,《勃朗特-埃热书信的内部史》,页 2-3。

［12］夏洛蒂致埃伦·纳西,1842 年 5 月,《书信》,第一卷,页 285。

［13］麦克唐纳,《夏洛蒂·勃朗特的秘密》,页 188。

［14］夏洛蒂致维克图瓦·迪布瓦,1844 年 5 月 18 日,《书信》,第一卷,页 346。

［15］一位"玛蒂尔德"致夏洛蒂,约 1844 年 7 月,《书信》,第一卷,页 353-354(译自法语)。

［16］据罗赫德日记记载,夏洛蒂"花费了将近一个小时才教会利斯特小姐、马里奥特小姐与埃伦·库克区分冠词与名词"。勃朗特牧师住宅博物馆手稿,参考编号: Bonnell 98(8)。

［17］夏洛蒂致艾米莉·勃朗特,1843 年 9 月 2 日,《书信》,第一卷,页 330。

［18］夏洛蒂致埃伦·纳西,1843 年 10 月 13 日,《书信》,第一卷,页 334。

［19］夏洛蒂致康斯坦丁·埃热,1844 年 7 月 24 日,《书信》,第一卷,

页357(译自法语)。

[20] 同上,页358。

[21] 夏洛蒂致康斯坦丁·埃热,1845年1月8日,《书信》,第一卷,页379(译自法语)。

[22] 拉奇福德,《勃朗特姐弟的童年网》,页164。

[23] 康斯坦丁·埃热在给之前的一位学生的信中提到过他的雪茄,引自巴克,《勃朗特传》,页419。

[24] 有关夏洛蒂在青少年时期的作品中把香烟当作男性性能力的象征,见约翰·梅纳德,《夏洛蒂·勃朗特与性》(剑桥,1984;1987),页69-70。

[25] 在现存的最后一封信中,夏洛蒂征求埃热允许她于翌年五月再给他写信,但是后续没有任何信件得以保存下来,这可能是她写给埃热的最后一封信。见《书信》,第一卷,页437注释10。

[26] 戈登,《夏洛蒂·勃朗特:激情的一生》,页118。

[27] 我们不知道埃热多久给夏洛蒂写一封信。她在1844年7月24日的信中说还没有轮到她回信,这暗示他们之间已经有了书信往来。夏洛蒂写于1845年5月18日的一封信(现已散佚)可能就是对埃热来信的回复:她在11月18日的信告诉他,他的来信支撑她度过了六个月。见《书信》,第一卷,页359注释1和页437注释1。

[28] 弗吉尼亚·伍尔夫,《海浪》(1931;纽约,1959),页259,引自纳德尔,《传记:虚构、事实与形式》,页166。

[29] 夏洛蒂致康斯坦丁·埃热,1844年7月24日,《书信》,第一卷,页359。

[30] 见芭芭拉·怀特黑德,《夏洛蒂·勃朗特和她"最亲爱的内尔"》(奥特利,1993),页218-219。

[31] 里德,《夏洛蒂·勃朗特:一部专著》,页2。

[32] 同上,页6。

[33] 同上,页59。

[34] 同上,页63。

[35] 同上,页62。

［36］奥古斯丁・比勒尔，《夏洛蒂・勃朗特传》（伦敦，1887），页 78。

［37］同上，页 82。

［38］同上，页 77–78。

［39］玛丽昂・哈兰，《家中的夏洛蒂・勃朗特》（纽约与伦敦，1899），页 158。

［40］劳拉・卡特・霍洛韦，《与夏洛蒂・勃朗特的一小时，或约克郡荒原的花朵》（纽约，1883），页 9。

［41］同上，页 12。

［42］同上，页 26。

［43］同上，页 10。

［44］同上，页 23。

［45］约翰・马勒姆-德布利比，《勃朗特作品的关键：夏洛蒂・勃朗特的〈呼啸山庄〉〈简・爱〉及其他作品的关键，它们的创作手法以及它们与她生活中的事实和人物之间的关系》（伦敦，1911），页 166 及各处。

［46］同上，页 104。

［47］同上，页 127。

［48］有关这一理论的来源：马勒姆-德布利比注意到《简・爱》与《孤女姬蒂・贝尔》的相似之处，后者是一个"故事中的故事"（tale within a tale），号称欧仁・苏的一部作品的英译，于 1850 年至 1851 年以《玛丽・劳森》为题连载于《伦敦杂志》，后来删节版本的《玛丽小姐，或小学女教师》在法国再版。马勒姆-德布利比并没有称《姬蒂・贝尔》是对畅销的《简・爱》的廉价抄袭，而是用两者的相似之处（《姬蒂・贝尔》中不仅有一所学校类似于柯文桥寄宿学校，还贯穿有三角恋关系，而他认为这一关系就是夏洛蒂与埃热夫妻关系的写照）作为证据以证明苏了解夏洛蒂的秘密。事实与虚构之间的混乱莫过于此。有关《姬蒂・贝尔》的进一步评论，见《书信》，第二卷，页 499 注释 3。

［49］如赫伯特・鲁特，《勃朗特小说中的人物与地点》，载《勃朗特学会》，第三卷（1906），页 5–237。

［50］被《环球》周刊（Sphere）与《约克郡观察者》报道。《环球》，1913 年 8 月 16 日；《约克郡观察者》，1913 年 10 月 18 日。（剪报，勃朗特牧师住宅博

物馆档案馆）

［51］施皮尔曼,《勃朗特-埃热书信的内部史》,页 1。

［52］保罗·埃热致 M. H. 施皮尔曼,引自麦克唐纳,《夏洛蒂·勃朗特的秘密》,页 33。

［53］同上,页 34。

［54］《约克郡观察者》,1913 年 8 月 22 日,来自斯坦利·罗杰斯的信。（勃朗特牧师住宅博物馆档案馆）事实上,帕特里克婚前曾与玛丽·伯德一度短暂订婚,而他妻子去世后他又一次追求过伯德,但未获成功。见巴克,《勃朗特传》,页 19–23,页 113–115。

［55］克莱门特·肖特,《夏洛蒂·勃朗特与她的圈子》（伦敦,1896）,页 110。

［56］克莱门特·肖特,《泰晤士报》采访,1913 年 7 月 30 日,引自麦克唐纳,《夏洛蒂·勃朗特的秘密》,页 40。

［57］威廉·罗伯逊·尼科尔致《泰晤士报》,1913 年 7 月 30 日。（勃朗特牧师住宅博物馆档案馆）

［58］《约克郡邮报》,1913 年 8 月 22 日。（勃朗特牧师住宅博物馆档案馆）

［59］梅·辛克莱,《勃朗特三姐妹》（伦敦,1914 年第 2 版）,页 vi。

［60］同上,页 v。

［61］R. 布里姆利·约翰逊,《当代（女）小说家》（伦敦,1920）,页 xiv-xv,引自伊莱恩·肖瓦尔特,《她们自己的文学·英国女小说家：从勃朗特到莱辛》（1977;修订版,伦敦,1982）,页 241。

［62］梅·辛克莱,《创造者》（1910）,引自雷特,《梅·辛克莱：一位现代的维多利亚人》,页 125。

［63］同上,页 122。

［64］辛克莱,《勃朗特三姐妹》,页 26。

［65］同上,页 72。

［66］同上,页 21。

［67］雷特,《梅·辛克莱：一位现代的维多利亚人》,页 64。

[68] 同上，页 120。

[69] 博尔，《梅·辛克莱小姐：小说家》，页 263 注释 33。

[70] 雷特，《梅·辛克莱：一位现代的维多利亚人》，页 120。

[71] 引自彭妮·布朗，《毒源：二十世纪早期的女性自我发展小说》（伦敦，1992），页 14。

[72] 雷特，《梅·辛克莱：一位现代的维多利亚人》，页 100-102。

[73] 引自博尔，《梅·辛克莱小姐：小说家》，页 214。

[74] 辛克莱，《勃朗特三姐妹》，页 118。

[75] 见希拉·杰弗里斯，《处女和她的敌人：女性主义与性，1880-1930》（伦敦，1985）。

[76] 麦克唐纳，《夏洛蒂·勃朗特的秘密》，页 146。

[77] 剪报，勃朗特牧师住宅博物馆档案馆。对利兹艺术剧院作品的评论，1955 年。

[78] 引自斯通曼，《勃朗特的光影转世：〈简·爱〉与〈呼啸山庄〉的文化传播》，页 176-177。

[79] 施皮尔曼，《勃朗特-埃热书信的内部史》，页 11。

[80] 安格斯·M.麦凯，《勃朗特：事实与虚构》（伦敦，1897），页 33。

[81] 弗吉尼亚·伍尔夫，《传记的艺术》，载《文选》（伦敦，1966-1967），第四卷，页 226。

[82]《检查者》，1857 年 4 月 11 日，见伊森编，《盖斯凯尔批评遗产》，页 382-383。

[83]《夏洛蒂·勃朗特传》，页 259。

[84]《曼彻斯特检查者时报》，1857 年 5 月 2 日，见伊森编，《盖斯凯尔批评遗产》，页 390。

[85]《心理医学与精神病理学杂志》，福布斯·温斯洛编，第十期（1858 年 4 月），页 295-317。

[86] 同上，页 313-314。

[87] 同上，页 317。

[88] 西格蒙德·弗洛伊德，《列奥纳多·达·芬奇的童年回忆》（1910），

见彼得·盖伊编,《弗洛伊德读本》(伦敦,1995),页448。

[89] 杜利,《夏洛蒂·勃朗特作为天才女性的精神分析》,页243。

[90] 伍尔夫,《传记的艺术》,页226。

[91] 杜利,《夏洛蒂·勃朗特作为天才女性的精神分析》,页222。

[92] 同上。

[93] 同上,页223。

[94] 同上,页222。

[95] 同上,页252、223。

[96] 同上,页231、263。

[97] 同上,页226、232。

[98] 同上,页253。

[99] 同上,页258。

[100] 同上。

[101] 威妮弗雷德·热兰,《夏洛蒂·勃朗特：天才的演变》(牛津,1967)。

[102] 有关妊娠剧吐的诊断,见菲利普·罗兹,《勃朗特家族医学鉴定》,载《勃朗特学会》,第十六卷(1972),页101-108。有关反对意见,见约翰·梅纳德《夏洛蒂·勃朗特与性》的附录。罗兹认为该疾病是由于心理负担引发的,而梅纳德反对的也正是这一点。然而,现代医学重新将该疾病的病因定义为器质性而非神经官能症的。也见巴克,《勃朗特传》,页967注释96对此进行了精彩的总结。

[103] 艾迪森氏病一说由新泽西医学院的格尔森·韦斯提出,《先驱论坛报》报道,1992年3月31日。戈登,《夏洛蒂·勃朗特：激情的一生》,页388。

[104] 林德尔·戈登认为夏洛蒂从老仆人塔比那里染上了"类似伤寒的致死病",塔比死于1855年2月,即女主人夏洛蒂去世前的一个月。戈登,《夏洛蒂·勃朗特：激情的一生》,页312-313。

[105] 杜利本人评论道："人们总说她性格的关键在于恪尽职守,这个职责常常就是指经营父亲的房子并照顾他。"《夏洛蒂·勃朗特作为天才女性的

精神分析》,页 228。

　　[106] 同上,页 250。

　　[107] 同上,页 261。

　　[108] 西格蒙德·弗洛伊德,《陀思妥耶夫斯基与弑亲》(1928),见盖伊编,《弗洛伊德读本》,页 444。

　　[109] 罗伯特·基夫,《夏洛蒂·勃朗特的死亡世界》(奥斯汀与伦敦,1979),导言,页 xvi。

　　[110] 同上,页 44。

　　[111] 同上,页 189。

　　[112] 梅纳德,《夏洛蒂·勃朗特与性》,页 38。

　　[113] 在给埃伦的一封信中,十几岁的夏洛蒂推荐了"一些书供你阅读"。她建议朋友不要阅读《唐璜》和莎士比亚的一些喜剧,因为它们有伤风化,但显然她自己读过这些书。夏洛蒂致埃伦·纳西,1834 年 7 月 4 日,《书信》,第一卷,页 130。

　　[114] 见萨莉·沙特尔沃思,《夏洛蒂·勃朗特与维多利亚心理学》,页 5 及各处。

　　[115] 梅纳德,《夏洛蒂·勃朗特与性》,页 31。

　　[116] 同上,页 238。

　　[117] C. J. 汉密尔顿,《女性作家:她们的作品和方式》(伦敦,1892),序言。

　　[118] 如凯特·弗里德兰德发表于 1941 年的文章,《夏洛蒂·勃朗特:受虐性格研究》。

　　[119] 利顿·斯特雷奇,《维多利亚时代名人传》(1918;伦敦:企鹅,1948),序言,页 9。

　　[120] 同上,页 10。

　　[121] 罗莎蒙德·兰布里奇,《夏洛蒂·勃朗特:一项心理学研究》(伦敦,1929),页 235。

　　[122] 同上,页 3-4。

　　[123] 同上,页 66。

［124］同上,页245。

［125］同上,页243。

［126］同上,页17。

［127］同上,页5。

［128］同上,页252。

［129］同上,页259。

［130］同上,页238-239。

［131］同上,页30。

［132］同上,页255。

［133］同上,页258。

［134］《广播时报》,1930年7月25日,页171。

［135］凯瑟琳·麦克法兰,《分享荒凉》(1936),书封简介,引自斯通曼,《勃朗特的光影转世:〈简·爱〉与〈呼啸山庄〉的文化传播》,页77。

［136］E.F.本森,《夏洛蒂·勃朗特》(伦敦,1932),页xi。

［137］据E.F.本森的兄弟A.C.本森在为父亲所作的传记《坎特伯雷大主教爱德华·怀特·本森的一生》(伦敦,1899)中记载,1839年,夏洛蒂曾在西奇威克家(本森家的表亲)短暂地担任孩子们的家庭教师。

［138］E.F.本森,《夏洛蒂·勃朗特》,页viii。

［139］同上,页ix。

［140］同上,页xi。

［141］同上,页ix。

［142］同上,页191。

［143］同上,页87、144。

［144］同上,页192。

［145］同上,页214。

［146］《夏洛蒂·勃朗特传》,页356。

［147］E.F.本森,《夏洛蒂·勃朗特》,页218。

［148］《独立报杂志》,1993年5月29日,页59。

［149］萨克雷致露西·巴克斯特,1853年3月11日,载阿洛特编,《勃朗特

批评遗产》,页197-198。萨克雷在信中写道,"有天赋的、可怜的小女人!……比起名声,比起任何世间的或天上的好处,她要的是汤姆金斯或别的什么人来和她彼此相爱。但你看,她身材矮小,其貌不扬,我猜她有三十岁了吧,被埋没在乡下,在那里她耗尽自己的心意,汤姆金斯是不会出现的。"

　　[150]卢卡丝塔·米勒,《哈沃斯的明信片》,载《独立报》,书评版面,1994年6月11日。

第六章　虚构与女性主义

一

我曾与一位十分有魅力却不懂文学的会计有过一番交谈,他试图礼貌地表示对我作品的兴趣。当我告诉他我近来在研究什么时,他问道:"勃朗特姐妹? 她们难道不是虚构的吗?"勃朗特三姐妹只存在于他意识中最模糊的边缘,但她们在现实与幻想之间占据的空间也充分说明了她们在文化想象中扮演的角色。

一九〇四年,当亨利·詹姆斯抱怨时兴的对勃朗特家族的浪漫刻画时,他们已经开始走向真实与虚构之间的真空地带。在盖斯凯尔《夏洛蒂·勃朗特传》出版后的半个世纪里,人们以不同的方式将勃朗特故事复述了很多次,而它也借由重复的力量从历史变成了迷思。作家们一直为勃朗特故事的象征意义和记录价值所倾倒,但到了二十世纪二十年代,勃朗特家族挣脱了事实传记的束缚,开始在戏剧、电影和小说中扮演角色,重获新生。

　　勃朗特虚构传记的发展也许不可避免。盖斯凯尔的小说手法开创了一个先河,而她之后的许多传记作者(如 E. F. 本森)都是小说家出身。但如果说历史与小说并不总是泾渭分明,这也反映出一个事实:夏洛蒂也曾将个人经历用作创作素材。一旦这一点被人们广泛认可,勃朗特的狂热者们就会尝试为她们作品中的每一个人物和地点寻找真实生活中的原型。但他们的做法往往是天真的,并可能带来一些奇怪的结果:克莱门特·肖特甚至在美国遇到了一位自称是罗切斯特先生弟弟的老者。[1]夏洛蒂和华兹华斯一样最擅长在个人经历的启发下进行创作,但也如 G. H. 刘易斯所说,她对个人经历的再创作之所以感情充沛,是因为主观的力量而不是事实的准确。

　　实际上,夏洛蒂在把自己的生活虚构成小说这一方面非常成功,后来那些虚构传记作者的努力都未免相形见绌。没有哪部作品具有很大的文学价值。虚构的形式可能已司空见惯,这甚至让人们对讲述生平故事的态度更加灵活。理想状况下,作家不需要将每个事实都记录在册,这能让他们发挥更大的想象共情力,进入传记人物的主观世界。可惜的是,在将勃朗特一家用作题材的剧作家、小说家、诗人或电影制片人中,很少有人在这种自由的鼓励下投身到真正富有创意的创作中来。尽管许多人宣扬勃朗特生平的传奇故事,但几乎没有哪部作品是在积极地进行创作。

　　两次世界大战之间那些平庸的作家并不是什么美学理论家,他们老调重弹、墨守成规,并深陷其中、无法自拔,在想法上与同时期的弗吉尼亚·伍尔夫格格不入。伍尔夫的思想更为高明,她很清楚传记这一"杂种……不纯粹的艺术"中涉及的思想问题。她不能理解传记作者如何才能在公正对待主观真实的同时,记录外部发生的客观事实,甚至怀疑"最好的办法"是否"是将这两种真实区分开来。先让传记作者将已知的事实完整、准确地刊印出来,不加评论;再让他们把生平写成小说"。[2]二十世纪八九十年代,后现代主义再次谈到传记与虚构之间的关系,包括朱利安·巴恩斯(《福楼拜的鹦鹉》)、彼得·阿克罗伊德(为狄更斯所作的传记中有虚构的成分,而把事实和臆造杂糅在一起也是其小说的特点)、A. S. 拜厄特(《占有》)和最近的安德鲁·莫申(《下毒者温赖特》)在内的作者都探索过这一话题。但对于二十世纪三四十年代的作家来说,虚构的形式更多是让作品流行起来的工具,而不是富有哲思的探索。

尽管盖斯凯尔的作品——勃朗特故事的原文本——是**夏洛蒂**·勃朗特的生平传记,但人们总觉得它讲述了勃朗特的家事。十九世纪八十年代,随着艾米莉和布兰韦尔传记的出版,勃朗特家的长姐慢慢失去了核心地位。二十世纪二十年代,随着虚构传记的出现,故事的结构也发生了变化。它不再以一位单身女主人公的挣扎为中心,而更多变成了一个家庭传奇:帕特里克在故事中常常扮演一位维多利亚时期的固执家长,而布兰韦尔则是一副醉酒的疯子形象。

艾米莉与布兰韦尔的关系总被摆在核心位置。与夏洛蒂的生平相比,艾米莉与布兰韦尔的关系缺乏翔实的记录,令人们浮想联翩,作家则用虚构的方式来弥补空白。一九二七年,一位名不见经传的诗人 J. A. 麦克勒思发表了长篇叙事诗《风暴:与勃朗特一家度过的一夜》,其灵感来自一个传统的说法,即布兰韦尔在黑公牛酒馆宿醉后,总被艾米莉接回家。在二十八页的暴风雨之间上演了两人从酒馆回家的一幕:那是一个"不祥的夜晚",月"狂野",云"愤怒",雨"飘泼",雷"怪异","狂风"尖叫着,像是"头发糟乱的疯女人",月亮"光秃秃的",而牧师住宅则是一个"阴森的、监禁终身的躯壳",里面住着"战战兢兢""备受折磨"的勃朗特五口,他们是"在天堂与地狱间颠簸的凡人"。[3]

142

　　启发这首诗的是《呼啸山庄》中疾风骤雨般的激情而非它简明扼要的语言，它把艾米莉刻画成了一位凯茜式的人物，一个"桀骜不羁的灵魂……披头散发"[4]，"像游荡在地狱边缘的灵魂那样号啕大哭"[5]，在酒馆的窗前呼唤着她希思克利夫一样的哥哥。她随后变成了基督般的爱的化身，成了勃朗特家中唯一一个对他们所谓的"耻辱"——"贪恋肉欲的布兰韦尔"——真正展示出基督般的同情心的人。[6]

　　作为一位诗人，麦克勒思不拘泥于事实和证据，而是在公认的勃朗特迷思中加入自己的想象。艾米莉白皙的脸颊在"痛苦之下，很是逼真"，在一道闪电的映衬下浮现出来，这一幕就像早期的恐怖电影。他被这样的情节剧吸引，对勃朗特故事中的宿命论尤为着迷，像念咒般预示了布兰韦尔、艾米莉、安妮以及夏洛蒂的离世：

　　　　命运的预言写下来啊，写下来
　　　　第一个读到的会是他：
　　　　黑暗中的预言写下来啊，写下来，
　　　　第二个读到的则是她
　　　　四个名字中都有预言，
　　　　而更接近的名字有三个。[7]

传说布兰韦尔去世时是站着的，麦克勒思自然也对此作出回应：在诗歌的结尾，布兰韦尔欣喜若狂，站着谢世了。

143　　当然，盖斯凯尔曾歌颂过勃朗特一家对荒原的热爱，但直到十九世纪后期艾米莉的名誉得以恢复时，那狂野呼啸的景观才如今天这样开始被人们当作崇拜的对象：在北方芭蕾剧院一场名为《勃朗特》的舞曲中，荒原甚至开始像人物一样出现在舞台上，由穿着"扎染的莎笼裙”的群舞演员扮演。[8]麦克勒思在诗歌中影射了凯茜和希思克利夫，该诗也与艾米莉作品中的意象直接联系在一起。然而，后来的许多作品都忽视了文学评论家所谓的互文性。人们的兴趣仍集中在勃朗特的生平而非作品上，仿佛勃朗特一家（他们的日常生活被维多利亚时期的作家奥利芬特夫人描述为“体面、单调且无趣”）即便没有创造力，也是非同寻常的存在。[9]一九三一年，一部小说中的一个人物就典型反映出这种观点：“这一家人真了不起，哪怕他们没写过一个字！多了不起的生平啊！”[10]从一九三三年到一九八八年，阿尔弗雷德·桑斯特的情节剧《勃朗特》被搬上舞台多达二十次，这个故事流传之广、受欢迎之甚可见一斑。[11]

许多出现在二十世纪三四十年代的舞台剧剧名都很凄凉，如《悲惨的一家》《狂野的十二月》《分享荒凉》或《紫色荒原》。在《生于荒原》中，艾米莉对哥哥说道：“你会经历奇怪的事，因为你生于荒原，布兰韦尔。是的……生于荒原……荒原从你身上拿走的，可能还会回来。”[12]而《石墙》中的布兰韦尔则疯疯癫癫无状，拿着一把手枪在台上滚来滚去。他一昏倒，艾米莉便向他投来（按照舞台指示所说）“伤心的神情，然后是一副受到启发而开心的样子”，并心不在焉地说道：“我才不管，我要到荒原上，到荒原上走走。我要将它命名为《呼啸山庄》。”[13]

虽然个别戏剧在艺术灵感的问题上颇有见地，但没有哪部作品能比下面这部更加细致地处理该问题。在小说家克莱门丝·戴恩对勃朗特生平的舞台剧改编的开篇，布兰韦尔在为夏洛蒂作肖像画。他一张口就评价了她维多利亚时代的形象与内在自我之间的脱节，称她要对自己的公众形象负责：“我永远也抓不住夏洛蒂。她不是个一本正经的人，也不是那种目不转睛的姑娘。但看看我把她画成了什么样。这是她的错，是她坐在那里反抗我，该死的！”[14]

戴恩接着拿夏洛蒂世俗的抱负和艾米莉高尚的精神作比较：艾米莉作为三姐妹中真正的天才却不想将自己的诗歌公之于众。阿尔弗雷德·桑斯特的戏剧《勃朗特》(1933)和穆尔豪斯的《石墙》中也有类似说法。《石墙》中的夏洛蒂是一个理智的角色，她佩戴着眼镜，渴望在教书育人上取得成功，称敏感的艾米莉是个"扫兴之人"，因为她不想去布鲁塞尔提升自己的思想。[15]此间，夏洛蒂是勃朗特家中最冷酷的一位。《生于荒原》把她塑造得飞扬跋扈、古板守旧，只因艾米莉没有换下自己湿漉漉的鞋子，便对她横加指责；小说《这就是勃朗特一家》则批评她贪慕虚名，但同时赞扬她渴望成为一位作家，因为这种愿望中蕴含着女性主义思想。[16]

二十世纪四十年代，基于勃朗特生平改编的戏剧和小说在好莱坞风靡一时，带来了于一九四六年上映的感伤电影《魂牵梦萦》。美国电影业此前已拍摄了《呼啸山庄》(1939)与《简·爱》(1943)两部电影，并用传统的手法刻画其中的爱情故事以满足观众的期待。根据华纳兄弟的宣传，《魂牵梦萦》讲述的是"勃朗特三姐妹的**每一位**……他们不敢称它为爱，只是试着叫它魂牵梦萦！"[17]她们的故事和"人们想象中一样闻所未闻、不同凡响"。[18]（这部作品的确颇受欢迎，制片人杰克·华纳甚至身陷官司，因为二十世纪福克斯电影公司也在拍摄一部与勃朗特姐妹有关的电影，名叫《荒原上的三姐妹》。华纳显然设法得到了一份法庭传谕，明令禁止竞争对手的电影上映。）[19]

《魂牵梦萦》虚构出一种竞争关系，为观众带来了爱情的纠葛：艾达·卢皮诺扮演的艾米莉和奥利维娅·德哈维兰扮演的夏洛蒂都在吸引由操着一口别扭的奥地利口音的保罗·亨里德扮演的阿瑟·尼科尔斯的注意。但实际上，尼科尔斯几乎不认识艾米莉。他曾告诉克莱门特·肖特，每当他在牧师住宅与帕特里克用茶时，夏洛蒂和安妮都在场，

二十世纪福克斯电影公司的《荒原上的三姐妹》是为宣传《简·爱》这部影片而作,尽管有不准确的地方,但这部电影的确宣扬了勃朗特三姐妹的文学天赋

华纳兄弟的《魂牵梦萦》(1946)是对勃朗特生平的歪曲

而艾米莉更愿意单独待在另一个房间里。[20]但好莱坞需要在三位年轻女性的故事中注入浪漫的元素,因为在实际生活中,她们俯首桌案、笔耕不辍,在桌案上度过了她们情感最为丰沛的时光,而这算不得戏剧的素材。

宣传材料上承诺会有一个情节剧式的三角恋:

> **艾米莉**:她是那诡异静谧的房子的主人!没人能违抗她的意志!

> **黑衣人**(即尼科尔斯牧师):他背离了她的请求,投入了她妹妹的怀抱!

> **夏洛蒂**:爱情的甜蜜和折磨的意义——她同时领略了两者![21]

这部电影的情节比宣传材料中所说的要乏味得多,这一定令观众大失所望。影片中,与艾米莉有关的更加黑暗的电影元素都被脉脉柔情淹没。艾米莉也许承认她见到了鬼魂(在一九三九年电影《呼啸山庄》的结尾,凯茜和希思克利夫透明的鬼魂叠加着飘浮在荒原上);她也许十分同情自己堕落的兄长(这一想法源自玛丽·鲁滨逊于一八八三年发表的传记,但布兰韦尔被描写成一个耽于醉酒打闹的滑稽角色,而非一个恶魔);她也许死于单恋。但导演似乎对悲剧主题不太感兴趣,而更想创造出一个天真怀旧的英国性。

比起历史上的勃朗特家族,这部电影更接近好莱坞的其他古装剧。初生争执的夏洛蒂和尼科尔斯有些像《傲慢与偏见》(1940)中的伊丽莎白和达西;当尼科尔斯在暖房亲吻她时,他好像又变成了《乱世佳人》中的雷特·巴特勒:"有两种办法对付你这种不通情理的年轻女人。你该庆幸,我不打女人。"(这样的台词从亨里德嘴里说出很是奇怪,因为他此前在电影《扬帆》中和贝蒂·戴维斯搭戏,扮演她性冷淡的情人。)这部电影对勃朗特一家的刻画借鉴了《忠勇之家》(1942)[1]和《呼啸山庄》(1939)两部电影,它们均由威廉·怀勒[2]执导。

《忠勇之家》以当时为背景,旨在鼓舞美国人的士气,让他们为加入第二次世界大战而深感自豪,而片中的英国被粉饰过,那里有玫瑰簇拥着的小屋和传统的阶层,值得被人们从希特勒的狂轰滥炸下拯救出来。《魂牵梦萦》也拍摄于战争期间,工业小镇哈沃斯在电影中变成了一个有着一半木质结构的田园般的乡村,这里住着操着奇怪口音的乡下人和一位坐拥庄园、令人敬畏的老夫人,她邀请勃朗特三姐妹来桑顿庄园参加舞会。影片借由这场舞会展示了穿着束腰紧身衣的姑娘们,她们翘首以待,准备穿上晚礼服。荒原以环绕的群山为背景,有着蜿蜒的小溪,还有一幢带有一堵山墙的闹鬼的房子(呼啸山庄)。而艾米莉凶猛的斗牛犬基普尔则变成了一条毛茸茸的英格兰牧羊犬。

布鲁塞尔的一幕则把夏洛蒂刻画成一位不知羞耻的女人,每当讨女人欢心的埃热先生出现时,她就摆弄裙子并痴笑着。她为老师朗读她写的一些爱情故事,老师却佯装惊讶:一位年轻的女士竟然也懂得这些。而我们已经看到了夏洛蒂与尼科尔斯暖房中的一吻,知道她已被"那令人无法忍受的尼科尔斯先生"所接纳,她嘴上虽反对,心里还是觉得他让人着迷。她懂得欲擒故纵,而她的手段与心灵更加高尚的妹妹的自我克制也形成了鲜明的对比。最终,还是有女人味、懂得欲擒故纵的夏洛蒂得到了尼科尔斯,而不切实际的艾米莉则死于单恋。

我们本该同情可怜的艾米莉,但确实是她的姐姐为观众带来了更多

---

① 《米尼弗夫人》(*Mrs Miniver*),在中国被译为《忠勇之家》。

② 威廉·怀勒(William Wyler, 1902–1981),美国电影导演,代表作有《罗马假日》《忠勇之家》等。

的欢乐。夏洛蒂前往伦敦并在那里独领风骚,穿着鲜艳夺目的露肩礼服,赶赴时尚晚宴。电影中有一幕很是出名,两位文豪在楼梯上问候彼此:"早上好,萨克雷。""早上好,狄更斯。"萨克雷就《呼啸山庄》询问夏洛蒂,好奇她的妹妹是如何"体会到如此伟大、如此悲惨的爱情的"。但真正的悲剧在于世俗的夏洛蒂并不知道自己那注定遭难的妹妹心中的秘密。

《魂牵梦萦》的票房表现令人失望,它歪曲了事实,没有以任何形式追求更高层次的真实。两次世界大战间,人们对勃朗特故事的复述往往平淡无奇,但也有一部小说凭借其幽默与原创性脱颖而出,那就是蕾切尔·弗格森于一九三一年出版的小说《勃朗特在伍尔沃思店》。弗格森是一位记者,同时也是一部勃朗特传记剧的作者,但她的小说说明,相比于传统的复述,富有想象力的间接手法更能使作品深刻。虽然从某种意义上说,该小说是当时奇思异想的典型代表,但它也就勃朗特一家在大众心目中扮演的角色作出了独到的评论。

小说以二十世纪二十年代为背景,书中的三姐妹都曾学习"艺术"。但与勃朗特三姐妹不同的是她们来自伦敦中上阶层,家境殷实,像米特福德家族①一样自觉身份贵重,自鸣得意于自己的年轻和特权。戴德丽年纪最长,是一位相对业余的记者,写了许多关于"现代女孩"的文章,并无多少价值;凯特琳是一名戏剧专业的学生;而年龄最小的希尔还在接受饱受诟病的家庭教师马丁小姐的教导。

勃朗特姐弟虚构出安格里亚和贡达尔两个世界,卡恩三姐妹也创造出她们自己的平行宇宙,称其为"传奇",这里住着一系列幻想的角色,有名为"铁面"的装腔作势的玩偶和现实生活中高等法院的法官赫伯

---

① 米特福德家族(Mitford family),英国贵族家庭,二十世纪三十年代尤为声名显赫。

特·托丁顿爵士(她们从报纸上读到此人)。小说的叙述者戴德丽称自己拒绝过一次求婚,因为她爱上了夏洛克·福尔摩斯。在她光鲜的外表下也有迹象表明,她的幼稚(想想塞巴斯蒂安·弗莱特和他的泰迪熊)①掩盖了一个事实:父亲的辞世带给她的创伤令她无法成熟。她的愚蠢有时似乎是被迫的。

虽然这部小说从表面上来看风趣欢快,但其中还有更为深刻且令人不安的因素,而勃朗特姐妹正是这一矛盾的潜在原因。卡恩三姐妹起初掌控着她们幻想出的世界。即使有血有肉的托丁顿爵士和他的妻子出现,读者依然明白小说世界中幻想的终点和现实的起点在哪里。但当卡恩一家在约克郡度假时,勃朗特姐妹在转桌子的游戏②后突然出现,这时的我们深感不安,不知该把她们认作真实、鬼魂还是想象的虚构。希尔让马丁小姐的困惑之处就在于"人们有时分不清她何时在'捏造',何时又在讲实话"。[22]因此,弗格森逃避现实的幻想既令人着迷,又很危险;她同时也对勃朗特姐妹一直以来在现实与虚构之间占据的空间作出了评论。

卡恩三姐妹一直沉迷于各种各样的虚构,但她们缺乏想象的共情力。因此,读者不仅无法认同戴德丽的第一人称叙事,还为她的冷漠瞥蹙不已。勃朗特姐妹作为小说中的角色之所以令人不安,部分原因就在于卡恩三姐妹不仅不同情她们,反而将她们和受压迫、被折磨的马丁小姐相提并论。她们对马丁小姐嗤之以鼻,即使她(私下里)和她们一样需要浪漫的幻想:这个老处女为自己幻想出一个情人。勃朗特姐妹和马丁小姐一道成了她们愚弄和讽刺的对象:戴德丽把夏洛蒂描绘成一

---

① 电影《故园风雨后》(*Brideshead Revisited*)中的场景。

② 转桌子(Table-turning),十九世纪流行于欧洲和美国的游戏。游戏参与者围坐在桌子旁,将手放在桌子上,等待桌子旋转。这个游戏的目的是与"灵魂"(spirit)取得沟通。

副滑稽俗气的样子,有人看到她在一个廉价连锁商店购买丑陋的淡紫色发网,这本小说也因此得名。

卡恩三姐妹或许也喜欢维多利亚时期的物件,但前提是能把它们当作粗制滥造的物品并加以讽刺。她们颇具自我意识,有无所顾忌的现代想法,认为自己比十九世纪的女性优越。正因人们认为勃朗特姐妹过着穷困潦倒的生活,她们才变成了邪恶、可怕甚至有侵略性的角色,想要附身在那些二十世纪鲜活年轻的生命之上。夏洛蒂具有破坏性,在戴德丽试图创作的小说手稿上涂写咒骂,让本就初来乍到、没有安全感的戴德丽放弃了这部作品。戴德丽因此鄙视夏洛蒂,并把勃朗特姐妹刻画成善妒的复仇者。当托丁顿法官询问戴德丽是否想过勃朗特姐妹是被"她们从未拥有过的幸福"吸引到她家人身边时,戴德丽真情流露,哭出声来。[23]托丁顿夫人随后建议安抚那些可怖的鬼魂,向她们展示温暖,并邀请她们参加圣诞联欢。直到小说接近尾声,某种同情心才开始显露出来。

148

《勃朗特在伍尔沃思店》的吸引力很大程度上来源于其古怪的特质,但它也背离并质疑了当时普遍存在的成见。虽然勃朗特家族在当时大受欢迎,但传记作者和虚构传记作者都倾向于通过现代性的视角,居高临下地看待他们。他们更好奇该怎样将牧师住宅变成肥皂剧的布景,而很少有人真正严肃对待勃朗特姐弟富有创意的想象力。似乎无人提及勃朗特姐弟在学艺时虚构出的名为安格里亚和贡达尔的两个世界,而蕾切尔·弗格森另辟蹊径,利用勃朗特姐妹探索幻想这一主题。

一九四一年,美国学者范妮·拉奇福德发表《勃朗特姐弟的童年网》,这是第一部深入研究勃朗特姐弟青少年时期作品的专著,此后,将勃朗特一家虚构用作小说人物的做法就愈发流行起来。自盖斯凯尔以来,就有有关他们早期作品的记载,但那时这些作品尚未成为勃朗特生平的焦点。虽然拉奇福德开拓性的研究后来被其他作品取代,但它在当时是权威的,因为它揭露了勃朗特姐弟想象世界的丰富多彩,并带来了意想不到的——有时也是不幸的——效果:它使勃朗特狂热者的幻想变得合情合理。夏洛蒂幼时幻想的世界里充满了现实生活中的人物,如威灵顿公爵,而她的仰慕者们纷纷效仿此法,对勃朗特一家采取了相同的做法。

凯瑟琳·华莱士的《不朽的小麦》(1951)自称“主要以虚构的形式,对勃朗特姐妹的生平和作品进行个人解读”[24],称赞她们“无论何时都是被白日梦附身的典范”[25]。她用自己天马行空的想象取代勃朗特姐妹作为小说家的成熟创意,难免令人心生疑窦。最后一章《木偶芭蕾:幻想曲》中既有生活中的人物,也有文学里的角色:夏洛蒂、艾米莉、安妮、简·爱、凯茜以及希思克利夫的等身木偶都在想象的舞台上翩翩起舞。没有什么能比这更好地说明,勃朗特的崇拜者们是如何牵动她们身上的绳子并操纵她们的。

从一个更加积极的角度看,勃朗特姐弟少年时代作品的普及也让人们重新关注他们的童年,而盖斯凯尔眼中那段黯淡的经历现在则被视为一段激动人心且充满想象力的时光。《简·爱》的前几章从逼真的儿童视角探索世界,或许文学史上也无出其右者,而它们也一直吸引着年轻的读者:十岁的美国女孩埃玛·卡勒姆·胡德科珀在十九世纪七十年代偷偷得到了这本小说,它却在最激动人心的时刻被当作少儿不宜的作品没收了[26],而诗人阿德里安娜·里奇也讲述了年轻时的自己如何沉迷于简的故事[27]。勃朗特姐弟也开始有了类似的感染力。如果说许多对勃朗特生平的成人虚构作品常常像文学作品一样令人失望,那么儿童文学领域发生的变化则令人备受鼓舞:勃朗特姐弟开始出现在儿童文学作品中。

年轻的勃朗特姐弟在公众心目中被当作虚构的角色,尤其吸引孤独内向且书卷气的孩子,而玛格丽特·德拉布尔所讲述的童年时自己对他们的痴迷正说明了这一点。[28]他们幻想出的世界、在荒原上行走的自由和在自己的世界中那种自给自足之感都引起了共鸣。菲莉丝·本特利在《年轻的勃朗特》(1960)一书中直白地讲述了勃朗特的故事,但儿童文学作家不再拘泥于传统策略,而是尝试探索儿童对勃朗特姐弟的强烈认同,取得了不同程度的成功。

在安东尼娅·福里斯特的小说《彼得的房间》(1961)中,一群出身上层阶级的少年留宿乡间宅邸,而十四岁的勃朗特迷金蒂则向他们讲述了勃朗特故事。被大雪围困的少年们在电话无法接通的情况下决定各自编造一个勃朗特的幻想世界以作消遣。他们起初还稍显拘谨,对角色扮演感到尴尬,但想象出的角色最终还是占据了上风:"能被她亲自创造出的贡达尔吓成这般模样,真匪夷所思。"[29]当彼得开枪打碎了一扇窗户时,对幻想世界过分投入的危险便显现出来。一个角色沉思道:"让我看,勃朗特姐弟……精神绝对不正常。"[30]

保利娜·克拉克的《十二人与精灵》(1962)针对年纪更小的读者,同样充满有关勃朗特幻想世界的典故。八岁的马克斯住在约克郡的一所老农舍里,他看到阁楼上有一群具有生命力的木头士兵在训练,并和它们成了朋友,而这些木头玩具曾属于勃朗特姐弟。来自美国的文物收集者塞尼卡·D.布鲁尔是故事中的反派,他想将这些玩具据为己有。这些木头士兵终凭借一只溜冰鞋成功逃脱并返回牧师住宅,故事就这样圆满结束。

年轻的勃朗特姐弟也启发了其他类型的虚构作品。不同于《彼得的房间》(书中的角色对勃朗特姐弟的早逝有着一种病态的执念),伊丽莎白·凯尔的《握笔的女孩》(1963)减少了情节的跌宕起伏而采用了一种所有女孩团结一致的口吻。夏洛蒂和埃伦成了典型的"闺蜜",但奇怪的是,正是对文学不甚了了的埃伦想出了《呼啸山庄》的题目。夏洛蒂在布鲁塞尔的时光变得像伊妮德·布莱顿①笔下的某个校园故事一样稀松平常,并未涉及她对埃热先生的痴迷。小说从勃朗特夫人及夏洛蒂的两个姐姐玛丽亚与伊丽莎白离世后开始,在布兰韦尔、艾米莉与安妮去世前结束,舍去了令人不安的因素,成了一个和马洛里塔②的普通学期一样平淡无奇的故事。

　　然而,简·阿姆斯特的《守梦者:年轻的勃朗特,一部心理传记小说》(1973)和诺埃尔·鲁滨逊的《玻璃镇:一部戏》(1974)等作品的题目表明,二十世纪七十年代,勃朗特想象世界的丰富多彩还吸引着富有创意的作家。这个十年也见证了勃朗特家族第一次登上电视荧屏:克里斯托弗·弗莱为约克郡电视台拍摄了六集剧《哈沃斯的勃朗特一家》,而他对勃朗特一家富有同情心的刻画也经受住了时间的考验(除了七十年代电视剧中流行的假发)。传记作者马克·博斯特里奇仍记得这部颇具启发性的影视作品给十四岁时的他留下了多么深刻的印象,他更因此立志要成为一位作家。

　　同样,小说家琳恩·里德·班克斯的虚构传记《黑暗四重奏》(像弗莱的荧屏改编一样)结合了勃朗特姐弟的原话,出色地把他们的故事介绍给了年轻读者。虽然里德·班克斯起初对于踏足这样一个已被频频涉足的领域感到焦虑,但她在平衡猜想与真实以及塑造复杂的人物方面比先前许多作家都要出色。该书采用了夏洛蒂的视角,认为她既离经叛道又墨守成规。

---

　　① 伊妮德·布莱顿(Enid Blyton, 1897-1968),英国儿童文学作家。
　　② 马洛里塔(Malory Towers,本书作者笔误写成了 Mallory Towers),伊妮德·布莱顿同名系列小说《马洛里塔》(六部)中的一所寄宿学校。

琳恩·里德·班克斯和克里斯托弗·弗莱都能利用到威妮弗雷德·热兰于一九六七年出版的开创性传记《夏洛蒂·勃朗特：天才的演变》。一种对勃朗特姐弟的亲切感深深吸引着热兰（那时她已为安妮和布兰韦尔立传），她与自己的第二任丈夫约翰·洛克（他出版了一部有关帕特里克的传记）在哈沃斯荒原的边缘安家，并在那里遭遇了各种天气，沉浸在勃朗特的笼罩和约克郡的雨中。她对"自己的书写对象产生了强烈的喜爱之情，视她们为自己的朋友或女儿"。[31]然而，这种投入并没有让她陷入感伤的情绪，反而促使她为夏洛蒂写出一部传记，而许多人认为该传记是继盖斯凯尔后为夏洛蒂所作的最杰出的一部传记。

热兰把对主人公的同情和她的博学结合起来。两次世界大战之间，人们对勃朗特题材的处理往往流于感伤、虚实结合，相反，她在有关夏洛蒂的传记中使用了脚注和参考书目来标示她的文献来源（即便在玛格丽特·莱恩于一九五三年出版的《勃朗特故事》这样一部值得尊敬的作品中也缺乏这些基本的学术元素）。夏洛蒂用了如此长的时间才成为相对严谨的研究对象，这说明她在公众心目中曾扮演着半虚构的角色。热兰选择的副标题也很有意义，说明她的主要目的在于追踪夏洛蒂向小说家演变的过程，这不仅要考虑到她一生中经历的情感危机（如她对埃热的热烈情感），还要追寻她在少年时代作品中的发展和她的浪漫主义背景。在许多早期的虚构传记中，勃朗特小说往往诞生于一个出乎意料的决定，譬如从荒原散步归来的布兰韦尔偶然间发现了一幢神秘的房子，《呼啸山庄》就这样应运而生了。但热兰则认为这是一个更加缓慢有机的过程，可以追溯回童年。

安德烈·泰希内于一九七九年上映的电影改编《勃朗特姐妹》虽有瑕疵，但把富有创意的艺术家摆在了核心。《魂牵梦萦》尝试为商业主流改编勃朗特故事，泰希内的电影则更像是一部文艺片。由玛丽-弗朗斯·皮西耶、伊莎贝拉·阿贾尼和伊莎贝拉·于佩尔所饰演的勃朗特三姐妹美丽动人,有着一种二十世纪七十年代拉斐尔前派的慵懒之风,或许正因如此,《星期日电讯报》才把这部电影解读为一场在时尚的法国掀起的运动,"抵制吃苦耐劳、独立自主的女性"。[32] 但泰希内的初衷是把三姐妹定义为不同类型的艺术家,并以此探索对创意的定义:公认的艺术家夏洛蒂、神话般的天才人物艾米莉以及运斤成风的安妮。[33] 批评家罗兰·巴特客串了电影,扮演颇具识人之明的萨克雷,这一定让后结构主义的观众为其中的互文性欢喜得直打战。

据泰希内的分类,布兰韦尔代表了"被诅咒的艺术家",而这部电影主要集中在有关勃朗特兄弟的故事上。法国观众不如英国观众熟悉勃朗特姐弟,《电影手册》的一篇评论也认为这为电影增添了一丝悬念。布兰韦尔正是因为他酗酒、吸毒、混乱的私生活和自掘坟墓的冲动才符合浪漫主义对于天才的成见。可出乎意料的是,最终还是他的一个姐姐、两个妹妹——姐妹三人并没有过着文艺的生活,相反,她们的生活并不浪漫,"rien de spécial"①——成了伟大的作家。[34] 这一概念的问题在于三姐妹的生平——即电影本身——看起来缓慢、空洞且不成形。泰希内承认在电影中刻画投身于文学的一生困难异常,但他并没有解决他所谓的"关于写作的著名问题":把写作过程作为一个戏剧要素呈现出来。这部电影令评论家们大失所望,它"有时吸引人,但更多时候却很沉闷"是《综艺》得出的结论;该杂志还抱怨这部电影详述了布兰韦尔与鲁滨逊夫人注定失败的恋情,而非三姐妹的故事。[35]

虽然人们很难找到新途径来切入这一主题,但以勃朗特为基础的小说仍是公认的英国文学体裁之一。与两次世界大战之间那些说辞华丽的

----

① 法语:没什么特别的。

版本不同,格林·休斯出版于一九九六年的《勃朗特》似乎是在朱丽叶·巴克去迷思的影响下写成的(巴克的《勃朗特传》早休斯作品两年出版)。相比于传统情节剧中的意象(墓碑和呼啸而过的狂风),休斯的故事是从阿瑟·尼科尔斯这一更加消极的角度展开的。这让人们觉得他试图摆脱对传奇的兜售,尽管这样做能否切实成就一部更好的小说尚无定论。

总的来说,在近来有关勃朗特的小说中,最有趣的要数那些从侧面切入话题的作品。加里·基尔沃思的《勃朗特女孩》(1995)是一部为年龄稍长的孩子所作的小说,它既令人不安,又发人深省,更为时人痴迷于哈沃斯这一家族的现象增添了一丝邪恶的色彩:它讲述了十五岁的克里斯和艾米莉·克拉斯特之间的一段禁忌关系。艾米莉·克拉斯特与克里斯年龄相仿,她古怪严苛的父亲试图按照勃朗特三姐妹的样子培养自己的三个女儿。艾米莉与姐妹夏洛蒂和安妮在埃塞克斯沼泽地的一个农场里过着与世隔绝的生活,父亲有意将她们关在这里,让她们对现代世界一无所知,直到克里斯的出现永远地打破了这样的隔绝。

对于父亲詹姆斯·克拉斯特来说,勃朗特三姐妹代表了社交和性的纯洁,而他决心让自己的女儿也保持这样的纯洁。在怀旧的二十世纪,勃朗特三姐妹之所以具有吸引力,是因为她们代表着逝去的时光。但在克拉斯特身上,这种阻止时光流逝的愿景变成了一种令人不安的恋子情结:懵懂的女儿们有朝一日会长大成人的事实令他无法忍受。这部小说的过人之处在于,它只间接影射了勃朗特的故事,而没有对其进行乏味的重复。即便如此,三个女儿的个性还是反映出二十世纪二十年代以降人们对勃朗特三姐妹的分类:艾米莉是家中精神自由的叛逆者;夏洛蒂则是一个受虐狂,她异常尽职,有厌食和自残的倾向;而安妮和往常一样,在两位姐姐面前黯然失色。

伟大的勃朗特传记小说尚未问世。亨利·詹姆斯的《螺丝在拧紧》 153

精彩地改写了《简·爱》，而相比于勃朗特作品所启发的一些创意（虽非全部创意），剧作家和小说家对勃朗特生平的改写就令人大失所望了。鉴于勃朗特的生平为探索迷思与真实、传记与小说之间的关系提供了机会，这些改写可谓遗憾。现在看来，通常与勃朗特联系在一起的意象也因被人们过度使用而变得死板老套，但在类似于彼得·阿克罗伊德或A.S.拜厄特这样的作家手中，它一定会被再度开发。（拜厄特于一九六七年发表的精彩小说《游戏》在某些方面接近了这一目标，叙述了当时一位名叫朱莉娅的小说家的故事，她要在艺术和爱情间进行抉择；这部作品中还贯穿着十九世纪女性作品，涉及勃朗特姐妹，但它并不是一部传记小说。）

相反，不断涌现出的耸人听闻的新式小说只会让不苟言笑的传记作者悲愤落泪。詹姆斯·塔利的《夏洛蒂·勃朗特的罪行》（1999）就是一个极端的例子。它荒诞不经的说法包括：阿瑟·尼科尔斯先是让艾米莉有孕，随后又为了堵住她的嘴将其谋杀。该书采用勃朗特家仆玛莎的第一人称叙事，据说是一八七八年的一份秘密证词，因此读来像是一部历史小说。但出版商在这部作品精装版的封面简介上混淆视听，称它为事实，向人们介绍了一位"著名的犯罪学家"（该书作者的上部作品涉及开膛手杰克）"对勃朗特传记背后的惊人真相的惊人看法"。

面对如此纷繁复杂的真实与幻想，我们很难不赞同亨利·詹姆斯的说法："在这样的痴迷面前，我们不再知道我们掌握了什么，抑或是我们在讨论些什么。"[36]或许传记的真相只是一种转瞬即逝的理想，而传记和虚构之间可能有着紧密的美学联系，但意识到历史事实和虚构杜撰之间的区别也变得更加重要。

二

勃朗特姐妹的小说最初出版时,它们在公众心目中引发的最重要的问题之一就是性别问题。什么适合女性去写? 什么又适合女性来读? 批评家和专家们都明确关注这个引起了激烈争论的话题。

《简·爱》一经问世便被赋予了一个颠覆性的形象,伊丽莎白·盖斯凯尔通过自己不懈的努力才让它的作者摆脱了非难——夏洛蒂要么激情澎湃,要么就是一位意志坚定、思想解放的女性。衍生出来的圣徒传记进一步把她包装成家庭女性气质的典范。二十世纪后期,米莉森特·福西特等女性权益的倡导者曾试图把夏洛蒂改造成一位女性主义先驱。性别问题曾是《简·爱》早期接受史中的核心问题,但直到二十世纪六七十年代妇女运动展开,这一问题才重新登上焦点位置。

实际上,曾主导了十九世纪四五十年代勃朗特公众形象的议题之所以能被重新提起,不单单是因为现代女性主义(它有时会导致时间错乱的解读),更是因为一种更加具备学术规范、历史视野的研究方法逐步发展起来。当它们再度出现时,如果要把勃朗特一家从感伤主义中拯救出来,就非常需要女性主义和学术研究。

二十世纪六十年代中期,有人开始抱怨被戏称为勃朗特传记中的"紫色石楠学派"的作品。[37] 这些煽情虚构的故事盛极一时,而有人觉得它们贬低了勃朗特一家,歪曲了真相。当然,在很多情况下,基本事实的准确性还有待提高。二十世纪二十年代的一本流行传记中写道,艾米莉二十四岁时就完成了《呼啸山庄》(事实上,那时她已二十七岁了),并称夏洛蒂的那幅著名肖像画的作者名叫理查森,而非里士满。[38] 另一部作品也犯了同样令人尴尬的错误,称勃朗特的所有学生都知道布兰韦尔出

154

生于牧师住宅,但事实上,勃朗特一家直到安妮出生后才从附近的桑顿搬来这里。[39] 单独看来,这些讹误无关痛痒、意义不大,然而,一旦作者滔滔不绝地表示自己与笔下主角很是亲密,一种根据自己的想法改造勃朗特家族的懒散懈怠的态度便表露无遗。

如果说二十世纪三十至五十年代的虚构作品不关心历史准确性,那么它们对于当前所谓的性别问题同样兴味索然。尽管在第一次世界大战前,妇女选举权的倡导者们奉夏洛蒂为先驱,但在二十世纪中叶,她和女性主义没有什么特别关联,即便人们有时也会夸张地把她刻画成一副竭力反抗维多利亚时代男权制(以反对她婚姻的父亲为代表)的形象。譬如一些以勃朗特为基础的小说和戏剧援引了夏洛蒂致骚塞的信,而骚塞曾在信中反对文学作为女性一生的事业。一九三三年,在阿尔弗雷德·桑斯特名为"勃朗特"①的舞台剧改编中,扮演夏洛蒂的女演员显然视自己为一名职业女性并告诉一位记者,如果自己生活在二十世纪,那么她可能成为一名律师。[40] 但观众可能对古板的外表下那颗悸动的心更感兴趣。曾让盖斯凯尔三缄其口的爱和性或许变得可以讨论了,但激情和女性自我主张间的联系也就此被割裂开来。

回到《简·爱》问世的十九世纪四十年代,一些读者因一位女性从自己的角度书写爱情故事并放任激情的表达而不安,而也有人并不反感这部作品,认为它十分新颖、如此具备原创性且令人振奋。简与罗切斯特就他先前的性经历有过一段伤风败俗的对话,他甚至央求简做他的情妇,与他私奔。值得注意的是,简坦承自己也有激情,并告诉罗切斯特女人的想法和男人的想法别无二致。而承认了女性的欲望就相当于承认了女性也需要自我表达,也需要在才学或事业上有所成就,而这些在

____

① 原书中的 *The Brontës of Haworth* 系作者笔误。

155

传统意义上都被视为男性的领域。

　　而到了二十世纪四十年代，在公众心目中总被混为一谈的简和夏洛蒂都失去了颠覆性的力量。此时，《简·爱》和《呼啸山庄》都被好莱坞改编成了"有史以来最伟大的爱情故事"，而帕齐·斯通曼也展示了这种做法的代价：它们都不免沦为了传统的言情故事。[41]

　　一九四三年，《简·爱》的电影改编上映，琼·方丹饰演的简很是温顺，缺乏在与由奥森·韦尔斯扮演的罗切斯特的交锋中原有的昂扬激情。实际上，她的角色塑造在某些方面似乎扎根于由盖斯凯尔创造出的温文尔雅的形象。小说原本以摄政时期为背景[42]，但电影把时间线推迟到十九世纪中叶，好让简庄重的黑裙子、白领子和发型都贴近乔治·里士满为造访伦敦时的夏洛蒂所作的那幅著名肖像画。夏洛蒂在文人面前总是一副女性该有的得体模样，这与简的粗俗形成了鲜明对比。一个世纪过去了，这种个人形象依旧压抑着简坚定的个人主义。

　　二十世纪四五十年代，为女性创作的言情小说涌入大众市场。人们通常认为《简·爱》在基本情节上引领了米尔斯与布恩出版公司①所发行的书籍：涉世未深的女孩遇到了难以驾驭的男性，他们比自己年长且富有，往往神情阴郁黑暗，且心中埋藏着一段悲伤的往事；经过了一系列的考验，解除了各种误会（或许包括除掉自己的情敌），她终于赢得了他的爱。但如果说这些小说中也有着简化的叙事结构（这也在更深层面与童话有关），女主人公的活力和对自我的验证便会夭折。[43]

　　简问世一个世纪后，那些令人神魂颠倒的女主人公成为她的后继者，她们丧失了权力，不具备任何颠覆性。可以说，这种面向大众的言情

① 杰拉德·鲁斯格罗夫·米尔斯（Gerald Rusgrove Mills, 1877-1927）和查尔斯·布恩（Charles Boon, 1877-1943）于 1908 年一同创办了米尔斯与布恩出版公司，二十世纪三十年代，该公司致力于出版浪漫言情小说。

小说——往往由女性为女性创作——起到了类似于情感麻醉剂的作用，缓解了家庭主妇们百无聊赖的生活状态，她们受困于贝蒂·弗里丹①所谓的"女性的奥秘"。

这种影响在一本出版于一九五一年的历史浪漫小说中便可见一斑。《勃朗特的脚步》一书受到了三姐妹故事的启发，但女主人公杰妮与夏洛蒂、艾米莉和安妮都有所不同：她极度依赖男性的照拂。她一直想要卖掉一幅画来买一件舞会的礼服而不成，直到当地的一位副牧师主动提出帮她把画带给伦敦的一位经销商。他告诉她必须效仿勃朗特三姐妹，但不允许她像三姐妹一样独立。他风度翩翩地说道："她三人曾用男性化名来帮扶自己；你虽不能用男性的化名，但可以利用一位男性。"[44]当时一些书籍的题目听起来颇具维多利亚时期的风格，如《奉献和勇敢的女人》(1956)或《当她们还是女孩时：十四位著名女性的少女时代》(1956)，而夏洛蒂在这些书籍中的再度出现又一次表明，二十世纪五十年代退回到了勃朗特的时代。[45]

从女性主义的角度看，勃朗特姐妹中后世名声受损最为严重的其实并非夏洛蒂，而是安妮。盖斯凯尔在描写夏洛蒂生平的过程中可能忽略了她作品中那些被指责为粗俗的方面，但也援引了她大量的信件来说明《简·爱》的作者绝不仅仅是一位外表腼腆的女子。相反，夏洛蒂在《生平说明》中如此竭力为安妮辩白，这让三姐妹中最年轻的那位几乎被抹除了。

安妮的《威尔德菲尔庄园的房客》最初于一八四八年出版，相比于勃朗特三姐妹的其他小说，它更加冒犯了社会中那些敏感的阶层，加剧

---

① 贝蒂·弗里丹(Betty Friedan, 1921-2006)，美国女权运动家和社会改革家，其代表作《女性的奥秘》(*The Feminine Mystique*)于 1963 年出版。

帕特里克·勃朗特（拍摄人与拍摄时间不详）

March - 16th

1847

1

Jane Eyre

by Currer Bell

Vol. I.

Chap. 1st

There was no possibility of taking a walk that day. We had been wandering indeed in the leafless shrubbery an hour in the morning, but since dinner (Mrs Reed, when there was no company, dined early) the cold winter wind had brought with it clouds so sombre, a rain so penetrating that further out-door exercise was now out of the question.

I was glad of it; I never liked long walks – especially on chilly afternoons; dreadful to me was the coming home in the raw twilight with nipped fingers and toes and a heart saddened by the chidings of Bessie, the nurse, and humbled by the consciousness of my physical inferiority to Eliza, John and Georgiana Reed.

The said Eliza, John and Georgiana were now clustered round their Mamma in the drawing-room; she lay reclined

夏洛蒂·勃朗特《简·爱》手稿第一页

夏洛蒂·勃朗特，肖像画，乔治·里士满作于一八五〇年

夏洛蒂·勃朗特致康斯坦丁·埃热（法语），一八四五年一月八日

Keswick. 12 March. 1837.

Madam

You will probably, ere this, have given up all expectation of receiving an answer to your letter of December 29th. I was on the borders of Cornwall when that letter was written. It found me a fortnight afterward in Hampshire. During my subsequent movements in different parts of the country, & a temporary of three busy weeks in London, I had no leisure for replying to it. And now that I am once more at home, & am clearing off the arrears of business which had accumulated during a long absence, it has lain unanswered till to last of a numerous file, – not from disrespect, or indifference to its contents, but in truth, because it is not an easy task to answer it, nor a pleasant one to cast a damp over the high spirits & the generous desires of youth.

What you are, I can only infer from your letter, which appears to be written in sincerity, tho I may suspect that you have used a fictitious signature. Be that as it may, the letter & the verses bear the same stamp, & I can well understand the state of mind which they indicate. – What I am, you might have learnt by such of my publications as have come into your hands; but you live in a visionary world, & seem to imagine that this is my case also, when you speak of my "stooping from a throne of light & glory." Had you happened to be acquainted with me, a little personal knowledge would have tempered your enthusiasm. You who are ardently desire "to be for ever known" a poetess, might

罗伯特·骚塞致夏洛蒂·勃朗特，一八三七年三月十二日；桂冠诗人骚塞在信中写下了那句著名的"文学不能，也不该是女人毕生的事业"

艾米莉·勃朗特肖像，帆布油画，布兰韦尔·勃朗特作于约一八三三年

WUTHERING
HEIGHTS

BY EMILY BRONTË

ILLUSTRATED WITH
TWELVE WOOD ENGRAVINGS BY
CLARE LEIGHTON

DUCKWORTH
3 HENRIETTA STREET, LONDON
1931

一九三一年伦敦达克沃思出版社版本的《呼啸山庄》配有克莱尔·莱顿创作的十二幅木刻版画，据说这些版画启发了一九三九年美国同名改编电影《呼啸山庄》的布景

勃朗特三姐妹，帆布油画，布兰韦尔·勃朗特作于一八三四年；这幅油画曾被折叠，有明显的折痕

安妮·勃朗特像，水彩画，
夏洛蒂·勃朗特作于约
一八三三年

安妮·勃朗特像，水彩
画，夏洛蒂·勃朗特作于
一八三四年六月十七日

艾米莉·勃朗特日记，一八三七年六月二十六日

家宠基普尔，水彩，艾米莉·勃朗特作于一八三八年四月二十四日

艾米莉·勃朗特玫瑰，英国玫瑰育种专家大卫·奥斯汀（1926-2018）
于二〇一八年应勃朗特学会之邀，为纪念艾米莉·勃朗特二百周年诞辰
推出的树型玫瑰

伊丽莎白·盖斯凯尔夫人，肖像画，乔治·里士满作于一八五〇年

阿瑟·贝尔·尼科尔斯，于一八四五至一八六一年担任哈沃斯助理
牧师并于一八五四年与夏洛蒂·勃朗特结婚；与夏洛蒂的父亲不同，
他认为盖斯凯尔的传记是一种令人痛苦的侵犯

勃朗特牧师住宅博物馆外观

哈沃斯的维新斯山顶，相传山上那间废弃的农舍就是呼啸山庄的原型

一九四六年由华纳兄弟发行的影片《魂牵梦萦》中的勃朗特三姐妹，左起依次为：
安妮（南希·科曼饰）、夏洛蒂（奥利维娅·德哈维兰饰）与艾米莉（艾达·卢
皮诺饰）

安德烈·泰希内的《勃朗特姐妹》（1979）富有感染力，但节奏缓慢；左起依次为：
艾米莉（伊莎贝拉·阿贾尼饰）、安妮（伊莎贝拉·于佩尔饰）与夏洛蒂（玛丽–
弗朗斯·皮西耶饰）

了针对贝尔三人的愤怒指责。这部作品不遗余力地攻击了男权的恶行和把妻子与对其施虐的丈夫牢牢绑在一起的法律,对社会和道德的批判比夏洛蒂和艾米莉作品中的都要明显。那些对这部作品深恶痛绝的人(尽管这种厌恶并非普遍现象)认为它对阿瑟·亨廷顿的刻画很是生动:他暴戾、酗酒、讲脏话、通奸,无所不为,甚至试图腐化襁褓中的儿子。安妮在第二版的序言中直抒胸臆,表示勃朗特姐妹明确要求女作家受到公平的对待:"只要是本好书,那么无论作者是男是女,它都是一本好书,这就够了……我百思不得其解,为什么一个男人可以允许自己写出对女性而言很不尊重的内容,而一个女人写出了对男人而言恰切且相称的内容就要受到谴责呢。"[46]

夏洛蒂尝试将散落在妹妹名誉上的灰尘掸去,把贝尔三人作品中最令人瞠目结舌的这一部比作一个永远都不该被创作出来的错误。我们不免怀疑她心中是否确有此意,因为她写下这些话时是颇具自卫性质的,且她的言论旨在安抚群众,并博得他们的同情。但夏洛蒂还是用最大的篇幅来评论艾米莉,安妮也因此被晾在了一旁。

此举就是要让安妮从公众的视线里消失。此后,安妮也不会像两位姐姐一样备受推崇,直到一个多世纪后,人们才发觉其实她也很有趣,值得为她著书立传。[47](二十世纪九十年代,嘴皮子剧院上演的双人讽刺剧《容颜凋敝》竟以政府削减开支为由将安妮完全删掉,只剩下夏洛蒂和艾米莉。)一九一二年,梅·辛克莱称安妮缺乏天才,但她也承认《威尔德菲尔庄园的房客》是一部革命性的社会批判之作。[48]但这一观点并未被人们普遍接受。相反,每当安妮以一位配角的身份出现在有关勃朗特的故事中,人们总把她简单地刻画为"温顺的安妮"(安妮在索普格林暗中观察布兰韦尔和鲁滨逊夫人恋情的进展,而这一经历被虚构成了小说《囚鸽》)。[49]乔治·穆尔于一九二四年盛赞《阿格尼丝·格雷》为"英文中最完美的散文小说",但这样的赞誉在一些人看来一定很奇怪。[50]
套用《勃朗特在伍尔沃思店》中赫伯特·托丁顿爵士的话来说,人们的
普遍看法是:"安妮笔下没有一句话能拿来引用。"[51]直到二十世纪六十
年代,她的作品才被重新评价,特别是在茵嘉-斯特纳·尤班克《适合她
们的领域》一书中。而此前的她被描绘成一副软弱和极度女性化的样
子,全然不同于她笔下的女主人公海伦·亨廷顿:她为自己与儿子挺身
而出,反抗令人厌恶的社会和法律体系。[52]只透过二十世纪中期的小说
和戏剧才得以了解安妮的读者和观众也许会惊奇地发现,她比她的姐姐
们更令同时代人震惊。

　　一九三三年,一位剧作家在他的剧中人物名单上这样评价安妮道:
"有花朵一般转瞬即逝的魅力从她身上散发出来……我们务必要像爱
护一切精美脆弱的东西一样去爱护她。"[53]人们用在她身上的形容词通
常都是美丽、娇小、纤细且女性化的。一九三六年的一部戏剧中有这样
一幕:夏洛蒂把骚塞有关女作家的观点读给妹妹们听,她们也分别对此
作出了回应。只有艾米莉对这位桂冠诗人不屑一顾,而《威尔德菲尔
庄园的房客》的作者安妮则是一副温顺的样子,随时准备好接受由男性
主导的看法:

> **夏洛蒂**:文学不能,也不该是女人毕生的事业。
>
> **艾米莉**(讽刺地):那她必须全身心投入到适合她的职责中
> 去——擦炉条、揉面团、缝补衣物及安慰丈夫。
>
> **安妮**:我想,大多数男人心中的妻子都是一位标致的家庭主
> 妇。这也有些道理。[54]

流行的虚构作品可能夸张地弱化了安妮对世界的看法,而那些格调高雅

的作家一直以来都低估了夏洛蒂作品中女性主义思想的原型。尽管夏洛蒂的小说明确地探索并挑战了社会对女性的定义，但在二十世纪七十年代依旧占据着主导地位的心理传记仍把她刻画为一个不受控的神经质者，往往没有考虑到性别的社会建构属性。卢茜尔·杜利一九二〇年的精神分析研究也许说明，勃朗特的家族观念——独生子早早就被看作家族的希望、骄傲和欢乐——"催生了一种潜意识的反叛情绪，而这种情绪从未得到充分的表达，但……也在某种程度上，让她成了女性主义的先驱"[55]，但她没有考虑到这样一种可能性：《维莱特》和《简·爱》的作者**刻意**将自己的才智放到了女性的问题上，或者说这是一个超出核心家庭范畴的问题。那些把夏洛蒂当作受虐狂或典型的抑郁症患者并进行案例研究的医学文章往往更大程度上忽略了历史背景和文化语境：这位病人往往处于一种主观的真空当中，她的神经质也只是她潜意识的产物。

一九二九年，弗吉尼亚·伍尔夫在《一间只属于自己的房间》中将她所观察到的夏洛蒂的"愤怒"与她在男权世界中被"阻碍并束缚"的事实联系起来。[56]但这种女性主义的观点并没有得到人们的普遍认同。罗莎蒙德·兰布里奇在同年出版的传记中嘲讽了女性团结一致的想法，称其为"了不起的、独有的姐妹情谊或人母见面会"。她似乎觉得女性问题和裙衬一样已经过时。[57]（兰布里奇可能没有说错：夏洛蒂也许在某种意义上将自己视作一位天才男性的女性翻版，而不会把自己和平凡的女人联系在一起。）直到四十年后，传记作者才开始更加深入地研究伍尔夫的观点。

虽然威妮弗雷德·热兰出版于一九六七年的《夏洛蒂·勃朗特：天才的演变》确立了一个新标准，但它没有充分考虑到性别作为一个议题的重要性。她把伊丽莎白·里格比对《简·爱》的恶毒评论简单地阐释为她对柯勒·贝尔系萨克雷情人这一流言的回应,而没有将这一评论置于有关女性写作的更为广泛的社会语境中去。热兰关注这部小说立时取得的成功,却低估了它在当时的人们眼中多么富有争议性。(但另一方面,在今天同样重要的是现代女性主义不应该诱使我们误以为夏洛蒂的文学才华在她的时代没有受到多少赞赏。我在本书开篇之所以强调人们攻击并指责夏洛蒂粗俗,是因为她和后来的盖斯凯尔夫人恰恰是出于对此类观点的回应才开始塑造勃朗特姐妹的公众形象。这并不是说维多利亚时期的所有读者都谈性色变或者厌女,也不是说夏洛蒂与她所处时期的价值观背离,因而无人赞同她的观点。)

　　而在二十世纪七十年代,妇女运动意味着女性传记开始呈现出自第一次世界大战以来可能都从未有过的意识形态色彩。一九八九年,即米莉森特·福西特将夏洛蒂与艾米莉·勃朗特奉为"职业女性"榜样整整一百年后,美国学者卡罗琳·海尔布伦将二十世纪七八十年代视作进步的年代,并指出:"许多女性传记揭示了新事实……有时也不见得是重要的新事实,而是些新故事罢了。"她似乎对女性历史有些健忘,没有考虑到福西特这样的作家,而是接着论证过去的传记辜负了女性,但新时代带来了新希望:

　　　　大约从一九七〇年起,我们开始读到……不平凡的人生故事,她们的成就从未被颂扬过……这些都是新故事。此前,人们只讲述那些有关女性如何为男性献身的故事。[58]

二十世纪七十年代在美国出版的两部有关夏洛蒂的传记对于来自女性主义的影响有着截然不同的回应。海伦妮·莫格伦的《构想的自我》更具学术性,更关注对夏洛蒂小说的文本细读如何能让我们进入她的思想

世界,但它也具有意识形态的色彩。作者称她的作品和历史或文学批评一样具有现世的政治目的:

> 在我们的家庭、社会、政治和性生活中,父权制维护着我们的经济结构,而我们仍受害于这种父权制。浪漫的神话代表着那令人信服的权力,并为其正名,而我们则继续在这种神话中重复扮演着自己的角色。我们也在争取自主的定义时,在勃朗特姐妹的各种挣扎中都看到了我们自己。[59]

莫格伦的女性主义观点接受了心理传记作者的前提,夏洛蒂仍是神经质的,但她把这种神经质归咎于父权制。夏洛蒂注定失败,因为她是一名女性,不可能是自己少年时代作品中拜伦式的英雄扎莫纳,注定要成为"他者"。她压抑着自己的愤怒,退回到"子宫的幻想世界"中去。[60] 她缺乏"自尊"并无意识地把父权制的压力内化,这都滋生了她的受虐倾向。只有在父亲双目失明、弟弟沉溺酒精的情况下,她的"自我"才能在"维多利亚时期的父权制家庭"中"幸存下来"。[61] 莫格伦和心理传记作者一样相信,夏洛蒂的死是由心理负担引发的,认为她的自我在一种令人窒息的文化中苟活,而正是这种文化直接导致了她的谢世。

　　莫格伦在第一章的开头引用了夏洛蒂于一八四九年七月三日(即安妮去世五周、艾米莉去世六个月、布兰韦尔去世九个月后)给威廉·史密斯·威廉姆斯去信中的一大段。夏洛蒂在信中思考自己的孤独和失落,但也庆幸上天给了她"择业的勇气",而如果失了这种勇气,她就会像诺亚的"渡鸦,厌倦了洪水,却无舟可寄、无枝可依"。莫格伦没有强调夏洛蒂的勇气和事业,而是选择用一只鸟的意象与盖斯凯尔式的宿命论结合起来,并在夏洛蒂故事的开篇就预示了她悲惨的结局:"六年后,她也会像一只因精疲力竭而坠落的渡鸦一样溺亡。"[62]

161　　一百多年前,伊丽莎白·盖斯凯尔引领了一种思潮,在此之下,夏洛蒂被誉为一个因苦难而愈发完美的女人。讽刺的是,强调夏洛蒂受苦受难的女性主义解读在无意中再现了维多利亚时期的殉道精神。二十世纪七十年代的妇女运动是否真正把夏洛蒂从"为男性献身"的故事中解放了出来? 这个问题至今悬而未决,尤其是当人们读到夏洛蒂在一生中受到了来自父亲、弟弟、丈夫甚至老师(埃热变成了某种性骚扰者)等男性的压迫,并最终因此而丧命。

　　如果人们把夏洛蒂的故事理解为一则有关受迫害的寓言故事,那么他们更难承认她的力量、决心和在创作中刻意运用到的艺术技巧,相反,它变成了一种自发的、痛苦的呐喊。米莉森特·福西特把夏洛蒂当作一位积极的榜样,海伦妮·莫格伦则把她视为一种失败落寞的象征,不能用来证明十九世纪一些颇有抱负的女性**在当时**所能做到的。她虽然欣赏夏洛蒂的小说对性心理的不凡刻画,认为只有诞生于下个世纪的 D. H. 劳伦斯的作品方能与之匹敌,却认为它们的作家为自信心的缺乏和受虐的顺从心理所累,无法久活于世。

　　如果说海伦妮·莫格伦和盖斯凯尔一样把夏洛蒂视作苦难的象征,那么玛戈·彼得斯在出版于一九七五年的传记《不安的灵魂》中,对女主角的构想则更富活力。彼得斯在导言的开篇一反常态,并未描写勃朗特一家何如于一八二〇年搬到这里,而是沿着现代的旅行路线,思索着是什么吸引了朝拜者纷至沓来。在她看来,勃朗特姐妹的魅力就在于她们有着"因苦难而被神圣化的名声",因"悲剧的一生……而被奉为圣徒"。[63]但彼得斯只对这种崇拜中的虚情假意深恶痛绝。她认为这个世界满是抗生素和消过毒的白色医院,要从在沙发上垂死挣扎的肺痨病人身上获得一种战栗感再简单不过了。这种多愁善感的情绪只会对勃朗特一家造成伤害。人们甚至可以进一步探讨这样一个问题：为什么我们的文化仍需要如此之多的女性偶像（如玛丽莲·梦露或黛安娜王妃）来承受痛苦并死去，仿佛我们想看到她们因自己的名望而受到惩罚。

彼得斯没有关注悲剧，而是想把夏洛蒂的生活和艺术刻画成"对于强加在女性身上的残忍并令人发指的禁锢的有力抗议和最终胜利"。[64] 了解维多利亚时期的社会对女性的期待和女性的日常生活对于理解柯勒·贝尔而言至关重要。对于彼得斯来说，夏洛蒂内心的矛盾并不像心理传记作者所理解的那样来自精神疾病，而是源于同时代的那些天赋异禀、聪颖过人的中产阶级女性所普遍经历的紧张情绪，对于她们来说，"生活不过是顺从与反抗之间的一场战争"。[65]

彼得斯没有像莫格伦那样把夏洛特的生活直接与当下的斗争联系起来，而是尝试制造一种历史上的疏离感。人们渴望女先辈、殉道者、女主角（卡罗琳·海尔布伦在对二十世纪七十年代后的女性传记的理想描绘中表达了这种渴望），这诱使人们不顾时代背景，根据当时的妇女解放思想重新塑造夏洛蒂。彼得斯因此觉得读者会根据时下的标准而非柯勒·贝尔所处时代的标准来衡量她塑造的夏洛蒂，甚至为夏洛蒂并非现代政治意义上的"女权主义者"，为她"没有直接参与到争取女性权益的法律斗争中"而连连道歉。[66] 相反，她提出了一个更具包容性的女性主义定义，能把"所有为了满足创造、求知欲而打破了固有模式的女性"都包括进去。[67]

彼得斯对女性主义的定义不愿意将维多利亚时期的女性草草归为社会不公的被动受害者，而是激励她寻找女性的力量和自信。这让她对勃朗特姨妈（布兰韦尔姨妈在其妹去世后从康沃尔赶来，帮助帕特里克照顾丧母的孩子们）的解读非同寻常，甚至过分美好。此前，布兰韦尔姨妈总是一副刻板压抑的狄更斯式的怪诞形象，穿着木套鞋，戴着假发，

162

在牧师住宅中叫嚷着;现在的她却成了"一个因经济独立、富有善念而自信有加的女人,一个保持自己青春时尚,不在意别人眼光的女人"。[68]同样,彼得斯刻画的夏洛蒂不是一个受害者,而是一位从平凡女性中脱颖而出的职业作家,而她之所以没有为女同胞争取权益,是因为她本人已取得了"那些不甚幸运的姐妹还在哭求"的成功和力量。[69]

　　无论他们强调夏洛蒂痛苦的遭遇还是她的力量,二十世纪七十年代的传记作者才刚刚承认上世纪四十年代的女性作家身份涉及文化冲突,而这种冲突不免令这位作家在心理层面产生共鸣。在传记作者再度发掘这一社会语境的同时,文学评论家开始将《简·爱》视为颠覆性的文本并加以挽救。在二十世纪的大多时候,《呼啸山庄》地位颇高,是学界公认的勃朗特家的唯一杰作。二十世纪中叶,人们普遍把艾米莉当作勃朗特家的唯一天才。对于现代主义者来说,她的小说似乎让他们进入了一个永恒的、神秘的自我冲突的世界,而夏洛蒂的作品还停留在维多利亚时期社会现实主义的低级领域。《简·爱》与面向大众的言情小说之间的联系并没有令高雅的评论家对其青睐有加,相反,它总在与艾米莉小说的比较中败下阵来。[70]

　　然而,二十世纪七十年代,维多利亚时代对《简·爱》持有的观点以一种新视角出现:这部作品中违反道德准则的内容被再度发掘,但这次却被拿来称颂,而非谴责。夏洛蒂的小说启发了桑德拉·吉尔伯特和苏珊·古芭合著的《阁楼上的疯女人:女性作家与十九世纪文学想象》(1979)这部学术界女性主义批评的扛鼎之作的题目,被重新定义为女性主义小说的奠基作之一。吉尔伯特和古芭将罗切斯特的第一任妻子,疯癫的伯莎·梅森解读为简令人同情的侧面:女主人公简不得已生活在一个由男性主导的世界中,她的**第二自我**(*alter ego*)则传达出她潜意识里对该世界局限性的愤怒与疯狂。(实际上,简·里斯于一九六六年出版的小说《藻海无边》中早已将这个疯女人当作一个值得同情的角色;这部"前传"以罗切斯特夫人的视角讲述了她在西印度群岛的早先生活。)[71]

伯莎是简的第二自我,能表达出她无法表达的想法,这一观点后来成为女性主义解读中的正统观点。如一九九七年,共享体验剧院公司对《简·爱》的舞台剧改编(一九九九年于伦敦重演)就精彩地运用到这一观点。一直以来,演员们都难以将简平静的外表与隐藏在内心的火焰之间的关系表现出来,她们塑造的简总是一副疲惫的样子(在泽菲雷里一九九六年令人失望的电影改编中,简·爱的扮演者夏洛特·甘斯布虽相貌平平,却也不失魅力,但她几乎没有面部表情,从不动动肌肉来表达她内心的波澜)。共享体验剧院崇尚表现主义之风,他们通过让两位女演员共同饰演简·爱来解决这个问题:一位演员扮演社交时的简,而另一位演员则穿着破烂的红衫,蓬头垢面,演绎简内心的怒火和激情。

当童年时的简被舅妈锁进红屋子受罚时,红衣女子代表了简的怒火。简在学校慢慢意识到如果自己想被社会接纳,自我控制也是自我保护的一部分,而就在这时,红衣女子退到了舞台后面。当简抵达桑菲尔德时,她的第二自我显然占据着阁楼,随时都有爆发的危险,这象征着罗切斯特已经唤醒了简的性欲,无论她本人是否承认。

164

虽然这一手法令整部剧扣人心弦,但这样的阐释也存在问题,因为它并不完全忠实于原著。当疯女人被发现而简与罗切斯特的婚礼被破坏时,共享体验剧院的改编似乎在暗示简夺窗而逃是因为她无法直面自己的激情。我们不禁觉得简本该听从本心,与罗切斯特结合在一起,而阻止她成为罗切斯特情人的是她的恐惧和克制。然而,这里对婚外情的看法并不符合当时的背景。在原著中,简逃离桑菲尔德不仅是出于悲惨的自我克制,还是一种有力的自我主张。简说,我或许贫穷、长相普通、孤苦无依,但**我**自爱。她意识到一旦自己成为罗切斯特的情人,她不仅会丢掉体面,还会失去自尊。

随着勃朗特批评越来越具有历史视野,学者们渐渐意识到二十世纪七十年代的女性主义者往往会夸大简对那位疯女人的同情,却低估了理性与激情在作者世界观中的重要性。很显然,他们往往根据自己的意识形态去理解夏洛蒂的文本。帕齐·斯通曼指出,虽然女性主义者将《简·爱》奉为女性意识觉醒的圣经,但对后殖民主义感兴趣的批评家却将伯莎视作这部小说真正的主人公,并开始谴责有关克里奥人的次要情节中所隐含的种族歧视。[72]讽刺的是,这也意味着一种向维多利亚时期充满敌意的评论家们所推崇的道德准则的回归:批评家的价值观也许有所不同,但他们的首要任务都是根据道德的好坏,而非从纯粹美学或情感的角度来评价小说。

相比之下,最近那些急于从文化和文学背景理解《简·爱》的批评家往往反对这样的观点,即小说意在将疯女人刻画为一个令人同情的人物。[73]然而,无论夏洛蒂最初对于伯莎的设定如何,一些男性显然还是感受到了来自这一角色的威胁。罗伊·詹金斯在一篇文章中将玛格丽特·撒切尔①描述为"约翰·梅杰首相②生涯中最大的梦魇,堪比《简·爱》中罗切斯特的疯老婆"。[74]第一任罗切斯特夫人象征着人们对女性权力的恐惧,这似乎在今天仍能引起人们的共鸣。

二十世纪八九十年代,后女性主义的意识——也许是自盖斯凯尔以165 来第一次——让传记作者不再把夏洛蒂当作外在悲剧、神经官能症或父权社会的受害者。一九八八年,丽贝卡·弗雷泽出版了一部杰出的传

---

① 玛格丽特·撒切尔(Margaret Hilda Thatcher, 1925–2013),英国政治家,曾于1979年至1990年担任英国首相,是英国历史上第一位女首相。

② 约翰·梅杰(John Major, 1943–),英国政治家,曾于1990年至1997年担任英国首相。

记,认为人们不再需要用夏洛蒂服务于当今的意识形态。她并没有忽视所处时代的不同来赞誉夏洛蒂为现代妇女运动的激进先驱,而是将她置于十九世纪(而非二十世纪)有关性别著作的语境之下。弗雷泽和玛戈·彼得斯一样对受难者夏洛蒂不感兴趣,而是更想去认识那些促使她成为一位颇有抱负的艺术家的不同人格。彼得斯称夏洛蒂与社会的脱节是"天真的"(譬如她天真到竟没有意识到她的作品中有任何"粗俗的"内容)[75],而弗雷泽则认为她接触到了一种文化,而"女性问题"正是该文化中时兴的热门话题。

我们从最近有关夏洛蒂婚姻的传记描述中可以看到,人们渐渐不再需要把夏洛蒂奉为早期女性主义的殉道者。米莉森特·福西特出版于一八八九年的那部简短作品作为第一部女性主义传记负面地描写了阿瑟·尼科尔斯,责备他阻碍夏洛蒂创作,并试图强迫她扮演一个原本并不适合她的角色:传统的牧师妻子。海伦妮·莫格伦在一九七六年的作品中同样对尼科尔斯缺乏同情心,把他塑造成一位权威人物,但也内化了夏洛蒂对于受到支配的需要,认为这种需要是一种受虐倾向,是在社会条件的长期作用下产生的。同年,玛戈·彼得斯还称这场婚姻"损害了柯勒·贝尔强大的力量",认为她的死是解决其艺术与婚姻之间冲突的唯一办法。[76]

而一九八八年,丽贝卡·弗雷泽将这场婚姻描绘得更加温馨,并为阿瑟·尼科尔斯进行了辩护。虽然他曾矢口否认,但人们还是控诉他禁止夏洛蒂继续小说创作。伊丽莎白·盖斯凯尔和埃伦·纳西都曾这样指责他,弗雷泽却向我们展示了这两位女士对夹在她们与夏洛蒂之间的男士抱有多么偏颇的看法。[77]实际上,夏洛蒂婚后曾花时间构思一部名叫《爱玛》的小说,即使她现在的时间都主要花在了丈夫和他的工作上,而她也不再感到寂寞和空虚。可以说,她只过了九个月的婚姻生活,我们也并不知道如果她活着，她婚后的生活又会朝着什么方向发展。但在盖斯凯尔夫人笔下，夏洛蒂就是一位成功作家的典范，既结了婚，又是一名女性作家。

166 　　这场婚姻中仍有一点令女性主义者颇为不满，那就是阿瑟曾试图审查夏洛蒂写给埃伦的信。"试想写下十九世纪最伟大的三部小说的夏洛蒂·勃朗特，在婚后竟然要低眉顺眼征求丈夫的同意才能给最好的朋友写信。"娜塔莎·沃尔特在《新女性主义》中这样写道，并拿现代女性的权力和自由与她们不幸的先辈们闭塞的生活相比较。[78]阿瑟看到夏洛蒂在给埃伦的信中对她们的好友冷嘲热讽，担心这些信一旦落入别有用心之人的手里便会给他们惹来麻烦。因此，他确实干预了夏洛蒂与埃伦的关系，并要埃伦保证烧掉书信。夏洛蒂与埃伦就此事进行了交流，埃伦本人也写下了书面承诺（虽无意遵守），但从她们讽刺的语气来看，两位女士似乎没有缄默不语，而是在迁就那位谨小慎微的男性。

　　就文化和情感而言，阿瑟·尼科尔斯的保守和他对隐私的看重（从他对盖斯凯尔所作传记那不温不火的态度中便可见一斑）一定在某些程度上与他的男性气质有关，特别与男性对女性说长道短的性格由来已久的恐惧有关。但相比于二十世纪七十年代，阿瑟·尼科尔斯是否可以被简单定义为父权社会的压迫工具在今天看来似乎更加不确定。阿瑟和埃伦都对夏洛蒂有占有欲，而他对于这些信件的态度可能更多地来自一种他不愿承认的嫉妒心理，而非当时社会条件下的厌女情绪。林德尔·戈登、朱丽叶·巴克和丽贝卡·弗雷泽都暂且相信了阿瑟·尼科尔斯，把他与夏洛蒂的结合描述为一场幸福的婚姻。这些后女性主义的传记作者仿佛是在说个人的不一定总是政治的。

　　在勃朗特传记领域，历史主义为了反对多愁善感的虚构作品而发端于二十世纪六十年代，而向历史主义的迈进依旧保持着一股强劲的势头。即便勃朗特姐弟依旧吸引着一些多愁善感的怪人，他们也不再是"紫色石楠学派"的专利。在过去十年左右的时间里，学术研究获得了巨大的进展。为了确立夏洛蒂作品的权威文本，特别是她少年时代的作品和书信，克里斯蒂娜·亚历山大和玛格丽特·史密斯出版了具有里程碑意义的作品，而她们不懈的努力也为未来传记作者的研究夯实了基础。

这些学者的任务就是解决勃朗特相关手稿的散播所引发的混乱局面。十九世纪九十年代，道德败坏的收藏家兼小商贩 T. J. 怀斯从埃伦·纳西和阿瑟·尼科尔斯那里买来手稿。人们后来才得知怀斯就是勃朗特手稿最初的伪造者，他也因此在勃朗特研究领域变得臭名昭著。为了从勃朗特的手稿中谋取最大的利益，怀斯没有将这些材料收集整理，而是分别卖给了私人藏家。夏洛蒂的信件也因此散落在世界各地，布兰韦尔的手稿也被拆分并充作夏洛蒂的手稿而被贩卖出去。[79]

讽刺的是，正如玛格丽特·史密斯指出，怀斯本人在一九三二年参与编撰莎士比亚·黑德版本的勃朗特信件时曾"受制于自己此前的种种行径"。[80]许多信件都不复存在了，编辑们不得不依赖由埃伦删节过的版本，而就算有原始信件，他们也不得不依赖不甚准确的二手或三手复制品。[81]由史密斯整理编撰的完整信件的出版意味着传记作者可以用夏洛蒂的原话对她进行研究，而不再需要依赖一九三二年并不完善的版本。

我们似乎生活在勃朗特学术研究的黄金时代。二十世纪九十年代，畅销书榜单上与三姐妹有关的书籍质量说明流行性和严谨性绝非不可兼得。林德尔·戈登的《夏洛蒂·勃朗特：激情的一生》和朱丽叶·巴克的《勃朗特传》同于一九九四年出版。虽然这两部传记在手法上大相径庭，但它们都以一种新颖且颇具启发性的方式与盖斯凯尔缔造的迷思

167

进行了对话。

　　巴克的长篇巨著是一部去迷思的作品：它护封的背面称它为"第一部将长达一世纪的迷思撕裂并揭开勃朗特家族真相的作品"。巴克作为一名历史学家花了六年时间担任勃朗特牧师住宅博物馆的馆长和图书管理员，为了澄清事实，她还花了十一年的时间沉浸在世界各地的勃朗特档案馆中。她不仅研究了当时尚未出版的勃朗特书信，还搜集查阅了迄今为止都没有被探索过的材料，包括当时的地方报纸和教区记录，这都是她最富独创性的研究。她的作品也说明盖斯凯尔的想法具有非凡的韧性，因为即使在一个半世纪以后，《夏洛蒂·勃朗特传》仍是巴克修正的主要目标。

　　虽然巴克决计破除盖斯凯尔缔造的迷思，但她还是在一个方面受到了盖斯凯尔议题的束缚：她最感兴趣的依旧是勃朗特的家族史，而不是三姐妹的作品。巴克在包括帕特里克、布兰韦尔和阿瑟·尼科尔斯在内的配角身上投入了大量精力和细节，这一举动几乎让人们忘记若非勃朗特家中的女眷取得了非凡的文学成就，他们也不会成为传记的题材。巴克远没有最近的其他作家那般同情夏洛蒂，但对于她想要澄清夏洛蒂的做法，一些批评家觉得她把夏洛蒂刻画得太过平凡，掩盖了她非凡的成就。[82] 这位传记作者似乎为夏洛蒂写给哈特利·柯尔律治的信感到困惑，却在她抱怨不得已外出担任家庭教师以谋生计时，心安理得地批评她。在事实数据方面，巴克是最值得信赖的勃朗特传记作者之一，从纪实的角度看，她的作品将会永垂不朽。但她是否抓住了夏洛蒂天才的内核却未可知。

　　相比之下，牛津大学的林德尔·戈登在《夏洛蒂·勃朗特：激情的一生》中探索了其创作生涯的内部运作方式，很有说服力。巴克一丝不苟地堆砌细节（譬如从一八〇九到一八一〇年的十六个月间，年轻的帕特里克在迪斯伯里担任副牧师期间,他曾主持"近一百三十场"婚礼)[83],而戈登对于证据的处理更像是在寻找弗吉尼亚·伍尔夫所谓的"创造性的事实,可挖掘的事实,能引发联想和争论的事实"[84]。

　　作为一位文学评论家,戈登(她的前两部著作是关于 T. S. 艾略特和伍尔夫的)扭转了盖斯凯尔最初确立的路径:她通过作品进入作家的生活,而不是像盖斯凯尔那样通过作家的生活进入其作品。小说不再像过去那样被频繁用作生平证据,相反,夏洛蒂的生平事实被用来更加深入地理解她的小说。生活和艺术息息相关,这部传记所呈现出的人物也微妙且复杂。不同于那些以牺牲社会自我为代价而强调内心活动的心理传记作者,戈登能让两者兼具生命并探寻它们之间的衔接。

　　正是因为戈登把文学作品摆在了核心位置,她才不必将夏洛蒂视为一个受迫害的女主人公(或 E. F. 本森甚至是巴克笔下那个冰冷且牢骚满腹的形象)。盖斯凯尔利用夏洛蒂一生的悲苦来转移人们对她作品的关注,戈登则把作品摆在首要位置并让她的力量得以复苏。"人们容易将这样的一生看作一系列的损失,"她写道,"但损失并不能解释夏洛蒂·勃朗特存在的核心事实:把自己的经历用作艺术创作素材的能力。"[85]

　　任何自诩进步却不把过程呈现出来的历史都应该受到相当程度的怀疑,但人们也很难否认最近出版的有关夏洛蒂的传记是成功的。二十世纪中叶,勃朗特姐妹经常被改编进虚构传记中,这些传记将她们的生平塑造成肥皂剧,贬低了她们的文学想象。而现如今,我们确实在重新认识真正的夏洛蒂及其所生活的世界方面取得了进展。

　　但严肃地讲,我们永远无法抵达这一旅途的终点。虽然学者可以追求文本的准确性,历史学家也可以确立没有争议的事实,但研究对象的内心生活只有通过富有创意的想象方可抵达。夏洛蒂传记的原始材料

169

被更准确地记录下来,这不失为一桩好事,但是她的生平仍须被不断改写。后世总要重新认识勃朗特一家并从新的角度讲述他们的故事。最近的批评家在作品中强调历史性,而这种强调或许会被后人折衷处理。他们也许会觉得这不过体现了我们当下对于历史的沉迷,是一种文化现象,从对古典音乐"真实"表演的热衷一直延伸到对建筑保护和修复的崇尚。

文学传记会一直就事实与真理、信息与阐释、作家与作品之间的关系和人格的本质等问题设问,而它们也需要被不断回答。我们不该将传记视为一门每每努力产生确凿客观的结果却注定失败的实证科学,也不该采取后现代主义的极端做法,彻底消解传记与小说之间的区别,并将它们视为别无差距的"文本建构"。相反,我们应该把传记视为一种"两栖"的艺术形式,而它在理想状态下**既**受到证据的约束,**又**要创造性地回应文学塑造、形式与意义带来的挑战。

未来的传记作者手中握着无数的夏洛蒂·勃朗特,而他们中的每一位都会与她建立不同的关系。有些作品会更具说服力,但我们应当庆祝而非痛惜于这种潜在的丰富性,因为它照亮了那个创造出《教师》《简·爱》《谢利》和《维莱特》的非凡大脑,并向新一代人传递这些作品的不朽价值。

注释

[1] 凯瑟琳·蒂洛森,《回到本世纪初》,载《勃朗特学会》,第十九卷(1986),页10。

[2] 引自赫米奥娜·李,《弗吉尼亚·伍尔夫》(伦敦,1996),页10。

[3] 麦克勒思,《风暴与其他诗歌》,页1–3。

[4] 同上,页8。

[5] 同上,页10。

［6］同上,页14。

［7］同上,页25。

［8］见伊斯梅娜·布朗的评论,《每日电讯报》,1995年3月8日。

［9］玛格丽特·奥利芬特夫人,《勃朗特姐妹》,见《维多利亚女王御下的女性小说家》(伦敦,1897),页55-56。

［10］蕾切尔·弗格森,《勃朗特在伍尔沃思店》(1931;伦敦,1988),页128。

［11］信息来自勃朗特牧师住宅博物馆。

［12］丹·托瑟罗,《生于荒原》(纽约,1934),页84。

［13］埃拉·穆尔豪斯,《石墙》(伦敦,1936),页68。

［14］克莱门丝·戴恩,《疯狂的十二月》(伦敦,1932),页1-2。

［15］穆尔豪斯,《石墙》,页23。

［16］多萝西·海伦·科尼什,《这就是勃朗特一家》(纽约,1940)。

［17］引自约翰·沃克编,《哈利韦尔电影与录像指南,1999》。

［18］《魂牵梦萦》,开场白。

［19］《影视大全》,第五卷,第一期(1976年第二季度),页24。

［20］克莱门特·肖特,《艾米莉·勃朗特的遗物》,载《家中女性》,第五卷(1897年8月),页912。

［21］引自沃克编,《哈利韦尔电影与录像指南,1999》。

［22］弗格森,《勃朗特在伍尔沃思店》,页54。

［23］同上,页211。

［24］华莱士,《不朽的小麦》,扉页。

［25］同上,页6。

［26］海伦·H.阿诺德,《埃玛·胡德科珀·科尔塔佐回忆录,1866-1882》,载《勃朗特学会》,第十三卷(1958),页221。

［27］引自露丝·帕金-古内拉斯,《女性自我的小说》(伦敦,1991),页34。

［28］玛格丽特·德拉布尔,《作为隐士的作家:勃朗特作品中的孤单主题》,载《勃朗特学会》,第十六卷(1974),页259。

［29］安东尼娅・福里斯特，《彼得的房间》（伦敦，1961），页 85-86。

［30］同上，页 223。

［31］《国家传记词典》。

［32］《星期日电讯报杂志》，1979 年 4 月 22 日。

［33］安德烈・泰希内访谈，戛纳电影节文献，1979 年。

［34］《电影手册》，第三〇二卷（1979 年 7 月或 8 月），页 62。

［35］《综艺》，1979 年 5 月 16 日。

［36］詹姆斯，《巴尔扎克的经验》，载《两个讲座》，页 63-64。

［37］如罗伯特・马丁，《劝导的腔调》（伦敦，1966），页 18。汤姆・温尼弗里思在《勃朗特家族与他们的背景》中也抨击了紫色石楠主义。

［38］埃内斯特・丹内著，路易斯・摩根・西尔译，《勃朗特三姐妹》（伦敦，1927），页 28、41。

［39］爱丽丝・劳，《帕特里克・布兰韦尔・勃朗特》（伦敦，1924），页 18。

［40］《每日见闻》，1933 年 7 月 20 日。（勃朗特牧师住宅博物馆档案馆）

［41］见斯通曼，《勃朗特的光影转世：〈简・爱〉与〈呼啸山庄〉的文化传播》，页 110。

［42］凯瑟琳・蒂洛森在《一八四〇年代的小说》中指出，在《简・爱》中沃尔特・司各特的长诗《马米恩》（1808）被当作一首最近发表的作品。

［43］见斯通曼，《勃朗特的光影转世》，页 135-136。

［44］安妮特・哈里森，《勃朗特的脚步》（伊尔弗勒科姆，1951），页 39。

［45］伊夫琳・伊丽莎白・麦金托什・怀特，《奉献和勇敢的女人》（伦敦，1956）；帕特里克・普林格尔，《当她们还是女孩时：十四位著名女性的少女时代》（伦敦，1956）。

［46］安妮・勃朗特，《威尔德菲尔庄园的房客》，第二版序言（1848；伦敦：企鹅，1996），页 5。

［47］威妮弗雷德・热兰，《安妮・勃朗特：一部传记》（伦敦，1959）。

［48］辛克莱，《勃朗特三姐妹》，页 44。

［49］菲莉帕・斯通，《囚鸽》（伦敦，1968）。

［50］乔治・穆尔，引自埃德蒙・戈斯，《伊伯里街的谈话》（伦敦，1924）。

［51］弗格森，《勃朗特在伍尔沃思店》，页128。

［52］茵嘉-斯特纳·尤班克的《适合她们的领域：维多利亚早期小说家勃朗特三姐妹研究》（马萨诸塞州剑桥，1966）。

［53］阿尔弗雷德·桑斯特，《勃朗特》（伦敦，1933），页4。

［54］穆尔豪斯，《石墙》，页44。

［55］卢茜尔·杜利，《夏洛蒂·勃朗特作为天才女性的精神分析》，载《美国心理学杂志》，第二十一卷，第三期（1920年7月），页237。

［56］弗吉尼亚·伍尔夫，《一间只属于自己的房间》（1929；伦敦：黑豹，1977），页67。

［57］兰布里奇，《夏洛蒂·勃朗特：一项心理学研究》，页253。

［58］卡罗琳·G.海尔布伦，《书写女性的一生》（伦敦，1989），页25–26。

［59］海伦妮·莫格伦，《夏洛蒂·勃朗特：构想的自我》（纽约，1979），页14。

［60］同上，页42。

［61］同上，页78。

［62］同上，页19。

［63］玛戈·彼得斯，《不安的灵魂：夏洛蒂·勃朗特传》（纽约，1975；双日简装版，1976），页xvi。

［64］同上，页xviii。

［65］同上，页478。

［66］同上，页xvii。

［67］同上，页xviii。

［68］同上，页21。

［69］同上，页xvii。

［70］见U.C.克努普法尔马赫，《艾米莉·勃朗特：〈呼啸山庄〉》（剑桥，1989），第四章。

［71］见斯通曼，《勃朗特的光影转世》，第六章。

［72］同上，页185。

［73］如海伦·斯莫尔，《爱的疯狂：医学、小说与女性疯癫，1800–1865》

（牛津,1996）,页178。

[74]《星期日标准报》,1999年10月18日,第2版。

[75]彼得斯,《不安的灵魂：夏洛蒂·勃朗特传》,页478。

[76]同上,页461。

[77]弗雷泽,《夏洛蒂·勃朗特》,页478–479。

[78]娜塔莎·沃尔特,《新女性主义》(伦敦,1998),页189。

[79]有关T. J.怀斯和他的所作所为,见《书信》,第一卷,导言,页52–63。

[80]同上,页55。

[81]关于玛格丽特·史密斯对莎士比亚·黑德版本的评价,同上,页66–71。

[82]如苏珊·艾伦贝格,《夏洛蒂做了什么》,载《伦敦书评》,1995年4月6日,页12–13。

[83]巴克,《勃朗特传》,页33。

[84]伍尔夫,《传记的艺术》,载《文选》,第四卷,页228。

[85]戈登,《夏洛蒂·勃朗特：激情的一生》,页333。

第七章　阐释艾米莉

我们对夏洛蒂的理解注定是有缺陷且主观的,但这并不是说我们不了解她。和难以捉摸的艾米莉相比,我们很了解夏洛蒂。盖斯凯尔的《夏洛蒂·勃朗特传》或许是圣徒传记,有时甚至具有误导性,但它很早就将大量信息记录了下来。更何况现如今,致力于夏洛蒂研究的传记作者有大量一手资料可以参考,包括人们从一位维多利亚时代的名人那里所能预期到的成百上千封信和卷帙浩繁的少年时代作品。

相比之下,艾米莉除了家人外,似乎没交过什么重要的朋友,也没有一位像伊丽莎白·盖斯凯尔一样的人为她著书立传,更没留下多少遗物。她极其封闭,即使行将就木之时,也不愿与人分享自己的想法。除了唯一一部小说和诗歌存世外,她没给传记作者留下什么。仅有的几则有关她的逸闻趣事都传说她一见到生人便会跑开。希思克利夫把那些胆敢搅扰他在呼啸山庄独居生活的人毅然决然拒之门外,而艾米莉对于来自他人的研究同样深恶痛绝。

艾米莉能启发两部侦探小说的创作绝非偶然。[1] 她的遗物寥寥无几,似乎就连她本人也一同消失了。这些屈指可数的资料——十年半间只有四篇简短但引人深思的日记,写给姐姐的朋友埃伦·纳西的三张正式、乏味的便条,布鲁塞尔求学时写的几篇法语文章,一张奇怪的素描,一个残损的笔记本以及不时出现的其他线索——像是一个想要掩饰自己行踪的人在无意间留下的线索。

171　　　在材料如此匮乏的情况下,比起夏洛蒂的传记作者,为艾米莉立传之人有更多文学调查工作需要开展。然而,他们的研究并未在实质性的证据方面取得多少进展。自从夏洛蒂透露《呼啸山庄》的作者是牧师之女且不好交际后,读者就一直觉得事有蹊跷。由于缺乏艾米莉的生平信息,这部原本就神秘莫测的小说变得愈发晦涩,两者叠加在一起,也让艾米莉成了勃朗特家中最扑朔迷离的成员。这位英国文学史上的"斯芬克斯"在约克郡薄雾的笼罩下,游荡于荒原之上,几乎取得了超自然的地位。相关记载的缺乏让她更富魅力,而一些绘声绘色的野史的出现则弥补了空白。

　　人们不禁怀疑,艾米莉曾积极制造自己缄默不语的形象。这位极其不愿吐露心思的女人很可能竭尽全力阻碍未来传记作者的研究。正如夏洛蒂所说,艾米莉"不是一个情感外露的人,即便与她最为亲近的人也不能肆无忌惮地闯入她的内心深处"。[2]但也没有证据能表明她想掌控后世对她的刻画。真正为艾米莉蒙上神秘面纱的并不是她本人,而是夏洛蒂。

　　夏洛蒂曾有名言道,艾米莉和世人中间应该有一位阐释者。作为一位阐释者,夏洛蒂的确站在了我们和艾米莉之间,她一只手招呼我们前来,另一只手却向我们作别。既然她是艾米莉生平信息的唯一来源,我们除了听从她的说法以外别无他法。夏洛蒂虽然权威,却很圆滑,她更多是在告诉我们自己对于妹妹的看法,而不是艾米莉的内心活动。它们揭示了夏洛蒂内心的矛盾：她十分钦佩艾米莉的天才，却又倾向于把她描写得幼稚，还有一种保护欲最终却演变成了控制欲。

艾米莉出生于一八一八年，只比夏洛蒂小两岁，但人们还是不免惊讶于她们如此相仿的年纪。夏洛蒂显然把她当作妹妹，甚至会有意错报艾米莉的年纪，常常从她的实际年龄中减去一两岁。[3]布兰韦尔生于一八一七年，比夏洛蒂小，比艾米莉大，这让两姊妹之间的差距看起来比实际上更大。童年和青春期的夏洛蒂与弟弟走得更近，他也成了她在安格里亚历险记中的伙伴和对手，艾米莉和安妮则在杜撰的贡达尔世界中建立了一条纽带。

作为一个丧母家庭中的长女，夏洛蒂对妹妹们负有不可推卸的责任。艾米莉和安妮像双胞胎一样心有灵犀，而她们的姐姐却像焦虑的家长一样忧心忡忡。有时，夏洛蒂甚至觉得自己有义务让艾米莉活下去。夏洛蒂十九岁时回到罗赫德教书，十七岁的艾米莉作为一名学生跟着姐姐回到学校。艾米莉思乡成疾，乃至身染沉疴，这令夏洛蒂担忧不已。夏洛蒂后来回忆道：

172

> 我心想，她再不回家就会死的，带着这种想法，我让她回去了。[4]

据夏洛蒂回忆，意识到艾米莉必须回家调养的人是她，而不是艾米莉自己。艾米莉很被动，而她的保护者夏洛蒂则令她及时行动，杜绝了灾难的发生。但如果说夏洛蒂从不相信艾米莉能照顾好自己，那么艾米莉固执独立以及不愿对姐姐言听计从的性格在两人的关系中也是至关重要的。

当两姊妹前往埃热寄宿学校学习时，是姐姐组织了那次行程，也是姐姐觉得艾米莉应当同往。艾米莉都照办了。然而，她们在布鲁塞尔遇到的人对于她们两人之间的权力关系有着截然不同的看法。他们觉得艾米莉似乎以一种"无意识的暴政"操控着夏洛蒂。[5]与渴望得到社会认可的夏洛蒂不同,艾米莉不在乎别人的目光。她拒绝像传统淑女一样行事(比如她会任性地选择不时髦的衣服),这令夏洛蒂十分难堪。虽然两人都刻苦学习,但夏洛蒂渴慕得到一位导师,而艾米莉却对康斯坦丁·埃热的教学法不甚满意。埃热要求她们模仿其他作家的写作风格,艾米莉觉得这会有损她的原创性。两姊妹中,艾米莉在文学创作上更加自信。

在夏洛蒂试图操控叛逆的妹妹的所有事件中,最著名的一起发生在一八四五年秋:她私下披览了艾米莉写满诗歌的笔记本,受到了启发,并开始策划出版一八四六年的《柯勒、埃利斯和阿克顿·贝尔诗集》。安妮自愿合作,但艾米莉怒不可遏。夏洛蒂写道:"我花了几个小时才让她接受我的发现,又花了几天才说服她这样的诗歌理应付梓。"[6]从那时起,夏洛蒂的保护欲中更夹杂着她对艾米莉天才的敬畏。

虽然艾米莉对自己作品的态度往往模棱两可,但我们不能就此简单认定她没有出版作品的念头。她或许只是因为夏洛蒂总称自己知道什么对她来说才是最好的而愤怒。艾米莉并没有超凡脱俗到拒绝与文学界接触。虽然她很高兴夏洛蒂能代她和艾洛特与琼斯出版公司商讨诗集的出版事宜,但她可能也以埃利斯·贝尔的名义与《呼啸山庄》的出版商托马斯·纽比取得了联系。[7]有趣的是,盖斯凯尔在给乔治·史密斯的一封信中提到,艾米莉与 G. H. 刘易斯通过信。[8]夏洛蒂在艾米莉去世后将她浪漫化为一位不愿与出版商和读者接触的极其纯粹的艺术家。

艾米莉是三姐妹中决计要躲藏在笔名背后的人。一八四八年夏,夏洛蒂和安妮结束了伦敦之旅并回到家中,在得知夏洛蒂将埃利斯·贝尔与柯勒和阿克顿·贝尔的身份一道泄露后,艾米莉忿忿不平。夏洛蒂不得不致信威廉·史密斯·威廉姆斯,让他对埃利斯的身份佯装不知:

> 请允许我提醒您,在您给我写信时,不要提到我的妹妹们——我是说,不要用复数。"埃利斯·贝尔"不能接受"*nom de plume*"① 以外的任何称谓。我向您和史密斯先生泄露了他的身份,这是大错特错[。][9]

夏洛蒂知道艾米莉是一个需要抚慰的人,这却让她在后者临终前饱受煎熬。她变得越来越难以接近,而夏洛蒂再多的恳求也无济于事。一八四八年十月二十九日,夏洛蒂第一次向埃伦·纳西表达自己的担忧:"艾米莉的感冒和咳嗽很是顽固……她看起来**非常**、非常消瘦,面色苍白。她沉默寡言的天性令人心神不宁,问她是没有用的,你得不到答案;提议治疗更加无用,她永远不会接受这些提议。"[10]十一月二日,艾米莉感冒和咳嗽的症状已经发展到"有些类似于肺炎的慢性症状",但她拒绝医学治疗,也拒绝情感安慰,这让夏洛蒂爱莫能助:"她不寻求,也不接受同情;提出任何问题、提供任何帮助都会惹恼她……你眼睁睁看着她做自己不该做的事,却一言也不敢发。"[11]

到了十一月底,情况也没有多少改善。无奈之下,夏洛蒂只能想尽一切办法让艾米莉接受顺势疗法。"通常,最好还是让她自己判断,**尤其**不要提倡你想让她接受的那一点,"夏洛蒂于十一月二十二日在给威廉·史密斯·威廉姆斯的信中写道,"如果你这么做,她一定会朝反方向走,十有八九不会顺从。"[12]五天后,夏洛蒂还是觉得妹妹"太难对

174

---

① 法语:笔名。

付"。[13]十二月十九日早晨,她在给埃伦的信中绝望地写道:"我从未经历过如此黑暗的时刻。"[14]当天晚些时候,艾米莉去世了。

后来的评论家对艾米莉之死有着自相矛盾的解读。有人说,艾米莉拒绝救助是因为她一心求死:她就像希思克利夫那样被动地自杀。[15]另一些人的观点则全然不同,他们认为艾米莉否认自己生病是因为她渴望活下去,就像《呼啸山庄》中亨德利·恩肖的妻子一样,直到去世前一周她才承认自己患上了肺痨。[16]令人沮丧的是,夏洛蒂在艾米莉临终前的几封信中几乎没有提到妹妹的动机或愿望。艾米莉"特有的沉默天性"将夏洛蒂拒之门外。[17]

夏洛蒂后来回忆道,死亡是痛苦的,是艾米莉不愿接受的,她于一八四九年四月写信告诉埃伦,艾米莉已"生生失去了幸福的生命,她气喘吁吁,虽视死如归,却并非心甘情愿"。[18]但当她于一八五〇年九月为妹妹们写《生平说明》时,她用更加英勇的笔触重新阐释了艾米莉之死,把她刻画成为一位"精神不向肉体屈服"、用超人的力量面对自己最后时日的斯多葛者。①

所有为艾米莉立传之人都不得不面对相关信息的缺失,但夏洛蒂在公开对妹妹的评价时,尚未走出真切的丧亲之痛。比起布兰韦尔或安妮的离世,艾米莉的死更令她痛彻心扉。"我许安妮去见上帝,因为我觉得上帝有权得到她,"一八四九年六月,她在给威廉·史密斯·威廉姆斯的信中这样写道,"但我不能让艾米莉走,那时我就想留住她,现在还时不时幻想让她回来。"[19]

一八四八年九月到一八四九年五月间,疾病和死讯接踵而至。夏洛蒂的小说《谢利》被搁置一旁。但六月,她再度精力充沛地回归小说创

---

① 作者遗漏了引文出处,应为《生平说明》,页 xxxi。

作,决心让创作成为抚平悲伤的一剂良药。当夏洛蒂重拾《谢利》时,她决定把重点放在谢利·基达尔这个角色身上,她后来告诉盖斯凯尔夫人,谢利这个角色就是艾米莉该有的样子——如果她身强体健、成功富足的话。[20]既然她无法把艾米莉从脑海中铲除,她便用小说将她复活。夏洛蒂最初试图用《谢利》来解释艾米莉的天才,而她最著名的尝试要数《埃利斯与阿克顿·贝尔的生平说明》和为一八五〇年版《呼啸山庄》所写的序言了。就这样,夏洛蒂成了艾米莉迷思的首位缔造者。

乍一看,我们很难看出谢利与艾米莉有什么共同之处。书中美丽健康的女继承人一身华丽的丝绸,显然不同于性格内向、举止粗鲁,身穿过时且松垂裙子的诗人。虽然最初的评论家并不清楚谢利的原型,但他们也发觉与小说中另一位女主人公卡罗琳·赫尔斯通相比,谢利是一个不现实的角色。小说以工业革命为背景,一方面可以算作一部关乎“英国状况”的小说,另一方面也是一个独特的实验。卡罗琳属于社会现实主义。她过着无所事事的悲惨生活,却体现出女性主义的观点,主张将女性生活拓展到家庭之外。但谢利属于理想的诗意创造。我们之所以说谢利是夏洛蒂理解艾米莉的尝试也正是基于这一点,而不是因为谢利是对艾米莉的复刻。

自从夏洛蒂披览艾米莉的诗歌后,她就深信妹妹和自己一样天赋异禀。她假借谢利·基达尔之口明确表达了自己基督教浪漫主义的信仰。现实中,夏洛蒂和艾米莉完成埃热先生布置的文章,在小说中,谢利也写了一篇题为“La Première Femme Savante”①的作文,交给有着一半比利时血统的老师路易斯·穆尔。这篇作文的内容很贴合题目的字面意思,是一篇有关女性想象的创世神话。

175

---

①　法语:第一位才女。

今天的女性主义者之所以觉得夏洛蒂魅力十足,是因为她相信女性有权发挥自己的潜力,这种想法看起来十分现代。但《第一位才女》作为对《旧约》中一篇神秘经文的阐释却说明,夏洛蒂的世界观同我们的观念相去甚远。夏洛蒂有着前达尔文主义的信仰,将圣经奉为真理,就这个方面而言,她绝非一位现代主义者。小时候,夏洛蒂总说圣经是世界上最好的书,圣经也是她成年后在小说中最常提到的书。[21] 作为一位牧师的女儿和另一位牧师未来的妻子,夏洛蒂并不像无神论者哈丽雅特·马蒂诺或不可知论者乔治·艾略特那样前卫自由,她对文学创造力或者"天才"的信仰与她对生命抱有的宗教信仰关系密切。[22]

谢利的作文是对《旧约·创世记》中一篇神秘经文(第六章第一至二节)的诠释,这篇经文描述了大洪水前,"上帝之子"如何从"人类之女"中选择妻子。夏洛蒂以寓言的形式阐释了经文。"上帝之子"代表着天才的神圣火花,而"人类之女"则由夏娃代表,上帝"选择"夏娃,让她用自己的灵魂接受上帝的存在。夏娃坐在悬崖之上,只有夜空相伴,她感受到上帝所赐予的自我和简·爱的自我一样强烈:

176

> 在万事万物中,她似乎才是自己的中心——一个渺小的、被遗忘了的生命的粒子,一点心灵的火花,它从伟大的造化那里无意间迸发出来,现在却在一个漆黑的洞中默默燃烧殆尽。[23]

她要表达自己,坚信自己天生具备创造力,这些想法与促使夏洛蒂成为作家的志向一样强烈:

> 她问道,难道她就要这样被烧成灰烬,她那富有生命力的火光就没有任何用处,永远不为人所见所需……吗?她又问道,难道在

她智慧的火光熊熊燃烧,生命的脉搏跳动得如此真实有力,她的体
内有一股自称是上帝赐予的力量在不安地骚动着,并坚持要她去善
加利用这股力量的时候,就是这样吗?[24]

夏洛蒂在贝尔三人小说中的道德受到抨击后创作了这个有关女性创造
力的神话,它应该被理解为一种自卫行为。她向批评家表明,权威的圣
经都证实女性可以和男性一样具备神圣天才的净化力量。年轻时的夏
洛蒂经历过一场宗教危机,因沉湎于狂热的安格里亚幻想而惶愧不已。
用加尔文主义的话说,夏洛蒂怀疑自己是否会沉沦而无法得到救赎。她
在《谢利》中似乎主张女艺术家是"被选择的",而创造出《简·爱》这部
作品的想象力就神圣地来源于此。夏洛蒂在她的创世神话中使用了圆
满婚姻——这是"天才"和"人性"的"洞房花烛夜"[25]——的隐喻,戏剧
性地表达出这样一个观点:女性的激情(无论是爱情,还是志向)都可以
是纯洁的。

　　虽然谢利的作文为贝尔三人的小说都进行了辩护,但它与艾米莉的
关系尤为特殊。重要的是,在文章的结尾"天才"的保护使死亡变得光
荣,仿佛夏洛蒂正试图用一幅更容易让自己接受的画面取代那段可怕的
记忆:气喘吁吁的艾米莉失去了自己幸福的生命。死亡降临的那一刻,
"天才"扶着他的新娘"穿过痛苦的道路"并带她回到造物主耶和华身
边,在天使与天使长面前,为她戴上一顶不朽的冠冕。[26]夏洛蒂在这里
尝试想象艾米莉的诗性天赋——不仅是作诗的天赋,还是灵魂上的超越
能力——如何帮助她顺利进入下一个世界,从而把她的天赋理想化。

　　《第一位才女》中已有种种迹象表明,夏洛蒂对艾米莉的想象抱有矛
盾的心理,而她后来公开为《呼啸山庄》辩护时也袒露过这种矛盾的情绪。
夏洛蒂告诉我们,"天才"(男性)也许将"人性"(女性)揽入怀中,但他们

177

婚后的生活是一个"幸福与痛苦"交织的矛盾时刻。"天才"可能是上帝在人类女性灵魂中的使者,但他必须与撒旦的力量作斗争。想象力在善恶两方面旗鼓相当,而"天才"必须进行斗争以保持其纯洁性:

> 谁来讲述,在"他"和"女神"受到挑拨,心生不睦之际,"他"是如何制造致命的阴谋来毁坏或者玷污这个圣洁的婚姻的呢?谁来写下大蛇和六翼天使持久的争斗呢?魔鬼又怎样把恶说成善,把傲慢说成智慧,把粗鄙说成光荣,把痛苦说成幸福,把思想的败坏说成热情呢?而这"无畏的天使"怎样蔑视、抗拒并击退了敌人呢?他又是怎样一再净化那被亵渎了的圣杯,赞颂那堕落的情感,矫正那变态的冲动,察觉那潜伏的毒液,挫败那无耻的诱惑——净化了罪恶,伸张了正义,四处警惕,顶住了考验?[27]

夏洛蒂在后来对《呼啸山庄》的评论中流露出焦虑的情绪,她担心这部小说包含一些不甚纯洁的内容:堕落的情感,变态的冲动。希思克利夫的创造背后到底是大蛇,还是六翼天使呢?

然而,夏洛蒂在《谢利》中几乎打消了自己对艾米莉天才的怀疑。她更关心如何把妹妹理想化地呈现出来,而非质疑她:通过将艾米莉打造成浪漫主义灵视诗学的化身,她做到了这一点。小说中有这样一幕:谢利痴痴注视着窗外月光下的景致。她认同大自然(华兹华斯称此为"最初的同情"),"步履轻快,踏着翠绿的台阶,翻过春光明媚的山岗",进入一种超验的境地,这里"不低于从前天使俯瞰伯特利的梦中人的地方"。在真正的浪漫主义基调下,降临在她身上的"幻象"既是一种感知,也是一种创造。当她在静谧的夜晚端坐客厅时,大地成了她的"伊甸园",生命则变成了"一首诗"。

就浪漫主义的形而上学而言,谢利借由想象达到了神性的超越,而夏洛蒂明确表示,想象这种能力不为谢利的意志左右,它来自天堂,"非人力所能赐予"。夏洛蒂和艾米莉能从《弗雷泽杂志》了解到柯尔律治的想法,即想象是一种超越自然经验、发现纯粹精神客体的能力[28],而她有关谢利幻象的叙述也反映出华兹华斯的继承者们对其哲学的崇高解释,一八二九年,发表于《布莱克伍德杂志》上的一篇文章便是如此。夏洛蒂一生中有关诗歌和天才的看法几乎没有改变,而十九世纪二三十年代的杂志——能像书一样保存多年,以供人们重复翻阅——给她思想上带来的影响在二十年后仍然可以看到。[29]夏洛蒂接着补充道:

> 如果谢利不是一个懒惰、鲁莽、无知的人,她一准儿会在此刻拿起笔来;……她会盯住那魅影,将显现的幻象记下来……可是,她如此懒惰,这般鲁莽,最是无知,因为她不知道自己的梦多么稀罕,她的感觉又多么与众不同。她不知道、不曾知道、到死也不会知道那春天的全部价值:正是春天的鲜艳在她心中荡漾,令她的内心青春常驻。[30]

艾米莉自是不躲懒的,她也的确拿起了笔。但浪漫主义有一种精神"歌颂那不将自己的梦境变为实质的艺术家——那在一张永远空白的纸前欣喜若狂的诗人",并把创意归为灵感的体验,而非将这种体验写下的乏味举动。[31]夏洛蒂在这里似乎找到了一个理解艾米莉的方法,可以解释她眼中这般年轻识浅、难以相与的妹妹是怎样创作出这样出色的诗歌的。在《呼啸山庄》的序言中,夏洛蒂还会运用类似的观点为该小说中令人不安的内容辩解。谢利被赋予了善意的想象,这种想象"是上帝赐予造物的纯净礼物,是自然赐予孩子的慷慨妆奁"[32],但邪恶的想象掌控了《呼啸山庄》的作者。而这两者的源头都非人力所能及。

178

借由浪漫主义的灵视诗学,夏洛蒂将逝去的妹妹刻画得不仅理想,还很幼稚。天真无邪的谢利完全没有自我意识,也全然无法解析自己的想象。用她的老师兼爱人路易斯·穆尔的话说,她只是个"孩子"。[33]艾米莉临终前的顽疾更让夏洛蒂相信妹妹需要被保护起来,不受自己的伤害。夏洛蒂试图像在罗赫德时那样照顾妹妹,但她这次却没能挽救下艾米莉的性命。在《谢利》中,她终于能让妹妹听话了。

谢利和自己有着一半比利时血统的老师的爱恋乍一看像是夏洛蒂对自己与埃热之间的关系富有想象力的改编,但事实上,它更多地揭示出夏洛蒂对艾米莉的感情。这部小说以一场婚礼收尾,结局传统。但谢利和路易斯之间的婚姻与简·爱和罗切斯特先生在夏洛蒂上一部小说结尾处收获的平等关系大不一样。路易斯的工作似乎就是控制自己叛逆的爱人,约束她的"小毛病"。"我喜欢看她犯错,"他高兴地说道。[34]"在对付野性未除、难以驯服的'*bête fauve*'①时,我就会因为展现出力量而得意扬扬。"[35]谢利总被比作一头需要驯服的动物,但她最终还是屈服了。她这样说起路易斯:"我很高兴认识了我的饲养员,也习惯他了。我只听从他的声音,也只有他的手才能驾驭我。"[36]二人订婚后,谢利企图推迟婚礼:

只有一种暴风雨般的冲击力才能让她走到这一步。但她终究还是迎来了这一天,被一个确定的日子束缚起来:她受了爱情的征服,还许下了誓言。

她就被这样击败并束缚住了,和荒原上任何一只被上了锁链的动物一样难过。只有她的猎手能让她快活,也只有和他在一起才能

① 法语:野兽。

弥补她已丧失的自由的权利。他不在的时候,她要么呆坐着,要么就来回踱步,话本就不多,饭吃得更少。[37]

"言寡而食少"听起来更像艾米莉临终前几周的状态,而不像一部浪漫小说中即将过上幸福生活的女主人公的举动。但和被俘获的谢利不同,病中的艾米莉难以管教。夏洛蒂在完成小说后一次又一次地想到要掌控艾米莉。

一年后,夏洛蒂同意编辑一套妹妹们的作品供史密斯与埃尔德出版公司出版,这时她又一次开始解读艾米莉。盖斯凯尔等人的同情支撑着夏洛蒂,她决定要让世界知道妹妹们的大名。她在一八五〇年九月十三日给威廉姆斯的信中写道:

> 如果史密斯先生觉得有必要重印《呼啸山庄》与《阿格尼丝·格雷》,我就准备一篇序,简要介绍一下作者二人——这样兴许能消除所有有关她们身份的错误揣测——再填上几首二人遗世的诗歌[。][38]

夏洛蒂写下一份简短的回忆录缅怀两个妹妹,介绍她从妹妹们尚未问世的诗歌中拣选出的作品。

夏洛蒂于一八五〇年秋季准备这部作品集,这令她痛苦万分。她告诉埃伦:

> 我翻阅报纸,追忆往昔,不禁陷入丧亲之痛,精神萎靡几乎无法 180忍受——有那么一两个晚上,我辗转反侧,直到天亮——到了早上,一种悲凉之感依旧萦绕在我心头[。][39]

但夏洛蒂或许也因为妹妹再也不能反抗她而聊以自慰。作为艾米莉诗集的编辑，夏洛蒂就像路易斯对谢利那样主动纠正艾米莉诗歌中的"小缺点"。虽然我们不该以今天的学术标准来评判她的做法，但这显然是一种干涉。直到一九四一年 C. W. 哈特菲尔德编辑的学术版本的《艾米莉·简·勃朗特诗歌全集》出版，我们才充分认识到夏洛蒂对艾米莉诗歌编辑程度之甚，这与她对妹妹过世的反应密不可分。[40]而她的编辑会扭曲后世对艾米莉诗歌的看法。

　　夏洛蒂对艾米莉诗歌的编辑体现了她的矛盾。有时，她像一位吹毛求疵的严师，对艾米莉怪异的标点符号、韵律或词汇勾勾画画。她会额外添加一两个单词来调整一行的节拍数，或者用更为传统的词汇取代不太常见的单词，譬如用"明媚的"（sunny）代替"光芒四射的"（beamy）。[41]夏洛蒂认为世界尚未充分欣赏艾米莉的诗作。她兴许觉得自己的调整能让艾米莉的诗歌广受赞誉，但这些变化扼杀了艾米莉的原创性，除此别无他用。

　　然而，夏洛蒂除了自以为是地想要纠正任性的妹妹那"未经历练的手"所作出的"冒失的努力"，她还想让妹妹成为一个英雄人物。[42]譬如她试图把妹妹之死理想化，竟称那首题为"我的灵魂绝不懦弱"的诗是艾米莉生前绝笔。夏洛蒂恳请读者们相信艾米莉是在鬼门关前写下了她直面死亡的勇气和信念。实际上，这首诗写于一八四六年一月二日——艾米莉去世前近三年。马修·阿诺德读到这首诗时写道，艾米莉"勇敢的临终曲／如号角一般震撼着我的灵魂"。[43]斯温伯恩说："没有任何一位诗人、英雄或古圣先贤的绝笔遗书值得被铭记得更久。"[44]如果此二人得知这不是艾米莉的临终绝唱，他们是否还会那样为之动容呢？

　　夏洛蒂在其他地方还创造性地利用对艾米莉诗歌的编辑来寄托自己的哀思。艾米莉原本的意图让步于姐姐的悲恸。一首题为《夜风》的

诗更是如此。这首诗是风和一个来历不明的人之间的对话。夜风尝试 181
劝说话者跟随它,并在诗歌的最后一节称,只有死亡才能将他们分开。
艾米莉原诗如下:

> 当你的心不再跳动
> 长眠在教堂庭院的青石坟茔
> 我将有足够的时间哀悼
> 你也有足够的时间独钓孤影——[45]①

夏洛蒂在她修改过的最后一节中借由自己的丧亲之痛将该诗重新诠释
了一番,并用自己的声音代替夜风的声音。"我"和"你"变成了她与艾
米莉两人。她将"教堂庭院"改为了"教堂过道",因为艾米莉葬在教堂
里而不是教堂外的墓地中。她用艾米莉的诗歌表达自己的失落,抛却了
该诗原本的创作背景:

> 当你的心不再跳动
> 长眠在教堂过道的青石坟茔,
> **我**将有足够的时间哀悼,
> **你**也有足够的时间独钓孤影。[46]

哪怕是很小的变化都能把哀伤化作夏洛蒂自己的情感。夏洛蒂将代词
"你""我"变体,这是她强调艾米莉散漫和不加标点的风格时惯用的手段。

---

① 艾米莉诗歌的汉语译文皆参考艾米莉·勃朗特,《艾米莉·勃朗特诗全集》,刘新民译
(四川文艺出版社,2021)。本书译者在《夜风》一诗的翻译中对刘译进行了必要的微调(如"教
堂"一词和标点符号)以突出夏洛蒂对艾米莉原诗的调整。

但在这首诗中,它们真正的效果在于强化了对比,突出了阴阳两隔。夏洛蒂用不定式替换了现在分词:"laid at rest"变成了"resting","to mourn"变成了"mourning","to be alone"变成了"for being alone"。[①] 她本人在丧亲之时就是这般举止。死亡不再是一个有限的事件,而变成了一种永恒的状态,反映出哀悼者挥之不去的失落感。艾米莉以破折号作为这首诗歌的结尾。夏洛蒂兴许觉得与她阴阳两隔的艾米莉再也无法完成这首诗,是自己为这首诗添了最后一笔,因而将破折号改为了句号。但这首诗的不完整是典型的浪漫主义手法(最著名的要数柯尔律治的《忽必烈汗》),艾米莉或许有意给它加上了一个开放式的结尾,且无意再回过头来将它完成。[47]夏洛蒂的这种做法在艾米莉看来一定是未经批准的干涉。

182 　　然而,夏洛蒂的编辑中也许有一处能令艾米莉满意:她决定对任何与艾米莉和安妮所幻想出的贡达尔有关的人物和地点都绝口不提。自一八四四年起,艾米莉便开始将自己的诗歌誊写到两个笔记本上,一本题为《贡达尔诗集》,另一本则没有标题。夏洛蒂终将安格里亚抛之脑后,而艾米莉和安妮不仅继续书写传奇,还借此"嬉闹",在日常的游戏中扮演剧中人物。艾米莉在一八四五年七月三十一日的日记中记录了她与安妮在前往约克的途中如何幻想成为贡达尔故事中的人物:

> 在旅途中,我们叫罗纳德·麦克尔金、亨利·安古拉、朱丽叶·奥古斯丁娜、罗萨贝尔·[?]埃斯瓦尔达、埃拉和朱利安·埃格拉蒙[特]、凯瑟琳·纳瓦拉、科迪莉娅·菲扎普诺尔德,逃离了教诲官,加入保皇党的行列。面对风头正盛的共和党,保皇党步履维艰[。]

---

① 刘新民译文中上述三组词分别译为"长眠""哀悼"和"独钓孤影"。夏洛蒂虽对艾诗有所更改,但表达更改前后,语义鲜有改变,因此,译者在译文中直接给出了艾米莉的原始措辞和夏洛蒂的更改,而对刘新民的译文不再另作调整。

她接着说道："贡达尔仍和往常一样繁荣辉煌。"她还记录了自己与安妮目前投身的文学活动：

> 我目前正在写一本有关"最初的战争"的书，安妮一直在这一话题上笔耕不辍，她还写了一本有关亨利·索波纳的书，我们打算，只要这些家伙让我们高兴，我们就坚定地支持他们，目前看来，他们也的确讨我们开心[。][48]

艾米莉此处提到的作品没有幸存下来。贡达尔的全部作品确实没有重见天日。后世只得猜测这个影影绰绰的幻想世界中发生的故事，因为在没有散文编年史作品存世的情况下，我们很难弄清诗歌中有关贡达尔世界的典故，只知道一位美丽妖娆、专横跋扈的女王（扎莫纳的女性翻版）统治着这个王国。人们也曾多次尝试凭借想象重构贡达尔的幻想世界：一九五五年，美国学者范妮·E.拉奇福德出版《贡达尔女王》，而一九九三年，英国广播公司第四频道播出马丁·韦德创作的剧本《贡达尔》。该剧重建了贡达尔的传奇故事（剧中，人们在艾米莉去世后从她的床下发现了贡达尔的手稿），由黛安娜·奎克饰演女主角奥古丝塔。但这些作品满是臆想和猜测。[49]夏洛蒂少年时代的作品展示出她在成长过程中受到的文学影响，这让我们能够追溯她想象的发展以及她与自己想象力之间的关系。贡达尔的作品可能在艾米莉童年时就已散佚，这令她在艺术上的发展看起来更加扑朔迷离，促使批评家将《呼啸山庄》视作一部神秘的作品，认为它凭空而来。

一个多世纪前，克莱门特·肖特第一次提出夏洛蒂可能销毁了艾米莉和安妮的信件与文学作品这样的说法。[50]自此以后，不少评论家都认为是夏洛蒂毁掉了贡达尔的相关遗作。如果真是这样，那么夏洛蒂很可

183

能是在一八五〇年秋,即在整理妹妹们的遗墨时将它们毁掉的。一八五〇年,夏洛蒂将艾米莉尚未发表的诗歌收录成集,整理出版,并写下一篇简短的回忆作为诗集的序言。她说:

> 如果我在挑选时对我妹妹们的顾忌和愿景置之不理,那么将她俩的遗作编订成册也并非难事。但这绝无可能:有一种比任何对便利的贪图都要强烈的力量,它必然制约着诗歌的拣选。因此,我只得从妹妹们的大量遗作中,这儿挑挑,那儿拣拣。[51]

虽然夏洛蒂所谓的"大量"素材可能只涉及诗歌——她在一八五〇年的版本中只出版了十七首艾米莉的诗歌,但她提到的"遗作"可能还包括贡达尔在内的其他手稿,它们要么散佚了,要么被毁掉了。[52]

贡达尔是个极为私密的空间,夏洛蒂在这里也没有一席之地。艾米莉在为一八四六年的《柯勒、埃利斯和阿克顿·贝尔诗集》挑选诗歌时,将所有提到贡达尔的诗歌都删掉了。因此,夏洛蒂在一八五〇年的选集中掩盖了所有和贡达尔有关的名字,她这么做也不过是在追随艾米莉的脚步。如果夏洛蒂是在这时销毁了有关贡达尔的作品,那许是因为她觉得这是出于对艾米莉的保护。诗歌有着独立于贡达尔而存在的价值,但小说在脱离了贡达尔的语境后是无法阅读的,艾米莉和安妮可能从未打算把这些小说拿给外人看,夏洛蒂可能也觉得妹妹们不希望这些作品问世。

如果夏洛蒂的确销毁了这些作品,这也能反映出她矛盾的态度。她自然不会在公开场合提及她对贡达尔的看法,但她可能并非完全接受贡达尔。艾米莉不会因幻想的诱惑而狐疑满腹,夏洛蒂却告别了幻想的安格里亚。她惶愧不已,因为安格里亚让她着迷上瘾,更让她焦虑的是蕴藏其中的盲目崇拜:她觉得自己一直以来都在崇拜自己想象中的人物,让他们和上帝分庭抗礼。随着她艺术的进步，她或许还在质疑那驱使艾米莉沉溺于"下面世界"的恣肆的想象力[53]，并想要摧毁那些能证明妹妹在成年之后还耽于幻想世界的证据。

夏洛蒂对她在一八五〇年出版的艾米莉诗歌中的一首有所调整，而这些更改说明她曾积极尝试证明妹妹的想象力来自上帝，而非偶像崇拜。在《第一位才女》中，夏洛蒂坚称天赋是上帝所赐，同时也承认魔鬼送来的虚假想象是天赋的敌手。在一首被她命名为《灵视者》的诗中，夏洛蒂的编辑让人觉得她在试图打消人们对艾米莉想象之源这一问题的担忧。但她尝试从这一角度解读妹妹天才的做法尤为含糊不清，因为她不仅删减了原诗，还把她自己创作的两节加了进去，佯装它们是艾米莉所写。

夏洛蒂编辑的诗歌会严重扭曲后人对艾米莉的看法。尽管哈特菲尔德在一九四一年就曾明确表示，最后几节很可能是由夏洛蒂后来增补进去的，但人们心中还是固执地把这几行当作艾米莉的手笔。一九八二年，《新鹈鹕英国文学指南》依旧援引了这几行诗，称它们是典型的艾米莉的手笔，帮助人们"一睹她努力维系的内心生活的完整"，体现了"她真正的精神幻象"，而事实上，它们无非是在告诉我们夏洛蒂眼中的艾米莉。[54]这首诗至关重要，因为艾米莉未来的传记作者会反复引用它来证明她的神秘，哪怕该诗作为传记证据是极不可靠的。

这首诗原本是一首有关贡达尔的长篇叙事诗，题为《朱利安和罗切尔》。原诗分为两个部分，但它们之间的叙事关系令人颇为不解。前十二行描写了一位来历不明之人在夜晚一处寂静的房子中等待另一位秘密来客或"漫游者"。接下来，诗歌场景一转，开始讲述朱利安和罗切尔这对爱侣的故事，他们是一场战役中的敌我两方。罗切尔被囚禁在地牢里，最终被朱利安解救出来。诗歌开篇几节的两位不明人物一定是朱利安和罗切尔,但我们并不知道他们二人中是谁来见谁,也不清楚诗中描写的秘密幽会到底发生在罗切尔被监禁前,还是发生在其得救后。

185 实际上,艾米莉早在一八四六年出版的《柯勒、埃利斯与阿克顿·贝尔诗集》中就已经以《囚徒(片段)》为题将该诗出版,只是有不少删减和一些小改动。一八五〇年,夏洛蒂出版了该诗的前十二行,并加上了自己创作的八行全新诗句。[55] 她借由此举将原先有关一对贡达尔恋人的故事变成了一首被诗人用来自证灵感源头的诗。在这个方面,夏洛蒂照见了艾米莉身后的许多传记作者。在缺乏大量依据的情况下,他们将艾米莉的诗歌作为素材,而往往忽略了贡达尔的语境,并误以为这些诗歌的内容全是自传性质的。

夏洛蒂对该诗的前三节没有作出实质性的修改,这三节将静谧的房子内部的温馨欢愉(说话人就在这里等待那位夜间的来访者)和外部冰天雪地的荒凉景象作对比。* 但她后来添加的两节则完全改变了前面

---

* 珍妮特·格扎里誊写了艾米莉原诗的前三节,保留了原诗的标点符号(格扎里编,《艾米莉诗歌全集》,页 177),如下:

屋里静悄悄——人们都已入睡;
只一人望着屋外深深的雪堆;
注视着层层彤云,担心每阵风
旋卷起飞雪迷蒙,吹弯呻吟的树林——

壁炉前多么愉快,地席多么柔软
没一丝刺骨寒风能透进门缝窗帘
小灯燃得炽烈,强光照亮了远近
我修饰它作为漫游者的指路明星——

傲慢的主人皱眉,愠怒的主妇呵责;
令佣仆们监视,又以羞辱将我威吓;
但主人夫妇及窥探的家奴全然不知
什么天使夜间在荒原雪地留下足迹——

的含义。房子中的说话者和即将到来的漫游者这两位贡达尔情人的身份被彻底改变了。作为艾米莉的喉舌，夏洛蒂将说话者变成了诗人自己，仿佛这些话出自艾米莉之口，而自说自话的是艾米莉，而非诗歌中的人物。她将探访者变成了天才的化身，即那位在《第一位才女》中降临在新娘夏娃身边的"天才"。以下是夏洛蒂补充的诗节：

> 我所爱者应无声无息将我探访，
>
> 躲在隐秘的力量中，不被人间隐匿的陷阱罗网；
>
> 我的言语不会将爱我者背弃，
>
> 哪怕我要为了那纯洁的信仰将我的生命舍去。
>
> 燃烧吧，这一盏小灯，火光闪烁清晰——
>
> 嘘！我想，沙沙作响的翅膀搅动空气：
>
> 我期待的他，就这样到我这里；
>
> 神奇的力量！我相信你威力十足；也请你相信我，始终
>
> 如一。①[56]

夏洛蒂也许在私底下试图说服自己，艾米莉的想象力是拜上帝所赐。它既接近《第一位才女》，也接近夏洛蒂对谢利夜间幻想的描述，因为夏娃和谢利都被动地接受了幻象。这位诗人没有主动选择这种"神奇的力量"，而是被它选中，变成了一个纯粹的容器。她不主动示爱，而是被爱。这种力量"威力十足"，而"始终如一"的被动则成了诗人最大的美

186

---

①　在艾米莉诗集中，由夏洛蒂增补或调整的部分不在刘新民翻译的范畴内，因此夏洛蒂增补或调整的部分均由本书译者翻译。

德。就这样,夏洛蒂把自己叛逆的妹妹安抚下来,把她描写成一副耐心等待圣灵主动落下的样子。

以艾米莉的诗歌为依据,我们看到她对想象的信念似乎不同于夏洛蒂所期望的。艾米莉虽和夏洛蒂一样浸淫于浪漫主义的灵视思想,但她对于诗人这一角色的诠释却不是那么被动。在《为我辩护》一诗中,艾米莉将想象拟人为"容光焕发的天使"并与之对话,但比起夏洛蒂笔下的灵视者,这位诗人对这个"鬼魅幻影"则更具掌控力。这首诗结尾写道:

> 既然我自己的灵魂能够祷祝,
>
> 有信仰坚信,希望有望之处,
>
> 我如此去崇拜敬慕是不是有误?
>
> 说吧,幻象之神,请为我辩护,
>
> 说说为什么我竟选中了你![1][57]

此处的诗人是主动的,有意"选择"追随想象,而不愿成为《第一位才女》中夏娃那样"被选择的"人。她还说,力量在她体内而非体外,她"自己的灵魂"便能祝祷。但她也承认,这对于一些人而言可能是错误的。

为了让自己心安理得,夏洛蒂不得不将自己审美观念的核心——灵视的自我主义——归功于上帝。她坚信自己有天才,这种信仰的道德合理性就在于她相信这种天才是上帝恩赐,她无权决定。而从泛神论的

---

① 刘新民将艾米莉诗歌中的"God of visions"翻译为"梦幻之神"(见《艾米莉·勃朗特诗全集》,刘新民译,页 336),然而"梦幻"一词难以解释清夏洛蒂与艾米莉有关诗人的想法:诗人崇高,有异乎常人的灵视之力,能洞见常人所无法洞见的幻象。因此,我将刘译的"梦幻之神"改成了"幻象之神"。

角度讲,艾米莉似乎相信神性一直存在于她体内。对夏洛蒂而言,这种想法几乎无异于自我崇拜。

《呼啸山庄》的序言再次展现了夏洛蒂对艾米莉的幻象所抱有的疑虑。尽管夏洛蒂的措辞像是在为艾米莉辩白,但她对《呼啸山庄》的评价却模棱两可,乃至于我们有时弄不清她到底是在控诉,还是在辩解。《埃利斯和阿克顿·贝尔的生平说明》将艾米莉和安妮描写成不谙世事的乡村姑娘,而《呼啸山庄》的序言中也满是自相矛盾的内容,揭露了夏洛蒂对艾米莉既谴责又保护,既批评又欣赏的矛盾心理。作为一位迷思缔造者,夏洛蒂是困惑的,与自己矛盾的情感缠斗。在向世界诠释妹妹的过程中,她并没解释清艾米莉,而是让她愈发神秘。

当夏洛蒂想要保护艾米莉时,她能深切体会到艾米莉经受过的所有责难。在她眼里,艾米莉容易受到伤害,而每每看到人们对妹妹痛下针砭,她就心如刀绞。这就是她为何会曲解人们对埃利斯·贝尔的批评。夏洛蒂俨然一副捍卫者的模样,面对批评家们的轻视,她孤军奋战,捍卫艾米莉的声誉。可这根本站不住脚。对于艾米莉对一八四六年《柯勒、埃利斯和阿克顿·贝尔诗集》的贡献,她这样写道:

> 我一直以来都坚信这些诗作的价值,但实际上,没有多少批评青睐我的想法[。][58]

尽管这部诗集实际上只售出了两本,但考虑到三位作者初涉文坛,名不见经传,而且是自费出版,加之与小说不同,诗歌在市场上无人问津,这本诗集得到的评论已经羡煞旁人。有三篇评论不吝溢美之词,《雅典娜》更是将埃利斯·贝尔所贡献的诗作论为最佳[59],而从那以后,这一观点也一直都是批评界的共识。

夏洛蒂还说:"几乎没人认可《呼啸山庄》中所展现出的不甚成熟但切实存在的力量。"[60]细察之下,这一说法同样站不住脚。一八四八年六月,一篇刊登在《美国评论》上的文章证实《呼啸山庄》在"全国成千上万的年轻女性"中颇受欢迎。[61]尽管批评家们对这部小说中道德和美学有所保留,但他们确实认识到它的"力量",而"力量"一词也反复出现在早期的评论文章中。《呼啸山庄》确实也招致了一些极为负面的评论。其中最为臭名昭著的要数伊丽莎白·里格比刊登在《每季评论》上的那篇有关《简·爱》的评论,她在文章中不停攻击贝尔三人。里格比宣称:"《呼啸山庄》的作者没有一点可取之处,这部小说……没有宗教信仰,令人作呕,招人厌恶,就连英国最鄙陋的阶层都无法接受这部小说。"[62]但这篇特别的评论直到艾米莉去世才传到哈沃斯,而在她书桌上发现的新闻剪报中,有一篇评论极尽溢美之能事:

188　　　并不是每天都能有一部如此优秀的小说问世……愿[读者]能从中收获我们所体会到的快乐,并同样感激给予了他真正快乐的作者。[63]

有人认为《呼啸山庄》无人问津,这种说法其实并不准确。今天,如果一位初出茅庐的作家能像埃利斯·贝尔一样广受瞩目,那他实属幸运。[64]人们总觉得《呼啸山庄》是一部让评论家头疼的作品。人们总说它"奇怪""有原创性",但与此同时,这部作品也引得人们连连赞叹、阵阵排斥。"读者为残忍、不人道、邪恶至极的憎恶和复仇的细节描写而感到震惊、厌恶甚至恶心,"一位评论者如是说道,但他还是"强烈"推荐这部小说,因为它"很令人费解……很有趣……了不起"。[65]

夏洛蒂夸大了批评界对艾米莉的漠视,把她理想化为"被忽视的天才"。查特顿①就是典型的"被忽视的天才",而这种备受冷遇的天才一直以来都吸引着浪漫主义者,并构成夏洛蒂诗学世界的一部分。这也是她宣泄悲痛的一种方式。她之前没能挽救下妹妹的生命,而现如今,出于对妹妹的保护,她过度强调他人对艾米莉的刁难,认为这些攻击残忍且普遍,实则不然。在抨击批评家没能认识到艾米莉的优点时,她也夹杂了自己对妹妹作品的复杂感受。"我刚刚重读了《呼啸山庄》,"她写道,"第一次清楚地看到人们所谓的(或许的确是)它的缺点。"[66]此处的括号就很说明问题。

实际上,夏洛蒂为艾米莉辩护时的诸多言论不过重复了她想要控诉的那些评论家的观点,由此可见,她对艾米莉抱有矛盾的看法。她提到艾米莉"阅历有限"[67],有着"不甚成熟但切实存在的力量"[68]。这些说法与《不列颠尼亚》中的观点如出一辙,《不列颠尼亚》认为作者"从有限的阅历中展示了强大的力量"。[69]她笔下的艾米莉"比男人还坚强,比孩子还单纯"[70],而一位名叫悉尼·多贝尔的评论家(夏洛蒂在《生平说明》中专门赞扬过他)也曾在《帕拉迪姆》上发表过类似的悖论,称《呼啸山庄》是"'小儿神'的大嗓门"。[71]夏洛蒂将《呼啸山庄》喻为一尊用花岗岩"粗凿"[72]雕刻而成的巨大半成品雕像,而这个著名的比喻似乎也借用了《不列颠尼亚》中一位评论家的说法:他想知道埃利斯·贝尔会"继续对着大理石滥砍滥劈,还是成为一位杰出高贵的雕塑家"。[73]夏洛蒂在为妹妹辩解时无法摆脱当时已公开发表的观点中的措辞。

奇怪的是,夏洛蒂称自己之所以要最终揭开《呼啸山庄》的作者之谜,原因之一就在于批评家们曾误把该小说认定为《简·爱》作者的一

①　指英国诗人托马斯·查特顿(Thomas Chatterton, 1752-1770),他的诗作前卫,在当时曲高和寡、不被欣赏。他于十七岁时自杀身亡。

部早期作品,而她却反常地认为,这是人们对它抱有偏见的缘故:

> 如果一位作家能在一部成功之作的掩护下,试图将另一部质量
> 低劣、技艺稚嫩的作品售卖出去,那他一定是过分渴求身为作者
> 所带来的次要的、丑陋的结果,而可怜地忽略了难能可贵的回报。
> 如果评论者和公众真的对此信以为真,那也难怪他们会对这种鬼蜮
> 伎俩如此不屑。[74]

这并不能代表夏洛蒂的真实感受,因为仅仅几个月后,她就回归到自己
最初被屡次拒稿的作品《教师》,并试图说服史密斯与埃尔德出版公司
将其出版,只是未获成功。[75] 真正让她无法忍受的是,人们也许认为
那部令人不安的《呼啸山庄》出自她手。

批评家对《呼啸山庄》中恣肆的情感和不道德的内容瞠目结舌,这
虽令夏洛蒂恼火,但她也无法一心一意为其声辩,因为她也有着相同的
疑虑。虽然夏洛蒂认同艾米莉的决定,即在《呼啸山庄》中描摹激情的
爱恋,但她也觉得这部小说中非正统派的主角像魔鬼一样令人难以接
受。好莱坞在二十世纪三十年代将这部小说重新包装为一个爱情故事,
这极大地影响了我们今天对这部小说的看法,人们甚至会轻易忘却希思
克利夫在寻求报复的过程中是何等变态。

故事由洛克伍德(这位约克郡的造访者来自英国南部)和女管家
内莉·丁恩①叙述,讲述了希思克利夫的故事——从他神秘的出身起,
直到他去世。希思克利夫是一位弃儿,他被带到了呼啸山庄的恩肖家

---

① 《呼啸山庄》的汉语译文(包括人名翻译)参考艾米莉·勃朗特,《呼啸山庄》,宋兆霖
译(时代文艺出版社,2020)。

中,和他的养妹凯瑟琳甘苦与共、亲密无间,但被凯瑟琳的亲哥哥亨德利欺负。凯瑟琳和画眉田庄的林敦一家萌生了友谊,并与希思克利夫日渐疏远,他因而失踪了三年。他回来时发现凯瑟琳已经长大成人并嫁给了埃德加·林敦。出于报复,希思克利夫迎娶了埃德加的妹妹伊莎贝拉,并虐待她。他与凯瑟琳之间那禁忌的情愫让凯瑟琳死于分娩。希思克利夫决计攫取恩肖和林敦两家的财产,并以此向这两家报复,他的决绝也影响了他们的下一代人。他有意毁掉亨德利,诱使亨德利酗酒,并借由赌博骗取了他的财产,亨德利最终酗酒而死;他还残酷地对待亨德利之子哈里顿;为了获得林敦的遗产,他最终强迫自己病恹恹的儿子和凯瑟琳之女(也叫凯茜)结婚;希思克利夫在其子去世不久后也溘然长逝了,而小凯茜与哈里顿终成眷侣,达成了某种平衡。(好莱坞的电影改编以第一代凯瑟琳的死告终,省略了小说后半部分有关希思克利夫寻求报复的情节,这使得劳伦斯·奥利维尔将他所饰演的角色身上的大部分邪恶都褪去了。)

190

　　如此生硬地概括这样复杂的情节对于一部不凡的作品而言很不公平——这部小说在结构上的控制力和象征的深刻性都让它成为英国经典文学中最伟大的作品之一。其语言简洁紧凑,带着一种嘲弄,体现出作者才智过人。《呼啸山庄》之所以能与莎翁的杰作比肩,是因为它把方言、对极端情绪发自内心的刻画、对自然景观强烈的感受以及对天地寓言般的想象结合得天衣无缝。它奇绝的结构让它成为一个完美的独立体,而与此同时,它似乎又在不断超越自身,营造出一种难以克制的紧张感,让读者无法抗拒,并把他们拉入旋涡之中。但它却没能提供一个传统的道德立场。

　　夏洛蒂担忧的正是这种含混。她在序言中试图从道德的角度为小说辩解,将希思克利夫的对手,冷淡的埃德加·林敦奉为仁慈和宽恕的典范,认为他具备"创造了男人和女人的伟大存在的最为神圣的特质"。但夏洛蒂也知道,即便如此,艾米莉那"无药可救的"非传统派主角仍然是小说的核心力量。她不安地总结道:"我不知希思克利夫这样的人物被创造出来是否正确、可取。我不这么认为。"[76]她提到凯瑟琳拥有"变态的激情和激情的变态"[77],这让人想起她在《谢利》中提及的撒旦式"堕落的情感"和"变态的冲动"。对于夏洛蒂来说,《呼啸山庄》中的邪恶尚未得以净化完全。

她接着描绘了一幅神秘的画面,而画面中的艺术家被附身了。重要的是,她一反常态,不像此前在《谢利》中那样认为创造性的天赋纯粹源于上帝,而是把它当作"命运或灵感"的不道德的媒介:

> 拥有创造性天赋的作家身上有某些他并不总能掌控的东西,它有时很奇怪,会在自己意志的操控下运转……它在命运或灵感的指引下动手雕刻,然后你就拥有了冥王或朱庇特、提西福涅或塞姬、美人鱼或圣母马利亚。无论作品的质量一般还是极佳,令人生畏还是让人敬服,你都别无选择,只得默默接受。至于你这位名义上的艺术家,不过是在既非你传达也不容你质疑的命令下被动工作,而那样的命令不会出现在你的祷告中,你也不能任性地抑制或改变它。如果结果令人瞩目,世界都会赞美不值得赞美的你;如果结果令人生厌,世界也会责难同样不该受到责难的你。[78]

未来的人们也会在这一看法的影响下创作有关艾米莉的稗官野史,将她视为一种超自然的存在,认为她是荒原上的神秘主义者,精神恍惚,有灵视的能力,总能看到另一个世界的幽魂。事实上,夏洛蒂没有从文字角度描述妹妹的创作手法,而是回到她在布鲁塞尔时与康斯坦丁·埃热有

过的关于古典主义艺术家和浪漫主义艺术家之间的争论。夏洛蒂的
论述说明她沉迷于自己的文化观念,并代表了某种浪漫主义的观点,而
威廉·海兹利特①此前就表达过类似的想法:

> 对天才的定义就在于天才无意识地行动;而创造出不朽杰作的
> 人也不知道他们是怎样做到的,或者为什么会这样做……缪斯的真
> 正灵感……让我们没什么可以夸耀的,因为这种努力看起来并不是
> 我们自己的。[79]

迷思的收集者喜欢夏洛蒂为艾米莉缔造的迷思,但他们并不知道它在浪
漫主义运动中的文化渊源,只认为艾米莉拥有超自然的力量,而忘记了
真正的艾米莉首先是一位作家。

夏洛蒂本人也对艾米莉的小说有所疑虑,因此她更要为《呼啸
山庄》寻找借口。她将两位妹妹描绘成天真无邪、与世隔绝的乡下人,
以此寻求公众的同情和原谅。但在《谢利》和她编辑过的艾米莉诗集
中,她也借由浪漫主义找寻解读妹妹的方法。而她在《生平说明》中则
把这两方面结合起来,坚称艾米莉不了解文学传统。夏洛蒂对妹妹们的
辩护就在于坚持她们的淳朴。"艾米莉和安妮,"她写道,

> 都没什么学问;她们没想过以别人的思想为源泉来填满自己的水
> 壶;她们往往在直觉的驱使下,凭一时冲动行事,并根据自己有限的
> 阅历所累积的观察进行创作。[80]

---

① 威廉·海兹利特(William Hazlitt, 1778-1830),英国散文家、文学评论家、画家、社会批
评家、哲学家,被认为是英国历史上最伟大的批评家和散文家之一。

192   夏洛蒂之所以贬低了妹妹们的阅读量，既是因为她要证明她们天真烂漫，也是因为她坚信原创性作为艺术价值的试金石，具有至高无上的重要地位。[81]（人们有时发现，夏洛蒂死死守护着自己的艺术独创性，荒谬地表露出对于无意识抄袭的担忧[82]，或否认自己读过某些作品，哪怕我们从其他渠道得知她的确读过[83]。）她把艾米莉说成一位不假思索的占卜者，从命运的手中接过幻象，并把批评家们蒙在鼓里长达七十余年，让他们没能认识到《呼啸山庄》复杂的结构中有着巧夺天工的技艺。[84]她的评论也间接让《呼啸山庄》这部小说在英国经典之作中别具一格，它独特、不可思议、与其他文学作品脱节。二十世纪，F. R. 利维斯将《呼啸山庄》排除在他所谓的"伟大的传统"之外，他不懂这部"令人咋舌的作品"从何而来。[85]这种想法之所以会流行起来，部分原因在于它符合人们对女艺术家的既定偏见：她们直觉敏锐，却不善思索。

实际上，夏洛蒂有关妹妹们没受过教育的说法很不客观。她在《生平说明》的其他地方曾描述过妹妹们怎样"为了消遣娱乐而多加读书、勤加学习"。[86]由于缺少艾米莉本人的表述，文化给她带来了怎样的影响就变成了一个棘手的问题。虽然学者们也对艾米莉的知识背景提出了一些令人信服的说法，但也是众说纷纭，且具有推测性质。[87]夏洛蒂和布兰韦尔少年时期的作品中就有有关他们早期阅读的证据，但几乎没有确切的文献表明艾米莉到底读过些什么。然而，与其说艾米莉生活在一种文化真空中，与其他家庭成员格格不入，甚至和整个家庭文化分庭抗礼，倒不如说她和哥哥、姐姐、妹妹阅读过相同的书籍。人们可以推测，艾米莉接受到的文学教育一定和她的哥哥、姐姐及妹妹受到的教育相似，这种教育在很多方面不落窠臼，且丰富多彩。

康斯坦丁·埃热没有把艾米莉当作一个未受过教育的乡下姑娘，反而惊讶于她的才智与逻辑思维。现存的出自艾米莉之手的法语文章也证实了这一点,而这些文章的批评版本最近也付梓了。[88]艾米莉去世前,夏洛蒂也曾称她为"某种程度上的理论家",并对威廉·史密斯·威廉姆斯说艾米莉将会成为一位散文家,而不是小说家。[89]这说明真正的艾米莉更像是一位思想家,这不是夏洛蒂在她缔造的有关艾米莉的迷思中所能接受的。实际上,艾米莉在一八四一年的日记中不经意间写下的一句话却说明,她是一位志存高远的作家,将文学创作视作一种刻意的工作。艾米莉严厉地斥责自己,表示自己既需要时间规划,也需要"命运或灵感"来帮助自己继续创作:

193

> 我手头有不少书,但遗憾的是,我虽有心成就一番大事,一直以来却都没什么进展。但我刚刚做了一张新的时间规划表!而且我觉得,*verb sap*。①[90]

艾米莉因康斯坦丁·埃热要求她模仿别的作家而感到恼火,她自然也相信自己有着浪漫主义的禀赋,坚信自己的想象力超凡脱俗,不受其他文学的影响。但果真如此的话,艾米莉也并不像耽于夜间幻想的谢利那般被动。相反,她的诗歌不断质疑并重塑浪漫主义的范式,而她的想象也得以"揭开"现象世界的"面纱",一窥其背后的精神现实。

艾米莉经常把想象本身以及可见的自然与不可见的世界之间的关系作为主题,不断变换表达并提出质疑。《白日梦》描述了一个灵视的时刻,女诗人躺在"向阳山坡"上,呼吸中似乎"充满神圣火星"。在诗歌的最后几行中,虽然幻象减退,"但幻想有时依然相信 / 她的美梦皆为真实"。同样,在《致想象》一诗中,她珍惜"内心的世界",因为那里有"虔

---

① *verbum sat sapienti est*,拉丁文:聪明人一点就通。

敬的声音"。然而她在诗歌结尾又一次发出质疑,怀疑是否要相信它"极乐的幻景"。在《星星》一诗中,诗人和自然,感知者和被感知者在另一个幻象的时刻合而为一,但这都是昙花一现。

　　无论艾米莉是否承认自己受到了华兹华斯、柯尔律治以及通过《弗雷泽杂志》和《布莱克伍德杂志》所接触到的其他浪漫派作家的影响(如《塞·泰·柯尔律治的诗作》于一八三四年出版,而《布莱克伍德杂志》以它为主题发表了一篇长篇评论),她的灵视诗也同样强调自然和想象。有些批评家认为她的诗歌在语言层面与上述诗人的作品更为相似。[91]此外,以贡达尔为背景的许多描写爱恨情仇的诗歌在遣词上都能看到拜伦诗作的影子。[92]

　　虽然《呼啸山庄》中的一些内容与当时流行的社会现实主义小说截然不同,但它在文学史上也并非没有先例可循,这也是这部作品令最初的评论家大伤脑筋的原因。艾米莉的小说有浪漫派诗歌和散文的文风。她和夏洛蒂一样都对拜伦和沃尔特·司各特(她九岁时便将司各特选作她笔下岛屿中的人物,司各特也启发她在贡达尔世界中创作出富有苏格兰情调的绵延起伏的山地景观)进行了对话。我们从她的小说中,可以感受到上述两者的存在。内莉·丁恩在第九章吟唱的摇篮曲就是从丹麦语民谣翻译而来的,而这首民谣就出现在司各特的一首题为《湖上夫人》的诗歌的注释中,而希思克利夫和恩肖家族的名字可能也出自司各特《黑侏儒》中名为恩克利夫的角色。像《呼啸山庄》中的洛克伍德一样,恩克利夫也躲在一个与世隔绝的荒原中,这里还住着一个侏儒。这侏儒既可怜,又可恶,和希思克利夫一样因感情受挫而离群索居。[93]从更加普遍的角度来看,家族宿怨的主题,尤其是性和同胞争宠,还有艾米莉对方言的使用,以及她"故事中的故事"这一叙事技巧可能都与司各特的小说有关。[94]

拜伦不仅对年轻的夏洛蒂影响深远,也对她的妹妹产生了影响。她在日记中自然而然地记录了日常生活的分分秒秒,这也说明她刻意模仿拜伦。[95]我们在《呼啸山庄》中可以找到穆尔所记述的拜伦的一生和他作品的影子。在传记中,十六岁的拜伦爱上了一个名叫玛丽·查沃思的女孩,却在无意中听到她对仆人轻蔑地说:"你觉得我能照顾那跛脚的男孩吗?"希思克利夫也曾偷听到凯瑟琳对内莉说嫁给希思克利夫会让她堕落,拜伦和希思克利夫一样夺夜而逃。穆尔认为,拜伦最初遭遇的拒绝是他后来所有痛苦和错误的根源。他引用拜伦于一八一一年发表的一首题为《梦》的诗作为证据,而这首诗读起来正像艾米莉小说的故事梗概:一位求爱遭拒的人从海外归来时发现自己的爱人已经嫁给了别人,并将后来"罪孽深重"的一生归咎于他的爱人,而后者也在疯癫中结束了自己的一生。[96]

可以说,穆尔的《拜伦传》开辟了文学中有关家庭暴力的描写,涉及拨火棍、钳子、恶狗。一八三〇年,《布莱克伍德杂志》上刊登了一篇评论,让人们回想起希思克利夫与伊莎贝拉的婚姻:

> 他是否没在初婚的早晨朝着枕边的妻子开枪? 他又是否没在枪烟散去后,带着一副恶魔的嘴脸,在那蕾丝睡帽遮掩下的耳边低语道,自己娶她是出于报复,并要让她伤心呢?[97]

艾米莉笔下凯茜和希思克利夫之间的爱情起源于拜伦的浪漫诗歌。他们之间的感情有着兄妹乱伦的意味,是一种有关身份的爱,与差异无关。与凯茜那句"我**就是**希思克利夫"[98]相呼应的是希思克利夫在凯茜死后流露出的绝望:"我**不能**没有我的生命! 我**不能**没有我的灵魂!"[99]在拜伦的《曼弗雷德》(1817)中,主人公和他的妹妹——他的

195

女性翻版——阿施塔特之间的致命爱情是一种激情,折磨着彼此,最终走向毁灭。在他看来,她是一个鬼魂,只要他试图触摸她,她就消失不见;洛克伍德梦见凯茜后,希思克利夫也曾恳求她的鬼魂从敞开的窗户回家。[100]《曼弗雷德》出版时,出版界普遍猜测阿施塔特的原型就是拜伦同父异母的姐姐奥古丝塔,据说(其实有确凿的证据表明),他与奥古丝塔存在乱伦行为。[101] 而艾米莉贡达尔的故事中也有名叫奥古丝塔的女主角(全名叫奥古丝塔·杰拉尔丁·阿尔梅达)①,她被当作凯瑟琳的早期原型。[102]

除了这些借鉴以外,人们还应该把艾米莉的艺术放在浪漫主义和次浪漫主义这一更加宽泛的语境下加以审视,这些都贯穿于勃朗特姐弟年轻时的想象。艾米莉的作品受到了三种浪漫派的影响:司各特、拜伦和灵视主义。而这三者的影响也可见于约翰·威尔逊②于一八三一年发表在《布莱克伍德杂志》上的那首题为《尤尼莫尔》的长诗中。[103] 威尔逊的诗歌以布满湖泊、峡谷和黑暗城堡的高地景观为背景,让人联想起司各特。他笔下的非传统派主角尤尼莫尔是莫文的首领,是一位拜伦式的英雄。尤尼莫尔被"邪恶且致命的爱"所蒙蔽,爱上了一对双胞胎姐妹,此二人既是他的表妹,也是他的养妹;但他是个"恶魔",将她们摧毁,并在诗歌的剩余部分"因痛苦而癫狂",追逐两姐妹的亡魂,最终死去。[104] 尤尼莫尔"喜怒无常,性子狂野,一双焦躁不安的大眼睛／乌黑、闪亮",貌似希思克利夫。[105] 他在离开莫文期间曾去过一个印度岛屿,成了一位海盗,这让人联想起《呼啸山庄》中的希思克利夫也曾神秘失踪,而

---

① 有关 A. G. A. 的全名,请见格扎里编,《艾米莉诗歌全集》,页 244。

② 约翰·威尔逊(John Wilson, 1785–1854),苏格兰作家,与华兹华斯、柯尔律治、骚塞等英国浪漫主义时期作家交好,曾任爱丁堡大学道德哲学教授,因此也被称为威尔逊教授。曾以"克里斯托弗·诺思"为笔名(见本书第一章)发表作品。

内莉·丁恩也曾幻想神秘的他出身东方。[106]威尔逊的诗歌不仅提到了司各特和拜伦,还被分成了十个"幻象",借鉴了柯尔律治的灵视诗学,也表达了对自然的华兹华斯式的热爱。和《谢利》中描写的一样,想象是一种活跃的能力,能揭示自然界中的神性。[107]

此外,艾米莉痴迷德语,曾在布鲁塞尔学习这门语言,这可能也对她产生了另一种影响。她在《呼啸山庄》中对怪怖和超自然因素的运用(比如洛克伍德曾梦见凯瑟琳的鬼魂)与霍夫曼①的作品有关,但她对德国浪漫主义的涉猎可能不止于此。史蒂维·戴维斯在研究艾米莉的知识背景时曾表示,她可能接触过曾影响了柯尔律治,并在十九世纪二三十年代因 J. A. 赫劳德(《弗雷泽杂志》)、德昆西和托马斯·卡莱尔等人的宣传而在英国风靡一时的德国浪漫主义哲学。[108](约翰·埃利奥特·凯恩斯于一八五八年造访勃朗特牧师住宅时,曾注意到书架上摆放着一本卡莱尔的《衣裳哲学》。)[109]

因此,唯心主义的形而上学(或所谓的"灵视理论")可能影响了艾米莉诗歌中的灵视元素。这种唯心主义的形而上学本质上来自康德,并由反唯物论者卡莱尔介绍给英国公众。[110]《老斯多葛》和《哲学家》等诗歌证明艾米莉对哲学感兴趣,而她的这种兴趣可能要追溯回她早年阅读托马斯·穆尔《拜伦传》的经历。穆尔在《拜伦传》中承认拜伦对宗教持怀疑态度,并援引他的《遐想》来探讨灵魂之不朽和心灵之本质等话题。人们认为《老斯多葛》一诗中"无拘的灵魂"这一形象来自古代哲学家伊壁鸠鲁,他在十八世纪末和十九世纪初大受欢迎[111],但人们没有注意到,穆尔传记中的拜伦也提到了这一点[112]。

①　E. T. A. 霍夫曼(Ernst Theodor Amadeus Hoffmann, 1776–1822),德国浪漫主义作家、作曲家、音乐评论家。擅长哥特风格的文学创作,作品多神秘怪诞。

如果夏洛蒂没有误导人们相信艾米莉是一个没有接受过教育的乡村姑娘，追溯艾米莉所受到的来自各派的影响便不会这般重要。约翰·萨瑟兰最近收集了一系列精彩的文学谜题，从一篇名为《希思克利夫的牙刷》的文章中我们可以看到，夏洛蒂对艾米莉的刻画还在影响着我们。萨瑟兰注意到《呼啸山庄》与布尔沃-利顿的《尤金·阿拉姆》有相似之处。这部小说最早于一八三二年出版，讲述了杀人者，同时也是一位富有魅力的知识分子尤金·阿拉姆的故事，作者在一八四〇年的修订版中附上了一篇序言，为书中非正统派主角的卑鄙行径致歉。萨瑟兰吞吞吐吐，近乎为自己的猜测——《尤金·阿拉姆》的争议之处"甚至在偏远的哈沃斯"可能也为人所知——而道歉。[113]

实际上，艾米莉确实知道这部小说。她在一八三七年六月二十六日的日记中描绘了这样一幕：

> 四点刚过，夏洛蒂在姨妈的房中忙碌着，布兰韦尔在给她读《尤金·阿拉姆》。[114]

这说明牧师住宅不仅藏有这本书，而且它出现在勃朗特家时（一八四〇年前）尚未被删节过。萨瑟兰似乎十分相信最早由夏洛蒂于一八五〇年提出的说法——哈沃斯地处偏远、文化寂寥。

其实，《呼啸山庄》的独特性不在于它借鉴了别的文学（可以说，互文性是文学文本定义的一部分），而在于它如何在其他文学的基础上创造出全新的事物。艾米莉和夏洛蒂一样也改变了她从浪漫派那里继承来的遗产，并创造出一个富有想象力的文本，不仅让晦涩难懂、缺乏创意的《尤尼莫尔》和布尔沃-利顿无人问津的作品相形见绌，还让拜伦的浪漫诗歌甚至司各特的大部分小说都黯然失色。

虽然夏洛蒂对《呼啸山庄》中不道德的因素有所保留，但她对天赋异禀的艾米莉却青眼有加，曾数次尝试用理想化的、浪漫主义的语言理解她的天才。她对妹妹神秘重塑的核心充斥着这种矛盾的情绪。在所有有关艾米莉的谜团中，最大的一个涉及她散佚的第二部小说，这个问题至今悬而未决，也体现出夏洛蒂内心深处的矛盾。如果说夏洛蒂低估了《呼啸山庄》所受到的来自其他文学的影响，那么她也可能毁掉了艾米莉创作的第二部小说。夏洛蒂或许把这种破坏当作一种保护行为，让本就令人难以捉摸的艾米莉愈发神秘莫测。

有迹象表明，艾米莉在罹患大病前一直在创作第二部小说。夏洛蒂在《生平说明》中承认，在她们的第一部小说出版后，两个妹妹就**都**准备好再次尝试。[115]安妮的确在《阿格尼丝·格雷》后创作了《威尔德菲尔庄园的房客》。然而，夏洛蒂在一八四八年十一月和十二月写给乔治·史密斯和威廉·史密斯·威廉姆斯的信中竭力暗示埃利斯·贝尔当时正在创作某部作品。她在一封信中写道，虽然埃利斯目前已病入膏肓，"无心创作或出版"，但必须由他本人决定无良的出版商托马斯·纽比是否已"彻底失去了出版他第二部作品的权利"。[116]

一九二九年，传记作者查尔斯·辛普森在艾米莉的便携式写字桌上进一步发现有关她第二部作品的证据。帕特里克·勃朗特去世后，阿瑟·尼科尔斯返回爱尔兰并再婚，他随身带走了一批重要的勃朗特文物，其中包括艾米莉的写字桌。一九〇七年，阿瑟·尼科尔斯的遗孀将艾米莉的书桌在苏富比拍卖行拍卖，后由美国收藏家H. H.邦内尔购得。邦内尔于一九二六年去世后将该写字桌遗赠给勃朗特学会。一九二九年，写字桌刚一抵达哈沃斯，查尔斯·辛普森就对它进行了检查，并发现一个寄给"埃利斯·贝尔先生"的信封，装有一封来自出版商托马斯·纽比的信，落款日期为一八四八年二月十五日。[117]

198　　　在这封信中,纽比告诉他的作者不要太心急创作"你的下一部小说",因为"如果它超过了你的第一部小说,那么你就会成为一名一流的小说家,但如果它有所欠缺,那么批评家很容易会说你在第一部小说中耗尽了自己的才华,已是江郎才尽"。[118]可问题是,这封信的开头并未写明姓名,只写着"亲爱的先生",有人因此觉得这封信实际上是写给安妮的,因为她的第二部小说《威尔德菲尔庄园的房客》于同年六月被纽比出版。[119]但纽比的说法无疑与艾米莉的关系更为紧密,因为几乎没有评论家关注安妮的第一部小说《阿格尼丝·格雷》,他们觉得《呼啸山庄》才是真正前途无量的作品:一位批评家认为,该书的作者"若想成为一位伟大的艺术家,缺乏的不过是熟练的技巧"。[120]

　　　这本遗失的小说令人浮想联翩,甚至有人伪造书信证明该作品的存在,而夏洛蒂在所谓的"信"中讨论了妹妹的第二部作品。[121]但这部散佚的作品并非没有重见天日的可能,这吸引来侦探作家,构成了奥斯汀·李的《霍格小姐和勃朗特谋杀案》与罗伯特·巴纳德的《失踪的勃朗特》这两部小说的核心情节。这或许也是后来的小说家试图续写《呼啸山庄》的原因(这些作品的题目千篇一律,如《重返呼啸山庄》《希思克利夫》以及《希思克利夫:重返呼啸山庄》)。[122]许多学者相信艾米莉的确着手创作了第二部小说,而且它很可能被夏洛蒂毁掉了。[123]但由于缺乏直接的证据,这始终都是猜测。

　　　如果艾米莉的第二部小说与第一部作品大同小异,那么早对《呼啸山庄》颇有顾虑的夏洛蒂将其毁掉也就顺理成章了。但也有其他证据表明,夏洛蒂对妹妹的小说大加赞赏,甚至不惜模仿它。一八五三年,完成了《维莱特》的夏洛蒂为她的下一部作品尝试了几种不同的开头,但最终也未能将其完成。其中一部未完成的作品名叫《爱玛》,以一所女子寄宿学校为背景,具备夏洛蒂小说的所有特点。而另一部名叫

《威利·埃林的故事》的残作则全然不同于她的其他作品。[124]它描写了一个小男孩遭受虐待的故事,书中十足的暴力和《呼啸山庄》颇为相似,这表明夏洛蒂在为后世将艾米莉进行包装后,也开始受到她的影响。

无论夏洛蒂是否真的毁掉了妹妹尚未问世的第二部小说,它的散佚都直接助长了与艾米莉有关的传说。年纪轻轻的她刚完成一部杰作便撒手人寰,这颇有一种浪漫主义的兴味。第二部小说的丢失更让这样的传奇说法深入人心:艾米莉是一根脆弱的血管,而某种不可阻挡的命运之力将《呼啸山庄》倾注其中,在此过程中,它的风暴和压力将她摧毁。夏洛蒂于一八五五年去世后,马修·阿诺德写了一首诗悼念勃朗特三姐妹,并把艾米莉塑造成一位被自己的天才吞噬掉的浪漫主义偶像:

> 她——
>
> (我该怎样歌颂她?)——的灵魂
>
> 之强大、激情、热烈、伤悲、勇敢,
>
> 自拜伦那举世闻名的火之子
>
> 丧后,无人能及;她沉沦了,
>
> 困惑、无闻,将自我吞噬。[125]

阿诺德竟然承认了来自拜伦的影响,这在当时很不寻常。但他的诗句更多地告诉我们十九世纪中期对艺术家抱有的成见(G. H. 刘易斯曾轻蔑地称之为"天才普遍具备的虚伪言辞这一致命的天赋,有如被涅索斯毒血尽染的长袍会将穿戴者毁灭")①[126],而非真正的艾米莉·勃朗特。

①涅索斯(Nessus),古希腊神话中的半人马,死前诓骗赫拉克勒斯(Hercules)的妻子得阿涅拉(Deianeira)将沾有毒血的衣服拿给丈夫穿上,以保他对妻子忠贞不贰,赫拉克勒斯因此丧命。

夏洛蒂是妹妹的批评家、传记作者和文学遗嘱执行人,她矛盾的做法缔造了一个迷思,致使后人更难以让艾米莉"起死回生"。正如查尔斯·辛普森在一九二九年的传记(在兜售骇人听闻的传奇的年代,这部传记是对艾米莉一生最为理智的叙述)中所说的:

> 那些对艾米莉·勃朗特深思熟虑过的人可能会陷入这样一种猜测:如果他们能看一眼活着的艾米莉,并拿她与他们想象中的形象进行比较,他们会作何感想? ……在这般难以捉摸的人格中,很少能得到一个如此巨大且阴暗的幽灵。[127]

注释

[1] 奥斯汀·李,《霍格小姐和勃朗特谋杀案》(伦敦,1956);罗伯特·巴纳德,《失踪的勃朗特》(伦敦,1983)。

[2] 《生平说明》,页 xxvii。

[3] 如 1848 年 12 月,夏洛蒂曾托威廉·史密斯·威廉姆斯捎给埃普斯医生一份说明,她孤注一掷,试图为垂死的妹妹问诊。夏洛蒂在说明中说艾米莉二十九岁了,但实际上她已经三十一岁了。(《书信》,第二卷,页 150)同样,在出版于 1850 年的艾米莉《诗选》的序言中,夏洛蒂说妹妹"二十岁刚过"就去了布鲁塞尔,而实际上,她们动身时艾米莉已经二十三岁半了。(《书信》,第二卷,页 753)

[4] 《书信》,第二卷,页 753。

[5] 《夏洛蒂·勃朗特传》,页 231。

[6] 《生平说明》,页 xxvii。

[7] 见 T. C. 纽比致? 艾米莉·勃朗特[埃利斯·贝尔],1848 年 2 月 15日,《书信》,第二卷,页 26。

[8] 盖斯凯尔致乔治·史密斯,1856 年 9 月 10 日,《盖斯凯尔书信》,页 412。

[9] 夏洛蒂致威廉·史密斯·威廉姆斯,1848 年 7 月 31 日,《书信》,第二卷,页 94。在书信的最后一句,夏洛蒂划掉了"她的"并代之以"他的"。

[10] 夏洛蒂致埃伦·纳西,1848 年 10 月 29 日,《书信》,第二卷,页 130。

[11] 夏洛蒂致威廉·史密斯·威廉姆斯,1848 年 11 月 2 日,《书信》,第二卷,页 132。

[12] 夏洛蒂致威廉·史密斯·威廉姆斯,1848 年 11 月 22 日,《书信》,第二卷,页 142。

[13] 夏洛蒂致埃伦·纳西,1848 年 11 月 27 日,《书信》,第二卷,页 146。

[14] 夏洛蒂致埃伦·纳西,1848 年 12 月 19 日,《书信》,第二卷,页 154。

[15] 二十世纪中叶,许多作家相信艾米莉是一位能与上帝交流的神秘主义者,他们认为艾米莉视死如归。后来,一些观点相左的作家也把艾米莉之死解读为某种令她向往的东西,比如缪丽尔·斯帕克认为,虽然艾米莉无法左右自己的死亡,但她可能想相信自己正在演绎像希思克利夫一样并不存在的浪漫英雄的悲剧命运。(缪丽尔·斯帕克与德里克·斯坦福,《艾米莉·勃朗特:她的一生和作品》,伦敦,1953)凯瑟琳·弗兰克也在《艾米莉·勃朗特:不羁的灵魂》(伦敦,1990)一书中将艾米莉之死解读为对她身体的排斥,是经年累月神经性厌食症的最终结果。

[16]《呼啸山庄》,页 64。

[17] 夏洛蒂于 1848 年 12 月将艾米莉的病例寄给埃普斯医生时曾使用了这一说法。《书信》,第二卷,页 150。

[18] 夏洛蒂致埃伦·纳西,1849 年 4 月 12 日,《书信》,第二卷,页 200。

[19] 夏洛蒂致威廉·史密斯·威廉姆斯,1849 年 6 月 4 日,《书信》,第二卷,页 216。

[20]《夏洛蒂·勃朗特传》,页 379。

[21] 见《教师》,附录七,《夏洛蒂·勃朗特小说中的引用与文学典故索引》。

[22] 有关勃朗特姐妹对灵感的理解,也见艾琳·泰勒,《圣灵:艾米莉与夏洛蒂·勃朗特的男性缪斯》(纽约,1990)。

[23]《谢利》,页 457。

[24] 同上,页 457-458。

[25] 同上,页 459。

[26] 同上,页 460。

[27] 同上,页 459-460。

[28]《小论柯尔律治哲学》,载《弗雷泽杂志》,第五卷(1832 年 6 月),页 585-597。勃朗特家显然有这一期杂志,因为他们早在 1832 年 5 月 17 日前就开始订阅了。(夏洛蒂致布兰韦尔·勃朗特,1832 年 5 月 17 日,《书信》,第一卷,页 112)如果勃朗特姐弟当时没有读过这篇文章,他们随后也可能读到过,因为这些杂志不太可能被扔掉。

[29]《论华兹华斯的理论和作品》,第三部,载《布莱克伍德杂志》,第二十六卷(1829 年 11 月),页 774。该评论家对华兹华斯的"随从"颇有敌意,但他对这些人信仰的解释符合夏洛蒂笔下谢利的幻想,这说明勃朗特姐弟将他们自己视为忠实的信徒,一道反对这位愤世嫉俗的评论家。文章认为,华兹华斯在《抒情歌谣集》的《序曲》中的主张别无新意,不过是"自然的思想披上了简单的语言的外衣……直抵人心",而华兹华斯的追随者们却夸大了他的哲学,从他的作品中推演出"一个更加崇高、神秘的信仰——'启示'"。这在于

> 诗人要有神圣的发现,发觉下列奥秘:某种一致性(当富有想象的头脑与外界的喧嚣隔绝开来,在外部宇宙和人类内心微观世界之间倾听大自然依旧微弱的声音时,他们就会察觉这种一致性);肉眼可见的物体对无形的精神力量产生的净化作用;某种普遍存在的世界灵魂(*anima mundi*);自然造物与道德造物之间的崇高和谐。简而言之,它是哲学的贵格主义,是诗歌的超验主义。

[30]《谢利》,页 374。

[31] 马里奥·普拉兹,《浪漫的痛苦》(1933;牛津,1970),页 14-15。

[32]《谢利》,页 374。

[33] 同上,页 488。

[34] 同上,页 489。

［35］同上，页490。

［36］同上，页579。

［37］同上，页592。

［38］夏洛蒂致威廉·史密斯·威廉姆斯，1850年9月13日，《书信》，第二卷，页466。

［39］夏洛蒂致埃伦·纳西，1850年10月23日，《书信》，第二卷，页487。

［40］C. W. 哈特菲尔德编，《艾米莉·简·勃朗特诗歌全集》（纽约，1941）。以下简称"哈特菲尔德编，《艾米莉诗歌全集》"。

［41］对比艾米莉的手稿（《A. E. 与 R. C.》）与夏洛蒂1850年版本的诗歌（被重新命名为《两个孩子》），见珍妮特·格扎里编，艾米莉·勃朗特著，《艾米莉·简·勃朗特诗歌全集》（伦敦，1992），页175、217。以下简称"格扎里编，《艾米莉诗歌全集》"。

［42］夏洛蒂·勃朗特，《埃利斯·贝尔诗选》（1850），序言。见《书信》，第二卷，页752。

［43］马修·阿诺德，《哈沃斯墓园》，载《弗雷泽杂志》，1855年5月，见阿洛特编，《勃朗特批评遗产》，页310。

［44］A. C. 斯温伯恩，《夏洛蒂·勃朗特注》（伦敦，1877），页79。

［45］格扎里编，《艾米莉诗歌全集》，页127。

［46］同上，页210。

［47］见托马斯·麦克法兰，《浪漫主义与毁灭的形式：华兹华斯、柯尔律治与碎裂的方式》（普林斯顿，1981）与扎卡里·利德，《文思枯竭》（巴尔的摩，1991），页126-133。

［48］艾米莉·勃朗特，日记，1845年7月31日，《书信》，第一卷，页408。

［49］有关学者的三次主要重构尝试（包括拉奇福德），见德里克·罗珀编，《艾米莉·勃朗特诗歌》（牛津，1995），附录七。

［50］见肖特，《夏洛蒂·勃朗特与她的圈子》，页144。

［51］《书信》，第二卷，页752。

［52］关于为什么可能是夏洛蒂销毁了这些手稿，见威妮弗雷德·热兰，《艾米莉·勃朗特》（牛津，1971），页262-263，页245，以及史蒂维·戴维斯，

《艾米莉·勃朗特：离经叛道者》（伦敦，1994），页 238。而爱德华·奇塔姆在《艾米莉·勃朗特传》（牛津，1987）中称，艾米莉和安妮自己毁掉了贡达尔的手稿，他生动地猜想她们要么将手稿付之一炬，要么将其丢入了井中。（页 218）

［53］夏洛蒂用来形容自己幻想出的安格里亚的表达，见夏洛蒂致布兰韦尔·勃朗特，1843 年 5 月 1 日，《书信》，第一卷，页 317。

［54］鲍里斯·福特编，《新鹈鹕英国文学指南》（伦敦，1958；修订版，1982），第六卷，《从狄更斯到哈代》，页 251-252。

［55］哈特菲尔德有关后面添加的诗节系夏洛蒂编造的结论（哈特菲尔德编，《艾米莉诗歌全集》，页 242）得到了格扎里的支持（格扎里编，《艾米莉诗歌全集》，页 278），最近，哈特菲尔德的观点更得到了罗珀的支持，但罗珀也在括号中谨慎地加上了"有可能"一词（罗珀编，《艾米莉·勃朗特诗歌》，页 269）。

［56］格扎里编，《艾米莉诗歌全集》，页 218-219。

［57］同上，页 23。

［58］《生平说明》，页 xxviii。

［59］1846 年起，已知的三篇关于《诗集》的评论分别来自《批评家》《雅典娜》和《都柏林大学杂志》。1848 年 11 月，《诗集》被史密斯与埃尔德出版公司重新刊印，《旁观者》对其进行了评论（但反响没有以前那么热烈）。见阿洛特编，《勃朗特批评遗产》，页 59-66。

［60］《生平说明》，页 xxix。

［61］《美国评论》，1848 年 6 月，见阿洛特编，《勃朗特批评遗产》，页 236。

［62］伊丽莎白·里格比，《每季评论》，1848 年 12 月，见阿洛特编，《勃朗特批评遗产》，页 111。

［63］匿名评论，见阿洛特编，《勃朗特批评遗产》，页 244。

［64］阿洛特从十二篇评论中节选了部分内容重新刊印；也见《勃朗特学会》，第十六卷（1975），页 383-399，以及《勃朗特学会》，第十八卷（1982）。

［65］《道格拉斯·杰罗尔德的新闻周报》，1848 年 1 月 15 日，见阿洛特编，《勃朗特批评遗产》，页 228。

［66］1850 年《呼啸山庄》序，页 xxxiii。

［67］《生平说明》，页 xxxii。

［68］同上，页 xxix。

［69］《不列颠尼亚》，1848 年 1 月 15 日，见阿洛特编，《勃朗特批评遗产》，页 224。

［70］《生平说明》，页 xxxi。

［71］《帕拉迪姆》，1850 年 9 月，见阿洛特编，《勃朗特批评遗产》，页 279。

［72］1850 年《呼啸山庄》序，页 xxxvii。

［73］《不列颠尼亚》，1848 年 1 月 15 日，见阿洛特编，《勃朗特批评遗产》，页 226。

［74］《生平说明》，页 xxix。

［75］夏洛蒂致乔治·史密斯，1851 年 2 月 5 日，《书信》，第二卷，页 572。

［76］1850 年《呼啸山庄》序，页 xxxv-xxxvi。

［77］同上，页 xxxvi。

［78］同上，页 xxxvi-xxxvii。

［79］威廉·海兹利特，《直白的讲述者》，载《作品》，第十二卷，页 118-119，引自 M. H. 艾布拉姆斯，《镜与灯》（1953；伦敦，1960），页 215。

［80］《生平说明》，页 xxxii。

［81］如夏洛蒂致威廉·史密斯·威廉姆斯，约 1848 年 9 月初，《书信》，第二卷，页 118。夏洛蒂在信中写道："如果我不得不抄袭之前的小说家，甚至是最伟大的司各特，那我就不会进行创作……"

［82］夏洛蒂致威廉·史密斯·威廉姆斯，1847 年 10 月 28 日，《书信》，第一卷，页 553-554。夏洛蒂在信中写道："也许《简·爱》的情节老套；萨克雷先生曾说他很熟悉这个情节。但是我没读过几本小说，也从未有机会遇到类似情节，我觉得这情节就是原创的……但愿我没有在无意中模仿了别人的作品。"（如小说家马什夫人的作品。）

［83］夏洛蒂在 1853 年 2 月 7 日一封写给乔治·史密斯的信中（《勃朗特家族四卷本》，第四卷，页 44）愤怒地否认了哈丽雅特·马蒂诺有关《维莱特》像巴尔扎克作品的说法，夏洛蒂说："我没读过他的作品。"实际上，她了解这位法国作家的作品，因为不到三年前，G. H. 刘易斯曾把巴尔扎克的两部小说

借给夏洛蒂阅读。(见夏洛蒂致 G. H. 刘易斯,1850 年 10 月 17 日,《书信》,第二卷,页 484-485)

[84] C. P. 桑格的《〈呼啸山庄〉的结构》(伦敦,1926)是批评的分水岭。作者(一位律师)不仅展示出艾米莉对其小说中所涉及的法律事务的深刻理解,还展现了她对小说中时间节奏的精妙掌控。

[85] 引自克努普法尔马赫,《艾米莉·勃朗特:〈呼啸山庄〉》,页 26。

[86]《生平说明》,页 xxvi。

[87] 有关艾米莉在德国文学和英国文学方面的知识背景的精彩论述,见戴维斯,《艾米莉·勃朗特》。

[88] 卢诺弗编译,《比利时文集》。

[89] 夏洛蒂致威廉·史密斯·威廉姆斯,1848 年 2 月 15 日,《书信》,第二卷,页 28。

[90] 艾米莉·勃朗特,日记,1841 年 7 月 30 日,《书信》,第一卷,页 263。

[91] 比如《我的灵魂绝不懦弱》一诗描写了一种无所不在的精神,它"激活了无穷岁月","改造、支持、交融、创造并培育"着,批评家援引此诗旨在说明它与柯尔律治在《文学生涯》(1817)中关于想象的描述相似:"它溶解、散布、消散,以便重新创造……它至关重要,哪怕所有物体(作为物体)本质上都是固定的、没有生命的。"见格扎里编,《艾米莉诗歌全集》,页 279。拜伦在另一部作品《超然遐想》中也有类似表达:"物质是永恒的,总在变化,但又能再生,且就我们所能理解的永恒而言,它是永恒的;可为什么**心灵**不是呢?"引自托马斯·穆尔,《拜伦勋爵的书信、日记与生平》(伦敦,1830),第二卷,页 802。以下称为《拜伦传》。

[92] 见玛格丽特·霍曼斯,《女性作家与诗性身份》(普林斯顿,1980),第三章;也见海伦·布朗,《拜伦对艾米莉·勃朗特的影响》,载《现代语言评论》,第三十四卷(1939),页 374-381。

[93] E. B. 皮宁,《司各特与〈呼啸山庄〉》,载《勃朗特学会》,第二十一卷(1996),页 313-322。

[94] 也见罗斯·洛弗尔-史密斯,《沃尔特·司各特与艾米莉·勃朗特:爱的修辞》,载《勃朗特学会》,第二十一卷(1994),页 117-124。

［95］约翰·休伊什,《艾米莉·勃朗特:批判性与生平研究》(伦敦,1969),页 37。休伊什引用了艾米莉 1834 年 11 月 24 日日记的开头一句——"今早我喂了彩虹、钻石、雪花和野鸡贾斯珀(化名)……"——并拿它"玩笑般的风格和罗列的宠物"与穆尔在《拜伦传》中引用过的拜伦的日记(1821 年 1 月 6 日)中的一段进行比较:"喂了两只猫、鹰和驯养(但未被驯服)的乌鸦。"

［96］E. B. 皮宁,《拜伦与〈呼啸山庄〉》,载《勃朗特学会》,第二十一卷(1995),页 195–201。威妮弗雷德·热兰先前在《艾米莉·勃朗特》中引用过这一相似的情节。

［97］《布莱克伍德杂志》,第二十七卷(1830),页 453。

［98］《呼啸山庄》,页 82。

［99］同上,页 167。

［100］皮宁比较了希思克利夫与凯茜鬼魂的对话和曼弗雷德与阿施塔特的对话之间的相似之处,《拜伦与〈呼啸山庄〉》,页 200。

［101］菲莉丝·格罗斯库斯,《拜伦:堕落天使》(伦敦,1997),页 314。

［102］奇塔姆,《艾米莉·勃朗特传》,页 93。

［103］约翰·威尔逊,《尤尼莫尔:高地一梦》,载《布莱克伍德杂志》,第三十卷(1831 年 12 月),页 137 以后。

［104］同上,页 190、168、191。

［105］同上,页 146。

［106］同上,页 147。

［107］如同上,页 139:"莫文! 现在你身上有了魔力。/ 想象,她沐浴在 / 天使眼睛一样蔚蓝的 / 她称为天堂的云雾托起的地方!"

［108］戴维斯,《艾米莉·勃朗特》,页 49–51。

［109］约翰·埃利奥特·凯恩斯,引自莱蒙编,《早期拜访者》,页 49。

［110］比如卡莱尔在有关诺瓦利斯的文章中总结了这一哲学观点,《批判性杂文》(伦敦,1839),第二卷,页 82–142(原载《外国评论》,第七卷,1829)。

［111］格扎里编,《艾米莉诗歌全集》,页 238 注释 xxi。

［112］穆尔,《拜伦传》,第二卷,页 801。

［113］约翰·萨瑟兰,《谁出卖了伊丽莎白·贝内特? 经典小说中的

谜团》(牛津,1999),页 70-71。

[114] 艾米莉·勃朗特,日记,1837 年 6 月 26 日,载巴克编,《书信中的一生》,页 53。

[115]《生平说明》,页 xxx。

[116] 夏洛蒂致威廉·史密斯·威廉姆斯,1848 年 12 月 7 日,《书信》,第二卷,页 148。也见埃德加·琼·布拉科对艾米莉第二部小说的论述,载《勃朗特学会》,第十六卷(1966),页 29-33。

[117] 见查尔斯·辛普森,《艾米莉·勃朗特》(伦敦,1929),页 167-186。

[118] T.C. 纽比致？艾米莉·勃朗特[埃利斯·贝尔],《书信》,第二卷,页 26。

[119] 约翰·休伊什,《艾米莉·勃朗特失踪的小说》,致编辑的一封信,载《泰晤士报文学增刊》,1966 年 3 月 10 日。

[120]《道格拉斯·杰罗尔德周报》,1848 年 1 月 15 日,见阿洛特编,《勃朗特批评遗产》,页 228。

[121] 阿瑟·赫德利致编辑,载《泰晤士报文学增刊》,1947 年 9 月 6 日。这封信引用了一封所谓夏洛蒂写于 1848 年夏的信,她在信中称艾米莉的第二部小说是“一部大胆且充满活力的作品”。但一些前后矛盾的内容证实了这封信是伪造的。我感谢玛格丽特·史密斯与我探讨了这一问题。

[122] 安娜·莱斯特朗热,《重返呼啸山庄》(纽约,1977);杰弗里·凯恩,《希思克利夫》(纽约,1977);莉恩·海尔-萨金特,《希思克利夫：重返呼啸山庄》(伦敦,1992)。

[123] 最近有戴维斯的《艾米莉·勃朗特》和巴克的《勃朗特传》。

[124] 刊于汤姆·温尼弗里思编,《夏洛蒂·勃朗特未完成的小说》(斯特劳德,1993)。

[125] 阿诺德,《哈沃斯墓园》,见阿洛特编,《勃朗特批评遗产》,页 309-310。

[126] G.H. 刘易斯,《兰索普》(1845;伦敦,1847),页 230。

[127] 辛普森,《艾米莉·勃朗特》,页 1。

第八章　值得规避的女人

当下,难以捉摸已经成为艾米莉人格的一部分。但如果在她去世后200的几十年中,人们没有对她如此漠视,她是否还会如此神秘呢? 这是一个值得思索的问题。第一部有关艾米莉的传记直到一八八三年才问世,而那时,她平生遗留的痕迹已经开始消散。直到十九世纪七十年代,那些认可她的人常常惊愕于她的天性,几乎将它视为兽性。但随着时间的推移,她也开始吸引捍卫者。她死后的形象经历了蜕变,她也变得越来越理想化,直到一九一二年,梅·辛克莱称她为灵性的象征。

夏洛蒂也许有意用一八五〇年的《生平说明》和《呼啸山庄》序言来保护艾米莉免遭谴责,但如果她觉得仅凭一己之力就能把自己的妹妹解释清楚并为她赢得同情,那她就过于乐观了。盖斯凯尔的《夏洛蒂·勃朗特传》有效地打消了人们对《简·爱》作者的疑虑,但夏洛蒂的话却几乎没能改善埃利斯·贝尔的形象,但考虑到她创作《生平说明》和《呼啸山庄》序言时的复杂情绪,这一切也就顺理成章了。

一八五〇年的作品出版时,评论界为他们自己进行了辩护。夏洛蒂对评论者的抨击让《检查者》觉得自己受到了侮辱，而《先锋》也反驳说，批评家其实对《呼啸山庄》"很是着迷"。[1]夏洛蒂犯了一个战略性错误：她承认这部小说有"缺点"。如果作家的亲姐姐都觉得她的作品在道德上有缺憾，又怎能要求评论家不这样想呢？相传埃利斯·贝尔是"土生土长的乡村女孩"[2]，这一消息的走漏并没有让《兼收评论》上的一位批评家的态度有所缓和，反而让他把她的小说形容为"我们读过的最令人反感的小说之一"。[3]

201　　　夏洛蒂对艾米莉的公开评价在十九世纪五十年代造成了模棱两可的影响。对于作家兼记者彼得·贝恩来说，夏洛蒂成功将艾米莉塑造成勃朗特家最伟大的天才，但也付出了代价。在他看来，艾米莉比夏洛蒂更有前途，但她的小说在道德方面始终是出格的：

> 迟迟不肯谴责《呼啸山庄》的批评是令人惊讶且不健全的。我们毫不犹豫……宣称它是一部可怕的作品，这毫无疑问且无可辩驳。[4]

他总结道："我们必须要说，这位了不起的女性留给我们的作品不健康、不成熟且值得规避。"[5]

　　贝恩的说法是有预见性的。在接下来的三十年中，人们确实觉得应该避开艾米莉。盖斯凯尔的《夏洛蒂·勃朗特传》甫一出版，夏洛蒂便声名大噪，而艾米莉却始终处于主流之外。即便那些对她感兴趣的人也无法为她辩护。"我宁愿我的表妹没有写过《呼啸山庄》这部作品，虽然有人觉得这部作品很是精巧。"勃朗特家一位生活在彭赞斯的亲戚①于

---

① 伊丽莎·简·金斯顿（Eliza Jane Kingston，1808-1878），简·布兰韦尔（Jane Branwell，1773-1855）与约翰·金斯顿（John Kingston，约1768-1824）的第五女，勃朗特姐弟的表姐。

一八六〇年如是写道。[6]据说,埃伦·纳西所谓的"那本糟糕的书"曾一度令她"不寒而栗,转身便走"。[7]一八七六年,夏洛蒂的传记作者托马斯·威米斯·里德曾说,"现在几乎没人读《呼啸山庄》"。[8]

那些关心艾米莉的批评家效仿夏洛蒂的做法,觉得有必要帮她辩解。一八七三年的一篇文章认为,艾米莉的小说"不应该受到如此多的谴责和无休止的辱骂"。但这一辩护也是有所保留的:

> 这本书虽残忍,却不色情;虽粗俗,却不下流;虽糟糕,却并非有伤风化。[9]

人们早已遗忘最早的一批批评家曾对《呼啸山庄》一书青眼有加。事实上,这部小说被忽略的时间比人们所宣称的要短。一九一八年,艾米莉实际上已经广受赞誉,甚至成为一些圈子中崇拜的焦点,但时人还是错误地认为她的小说"几乎被遗忘了"。[10]讽刺的是,夏洛蒂于一八五〇年为《呼啸山庄》所作的辩护不仅让它获得了具有欺骗性而又浪漫的名声——它是一部不被认可的杰作,还让它失去了读者的欣赏。

盖斯凯尔的《夏洛蒂·勃朗特传》于一八五七年出版,却并未让艾米莉受到维多利亚时期公众的喜爱。善于交际的盖斯凯尔夫人从未见过离群索居的艾米莉,也不喜欢从夏洛蒂那里听来的有关她的消息:"作为一位陌生人,我能了解到的与她有关的一切并没有给我或我的读者留下好印象。"[11]艾米莉只是《夏洛蒂·勃朗特传》中的一位配角,全然不同于书中的女主人公。我们看到的是立体的夏洛蒂,在盖斯凯尔夫人的驱使下,我们同情她,并(从盖斯凯尔夫人的视角)了解她的内心想法。而在描写艾米莉时,盖斯凯尔出于戏剧性的目的,牺牲了人物刻画的微妙与复杂性,只让我们从外部观察到了一个巨大却单一的形象。她夸大了艾米莉,把她变成了一个神话人物,称她为"泰坦遗留下来的——曾经居住在大地上的巨人的曾孙女"。[12]

夏洛蒂将艾米莉描述成拥有魔鬼般力量的天才,盖斯凯尔夫人对于这种过于抽象的描写不感兴趣,因为她并不想就艾米莉的文学天赋给出一种形而上学的解释。盖斯凯尔信仰一神论,这一宗教关注世界的善,而不是敛心默祷的灵性,同样,她的美学本质上也是实用的。相比于夏洛蒂的小说,《呼啸山庄》距离盖斯凯尔博爱的理念更加遥远,并不能引起她情感上的共鸣,而她也不想就灵感的精神来源展开辩论。她在传记中渴望故事,所选取的有关艾米莉的逸闻趣事都颇具戏剧性,博人眼球、令人难忘,甚至于后来出版的每部勃朗特传记中几乎都有这些轶事。

我们读到艾米莉将她那只不听话的斗牛犬打得皮开肉绽,而一旁的夏洛蒂却不敢插手:"艾米莉面色苍白,眼里闪出那种光芒,紧紧咬住嘴唇,"盖斯凯尔写道,"这时谁也不敢上前劝说。"仆人塔比发现基普尔违反了命令,正在楼上一张最舒服的床上酣睡。盖斯凯尔接着写道:

> [艾米莉]走上楼去,塔比和夏洛蒂站在楼下阴暗的过道里,夜幕降临,漆黑一片。艾米莉走下楼梯,身后拖着那条不情不愿的基普尔,它的后腿奋力挣扎着,它的"后脖颈"给紧紧抓住,它一直低沉野蛮地噪叫着。旁观的人们想劝上几句,但又不敢,生怕他们说话会吸引艾米莉的注意,让她的目光暂时离开这个愤怒的畜生。她放开它,让它站在楼梯脚下一个昏暗的角落里。她来不及拿手杖或棍子,担心它扑向她的咽喉,卡住她的脖子——趁它尚未跃起,她握紧拳头打向它血红、凶狠的眼睛,用赛马的术语来讲,她"惩罚它",直到它的眼睛肿了起来。这只畜生快瞎了,它十分害怕,被带回它住惯了的巢穴,而又是艾米莉本人给它肿胀的头热敷并照料它。[13]

此事的来源尚不清楚,我们甚至有理由怀疑,这根本是无稽之谈。一八五八年,经济学家约翰·埃利奥特·凯恩斯在《夏洛蒂·勃朗特传》的启发下拜访了哈沃斯,曾就该传闻询问勃朗特家的仆人玛莎,后者对此毫无印象,但的确想起艾米莉曾勇敢地把基普尔从与其他狗的撕咬打斗中拽开。凯恩斯说,"我怀疑盖斯凯尔夫人未曾悉心核实她笔下故事的权威性,如果它们只是为了生动的话"。[14] 他的怀疑似乎不无道理。

即便此事有依有据,盖斯凯尔在描写过程中也赋予它一种高度的戏剧性,她的描写栩栩如生,仿佛她当时在场。这让我们不得不认同"旁观的人们",盯着眼前这可怕的场景,有一种身临其境之感。此处有各种各样的形容词。艾米莉的脸色"苍白",死气沉沉,这与"夜幕降临,漆黑一片"形成鲜明的对比。她炽热的目光对应着基普尔"血红、凶狠的眼睛",仿佛她和基普尔是同一种生物。它不是单纯地"嗥叫",而是"野蛮地"嗥叫着。它不再是一只狗,而是一只"畜生",它的家也不是"狗窝",而是"巢穴"。艾米莉也不再是一个女人:她成了一名拳击手,只有"赛马的术语"才适合她。在惩罚了这只畜生后,艾米莉又回归传统女性所扮演的照顾者的角色,为它清洗伤口,但这只突出了她的双重人格。盖斯凯尔对这一场景的描述并非取材于生活,而更多来自《呼啸山庄》中有关打斗的一幕:希思克利夫将亨德利打得半死不活,随后又为他包扎流血的手腕。[15] 夏洛蒂曾说,艾米莉"质朴的外表下掩藏着一种秘密的力量和火焰,它可能控制了大脑,点燃了英雄的脉搏"。[16] 她认为《呼啸山庄》是一部残忍的作品,在她的影响下,盖斯凯尔似乎也觉得《呼啸山庄》作者的女性身体中住着一只野兽。

盖斯凯尔还描写了艾米莉在被一条疑似患有狂犬病的野狗咬伤时的反应:她从厨房拿起一个烧红的烙铁烧灼自己的手臂,没将此事向任何人声张,"因为她担心恐惧会困扰他们脆弱的心灵"。[17]《夏洛蒂·

勃朗特传》中,这则故事被拿来证明艾米莉坚强的天性、超人的勇气以及对常人都具备的痛觉的缺乏。我们没有理由怀疑此事的真实性,因为夏洛蒂曾告诉盖斯凯尔《谢利》中有关女主人公在被狗咬伤后自行灼烧伤口的一幕就取自与她妹妹有关的真实事件。

夏洛蒂在小说中对该事件的解读全然不同于盖斯凯尔,这说明哪怕同样的故事被讲述了两遍,其意义也不尽相同。夏洛蒂想让我们相信,谢利被狗咬伤后如此反应是因为她"稚气未脱"且缺乏安全感,而不是因为她强大。[18]谢利在灼烧伤口后依旧担心自己染上了狂犬病。当她终于鼓起勇气,将此事告知爱人路易斯·穆尔时,他在同情之余也忍俊不禁。他的眼神中充满了保护欲,但也居高临下,在他看来,她情绪失控,疑心重重。他觉得她的担心没有道理,认为她"精神十分紧张,又很女人气"。[19]

谢利坦白道:"其实,穆尔先生,我并不像一般人认为的那样很刚强,很傲慢,很缺乏同情心。"[20]在这一幕,夏洛蒂似乎得偿所愿,因为艾米莉曾在临终前拒绝接受她的同情。这一幕描写了脆弱的谢利和掌控一切的路易斯,这也让夏洛蒂的态度显得奇怪。《谢利》写于艾米莉去世后,书中那对年轻的爱侣开始探讨死亡时,这部作品变得十分令人不安。谢利表示,如果自己感染了狂犬病,那么她恳求安乐死,而路易斯则赞同此举以迎合谢利,仿佛在爱人的掌控下,死亡也是可以忍受的。

夏洛蒂也许想在《谢利》中把艾米莉刻画得比真实生活中更温柔一些,但盖斯凯尔夫人在《夏洛蒂·勃朗特传》中对艾米莉的塑造适得其反。夏洛蒂之所以记得基普尔挨揍和艾米莉那被灼伤的手臂,也许是因为这些事情并不时常发生:孤立事件才令人记忆犹新。所有传记都牺牲平凡来强调不凡,这单纯是因为日常生活不太会被记录下来。埃伦·纳西曾不失公允地说道:"正因为人们对艾米莉·勃朗特知之甚少,每个与她有关的细枝末节才能激发出兴趣。"[21]盖斯凯尔有效地利用了手头仅有的资源,并凭借自己对戏剧效果的敏锐嗅觉,使这两起暴力事件成为艾米莉性格的全部写照。

盖斯凯尔笔下魔鬼般的形象会让读者觉得艾米莉只知殴打家犬,不比那些挨揍的畜生更有人情味。一位批评家在评论《夏洛蒂·勃朗特传》时说道:"如果基普尔这只令人尊敬的斗牛犬有志气和能力来书写它这一物种的激情……他会写一本和《呼啸山庄》一样的书;《狗窝生活》会是一部非常惊人、十分巧妙的作品。"[22]其言外之意就是像狗一样任性的艾米莉还不如一只无法抑制自己天性的狗那样"令人尊敬"。

毫不奇怪,相比于泰坦般的艾米莉,盖斯凯尔笔下圣人般的夏洛蒂更容易被维多利亚时期的公众接受。尽管实际上艾米莉承担了牧师住宅的大部分家务,但夏洛蒂在身后的传记中却成了家庭美德的象征。十九世纪八十年代以前,艾米莉只能混迹于边缘地带,常常出现在夏洛蒂的传记中。盖斯凯尔《夏洛蒂·勃朗特传》中残暴的艾米莉变得不那么有威胁性,但真正欣赏艾米莉文学成就的人依旧屈指可数。

托马斯·威米斯·里德在于一八七六至一八七七年出版的《夏洛蒂·勃朗特:一部专著》[23]中,从夏洛蒂对艾米莉的辩护——这位后知后觉的艺术家天真无邪,并不知道自己在做什么——中归结出合乎情理的结论,并在此期间以一副居高临下的样子对待艾米莉。他笔下的艾米莉虽不像盖斯凯尔笔下的那样严肃,但也丧失了力量。"如果一个女人过着'埃利斯·贝尔'那样的生活,"他写道,"她的首部文学作品一定要被视为一个天真无知的孩子的尝试……因此,《呼啸山庄》只是孩子的作品而已,人们应该像原谅小孩犯错一样,原谅其巨大且显眼的过错。"[24]

我们很难想象,里德笔下的艾米莉怎么能创作出任何作品。在一个

205

大致以埃伦·纳西的回忆为基础的欢快场景中,他的想象占据了上风,这样描写坐车穿过乡村的勃朗特姐妹:

> 艾米莉不像同行之人那样爱讲话,但她有一双美丽的眼睛,明亮且深邃,就像瀑布脚下的池塘,洋溢着温柔,散发着温暖,显示出她的心灵如何在场景的影响下拓展;……她时而从喉咙中发出一种奇怪、低沉的声音,那些最了解她的人知道,这是一种不可名状的浓浓喜悦之情。[25]

这样的艾米莉只能用动物一样的声音来表达自己的感情,她的语言能力甚至无法表述清《狗窝生活》。

十九世纪六七十年代,布兰韦尔的朋友们开始发表荒谬的言论,称他才是《呼啸山庄》的真正作者,这足以说明艾米莉当时的名声如何:她从公众视野中消失了,只是偶尔以一个怪胎的形象——一个凭借自己怪异的秉性才完成了一部小说的人——出现。若非如此,那些荒谬的说法或许压根不会产生或流行开来。

《呼啸山庄》作者身份的所谓"问题"最早出现于一八六七年,也终将成为勃朗特崇拜中最诱人的谜题之一。(二十世纪三十年代的虚构传记特别青睐这个虚假的理论,这足以说明问题。)这些年来,人们围绕布兰韦尔创作了《呼啸山庄》的全部或部分这一说法形成了一系列的猜测。虽然这种说法近来再次出现在骇人听闻的传记小说《夏洛蒂·勃朗特的罪行》中[26],但任何严肃的现代传记作者都不把这一理论当真。如果我们审视这种说法的来源,就会发现它们并非来自客观事实,而是来自十九世纪对于女性写作抱有的偏见。

一八六七年六月十五日,《哈利法克斯卫报》最先向公众表示,

《呼啸山庄》的作者是布兰韦尔,而非艾米莉。该文的作者威廉·迪尔登是一位学校老师兼诗人,他曾于一八二九至一八三〇年在基斯利教书,此间,他结识了帕特里克·勃朗特,随后又与布兰韦尔熟识起来,而后者于十九世纪四十年代初开始打入相同的约克郡文学和艺术圈。迪尔登在题为《谁写了〈呼啸山庄〉?》的文章中讲述了一八四二年夏,他与布兰韦尔和他们的朋友,雕塑家约瑟夫·莱兰在位于哈沃斯与基斯利之间的十字路口酒馆的一次会面。一个月前,两位诗人约定各自创作一篇以大洪水前的神话时代为背景的韵文。但当布兰韦尔来到约定的酒馆展示自己的作品时,他却发现自己无意中拿错了手稿。他朗诵的并不是那首应迪尔登挑战而作的题为《死神,或毁灭前夕》的诗[27],而是一个片段。据迪尔登说,那个片段中的场景和人物“与《呼啸山庄》中的如出一辙,而夏洛蒂·勃朗特断定那是她妹妹艾米莉的作品”。[28]

　　未来的作家在此基础上发现了许多值得怀疑的东西。艾米莉是否盗走了布兰韦尔的小说并将其据为己有?《呼啸山庄》是一部前半部分由哥哥完成,而后半部分由妹妹创作的通力合作的作品吗? 抑或是布兰韦尔拿走艾米莉的手稿并把它当作自己的作品交给了迪尔登吗? 仔细看来,迪尔登的说法实际上远非结论性的。他在文章开头言之凿凿,却在结尾犹豫不决,并未断定布兰韦尔就是《呼啸山庄》的作者。他真正的结论是:无论小说是哥哥所写,还是妹妹所作,布兰韦尔一八四二年的手稿中都有希思克利夫这个角色的原型。

　　如果迪尔登认为他能在《呼啸山庄》中捕捉到布兰韦尔的痕迹,那么我们不需要任何阴谋论来解释这种巧合。勃朗特姐弟都受到了相同文学作品的影响,他们的全部小说都扎根于童年和青春期共同的文学经历。这种撒旦式的、自我毁灭的非正统派主角尤其吸引布兰韦尔和艾米莉。正如威廉·史密斯·威廉姆斯所说,人们从《简·爱》中的

207

罗切斯特和《威尔德菲尔庄园的房客》的阿瑟·亨廷顿身上能够发现同一拜伦式英雄的不同侧面。[29]最近,布兰韦尔的两部散文作品问世了,而这两部作品的当代编者从他笔下的安格里亚角色中发现了许多类似于希思克利夫的人物。如果布兰韦尔朗诵了任何一部源自安格里亚传奇的散文小说,迪尔登注意到它与《呼啸山庄》的相似之处也就不足为奇了。[30]

　　然而,无论迪尔登对那日布兰韦尔在十字路口酒馆中拿出的手稿有着怎样的印象,他把它与《呼啸山庄》联系在一起时,他的记忆一定是模糊的。迪尔登在一八六七年(该事件过去二十五年后)的一篇文章中承认,一周前他才突然想到布兰韦尔有可能是这部小说的作者,因为他从报纸上读到了一篇文章,该文惊讶于希思克利夫这样的角色竟然是由"一位胆小而又与世隔绝的女性"构想出来的。[31]在这一说法的启发下,迪尔登说道:"虽然夏洛蒂言之凿凿,但有内部证据表明,这部小说不可能出自一个年轻女人之手。"在他看来,希思克利夫这个角色实在太"令人厌恶"了,不可能是"一位涉世未深的女孩"所能想出的。[32]

　　这里迪尔登似乎受到了夏洛蒂的影响:她曾在《生平说明》中将艾米莉塑造成一个单纯的乡村姑娘,又在《呼啸山庄》的序言中指责希思克利夫。但迪尔登声称自己要为布兰韦尔辩护,这进一步说明了他的心思。勃朗特三姐妹取得了如此辉煌的成就,而与他志同道合的人却在历史上寂寂无名,在他看来这或许极不公平。显然,迪尔登的文章旨在传达他和布兰韦尔的诗学立场,因为他用韵文描述他们在十字路口酒馆会面时的场景。他想成为一位与约克郡最负盛名的文学家族有所关联的诗人,人们怀疑他的愿望不仅助长了他的灵感,而且支持他在《呼啸山庄》作者身份的问题上发表自己的观点。

迪尔登在诗中重申了自己对于女性想象的看法：

让我们

宽仁为怀，但愿女人的脑海中

永远不会构想并创造出

这样一个人物，没有一丝

自然的特质来将其救赎，更没有

人或恶魔作为原型——

如《呼啸山庄》中邪恶的魔鬼。[33]

如果说这种观点在十九世纪四十年代约克郡当地文人中很普遍，那么勃朗特三姐妹自然会觉得，她们生活的世界对女作家抱有偏见。

迪尔登的说法还说明，盖斯凯尔塑造的传奇会影响人们的看法。一八五七年，他曾给报社写信，为老友帕特里克·勃朗特辩白，反驳《夏洛蒂·勃朗特传》中一些更加耸人听闻的说法。[34]十年过去了，他记忆中真实的布兰韦尔似乎已经吸收了盖斯凯尔笔下那被戏剧性地简化了的角色。迪尔登将布兰韦尔复杂的人格化繁为简，旧调重弹，说他是一个堕落的瘾君子，认为《呼啸山庄》中浪漫主义的怪异元素产生于这样一个大脑，它"始终处于／由酒精或鸦片的乌烟瘴气／所引发的狂热、兴奋中"。[35]事实上，一八四二年布兰韦尔尚未发展出最终将他摧毁的毒品和酗酒问题。而且像迪尔登这样的权威人物——他不仅是布兰韦尔父亲的朋友，还是一位校长——在与布兰韦尔的现实关系中似乎更不会对滥用毒品所激发的灵感持有如此开放的态度。

尽管证据不足，迪尔登的说法还是得到了支持。他因为在出版界捍卫勃朗特姐妹的兄弟而开始在布兰韦尔的朋友中大受欢迎。工程师

208

弗朗西斯·格伦迪初遇布兰韦尔时还是一个懵懂少年,而那时的布兰韦尔曾短暂受雇为铁道职员。一八七九年,他将回忆录的一整章都献给了布兰韦尔。格伦迪的说法前后矛盾,而且他笔下的布兰韦尔信件的年代都极不准确,这让现代的传记作家[36]对他的说法——他盛赞布兰韦尔是"最杰出的天才"[37]——颇为怀疑。他还抱怨夏洛蒂的传记作者给他的老熟人带来了"一桩极其不必要的丑闻",将他"诋毁",殊不知自己也把布兰韦尔描绘成了一个和盖斯凯尔笔下一样骇人、夸张的疯汉。[38]格伦迪追随迪尔登的脚步,认为《呼啸山庄》这样一部"力量如此惊人"的作品竟然出自"像艾米莉·勃朗特这样一位年轻的姑娘"之手,实在"不可思议"。他在没有确凿证据的情况下接着说道,布兰韦尔曾告诉他自己完成了《呼啸山庄》的大部分。[39]

尽管这场作者之争说明艾米莉声名狼藉,但她在十九世纪七十年代也开始俘获了一批新的拥护者。一位名叫阿尔杰农·查尔斯·斯温伯恩的批评家在托马斯·威米斯·里德为夏洛蒂所作传记的激励下,于一八七七年为勃朗特一家写了一篇文章,并被后人誉为将蒙在艾米莉名誉上的"灰尘吹落"之人。[40]斯温伯恩有充足的理由同情《呼啸山庄》那备受排挤的作者,因为他本人于一八六六年出版的《诗歌与民谣》也因道德沦丧、亵渎上帝、信奉异教、施虐癖好和粗俗下流而受到恶毒的抨击。《蓓尔美尔晚报》认为他"不过是个疯子,思想下流、淫秽不堪,终日酩酊大醉、顾影自怜",卡莱尔则认为粪池才是他的归属。[41]

一八四八年,评论家伊丽莎白·里格比觉得"异教徒"一词是她能对《呼啸山庄》作出的最差的评价了,而该词对三十年后的斯温伯恩而言却是最高赞誉,他赞扬艾米莉·勃朗特"富有激情且伟大的天才"中"如原始自然崇拜一般的黑暗、无意识的天性"。[42]作为一位诗人,他假借古罗马人的口吻创作,反对基督徒崇信的那位苍白的耶稣基督:在他的鼻息下,世界都变得灰暗。作为一名批评家,他称赞艾米莉是"大地孕育出的巨人的女儿,他们神圣的血统比当下所有统治之神都要古老"[43],并赞许地称她为"反基督者"[44]。

一八五〇年的《生平说明》让艾米莉逐渐成了死亡的象征,而与死亡和痛苦联系在一起的女性角色对斯温伯恩有着一种异乎寻常的吸引力,这可能是他对艾米莉产生兴趣的原因。夏洛蒂对艾米莉的公开评论与她对妹妹私底下的记忆大相径庭:私下里,她回忆着艾米莉气喘吁吁地丢掉了快乐的生命,而在公众面前,她却把妹妹描写成了一位视死如归的斯多葛者。夏洛蒂关于《我的灵魂绝不懦弱》一诗的错误说法显然让斯温伯恩兴奋不已。他相信这首诗是艾米莉的临终绝笔,幻想着"已经泛白却尚未僵硬的嘴唇"[45]吟出了这几句诗。他似乎觉得艾米莉和他自己的情色诗中那些有施虐倾向的女神一样令人血脉偾张,在给托马斯·威米斯·里德的信中,他这样写道:"我不觉得她的书中有任何过分或不合理的内容——它虽令人生惧,但很美,可我决不能跌入有关那本'糟糕的书'的新的狂想中。"[46]

《呼啸山庄》中吸引斯温伯恩之处恰恰是困扰夏洛蒂的地方:它情感上的原始主义、暴力和传统道德立场的丧失。他虽不切实际地给艾米莉披上了一件异教之神的外衣,但也让她与其他公认的文学巨擘平分秋色,拿她的小说和莎士比亚和希腊悲剧相提并论。一八四八年,《美国评论》评价艾米莉的小说道:"我们听说,它在对话上仅次于莎士比亚。"[47]但随后的三十年里,《呼啸山庄》再也没有受到这样的评价。斯温伯恩没有像旁人一样把它当作一个孩子的故事,而是将它奉为一部艺术杰作,并重新定义了它,认为它"从本质上讲,绝对堪称一首诗"。[48]

斯温伯恩对艾米莉"自然崇拜"的赞美也预示着二十世纪以后,人们对艾米莉小说的解读将会发生翻天覆地的变化。早期的读者聚焦于

210

书中令人咋舌的暴力和堕落的场景,认为它丑陋不堪,并从现实主义的角度评判小说的角色塑造,而在斯温伯恩眼中,它是一位"大地的热爱[者]为大地"而作的泛神论寓言。他的理解既来自夏洛蒂(她曾形容《呼啸山庄》"像石楠的根系一样荒凉、狂野、盘根错节"[49],并告诉读者,妹妹热爱荒原),也来自小说本身。到了二十世纪中叶,这种理解在文化中已经蔚然成风,为凯茜和希思克利夫带来了刻板形象:他们在狂风肆虐的山顶紧紧相拥。实际上,小说中并没有两人在成年后一起出门的场景。[50]

尽管斯温伯恩为理解《呼啸山庄》带来了一种新视角,但他对这部小说及其作者的兴趣与围绕在他们周围的禁果效应有一些关联:在某些层面,他之所以心生敬意,一是因为这本书有着"糟糕的"形象,二是因为它尚未被纳入令人崇敬的文学正典行列。

《呼啸山庄》在当时的非主流文化中仍有一席之地。但当时有很多非主流文化,不因循守旧的人们尚在少数,他们虽对这部小说青眼有加,但他们的欣赏角度却大相径庭。当斯温伯恩用这本书回应自己具有挑衅意味的异教思想时,奥利芙·施赖纳这位来自南非殖民地的年轻家庭女教师却在它的启发下,尝试成为一位女性主义的开拓者和作家。

来到英国后的施赖纳以"拉尔夫·艾恩"为笔名,于一八八三年发表了《一个非洲农场的故事》。在这部小说中,她大致改编了《呼啸山庄》的故事情节,并拿自己对非洲大草原的炽热情感与艾米莉对约克郡风光的感受相提并论。女主人公林德尔在一个与世隔绝的农场长大,那里,她的童年玩伴沃尔多爱上了她。但她为了追寻自由与文化离开了农场,把自己托付给另一个爱她的人,生下一个私生子,但她不愿放弃自由而与人结婚,最终撒手人寰。[51]

施赖纳从文化和精神两个层面质疑女性身份,实际上,她更接近夏洛蒂,而非艾米莉,因为人们在艾米莉的小说里找不到在她姐姐的作品中找到的对社会的批判或主观性。可以说,《一个非洲农场的故事》在很多方面都是对《呼啸山庄》中浪漫爱情的解构。然而,不像夏洛蒂那样喜爱操持家务的艾米莉·勃朗特更加契合施赖纳对隔绝和叛逆的理解。也许她并不是第一个将《呼啸山庄》的情节挪用、改写的小说家。[52](U. C. 克努普法尔马赫认为,乔治·艾略特于一八五八年刻意把《呼啸山庄》的一些主题纳入《教区生活场景》中一则题为《吉尔菲先生的爱情》的故事里,并在此过程中让原有故事情节变得易于接受。)[53] 尽管施赖纳生活得并不幸福,但作为一个富有自我意识和冒险精神的新女性,她在与性学家哈夫洛克·霭理士的恋爱过程中一直反对婚姻制。她以《呼啸山庄》为基础创作出这样一部具有颠覆性的小说,这说明《呼啸山庄》在人们心目中依旧是一部标新立异的作品。

那时,艾米莉还有一个名叫玛丽·鲁滨逊的年轻崇拜者,她虽不像奥利芙·施赖纳那样叛逆,却更忠实于《呼啸山庄》的作者。鲁滨逊是一位建筑师的女儿,受过良好的教育,二十多岁就出版了两卷诗集和几篇短篇小说。虽然斯温伯恩的满腔热忱影响了她,但她眼中的艾米莉本性更加纯洁,无可指摘。艾米莉的"正直和激情"确实让她刻骨铭心,她甚至在一八八二年写给埃伦·纳西的信中主动提议为艾米莉立传,并在素材方面请求帮助。[54] W. H. 艾伦出版公司"杰出女性"系列丛书的编辑曾与鲁滨逊接洽,请她自己选择主角,创作传记。一部博人同情的传记就这样应运而生了,它改变了艾米莉的形象,就像盖斯凯尔的传记改变了夏洛蒂的形象。

盖斯凯尔对贝尔三人的作品只字不提,而鲁滨逊却像斯温伯恩一样欣赏《呼啸山庄》,希望能让它免遭被批评界遗忘的命运。她将夏洛蒂的《生平说明》奉为圭臬,而没有意识到实际上这部小说在出版之初就

曾俘获一批读者，甚至觉得艾米莉至死都没有收到任何赞誉。她夸大了
批评界对这部小说的忽视，认为除了斯温伯恩、马修·阿诺德、悉尼·多
贝尔和托马斯·威米斯·里德以外，再也无人欣赏这部作品了。她接着
描绘了一幅引人入胜但也有些浪漫的画面，展现了这部小说在建制权威
中多么缺乏读者的欣赏，并称只有知识匮乏的人——约克郡磨坊女工以
及那些"热切、不满足、富有激情的孩子"——才会阅读这本书。[55]

　　鲁滨逊的目的在于让艾米莉变得人性化的同时，承认她是一个自由
无拘的灵魂。埃伦·纳西对她回忆道，十九世纪四十年代的牧师住宅中
回荡着少女的欢声笑语，在埃伦的帮助下，她决计永远摆脱"那个凶狠
冲动的维斯塔贞女①，她取代了人们记忆中的艾米莉"，并代之以一个更
有吸引力的形象，一个"活泼、亲切、热心肠的女孩，在熟人面前风趣幽
默、感情充沛"。艾米莉与动物的亲近不再被拿来证明她非人的残忍，
反而展现了她优雅的魅力。她殴打基普尔的一幕也被悄然剔除。如今
的艾米莉不再像斗牛犬那般邋遢，而是有了"她钟爱的野生动物的柔
美"。[56]荒原也不再像盖斯凯尔描写的那样贫瘠肃杀，而被赋予了一幅
更加柔美的景象：这里有星星点点的绿草，香气四溢的紫色花朵，小鸟
叽叽喳喳，野蜂四处飞舞。[57]如果用一位神话人物比喻艾米莉，那么她
不再是泰坦，而是"雅典娜，她带领仙女沿着奥林匹斯险峻的山脉向下
追赶，然后全力停下，举起刚刚断奶的小动物，像露珠一样温柔"。[58]

　　盖斯凯尔杜撰的一些说法仍然存在：帕特里克还是让子女们吃糠
咽菜，人们眼中的勃朗特姐弟依旧"没有童年"。[59]然而，埃伦欢快的回
忆也帮助鲁滨逊更加生动地描绘出三姐妹是怎样在黄夜围着客厅的桌

---

　　① 维斯塔贞女(Vestal Virgin)，古罗马灶神、家庭女神维斯塔的护火女祭司，需要保持
贞洁三十年守护维斯塔神庙。

子踱来踱去、讨论文学的。[60]

　　鲁滨逊对姐妹情谊的强调也反映出她本人的境况。一八八○年起，她就与维奥莉特·佩吉特（小说家弗农·李）保持亲密的关系。二十几岁的两人一道旅游，租下小屋共同创作，形影不离，玛丽的母亲甚至开始讨厌维奥莉特经常出现在她家中。正如彼得·冈恩在传记《弗农·李：维奥莉特·佩吉特，1856-1935》（1964）中所说，她们虽未发生性关系，但关系热烈：一八八八年，玛丽订婚，维奥莉特精神崩溃。维奥莉特在与玛丽的关系中践行了自己的信念：在她看来，相比于男性腐坏的爱，女性的爱情更加高尚纯洁。

　　年轻时的夏洛蒂·勃朗特以男性为榜样，情感热烈、壮志凌云，玛丽·鲁滨逊却被女性文学传统深深吸引，想要加入勃朗特三姐妹，同她们一道在傍晚散步。她决计要让艾米莉变得比以往更讨人喜欢、受人欢迎。早期的作家们惊愕于艾米莉"虽身形羸弱，但在死亡面前，怒目圆睁、无所畏惧"这一怪异的形象（斯温伯恩却为此感到欣喜）[61]，鲁滨逊笔下的艾米莉却不那么令人生畏，而是一副更加伤感、更有女人味的样子。就在去世那天早上，那个憔悴的姑娘想为自己梳头，她的一头秀发虽然"丰盈、黑亮"，但她病骨支离，梳子竟掉进了炉子里。鲁滨逊接着说道：

　　　　我见过那破旧的梳子，上面有一大片被烧焦了；我自己也觉得这一幕比科隆那一万一千处女的骸骨①，或者卢卡因时光匆匆而变得黑黢黢的圣容②都更令人心生怜悯。[62]

---

　　①　据说有一万一千名处女的骸骨埋葬在位于德国科隆的圣乌苏拉圣殿（St. Ursula）。
　　②　卢卡圣容十字架（The Holy Face of Lucca）藏于意大利圣马蒂诺大教堂（Cathedral of San Martino），约有一千一百多年的历史，被认为是欧洲最古老的木质雕像。

为了勃朗特牧师住宅博物馆玻璃展柜中的一个位置,五把齿子焦黑的梳子争得不可开交。[63] 这个故事是玛丽·鲁滨逊从勃朗特家的仆人玛莎·布朗那里听来的,我们很难确认此事的真实性。[64] 但重要的是,鲁滨逊借由此事在艾米莉周围营造出一种宗教上的神秘感和感染力。此前,夏洛蒂一直都是勃朗特家中唯一一位圣徒,而鲁滨逊则想把艾米莉奉为某种新的圣人。

鲁滨逊笔下的艾米莉作为圣人全然不同于夏洛蒂在维多利亚道德家的简单的自助手册中所扮演的家庭偶像形象。她垂死的女主人公梳着拉斐尔前派式的头发,更显中世纪诗意的韵味。虽然鲁滨逊的传记并未拘泥于盖斯凯尔传记的主题,即女性因苦难而完美,但它始终尝试重拾道德。早在十九世纪五十年代,哈丽雅特·马蒂诺因勃朗特三姐妹对激情的描写而逡巡畏义,盖斯凯尔也认为这种对激情的呈现方式很是病态,而到了十九世纪八十年代,玛丽·鲁滨逊比大多数早期的批评家都更加欣赏艾米莉的精神独立,认为她的诗歌就是她信奉异端宗教的证据。但她还是觉得有必要净化创造出《呼啸山庄》的思想,在传记中为艾米莉辩解一二。

当然,盖斯凯尔是最早宣称艾米莉的小说源于其真实经历的传记作者。她有些含糊其辞地说道,勃朗特小说中的暴力和粗俗并非来自"内心的构想",而是源于"外部生活经年累月压迫在她们感官上的残忍严酷的事实"。三姐妹不过是"把她们看到的写了出来"。[65] 所谓"残忍严酷的事实"显然是在影射不幸的布兰韦尔,盖斯凯尔用他来掩盖勃朗特三姐妹的众多过错。在这一说法的启发下,托马斯·威米斯·里德在一八七七年为夏洛蒂创作的传记中更进一步,把布兰韦尔当作希思克利夫的原型。尽管玛丽·鲁滨逊对希思克利夫的解读更加细致,但她也承认布兰韦尔是"他姐妹们所研习书本的一页"。[66]

鲁滨逊对布兰韦尔个性的解释构成了她的核心想法。对她来说，强调布兰韦尔性格上的弱点、"道德上的软弱"[67]和他"肮脏的习惯"[68]很是重要。因此，她把他描写成"发芽的野草，只能结出酸涩、有毒的果实"[69]，并在题为"童年"的章节结尾处就宣称他已经染上了酗酒的恶习。她的刻画在某些方面比盖斯凯尔的描写更加刻薄：她将他塑造得更加卑鄙，不值得同情。

鲁滨逊坚称布兰韦尔的存在就是一种污染，这反映出维奥莉特·佩吉特对男子气概的女性主义蔑视：在她眼中，男子气概就是根深蒂固的野蛮。布兰韦尔的顽劣在传记的语境下有双重功用。其一，鲁滨逊想"给布兰韦尔系《呼啸山庄》作者的理论致命一击"。她把布兰韦尔描写成一副智浅识薄、道德沦丧的样子，看起来"根本无法"创造出"艾米莉作品中源源不断的力量和激情"。[70]

其二，也是更重要的一点，她需要解释艾米莉何以能创作出这样一部黑暗又不光彩的作品。虽然她声称布兰韦尔没有参与小说创作的任何部分，而且他也不是希思克利夫的原型，但她还是紧紧抓住这恶魔般的兄长不放，用他来为艾米莉开脱。如此一来，她延续了盖斯凯尔的传统，即在理解勃朗特的想象时，把生平经历摆在文学带来的影响之上。她向埃伦·纳西解释道：

> 我要怎样才能让人们觉得，她笔下主人公性格的诸多卑贱之处都是一个不谙世事的姑娘的臆造呢？我又怎样才能解释清《呼啸山庄》这样一部作品的存在呢？……只有靠布兰韦尔了。[71]

鲁滨逊始终坚信这一理论，哪怕这会让她与自己一直仰赖着的埃伦·纳西心生嫌隙。晚年的埃伦似乎变得尤为拘谨，她讨厌勃朗特的姓名与任何丑闻联系在一起。她告诉鲁滨逊，一八五七年，当她发现盖斯凯尔在《夏洛蒂·勃朗特传》中公开了布兰韦尔的堕落时，她目瞪口呆。她还说自己受到了背叛，因为盖斯凯尔曾许诺只引用夏洛蒂信件的片段，而实际上，她引用了完整的信件。

有趣的是，埃伦在读完鲁滨逊的初稿后试图劝说她不要把注意力集中在布兰韦尔的罪过上，因为这可能给**传记作者**招致丑闻：总谈论这些丑事会有损鲁滨逊作为一位大家闺秀的名声。然而，埃伦在有关女性得体性的问题上可谓抱残守缺。这位年轻的诗人对这些反对声作出了回应，自信称自己拥有的是一位艺术家的名声，"不是一位才华横溢、天赋异禀的年轻女性粉饰自己的美名"，而她为自己作出的有力辩护也与夏洛蒂和安妮以柯勒和阿克顿·贝尔的名义在公众面前发表的看法有异曲同工之妙："于我而言，如果某种原因导致了某种结果，却因为它令人不悦便对它绝口不提，我会觉得这是极其怯懦的行为。"[72]

然而，出于道德和文学上的考量，鲁滨逊始终坚信布兰韦尔是影响《呼啸山庄》创作的主要因素。她是最早构想出这样一个故事的人：三姐妹中，艾米莉与布兰韦尔最为亲近，她也是家中唯一一个同情这位浪子的人。鲁滨逊没有读过勃朗特姐弟少年时代的作品，因此她并不知道，在成长过程中夏洛蒂才是与布兰韦尔合作最为紧密的那个，他们在幻想的安格里亚中一同冒险。

在拜访了哈沃斯并询问过当地人后，鲁滨逊得知了两件轶事，让她更加相信艾米莉与哥哥之间十分亲厚。在第一则故事中，她扑灭了由一根蜡烛引发的火灾，那熊熊大火险些将布兰韦尔的床吞噬；另一则故事则讲述了她等待哥哥从黑公牛酒馆醉酒归来。但她的主要证据来自艾米莉的一首诗（"咳，有人嫉恨，有人鄙视，／有人完全忘了你的名字"）[73]，这首诗表达了作者对一位不幸堕落之人的同情，拿他与胆怯的鹿或温驯的野兔相比。

　　这一生平解读的问题就在于，这首诗实际上创作于一八三九年，远远早于布兰韦尔最终的崩溃，且在该诗中，那惹人生怜的人已经去世了。鲁滨逊仅靠这一证据就草率地得出了这样的论断：早在童年时，"艾米莉便与布兰韦尔最为亲厚"。[74]她觉得，如果想让读者相信"驱使那纯洁、无辜的女孩对罪恶的征服之力念念不忘的并非悖谬的幻想"，且艾米莉的天赋在很大程度上被"自己深爱的哥哥的罪过"所影响，她就需要把他们俩联系得更加紧密。[75]

　　鲁滨逊的书并不能令所有人折服。此书一经出版就带来了不必要的后果：布兰韦尔的一位熟人也出版作品来捍卫他，这再度引发有关《呼啸山庄》作者身份的争议。一八八六年，雕塑家约瑟夫的兄弟，前书商弗朗西斯·莱兰出版了一部两卷本的作品，名叫《勃朗特家族，特别关于帕特里克·布兰韦尔·勃朗特》。莱兰的作品对于现代传记作者来说十分有趣，因为它说明勃朗特一家居住的约克郡文学氛围浓厚，但它也把艾米莉拖回了阴谋论的泥淖。莱兰接受了艾米莉与布兰韦尔尤其亲近的说法，还利用这种说法支持并详细说明威廉·迪尔登及弗朗西斯·格伦迪早先有关《呼啸山庄》的主张，声称这部作品是二人通力合作完成的。莱兰称布兰韦尔瞒着夏洛蒂将他未完成的手稿交给最爱的妹妹，富有同情心的艾米莉，并让她写完。

　　讽刺的是，鲁滨逊曾一度想要平息有关布兰韦尔创作了《呼啸山庄》的谣言，结果，她却间接为这一说法提供了证据。但总的来说，她的作品在国际上大获成功，在罗马、巴黎、美国和伦敦广受好评，这让她十分欣慰。[76]就形象而言，这本传记不仅成功将艾米莉从负面的控诉中解救出来，还在更加积极的意义上把她塑造为不受影响的自然力量和"性纯洁"[77]的象征，将她塑造成一个在荒原上奔走无拘、出尘不染的人物。

216

　　这本书也得到了女性读者的关注。美国的艾米莉·狄金森被一位像她一样深居简出的女诗人的故事打动,她十分激动,认为这本书比"《简·爱》以来的任何书都更令人兴奋不已"。[78]然而,艾米莉并非只在曲高和寡的文学圈中才有青睐者。她新近受到的广泛关注不仅证明鲁滨逊作为一名传记作者颇具说服力,也说明社会对女性的态度发生了改变。十九世纪五十年代,就连女性主义者都想把夏洛蒂定义为一位受苦的殉道者;到了十九世纪九十年代,有远见卓识的新女性不再需要克制的女主人公,而是需要象征着女性自由的榜样,而这些榜样不同于她们那被社会旧习所裹挟的母辈。

217　　　在这本传记出版的头几年里,年轻的女性低调地承认,她们对艾米莉抱有"虔诚的热忱",哪怕她的小说中满是那些为时人所忌讳且足以令她们面红耳赤的内容。一位年轻的女士向《呼啸山庄》的第一位法语译者泰奥多尔·德维泽瓦坦承了自己对这部小说的喜爱:"她笑容可掬,有些害羞,低着头、红着脸,仿佛这是什么惊天动地的秘密。"但她很快便鼓足勇气,表达她对艾米莉性格的钦佩之情,并透露自己与朋友们怎样"彼此承诺,要永远珍藏这一宝贵的记忆"。[79]

　　十九世纪九十年代,但凡有抱负的女孩都厌倦了夏洛蒂。在迈尔斯·富兰克林的《功败垂成》一书中,年轻的茜比拉幻想自己有朝一日能成为一位议员,然而,在她研究了"伟人的一生"后,她找不到任何榜样:"显然,只有因循守旧的老学究才会记载格蕾丝·达林、夏洛蒂·勃朗特、圣女贞德以及弗莱夫人的一生。这些人早就去世了。"[80]而鲁滨逊笔下的艾米莉则为勃朗特三姐妹提供了一种令人耳目一新、激动不已的诠释。那时的《年轻女性》杂志将三姐妹奉为"狂风与荒原的孩子,野性十足,桀骜不驯",认为她们是"对施加在女性身上的人为限制最先发起激烈反抗的人,这在我们现如今的文学作品中随处可见"。[81]

到了十九世纪末,艾米莉甚至成了传统读者追捧的对象。四十年前,人们很难想象一本名叫《家中女性》的杂志会登文赞美《呼啸山庄》的怪诞作家,而一八九七年,克莱门特·肖特却选择在该杂志上满怀敬意地就最近发现的"艾米莉·勃朗特的遗物"发表了一篇同名文章,涉及她所创作的一系列动物画和诗歌《我的灵魂绝不懦弱》的手稿。[82]这位英国文学史上的"斯芬克斯"奇怪地蹲坐于时尚与美的专栏里。

玛丽·鲁滨逊不仅成功扭转了艾米莉的形象,还在某种程度上确立了时至今日依旧主导着传记领域的话题。在题为"《呼啸山庄》:起源"的一章中,她提出了一个几乎最能引发猜测和迷思的问题:艾米莉的创意来自何处? 这个问题也有其合理性,因为《呼啸山庄》本身就是一部有关未知起源的作品。没人知道孤儿希思克利夫从何而来,哪怕内莉·丁恩想入非非,认为他可能是某位神秘的东方权贵之子。

斯温伯恩并不认可艾米莉曾用哥哥作为笔下主人公原型的理论。 218而对于《呼啸山庄》的作者因为缺乏想象力而只得照葫芦画瓢的说法,他也不能接受:

> 对于那些认为希思克利夫的存在是个偶然,是因为他的创造者目睹了一个坠入爱河、蒙受耻辱的暴戾懦夫的痛苦的人来说,他们也会觉得莎士比亚之所以能创作出《李尔王》这样的作品是因为他曾目睹了父亲溺爱所带来的不良后果,会觉得埃斯库罗斯写出《欧墨尼得斯》是因为他曾见识到弑母的恶果。[83]

但到了十九世纪九十年代,寻找勃朗特小说中每个人物和地点"原型"的做法已经蔚然成风,事实和虚构也常常因此被混淆在一起。一些狂热分子厌倦了从艾米莉的私生活中寻找小说的来源,更加荒诞的是,他们颠倒顺序,用《呼啸山庄》寻找有关作者及其家人的新的生平信息。

把布兰韦尔与希思克利夫等同起来的做法无法为理解《呼啸山庄》的世界带来什么新视角,但相比于其他一些流传开来的说法(它们让一位评论家想起了"曾想证明拿破仑三世是反基督者、现今仍时刻准备着预言世界末日的预言文学")[84],它至少有些合理性。一位名叫赖特博士的人很想证明勃朗特小说是对现实的写照,他在《爱尔兰的勃朗特:比虚构还离奇的事实》(1893)一书中试图让全世界都相信——他在这方面取得了惊人的成功——《呼啸山庄》的主要事件中都掩藏着勃朗特家爱尔兰祖先的历史。[85]

除了一些特例,很少有人关注这部极富文学性的小说显而易见的来源:艾米莉可能读过什么,而不是她或她的家人可能做过什么。他们在这方面与《呼啸山庄》中的洛克伍德犯了相同的错误。洛克伍德试图居高临下地赞美内莉·丁恩,称她对人性的洞见对于一位淳朴的乡下人来说实属罕见。"我读过的书,比你想象的要多,"她答道,并说自己绝非单纯通过观察身边的人来发展自己的思想。[86]玛丽·鲁滨逊在一八八三年的传记中表示,柯尔律治、骚塞和司各特可能都影响了艾米莉的诗歌创作,但奇怪的是,她否认了艾米莉知道拜伦的可能性。在她看来,住在"偏僻的牧师住宅"的艾米莉"几乎读不到"这样一位作家。[87]

鲁滨逊之所以相信艾米莉接触不到这样一位浪漫主义作家和其他许多不为人知的作家,首先是因为夏洛蒂曾虚假地把妹妹们刻画成孤陋寡闻之人,其次是因为盖斯凯尔夸大其词,把哈沃斯描绘成一个位于文明最边缘的文化贫瘠的穷乡僻壤。讽刺的是,盖斯凯尔的《夏洛蒂·勃朗特传》实际上翔实地记载了勃朗特一家接触到的书籍,只是她所创造出的闭塞意象比她记录的事实更具感染力。(根据盖斯凯尔引用的夏洛蒂的书信及其少年时代的作品,一八五七年后的任意一位批评家都能发现,勃朗特姐弟读过拜伦、华兹华斯、骚塞、司各特、彭斯以及《布莱克伍德杂志》和《弗雷泽杂志》。)[88]

　　在十九世纪九十年代的勃朗特研究中,阴谋论者之外出现了两种声音,他们准备将艾米莉的作品放在时代背景中加以考量,使它在文学史上占有一席之地,并探索它浪漫主义的根源。批评家安格斯·麦凯在《勃朗特:事实与虚构》(1897)一书中责备了赖特博士,他最先把想象视为艾米莉诗歌中的关键主题,认为这与华兹华斯和柯尔律治关系密切。而先锋小说家汉弗莱·沃德夫人受雇为哈沃斯版本的勃朗特小说写批评性导言,拒绝被传记诠释裹挟;相反,她明确提出英语和欧洲文学对夏洛蒂(她曾广泛阅读法国小说)和艾米莉产生了影响,认为艾米莉是一位精明的文学艺术家,而她的小说也是一部杰作。

　　沃德利用盖斯凯尔《夏洛蒂·勃朗特传》中可以利用到的证据,指出勃朗特姐弟可能读过包括华兹华斯、柯尔律治、德昆西、骚塞、詹姆斯·霍格以及沃尔特·司各特在内的英国浪漫主义作家的作品。她认为《呼啸山庄》远非自传性作品,其"重要性不仅限于当地或个人层面",并称人们应该在德国浪漫主义——十九世纪三十年代,德国浪漫主义通过《弗雷泽杂志》等出版物在英国广为传播——的视阈下阅读艾米莉的小说。通过夏洛蒂当时的信件和盖斯凯尔夫人的记载,她注意到艾米莉曾在布鲁塞尔学过德语,并指出蒂克①的《狂野大盗与魔术师的故事》的译文于一八三九年刊登在《布莱克伍德杂志》上。《呼啸山庄》的一位早期评论家发现,这部小说使人联想起霍夫曼的童话故事。虽然沃德没有直接证据,但她还是认为艾米莉可能读过霍夫曼的书,并总结道:

---

　　① 路德维希·蒂克(Ludwig Tieck, 1773-1853),德国浪漫主义作家、批评家。

220　　　　《呼啸山庄》是浪漫主义运动后期的作品,被德国浪漫主义的
想象所影响……浪漫主义倾向于创造怪物,并以怪物取乐,这是
*exaltation du moi*①,也是整个浪漫主义反抗经典、冲破限制的秘密所
在;对暴力的语言及行为的热爱,对丑陋的性格和一反常态的场景
的青睐,这些例子在《呼啸山庄》中比比皆是……在凯瑟琳临终前
的最后一场激情戏中,希思克利夫与凯瑟琳暴力冲突的自我称得上
文学中的一种典型**体裁**、欧洲式情感的典型阶段。[89]

她接着说道,《呼啸山庄》"是浪漫主义想象的产物,可能受到了德国文
学的影响,并与当地的文化和现实主义的力量完美融合在了一起,在这
方面,无出其右者"。[90]

　　在对勃朗特姐弟的处理上,沃德与众不同。她指出了《呼啸山庄》
可能的出处和与它类似的作品,最先将它视为纯文学文本,而没有把它
当作生平经历的怪异产物。她笔下的艾米莉并不是一个举止诡异之人,
而是一位在文学传统中进行创作的自觉的艺术家。沃德这么做并非
有意削弱艾米莉的原创性,而是将她与其他男性作家相提并论,让他们
平分秋色。她或许夸大了德国恐怖传统对艾米莉的重要性,但从方法论
上讲,她是独树一帜的。

　　然而,这种做法对后来的传记作者影响甚微,他们闪烁其词,不愿将
艾米莉视为博学多识之人,或将她归为美学运动中的一员。他们也不愿
抛却最初由夏洛蒂宣扬的那个富有浪漫主义的说法,即艾米莉是一位形
单影只的预言家,从命运的手中接过自己的幻象。二十世纪的大多时
候,《呼啸山庄》都被视为一部"前无古人、后无来者的天才之作,既不接

---

①　法语:对自我的颂扬。

受批评,也无法被分类"。[91]二十世纪有关浪漫派的学术研究因"不经思索就把浪漫主义的自我表述全盘吸收"而遭到批判,相比于其他浪漫主义诗人,艾米莉·勃朗特可能更是这样。[92]人们不愿将她的作品放在某一背景下加以考量,加之公众的注意力从哈沃斯的荒凉转向了荒原的美丽,这都促使读者把艾米莉定义为一个自然而非文化现象的产物。正如埃内斯特·丹内在《勃朗特姐妹》(巴黎,1910)中所说:"Wuthering Heights... *est... un pur produit des* moors *et d'une imagination exclusivement nourrie d'elle-même.*"①[93]

221

汉弗莱·沃德夫人试图通过研究《呼啸山庄》的文化背景来解释它,梅·辛克莱对此却不以为然。后者于一九一二年出版的《勃朗特三姐妹》对理解艾米莉产生了巨大影响。勃朗特家的二小姐总是吸引着辛克莱,孩提时的她就阅读盖斯凯尔的《夏洛蒂·勃朗特传》,比起夏洛蒂和她乏味的书信,艾米莉令人生畏的鬼魂更加诱人。[94]成年后的辛克莱仍被艾米莉之谜所吸引,把她塑造成了一个虚无缥缈的存在,认为她的灵感并不来自书本,而是来自更高的精神层面。

辛克莱并不认为夏洛蒂与康斯坦丁·埃热的关系影响了她的文学创作,也拒不承认艾米莉受到了文学作品的外在影响。她之所以对艾米莉作品的文化背景漠不关心,是因为她对创意所抱有的观念是反经验的,而这样的观点与夏洛蒂在《呼啸山庄》的序言和《谢利》中表达出的浪漫主义信仰别无二致。她的批评中满是"神性无意识"[95]以及"灵魂"等词藻,而没有类似于风格、形式及影响等乏味的观点。玛丽·鲁滨逊关注《呼啸山庄》,认为它源于布兰韦尔的罪过,辛克莱却并不想从生平事迹的角度来阐释这部小说,而是另辟蹊径,以一种更纯粹、更超然

---

①　法语:《呼啸山庄》……纯粹是荒原的产物,是她自己滋养出的想象。

物外的方式重新诠释了斯温伯恩那异教徒的粗放理解,将这部小说喻为一首自然的"颂歌"。[96]"从来没有一部作品,"她写道,"能如此崇高地将身体无视。"[97]辛克莱认为艾米莉远比她世俗的姐姐夏洛蒂更加高尚,不仅称赞她是自给自足的灵魂的最高典范,还欣赏《呼啸山庄》,因为它"绝对是自生的"。[98]

　　最吸引辛克莱的还是艾米莉的诗歌。(截至一九一〇年,艾米莉所有存世的诗歌几乎都以不同形式出版[99],只是有的版本并不准确:个别安格里亚诗歌的作者被混淆了,而不幸的是,辛克莱将其中一些诗歌当作艾米莉的作品进行援引。)辛克莱是第一位以诗歌为依据,进而将艾米莉唤作神秘主义者的人,把她比作圣十字若望,认为她是一个超脱于"世俗"之外的精灵。[100]讽刺的是,辛克莱的解读有一部分是基于《灵视者》一诗的若干诗节,但这几节是由夏洛蒂填进艾米莉原诗的(第七章已有论述)。[101]夏洛蒂描写谢利在夜晚幻想,在自然中找到神性,这让辛克莱心驰神往,因此她塑造的艾米莉异于常人,能看到"超越现实的幻象"。[102]艾米莉属于这样一类人:"对于他们而言,真实是不可思议、不甚明显的和谐,面对丑陋、变动的表象,真实浮于其上、流于其下、隐于其中。"[103]

　　值得注意的是,辛克莱于一九一四年出版的小说《三姐妹》的剧情大致以勃朗特三姐妹的故事为基础,也涉及生活在约克郡牧师住宅的三位姑娘,小说中,情场失意的二小姐格温达把自然神秘主义和形而上学结合在一起,进而实现了升华。在辛克莱笔下,勃朗特三姐妹中的二小姐艾米莉比夏洛蒂或安妮都更加理想化,像格温达一样,她精神的崇高与她超凡脱俗的想法密不可分。她"对激情……一无所知"[104],但"一无所有的她拥有一切"[105]。

　　辛克莱对艾米莉的解读并非无中生有。它反映出辛克莱的理想和她对唯心主义以及神秘主义的专注——从她十几岁起,这些概念就注入了她的思想中。牛津的哲学家 T. H. 格林对她的早期思想产生了重要影响,他主张人的精神本质至高无上,认为宇宙是上帝意识的一种神圣庄重、井然有序的表现。他主要的伦理范畴叫作"自我领悟",它意味着一种状态,在这种状态下,个人触及了他最好且最崇高的精神本质。他的表达受到了康德和德国唯心主义的影响,和辛克莱在《勃朗特三姐妹》中所表达的一样,总是神秘莫测,蕴含着泛神论的思想。[106]

的确,辛克莱的批评和她的哲学思考密切相关,她相信只有那些能体会到"幻想背后的现实"的人才能欣赏艾米莉的天才。[107]因此,辛克莱对艾米莉的刻画读起来就像她本人信仰的宣言——精神上的超验是人类最高的成就。艾米莉被刻画成一位超越了现象世界、实现了自身内部神性的理想人物。与其说她是一位杰出的作家,不如说她是一个伟大的灵魂,而她的伟大与文学成就无关:

> 她颇有天赋,这不仅因为她的想象天马行空,还因为她更加隔绝、隐匿的灵魂之源滋养了她的天赋。即便她没有天赋,她也会因体内所发生的而伟大——她的灵魂与超验、不朽的生命融合在了一起。[108]

因此,对辛克莱而言重要的是,如果艾米莉真的拥有灵性的认知,那么它必须来自艾米莉本人,而不能从阅读中获得。[109]"束手无策"的她凭借"天赐的自由",在"不知情"的情况下成就了她所成就的。[110]正如辛克莱所说:"据我们所知,她没有得到任何哲学的提示,只是灵光一现,就洞察了世界的奥秘。"[111]辛克莱在艾米莉的诗中找到了泛神论和唯心主义的思想,并得出这样的结论:艾米莉的这些想法一定来自她神秘的经历和自我反省。辛克莱援引《哲学家》一诗(一首对话诗,诗中一位灵视者和一位怀疑论者为了探讨上帝的存在展开了争论)来证明,尽管艾米莉"缺乏形而上学的知识或训练",但她一直在追寻"绝对"。[112](实际上,艾米莉只须阅读穆尔在《拜伦传》中引用过的拜伦的《遐想》就能了解到被当作一个哲学分支讨论的宗教怀疑思想。)

辛克莱无法与她在艾米莉的作品中发现的哲学思想保持足够的距离,因此没能察觉这些思想的文化渊源。她注意到她对超验灵性的信仰与艾米莉诗歌中一些概念有相似之处,便总结道,这些思想反映了独立于文化而存在的赤裸裸的真理,而没能回过头来考虑,艾米莉的说法与她本人的说法是否有可能同根同源,哪怕是间接意义上的。影响了辛克莱的德国唯心主义也可能在早先时候以一种不同的形式影响了艾米莉。正如我们所知,艾米莉不仅在布鲁塞尔学习德语,而且可能通过柯尔律治和卡莱尔的作品或《弗雷泽杂志》用英语了解到这些思想。辛克莱但凡读过《弗雷泽杂志》就会发现,艾米莉若有兴趣便有机会读到有关形而上学的高深莫测的文章,譬如于一八三七年六月刊登的那篇关于"德国哲学"的文章。[113]

辛克莱从未考虑过探寻艾米莉作品的文化渊源。她对艾米莉的刻画绝对是在文学之上的。对于她来说,艾米莉并非一位天资聪颖的匠人,而是一个具有罕见精神天赋的人。半个世纪前,《呼啸山庄》的作者还像狗一样令人生厌,现如今,她却摇身一变,成了人类内在神圣的象征。荒原上的神秘主义者就此诞生了。

辛克莱将艾米莉理想化,此举虽影响深远,但也有两面性。一方面,她指出了艾米莉诗作中灵视意象的重要性,承认艾米莉对穿透自然的超验思想颇有志趣(但艾米莉是否同辛克莱一样对这些思想抱有乐观的态度尚无定论)。然而,她并没有考虑到艾米莉诗歌中那些涉及幻象的

段落可能来自广为流传的浪漫主义,而是把它们当作一种文字记载,认 224
为它们记录了一位纯洁的女孩在不知不觉中获得的神秘体验。辛克莱
认为艾米莉相信这些顿悟是真实的,在这一点上,她可能是对的,哪怕艾
米莉的灵视诗中也蕴含着疑惑。然而,她的解读(像夏洛蒂在《谢利》和
《呼啸山庄》序言中所表达的一样)也带来了令人不安的效果,因为她
暗示这位诗人缺乏刻意的技艺,这让艾米莉看起来像是一个容器而已,
仿佛只有神迹才能解释清楚一位出身乡野寒门、遁世离群的小女子何以
取得如此瞩目的文学成就。

注释

[1] G. H. 刘易斯,匿名评论,载《先锋》,1850 年 12 月 28 日,见阿洛特
编,《勃朗特批评遗产》,页 291。

[2] 1850 年《呼啸山庄》序,页 xxxiv。

[3]《兼收评论》,1851 年 2 月,见阿洛特编,《勃朗特批评遗产》,页 297。

[4] 彼得·贝恩,《传记批评文论》,1857 年,见阿洛特编,《勃朗特批评遗
产》,页 322。

[5] 同上,页 325。

[6] 伊丽莎·简·金斯顿,引自范妮·E. 拉奇福德,《贡达尔女王:
艾米莉·简·勃朗特的一部韵文小说》(奥斯汀与爱丁堡,1955),页 36。

[7] 里德,《夏洛蒂·勃朗特:一部专著》,页 201—202。

[8] 同上,页 200。

[9]《艾米莉·勃朗特的一生和作品》,载《星系》,1873 年 2 月,见阿洛特
编,《勃朗特批评遗产》,页 392—393。

[10] 罗伊·T. 豪斯,《艾米莉·勃朗特》,载《民族》,第一〇七卷(1918
年 8 月 17 日),见阿洛特编,《勃朗特批评遗产》,页 169—170。

[11]《夏洛蒂·勃朗特传》,页 379。

[12] 同上,页 507。

[13] 同上,页 269。

［14］莱蒙编,《早期拜访者》,页 50。

［15］《呼啸山庄》,页 177。

［16］《生平说明》,页 xxxii。

［17］《夏洛蒂·勃朗特传》,页 268。

［18］《谢利》,页 480。

［19］同上,页 479。

［20］同上,页 480。

［21］引自肖特,《夏洛蒂·勃朗特与她的圈子》,页 178。

［22］《基督醒世刊》,1857 年 7 月,见阿洛特编,《勃朗特批评遗产》,页 367。

［23］里德所作传记的书籍版本出版于 1877 年,但它最早于 1876 年 9 月、10 月及 11 月分期刊登于《麦克米伦杂志》。

［24］里德,《夏洛蒂·勃朗特:一部专著》,页 204。

［25］同上,页 31–32。

［26］詹姆斯·塔利(伦敦,1999)。

［27］这首诗的前四十八行最早于 1842 年 8 月 25 日刊登于《布拉德福德先驱报》。见巴克,《勃朗特传》,页 400。

［28］威廉·奥肯代尔(笔名威廉·迪尔登),《谁写了〈呼啸山庄〉?》,载《哈利法克斯卫报》,1867 年 6 月 15 日,见《勃朗特学会》副本,第七卷(1927),页 99。

［29］夏洛蒂致威廉·史密斯·威廉姆斯,1848 年 8 月 14 日,《书信》,第二卷,页 99。夏洛蒂与威廉姆斯意见相左,因为她太置身其中而无法看到这两位男性角色身上的相似点。

［30］罗伯特·G.柯林斯编,《罪魁祸首的手:布兰韦尔·勃朗特的两部安格里亚编年史》(牛津,1993)。见导言。

［31］迪尔登,《谁写了〈呼啸山庄〉?》,载《哈利法克斯卫报》,1867 年 6 月 15 日,见《勃朗特学会》副本,第七卷(1927),页 98。

［32］同上,页 99。

［33］同上,页 100。

［34］见巴克，《勃朗特传》，页108–109。

［35］迪尔登，《谁写了〈呼啸山庄〉?》，载《哈利法克斯卫报》，1867年6月15日，见《勃朗特学会》副本，第七卷(1927)，页101。

［36］见巴克，《勃朗特传》，页368。

［37］弗朗西斯·格伦迪，《旧日的画面》(伦敦，1879)，页73。

［38］同上，页74。

［39］同上，页80。

［40］玛丽·鲁滨逊，《艾米莉·勃朗特》(伦敦，1883)，页2。

［41］克莱德·K.海德编，《阿尔杰农·斯温伯恩：批评遗产》(伦敦，1970)，页xx、xxxiv。

［42］A.C.斯温伯恩，《夏洛蒂·勃朗特注》(伦敦，1877)，页73。

［43］同上，页86。

［44］同上，页74。

［45］同上，页79。

［46］A.C.斯温伯恩致托马斯·威米斯·里德，1877年9月24日，见阿洛特编，《勃朗特批评遗产》，页438。

［47］《美国评论》，1848年6月，见阿洛特编，《勃朗特批评遗产》，页241。

［48］《雅典娜》，1883年6月16日，见阿洛特编，《勃朗特批评遗产》，页439。

［49］1850年《呼啸山庄》序，页xxxiv。

［50］帕齐·斯通曼在《勃朗特的光影转世：〈简·爱〉与〈呼啸山庄〉的文化传播》中用了很大篇幅论述这一形象的流行。

［51］许多读者都注意到了《一个非洲农场的故事》与《呼啸山庄》的相似之处，两者的相似之处也被学者探讨：伊莱恩·肖瓦尔特，《她们自己的文学·英国女小说家：从勃朗特到莱辛》(1977；修订版，伦敦，1982)，页199；斯通曼，《勃朗特的光影转世：〈简·爱〉与〈呼啸山庄〉的文化传播》，页58–62。

［52］如帕齐·斯通曼所说。

［53］见克努普法尔马赫，《艾米莉·勃朗特：〈呼啸山庄〉》，页116。在乔治·艾略特的故事中，女主人公被夹在两个追求者之间，他们中一位是贵族，而另一位出身寒微，被人收养。女主人公最终死于分娩，而她的丈夫则把她的屋子奉为一个神圣的所在，但这个现实主义的改写并不具备哥特式的风格，故事中也没有鬼魂前来追魂索命。

［54］玛丽·鲁滨逊致埃伦·纳西，1882年3月23日，《勃朗特家族四卷本》，第三卷，页268。

［55］鲁滨逊，《艾米莉·勃朗特》，页2。

［56］同上，页48。

［57］同上，页15。

［58］同上，页214。

［59］同上，页26。

［60］同上，页59。

［61］彼得·贝恩，《传记批评文论》，见阿洛特编，《勃朗特批评遗产》，页322。

［62］同上，页229。

［63］《勃朗特传奇》，载G. F. 布拉德比，《勃朗特家族及其他文章》（牛津，1932），页37。

［64］《认识勃朗特一家的哈沃斯老住民》，载《康希尔杂志》，第二十九卷（1878）。根据这篇文章，玛莎·布朗的姐姐（或妹妹）塔比莎也记得艾米莉曾在临终前将自己的梳子丢进火中。（《书信》，第二卷，页154–155注释1）

［65］《夏洛蒂·勃朗特传》，页335。

［66］鲁滨逊，《艾米莉·勃朗特》，页162。

［67］同上，页105。

［68］同上，页94。

［69］同上，页58。

［70］玛丽·鲁滨逊致埃伦·纳西，1882年8月15日，《勃朗特家族四卷本》，第三卷，页276。

［71］玛丽·鲁滨逊致埃伦·纳西，1882年8月17日，同上，页277–278。

［72］同上,页 277。

［73］格扎里编,《艾米莉诗歌全集》,页 26。

［74］鲁滨逊,《艾米莉·勃朗特》,页 45。

［75］同上,页 6。

［76］玛丽·鲁滨逊致埃伦·纳西,1883 年 7 月 17 日,《勃朗特家族四卷本》,第三卷,页 283。

［77］鲁滨逊,《艾米莉·勃朗特》,页 164。

［78］艾米莉·狄金森致 J.G.霍兰夫人,1883 年 5 月,托马斯·H.约翰逊编,《艾米莉·狄金森书信》(马萨诸塞州剑桥,1986),页 775。

［79］泰奥多尔·德维泽瓦,1892 年法语版《呼啸山庄》序言,埃菲·布朗译,载《勃朗特学会》,第十七卷(1976),页 34。

［80］迈尔斯·富兰克林,《功败垂成》(悉尼,1990),页 278–279。

［81］《年轻女性》,第一卷(1892–1893),页 173。

［82］《家中女性》,第五卷(1897 年 8 月),页 906–912。

［83］A.C.斯温伯恩,《雅典娜》,1883 年 6 月 16 日,见阿洛特编,《勃朗特批评遗产》,页 440–441。

［84］麦凯,《勃朗特:事实与虚构》,页 88。

［85］如爱德华·奇塔姆在《勃朗特家族的爱尔兰背景》(伦敦,1986)中就接受了赖特过分的说法。

［86］《呼啸山庄》,页 62。

［87］鲁滨逊,《艾米莉·勃朗特》,页 165–166。

［88］见《夏洛蒂·勃朗特传》,页 151–152,页 117、132。

［89］汉弗莱·沃德夫人,哈沃斯版本《呼啸山庄》导言,见阿洛特编,《勃朗特批评遗产》,页 456–457。

［90］同上,页 458。

［91］B.G.麦卡锡,《女性的笔:女作家与小说家》(1944;科克,1994),页 30。

［92］杰罗姆·J.麦根,《浪漫主义的意识形态:批判性探索》(芝加哥,1983),页 1。

[93] 引自埃丝特·爱丽丝·查德威克,《艾米莉·勃朗特》,载《十九世纪》,第八十六卷(1919 年 10 月),页 680。

[94] 辛克莱,《勃朗特三姐妹》,页 239。

[95] 同上,页 125。

[96] 同上,页 216。

[97] 同上,页 214。

[98] 同上,页 223。

[99] 罗珀编,《艾米莉·勃朗特诗歌》,页 292。

[100] 辛克莱,《勃朗特三姐妹》,页 170。

[101] 同上,页 178。

[102] 同上,页 175。

[103] 同上,页 166。

[104] 同上,页 170。

[105] 同上,页 171。

[106] 有关辛克莱的文化背景,见彭妮·布朗,《毒源:二十世纪早期的女性自我发展小说》。也见赫里塞·D.泽伽,《梅·辛克莱》(波士顿,1976)。

[107] 辛克莱,《勃朗特三姐妹》,页 169。

[108] 同上,页 171。

[109] 同上,页 169。

[110] 同上,页 125。

[111] 同上,页 173。

[112] 同上,页 175。

[113] 如《德国哲学》,载《弗雷泽杂志》,第十五卷(1837 年 6 月),页 716–735。也见本书第七章。

第九章　荒原上的神秘主义者

梅·辛克莱的《勃朗特三姐妹》于一九一二年出版时，人们依旧把是一位年轻女子创作出《呼啸山庄》的事实视为一个亟待解决的问题，而在探索艾米莉之谜的过程中，主要出现了三种视角。玛丽·鲁滨逊基本上追随盖斯凯尔的脚步，她从牧师住宅的家庭生活中找寻有关艾米莉生平的答案，并用布兰韦尔的混乱行径解释她的小说；相比之下，汉弗莱·沃德夫人更倾向于在文学史的背景下理解艾米莉的作品；而辛克莱本人则寻求一种超验的解释。

在随后的几年中，这三种解读始终并存，只是在很长一段时间里，为了解释艾米莉的创意，传记作者和伪传记作家都不看好沃德客观的文学研究方法，反而更相信在艾米莉身上一定**发生**了什么事。玛丽·鲁滨逊的作品问世后，尽管还有少量新材料——其中最重要的是日记——重见天日，但人们只能通过猜测才能重构真正的艾米莉。每一位新投身于这个领域的传记作者都希望最终能由自己来破解艾米莉之谜。凯茜的鬼魂隔着窗户要求进来，但当希思克利夫前来迎接她时，她又消失不见，而艾米莉就像凯茜一样永远令人无法触及。

艾米莉令人捉摸不透的特质引领了一种风尚，而辛克莱便是最早引领这种风尚的人：她称艾米莉为"神秘主义者"。这一称呼之中所蕴含的"奥秘"（mystery）和"神秘"（mystique）更增加了它的吸引力。最近的传记作者有意摒弃或淡化这种说法——她的作品是在她切身经历的恍惚状态之下，或在她与神合而为一的狂喜时刻诞生的。[1] 而这种全然无视历史的观点直到二十世纪七十年代以前都被人们普遍接受。（也正是在七十年代，凯特·布什发表了她风格奇谲的单曲《呼啸山庄》，歌者身穿轻盈的睡衣，在干冰营造的缭绕云烟中，一反常态地使用女高音演唱这首歌曲。）[2]

226

我们有必要重新审视这个问题，并问道：艾米莉能否——如果能，又是在什么意义上——给自己贴上"神秘主义者"的标签？她诗歌中那两段被人们屡次援引用以证明她曾有过不可思议的经历无法提供确凿的证据。第一首诗甚至不是艾米莉独自完成的：我在本书第七章已讨论过，夏洛蒂给这首被她更名为《灵视者》的诗添加了两节，其中，诗人被动地等待从天而降的神奇力量。

第二个选段则更加相关，它出自一首诗后半段的叙事部分，该诗于一八四六年以《囚徒（片段）》为题发表，但它原本摘自另外一首诗[3]：

但首先一阵沉默，陷入无声的寂静，

结束了苦恼和热切渴望之间的斗争，

无声的音乐抚慰我的心——冥冥中的和谐，

那是我至死都无法梦想到的音乐。

随即灵界破晓，幽冥将它的真相显示，

我外部的感觉消失,内在的本质感知——

它的双翼几乎自由,并找到它的家园,

测试它降落的深渊,敢于超越最后界限!

啊,那压抑真实可怕——疼痛那么强烈,

当耳朵有了听觉,眼睛恢复了视力,

当脉搏开始跳动,大脑又能思考,

心灵感知了肉体,肉体感知到镣铐![4]

后世的作家认为,这一段不仅描述了精神是如何脱离肉体的,还把它视为一个不祥的预兆,预示了艾米莉的死亡。人们将这些诗行当作艾米莉一定是要"超越"此生"最后界限"的证据。夏洛蒂在《生平说明》中说艾米莉"急匆匆离开了我们"[5],而弗吉尼亚·穆尔则在一九三六年轰动一时的传记中称,艾米莉渴望重温自己与"绝对"(Absolute)的神秘结合,这让她"像喝了致命的毒药一样",放任自我,走向死亡[6]。

　　然而,这些诗节以贡达尔为背景,无关乎个人,这让相关阐释无法与艾米莉的生平联系在一起。选文描写了一位濒临死亡的囚徒,他身戴镣铐被关押在地牢之中,饱受煎熬,先是失去了意识,紧接着又恢复了知觉,他渴望死亡,这能让他摆脱痛苦、获得解脱。[7]至少在某个层面,艾米莉一定想让人们按照字面意思理解这些诗行。(自打孩提时代起,她就从《布莱克伍德杂志》上了解到法国大革命中囚犯所受的皮肉之苦;而贡达尔也是一个因保皇党与共和党之间的内战而四分五裂的地方。)[8]

　　尽管选文中没有任何内容表明,我们应该把它当作艾米莉的个人经历,但我们很难否认,无论其字面意义如何,它确实有隐喻的意义。我们并不清楚艾米莉是否会把自己对灵魂出窍的描写定义为"神秘的",但这

227

也不无可能。不得不说,"神秘"一词在勃朗特姐弟的成长过程中总被当作贬义词使用。一八二九年,在一篇发表于《布莱克伍德杂志》的文章中,"神秘"一词被用来讥讽华兹华斯的仰慕者。[9]同年,托马斯·卡莱尔在有关德国浪漫主义作家诺瓦利斯的文章(再版于其一八三九年的《批判性杂文》)中,同样不得不区分该词在德语中作为名词时所具备的褒义与"我们英国人日常所谓的神秘主义者,它仅仅意味着一个让我们无法理解的人,而且出于自我保护,我们认为或欣然觉得他是个蠢货"。[10]

然而,诚如史蒂维·戴维斯所言,如果艾米莉通过自己对德语文化的研究或者这些文化在英国的普及(如卡莱尔的文章)[11]而接触到了诺瓦利斯等极端唯心主义者的思想,那么她可能会联想到"神秘主义者"的积极含义。一八四九年,夏洛蒂在《谢利》中用该词把女主人公的灵魂形容为一个百宝箱,它的深处蕴藏着珠宝,闪烁着"神秘的光芒",这说明一种神秘的灵性与以她妹妹为原型的角色密切相关。[12]虽然《囚徒》的语言并不意味着艾米莉在字面意义上描述了一种个人经历,但它的确与卡莱尔有关诺瓦利斯的文章中所使用的哲学意义上的"神秘主义"有异曲同工之妙。

在解析诺瓦利斯对康德的唯心主义的阐释时,卡莱尔概括了前者的世界观,而他的措辞与艾米莉所用到的"无声的音乐""灵界""幽冥"等表达有着惊人的相似:

> 灵界就在我们身边,或者说,它就在这儿,在我们心里,在我们身边;如果肉欲离开了我们的灵魂,那么幽冥的光辉便会将我们环绕;古之人所谓的天体音乐正是如此。[13]

228 二者在表达上的惊人的相似性也许是巧合,但这也说明艾米莉的语言不仅表达了她的想法,还是公共话语的一部分。

卡莱尔所谓的"神秘主义者"远比一百年后人们用来形容艾米莉的同一词汇抽象且富有哲理,二十世纪那些邀买人心的迷思讲述者想用该词证明,艾米莉的诗歌源于她在荒原上获得的灵魂脱离肉体的超自然体验。也许,艾米莉有意通过自己的灵视诗对形而上学的思想进行隐喻性的探索。尽管二十世纪的某些传记作家依旧坚持汉弗莱·沃德夫人的观点,即人们应该把艾米莉的作品置于特定的文化背景下加以考量,但许多人更愿意把她视作亘古不变的精神性的象征。

譬如威妮弗雷德·热兰于一九七一年出版的传记中仍没有摆脱夏洛蒂在《呼啸山庄》序言中所用到的超自然主义的表述。她将下面这首题为《白日梦》的诗歌解读为"一种神秘的经历,在视觉、知觉、听觉的每一处细节上都有着确切的描述,给发生的事件赋予了一种真实性"[14](只是我们尚不清楚,热兰将它视作幻觉,还是真正的显灵):

> 一个晴朗的夏日,我独自
> 躺在向阳山坡上;
> ……
>
> 我想自己的呼吸气息,
> 也充满神圣火星,
> 我石楠的眠床整个是
> 神圣的天光织成。
>
> 当广阔的大地回响应和
> 它们奇异的吟唱,

　　　　　　那些闪亮的小精灵对我歌唱，

　　　　歌词似乎是这样：[15]

　　然而，我们很难理解热兰为何会把"神圣火星""神圣的天光"以及"闪亮的小精灵"等表达当作"真实性"的证据。艾米莉甚至通过"我想"和"似乎"等表达提醒我们不要从字面意义上理解她的隐喻。她的诗歌中常常会出现这样的情形：灵视的时刻很快就被疑虑打破。这首诗无疑说明，艾米莉对想象、诗性灵感的来源以及感知的创意本质颇有志趣，但她的创作可能比热兰理解中的更加刻意，与文化的联系也更加紧密。

229

　　值得注意的是，热兰在其引文中省略的诗行与柯尔律治的《老舟子吟》有相近之处，其中最明显的莫过于艾米莉"成千上万片火焰熊熊"与柯尔律治笔下令人作呕的"万千浊物"所形成的互文。[16]因此，为了让这首诗看起来像稚气未脱的谢利所获得的幻象一样自然、天真，热兰对它的文学背景闭口不谈。[17]然而，玛格丽特·霍曼斯在一九八〇年提出了另一种解读，她认为艾米莉通过诗歌与柯尔律治进行对话[18]，把艾米莉塑造为一位自觉的艺术家，像柯尔律治一样刻意创造出"一个有关想象附身的迷思"。[19]学者们花了大半个世纪才将汉弗莱·沃德夫人的思想延续下来，重新把艾米莉放归文学史的语境中。

　　如果说艾米莉"神秘的"形象已经根深蒂固，那是因为它已经成了她公众人格中不可或缺的一部分。梅·辛克莱的《勃朗特三姐妹》甫一出版，人们就痴迷于这样一种说法——艾米莉是一个灵性的存在。这种说法也在为艾米莉的平反运动（始于十九世纪八十年代，由玛丽·鲁滨逊引领）中贡献了力量。在接下来的几年中，一些名不见经传的批评家在他们的作品中用更简化的方式重复着辛克莱的观点，只是他们并不了解这些观点背后的哲学思潮，而是从表面对它们照单全收。如一九一九年,埃丝特·爱丽丝·查德威克——她从哈沃斯住民口中收集勃朗特的家族史,并以此闻名——对艾米莉的概括说明,她受到了辛克莱的直接影响,但她也为艾米莉辩护,不让她"被人们不公正地称作……异教徒":

> 作为一位诗人,艾米莉·勃朗特属于神秘主义者的行列,然而,她的诗歌是根据个人经历写就的,但那是一种精神上的体验,而不是世俗的阅历。神秘主义不是一种哲学流派,而是一种经历,是一种和神圣的联结,艾米莉透过她清晰的灵视观察自然,看到了自然之神的全貌……这种神圣的直觉将心灵表达出来……促使她用诗写出自己的思想。[20]

查德威克并不觉得艾米莉的信仰以及对它们的诗意表达是她所处文化环境的产物,而是认为神秘的经历率先来临,神圣地降临在天真无邪的诗人身上。

年轻时辛克莱就拒绝接受母亲的基督教教义,而是追求一种不甚教条的灵性,那时她已经站在了维多利亚时代思想的前沿阵地。但到了二十世纪二十年代,社会对于宗教的态度普遍发生了转变,这解释了艾米莉新获得的神秘形象何以如此迷人。夏洛蒂是牧师的妻子,尽职尽责,代表了维多利亚时期圣公会的枷锁和教条。相比之下,艾米莉虽然也能被奉为圣人,但她的信仰模棱两可,看不出宗教派别。到了二十世纪三十年代,艾米莉已然成为圣人,人们在提到她时会压低声音,并用圣经中的隐喻。正如 E. F. 本森在他为夏洛蒂所作的传记中所说,在精神层面高人一等的艾米莉"像一位神秘主义者在等待圣灵降临时那般欣喜若狂……甚至像一位先知,期待夜晚到来,主的光芒能将圣殿照亮"。[21]

然而,艾米莉也被斯温伯恩以及——在某种程度上——玛丽·鲁滨逊等人称作宗教上的反叛者,他们将艾米莉的灵视诗当作精神上的异端邪说。西尔维娅·汤森·沃纳在勃朗特的启发下创作出短篇小说《致意》(1932),艾米莉在小说中透过牧师住宅的窗棂盯着雨中的敌手——黑漆漆的教堂塔楼:

> 或许,她是否觉得自己拥有某种力量,要比她现下所审视的对象身上蕴含着的庄严和肃杀更胜一筹?她是否觉得自己的力量可以呼风唤雨,招来闪电,劈中塔楼,或者能将地下如同哥布林一般的逝者唤起,并叫他们坐在拥挤不堪的墓碑之上呢?[22]

在女性主义的解读中,矗立的尖塔与勃朗特家担任牧师一职的父亲有关,被视为父权的象征。在这样的解读中,艾米莉幻想拥有产生于自身的超自然力量,但始终进退维谷:西尔维娅·汤森·沃纳认为,艾米莉已经把父亲和他所崇信的上帝的想法都内化了,十分畏惧自己不羁的想象。同样,一九三三年,一部戏剧上演,它虽不甚精湛,但也描绘了艾米莉挺身反抗父亲的样子,而剧中的父亲成了维多利亚时期严厉的男性家长的化身。当他指责艾米莉于傍晚前往荒原幽会情人时,艾米莉哭诉道:"我的上帝并非你的上帝。"[23]

　　当艾米莉被冠以"神秘主义者"的固定绰号时,它的含义变得越来越不明晰。梅·辛克莱文化意义上的灵性很快被诸多更加粗略的说法取代。比如伊莎贝尔·C.克拉克下意识地对"神秘主义者"一词的宗教联系作出反应,并在一九二七年的著作《哈沃斯的牧师住宅:勃朗特家族的一幅画面》中得出结论:艾米莉一定是罗马天主教教徒。然而,倘若考虑到勃朗特一家对天主教一直以来所抱有的偏见(这让《维莱特》的现代读者十分尴尬),这一观点便是天方夜谭了。夏洛蒂甚至描述了在布鲁塞尔时,艾米莉"坚定、异端的英国精神"是如何在"异域与罗马天主教体系下那温和的教义"面前畏缩的。[24]但这些证据并没有让克拉克摒弃自己对艾米莉抱有的看法。她错误地将艾米莉与信奉天主教的神秘主义者相提并论,认为人们"不能怀疑艾米莉曾经历过某种罕见的精神愉悦,并将它们准确、生动地描写了下来……我们可以自信地说,她'离上帝的国不远了'"。[25]克拉克本人是否有天主教信仰?这是个有趣的问题。另一位传记作者在艾米莉的诗歌中特别发现了圣方济各会的神秘主义,但如果读者得知其上一部作品就是关于阿西西的圣方济各的①,那么他的客观性自然就经不起推敲了。[26]

随着"神秘主义"在文化中的传播,它变得越来越扭曲。作为死亡的象征,艾米莉的形象始终源于夏洛蒂的《生平说明》,加之人们一直传说她曾有过神秘的经历,这些都招致了贬损之词:不是怪力乱神,就是灵魂出窍。在电影《魂牵梦萦》中,更有一位男子,身骑一匹黑色的高头大马,将奄奄一息的艾米莉带去另一个世界的朦胧画面。超自然的主题变得普遍:哈沃斯被描绘成一个"远离文明"的地方,"只适合鬼魅般的骑手……或棕褐色的猎犬,它们犹如幽灵,懒洋洋地伸着舌头"[27],还有一些场景添油加醋,譬如荒原上一位神秘的吉卜赛人声称艾米莉掌管着生死的钥匙[28]。

艾米莉在《呼啸山庄》中将超自然的元素与自己的哥特风格融合在一起,创造出文学中最令人难忘的怪怖场景——凯茜的鬼魂将手伸过破碎的窗户,紧紧抓住洛克伍德。[29]这一幕的成功之处一定程度上取决于它的含混:惊魂未定的我们不知道这个鬼魂到底是如希思克利夫所愿的那样真实,还是梦幻。在小说结尾处,我们同样听闻当地人曾目睹

---

① 欧内斯特·雷蒙德于一九三九年出版《圣方济各的脚步》(*In the steps of St. Francis*)。

凯茜和希思克利夫的鬼魂。我们是否相信这些说法呢？还是说，我们应该像洛克伍德一样秉持一种更加怀疑的态度？他曾在那些人的墓碑前思忖："谁会想到，在这样一片安宁的土地下，长眠于此的人却并不安宁呢？"[30]这部小说不会让我们知道这对恋人的结局——他们是否像华兹华斯的露西那样与自然界的山岩、树木融为了一体，抑或是，他们的灵魂出窍了呢？《呼啸山庄》之所以盘桓在我们心头久久挥之不去，正是因为它在结局处没有定论。

232 这种含混究其本质是一种文学性质，而对影院或舞台剧来说，想要复制这样的含混一直都困难重重。威廉·怀勒一九三九年那部经典的电影改编拘泥于闹鬼，在电影的最后一幕，凯茜与希思克利夫的躯体变得透明。而彼得·考斯明斯金一九九一年的电影（主演为拉尔夫·费因斯和朱丽叶·比诺什）则试图将鬼魂的手变成一根树枝来"解决"有关凯茜鬼魂的问题：半梦半醒间的洛克伍德误把树枝认成凯茜的手。这两部电影都没能完全抓住原文的紧张气氛。

二十世纪三四十年代的作家试图把超自然重新植入艾米莉的人格，却常常被卷入意想不到的荒诞中，功亏一篑。蕾切尔·弗格森于一九三三年发表了一部有关勃朗特一家的戏剧，对夏洛蒂的说法——她的妹妹是一个容器，任由命运或灵感倾泻——进行了荒谬的解读。剧中，艾米莉告诉姐姐道：

> 今天下午，我正在维新斯山顶①……那儿传来了声音……告诉我该怎么做……这部作品要叫《呼啸山庄》。[31]

---

① 维新斯山顶（Top Withens）位于勃朗特的故乡哈沃斯，山上有一间废弃的农舍，相传该农舍就是呼啸山庄的原型。

剧中的艾米莉可以看到幽灵的存在,并在谈话中突然神情恍惚:

安妮:……艾米!

夏洛蒂:别和她说话,也别碰她。

安妮:你这话什么意思?你吓到我了。她为什么不应答呢?
她为什么不声不响地坐着,眼神里空荡荡的?

夏洛蒂:嘘。我也不太知道。我一直都不懂。我很嫉妒它。
每当它将她占据,她就不再是我的了。[32]

此处的艾米莉自然会吸引信仰招魂说的人。一九四〇年,一位通晓通灵术的牧师查尔斯·L.特威代尔决定与艾米莉取得沟通,他与女儿多萝西在哈沃斯牧师住宅举行一场降神会。一个有些任性的灵魂传递出下列讯息:

你必要绕着我的凳子走走,并在我的琴上弹奏,然后说:
"艾米莉·勃朗特,我爱你。"……
然后,你必须上楼
去看看我的衣服,并要你
永远穿着蓝色的衣服。[33]

显然,死亡并没有给英国文学史上这位著名的"斯芬克斯"带来多少诗歌创作的天赋,但特威代尔还是对此记忆深刻:"那杰出的灵魂从'天国'显现,向世人证明,她的号角已经吹响,能亲身经历这样的场面实属荣幸,应当感激上帝。"[34]

　　一九六〇年,关于艾米莉的宗教阐释兴许离奇到了无以复加的程

度。米莉森特·科勒德在《〈呼啸山庄〉——启示录：艾米莉·勃朗特的
灵魂研究》中问道，"艾米莉·勃朗特到底在向世界隐瞒什么？"[35]作者
答道，她有强大的通灵本能，能与逝者联络，更有先见之明。作者的论点
源于这样的观察：《呼啸山庄》有三十四章，而耶稣离世时正是三十四
岁。作者情绪愈发高涨——"凯瑟琳、伊莎贝拉和凯茜三人被'钉死在
十字架上'，三人合一，成了十字架上的耶稣基督。谁才是耶稣基
督？"——这时，文章完全被图表和纵列打乱。①[36]梅·辛克莱曾试图将
《呼啸山庄》的作者描写成一个灵性的存在，她的做法产生了深远的
影响，并在半个世纪后，演变成了一种阐释上的精神疾病。

　　米莉森特·科勒德偏执的想法看似出自一个孤僻怪人之手，实则反
映出神秘主义的发展历程：它在两次世界大战之间得以确立，而在此期
间，艾米莉的形象也被卷入其中。相比于其他传记，罗默·威尔逊一九
二八年的《孑然一身：艾米莉·简·勃朗特的生平历史》更能说明艾米
莉所引发的幻想之甚。这本书表面上记载了艾米莉的真实生活，实际
上，它更多是在告诉我们女主角在精神层面引起了多么强烈的共鸣。一
位评论家曾对传记作者尖刻地评价道："真不知她写的是她自己，还是
她的女主人公。"[37]

　　罗默·威尔逊（教名罗马）有充足的理由与勃朗特一家产生共鸣。
她出身约克郡，年轻时名不见经传，曾以听起来男性化的笔名发表了她
的第一部小说《马丁·舒勒》（1918），并轰动一时。她也患有肺结核，并

---

　　①　科勒德在文章中插入了一个三纵列的图表，如下：

伊莎贝拉	他的妹妹	
凯瑟琳	他的女儿	埃德加·林敦
凯茜	他的妻子	耶稣基督

在将近四十岁时死于该病。艾米莉·勃朗特传记是她的最后一部作品。

虽然威尔逊的作品质量并不上乘,引得评论家们讥笑不止,但她的方法却在某些方面与现代主义有共通之处。《泰晤士报文学增刊》在评论她最为著名的小说《社会之死》(1921)时写道,它就像"五次痉挛中的一次狂喜……其欢喜之甚……以至于普通读者难解其中奥秘"。[38]该小说的题目也变成了一个流行语,反映出第一次世界大战后,小说家们试图与维多利亚及爱德华时代先辈笔下的社会现实主义决裂,而用一位批评家(他从二十世纪四十年代回顾过去)的话说,他们要转向对"个人人格的探索"。[39]而威尔逊的传记《孑然一身》的题目也说明,她视艾米莉为一个神秘的存在,超脱于世俗之外。

在将注意力转向艾米莉前,威尔逊完成了最后一部小说,我们从中就能看到勃朗特一家所带来的影响。《格林洛》(1927)以德比郡山谷为背景,主角吉莉恩被夹在两个情人之间,左右为难:她的青梅竹马吉姆是个懒汉,而来自布卢姆斯伯里①的知识分子约翰正在忍受着弹震症后遗症的折磨。在描写她对吉姆这位"放荡、嗜酒、身强力壮、如魔鬼般懒惰的年轻人"[40]的感情时,吉莉恩的语言和凯茜那句著名的"我**就是**希思克利夫!"如出一辙:"我爱吉姆。他就是我,我就是他。"[41]但她还是与如林敦般孱弱的约翰终成眷属,坚信自己能挽救他堕落的灵魂。

威尔逊把与《呼啸山庄》有着密切联系的三角恋和自然神秘主义结合在了一起。"我很狂野,"吉莉恩说道,"在我们的山谷中,只有一颗狂野的心脏,那便是我的。我就是山谷的狂野之心,它唯一的心……山谷和我有如一体。"[42]她在此处运用到的主题是包括 D. H. 劳伦斯在内的

①　布卢姆斯伯里位于英国伦敦西区,是伦敦思想、文化、教育机构的核心所在,后用来泛指先进的思想观念。

234

许多同时期的作家都会用到的。她称《孑然一身》受到了劳伦斯的影响，殊不知劳伦斯本人也曾痴迷于勃朗特一家（但在清教徒母亲的约束下，二十岁时的劳伦斯并不许女友杰茜·钱伯斯阅读《呼啸山庄》，因为人们依旧觉得，欣赏这部作品需要"高级的"品位）。[43]

劳伦斯把人的激情当作一种神秘的力量，这一写法往往能追溯回勃朗特三姐妹。他的第一部小说《白孔雀》（1911）借鉴了《呼啸山庄》。（女主人公莱蒂为了财富和安全感抛弃了最初的恋人，嫁给了另一个男人，此时的她与凯茜一样，感受到了大自然的排斥："听见外面刮起的生命之风，她嚷嚷着要出去，走进漆黑猛烈的暴风雨中。"）[44] 虽然在罗默·威尔逊的作品中随处可见勃朗特和劳伦斯的影子，但她还是淡化了他们的影响。劳伦斯的小说因为对性直白的刻画而臭名昭彰，威尔逊笔下的肢体接触则仅限于接吻，即使这些亲吻总是惊心动魄，能让女主人公昏厥倒地；艾米莉在描写暴力的场景时从不吞吞吐吐、扭扭捏捏，这令同时代的人瞠目结舌，而吉莉恩对情人的侮辱却不痛不痒："你这肮脏的癫蛤蟆"是咒詈语中最粗俗的一句了。[45]

吉莉恩在艺术上的禀赋以及她对自然的热爱都出现在威尔逊对艾米莉的刻画之中。夏洛蒂曾说妹妹"比男人还坚强"[46]；吉莉恩也打小被当作男孩养，穿马裤的她一旦穿上女性的裙子就没办法思考了（但她也耽于极其女性化的受虐幻想，幻想自己被主人殴打）。她想象自己是拜伦或——在更不光彩的情况下——"墨索里尼的爪牙"。[47]"雌雄同体"的主题也影响了后人对艾米莉的解读，切实地反映出性别定义对于勃朗特三姐妹自我认知的重要性——她们视自己为作家。然而，威尔逊对"雌雄同体"的解读揭露出她是在缔造有关艾米莉的传奇，而不是记录她的生平。

利顿·斯特雷奇和弗吉尼亚·伍尔夫等现代主义作家也许会怀疑

单一的事实能否触及生平的核心。伍尔夫永远不会认同所谓的准确性和证据，威尔逊则更进一步，对准确性和证据嗤之以鼻。"我不在乎我对事实的陈述有多少谬误，"她在《孑然一身》的导言中大胆地说道。[48]

面对寥寥无几的有关艾米莉的历史记录，威尔逊的做法并不可靠：她既寄希望于传奇确实存在，也寄希望于自己的主观。她在艾米莉的传记中采用了勃朗特传记的标准开头：一场通往哈沃斯的旅途。只不过这一次，她没有沿着主街向上攀爬，而是徒步穿过"荒凉、漆黑、阴森"的荒原。[49]她用第一人称进行创作，口吻像是一个爱好文学的游客：我们看到她如何在途中体验约克郡的客栈，寻找《呼啸山庄》中的仆人约瑟夫在生活中的原型。但她华丽的文风很快便将她与普通游客区别开来。这不单单是约克郡的一日游，更是踏向永恒自然深处的一次旅途，不时夹杂着咒语般的重复，一朵白花"像是一颗瞎了眼的白色星星在昏暗的下晌那样凝视着"[50]，空气中回荡着松鸡不祥的叫声，敦促侵入者"回去！"[51]

令人困惑的是，行进在旅途中的"我"很快就变得身份不明。在自恋和性别困惑的作用下，威尔逊竟将自己与一位永恒的男性英雄对应起来：

> 外来人很少在这里游荡，但我属于这些地方，喜欢独自一人待在荒原上，因为我了解自己，自己与自己携手同行。我是英雄，是自己的英雄，无人知晓。而现在的我也并不在乎没人认识他。独自一人在荒原之上，我既不关心上帝，也不关心旁人，而只关心我自己。自打孩提时起，我就是我。在那之前，如果永恒也有伊始，那么回到时光开始的地方，我也是我。[52]

236　我们仍然无从确定这个"英雄"是谁。也许他是神话原型"黑暗英雄"的化身，很快被当作理解艾米莉的关键。

　　据威尔逊所说，"黑暗英雄"——其他地方也称"黑暗之物"或"它"——是一种和荒原一样原始的力量，"来自一个我们所理解的理性之外的神秘地方，降临到一些男人和女人身上"。[53]这种力量将那些被选中，但也备受折磨的人占据，它是一个无家可归的精灵，阴森幽怨、充满激情且具有毁灭性，源自堕落天使撒旦或普罗米修斯。最近，这位"黑暗王子"已经化身为如拜伦和兰波一样叛逆的诗人。它通过艾米莉·勃朗特的肉体凡胎，解释了她是怎样开始创作《呼啸山庄》的：恶魔般的希思克利夫是她内心的"黑暗英雄"，小说则讲述了她深藏不露的灵魂的故事。

　　虽然威尔逊的措辞富有神秘色彩，但她也借助当代心理学——那时的神秘主义和精神分析在公众心目中往往是联系在一起的——来解释艾米莉的灵魂为了迎接"黑暗英雄"的到来做了怎样的准备。她寻找典型的童年创伤，并认为（以什么为依据却很难说）幼时的简·爱被舅妈关在红房子以示惩戒的一幕一定来自一件真实发生的事：艾米莉曾被布兰韦尔姨妈锁在母亲过世的房间里。[54]（如果这一幕将布兰韦尔姨妈变成了邪恶的继母，那么威尔逊对艾米莉的刻画——一个被迫为家人做饭清扫的苦力——中也有不少灰姑娘的意味。）

　　这是威尔逊手法的典型逻辑：它避免了历史重构，而倾向于一系列象征性的、由想象造就的画面，有时会落入自传的泥淖。考虑到她滔滔不绝、无拘无束的文风全然不同于《呼啸山庄》言简意赅的风格，我们难以理解她为何会把自己的天资和艾米莉的天才相提并论——她趾高气扬地向那些天资不足的读者解释道，"我们这些写作和创造者"是如何"寻求纯粹的体验的"[55]，似乎觉得自己也被"黑暗英雄"附身了。

　　威尔逊象征性的阐释并非全然没有吸引力,譬如她认为《呼啸山庄》中的人物反映了艾米莉思想的各个层面:希思克利夫代表了艾米莉内心叛逆不羁、疏远社会的自我,也正是这个自我创作了诗歌和小说。但威尔逊传递的核心信息——只有被男性的"黑暗英雄"附体,才能解释清她是如何创作出小说的——与维多利亚时代那些认为没有女人能创作出《呼啸山庄》这样一部作品的批评家的想法无异。她称艾米莉"女人的身躯中"一定"蕴藏着一个男人的灵魂"。[56]

　　罗默·威尔逊为艾米莉所作的传记于一九二八年出版,正逢勃朗特家族声名远播,而当斯特拉·吉本斯于一九三一至一九三二年创作经典小说《令人难以宽慰的农庄》时①,威尔逊的作品(包括传记和小说)很可能就萦绕在她的心头。这本小说风趣精巧,被称为"一部有关时下狂热与幻想的百科全书,令人忍俊不禁",其中就囊括了时人对勃朗特家族的痴迷。[57]

　　小说透过弗洛拉·波斯特疏离且讽刺的视角讲述,她是一位来自都市的年轻女性,前往乡下一个名叫令人难以宽慰的农庄,拜访表亲斯塔卡德一家。斯特拉·吉本斯通过这一家人抨击了文学田园主义中的"沃土与私生子"一派,《珍贵的毒药》一书的作者玛丽·韦布②就是该派的代表。吉本斯讽刺性欲是一种与生机勃发的自然界息息相关的神秘生命力,在此过程中,她还提到了 D. H. 劳伦斯以及劳伦斯式的作品,如罗默·威尔逊的《格林洛》。然而,包括家庭宿怨、对方言的运用以及对低教会派宗教狂热的讽刺在内的主题都能追溯到《呼啸山庄》。埃尔芬

237

---

　　①　*Cold Comfort Farm*,题目译名参考斯特拉·吉本斯,《令人难以宽慰的农庄》,巴扬译(新星出版社,2019)。

　　②　玛丽·韦布(Mary Webb, 1881–1927),英国小说家,代表作《珍贵的毒药》(*Precious Bane*, 1924)题目出自弥尔顿《失乐园》(第一卷,第 690–692 行):"Let none admire / That riches grow in Hell; / the soil may best / Deserve the precious bane."

这一角色与动物十分亲密,她创作诗歌,轻快地掠过山脊,想与风哥哥和太阳姐姐神秘地交流一番,甚至与人们心目中多愁善感的艾米莉·勃朗特有一些相似之处。

　　小说借由迈伯格先生最为明确地提到了时人对勃朗特故事的痴迷。他是位布卢姆斯伯里式的冒牌学问家,正在为布兰韦尔写传。二十世纪二十年代,布兰韦尔再度受到人们的关注,而约克郡一位名叫爱丽丝·劳的自然诗人在两本书中支持布兰韦尔系《呼啸山庄》作者的说法,再度引发《呼啸山庄》的作者身份之争。[58]劳同情布兰韦尔,以牺牲三姐妹为代价,把他理想化地刻画为一位注定遭殃且无可指摘的青年。第一次世界大战后,一位年轻男子的悲剧似乎比那些年轻女性的挣扎更令人感伤。劳旧调重弹,认为《呼啸山庄》不可能是一位女性的手笔,指出书中的咒詈语和拉丁语文化就是证据。实际上,艾米莉一定对古典学有所研究,她零星地翻译了维吉尔作品,并有关于欧里庇得斯和埃斯库罗斯的笔记得以幸存下来。[59]

　　克莱门丝·戴恩于一九三二年发表戏剧《狂野的十二月》,凯瑟琳·麦克法兰于一九三六年出版小说《分享荒凉》,这些勃朗特故事的虚构者很快旧事重提,认为布兰韦尔才是《呼啸山庄》的作者。因此,在《令人难以宽慰的农庄》中提倡这一观点的迈伯格先生并不像读者通常所认为的那样猖狂古怪,相反,他只是随波逐流而已。斯特拉·吉本斯透过他无情地嘲讽了隐藏在这一理论背后的反女性主义情绪,而她本人也将经历类似于艾米莉·勃朗特的命运,被置于评论家的股掌之间:他们认为吉本斯的小说精巧至极,因此不可能出自一位年轻的女记者,而是伊夫林·沃①用笔名发表的作品。[60]据迈伯格先生所说,"当今欧洲的

238

---

①　伊夫林·沃(Evelyn Waugh, 1903-1966),英国作家。

有识之士"不会质疑布兰韦尔的作者身份,因为《呼啸山庄》显然是"男性的营生"。[61]

叙述者弗洛拉意识到,迈伯格对勃朗特三姐妹的看法反映了他极其男性化的观点——"一个女人的成功只能通过的她的性生活来衡量"。[62]他对勃朗特故事的篡改荒诞不经,反映出他对女性思想的诋毁。在他看来,天赋平平的三姐妹不仅因弟兄才华横溢而心生妒忌,她们还嗜酒放旷,盗走并转卖了弟兄的手稿用作酒钱,而布兰韦尔以一种大无畏的牺牲精神,为三姐妹担下了酗酒的恶名,并默许她们冒领他的作品。

迈伯格先生的论断实则是在嘲讽传记的阐释方法,十分恰切。面对勃朗特家族这样先前被"研究"过多次的对象,二十世纪二十年代的传记作者任重而道远:他们既要发现新证据,又要用一套新理论在瞬息之间震惊世界,为传记人物盖棺论定。迈伯格先生这两点都做到了。作为弗洛伊德理论的一位业余信众,他从每一种植物中都能看到阳具的象征,热衷于把流行的心理学用作理解勃朗特姐弟的关键,并称自己发现了布兰韦尔写给一位生活在爱尔兰的老姑妈的三封信,证实他就是《呼啸山庄》的作者。

迈伯格告诉弗洛拉,这些信是"被压抑的激情的杰作",其中有很多线索表明布兰韦尔对那位老妇人有着乱伦的渴慕。疯狂的迈伯格过度解读了这些信件,在他看来,布兰韦尔询问姑妈家宠物猫的健康就是"心理变态"的证据。布兰韦尔**并没有**提到《呼啸山庄》,这恰恰说明一定是他创作了这部小说:

> 像个心理学家一样看待这个问题。为了这部旷世杰作,这个男人一天工作十五个小时,这几乎让他精疲力竭。他寝不安席、食不

甘味,就像一台需要依靠自身活力驱动的发动机,全身心地致力于完成《呼啸山庄》这部作品。他用仅剩的一点精力给爱尔兰的老姑妈写信。现在我请问你,你觉得他还会提到他正在创作《呼啸山庄》吗?[63]

这样的逻辑很接近阴谋论者约翰·马勒姆-德布利比的思维,后者认为夏洛蒂创作了《呼啸山庄》,并相信任何反面证据都是她"为了迷惑众人"而刻意制造出来的。但也有一位精神分析批评家富有预见性,他把夏洛蒂很少言及自己母亲这一事实当作证据,主张严重的恋母情结贯穿其一生。[64]

在嘲讽勃朗特传记的过程中,斯特拉·吉本斯揭示了它在二十世纪三十年代变成了怎样一种神秘的来源,而从超自然主义的角度解读艾米莉也让她神秘莫测。但这些解读或许也在无意间促成了一种思潮:人们会否认她是《呼啸山庄》的作者,因为他们很难相信这样一位弱不胜衣、超脱世外并有赖灵界探访的人会写出这样一部激情满满的小说。有人宣扬布兰韦尔是该书的作者,进而解决了问题,因为至少有记录表明他与鲁滨逊夫人有过不正当的恋情,而其他人则开始怀疑艾米莉是否也有过一段掩藏着《呼啸山庄》之谜的类似恋情。

《令人难以宽慰的农庄》中的迈伯格先生满脑子都是性,夸张地代表了二十世纪的传记。如果人们无法如愿进入传记主人公的卧室,他们便想进入他或她的性幻想,而时至今日,这种强烈的欲望仍是文学传记的核心。回到一九一二年,梅·辛克莱已经预示到未来的传记作者会怎样玷污她眼中灵性的女主人公,担心有朝一日,"艾米莉·勃朗特的某位可怕的崇拜者会不耐烦于她的沉默,不满意于她奇怪的、童贞的、难以触及的美貌",可能"杜撰出一些类似于凯瑟琳·恩肖对希思克利夫的情爱故事,而她的荒原此前一直替她保守着秘密"。[65] 这种担心早就应验了。

在玛丽·鲁滨逊于一八八三年出版的传记中,艾米莉完全纯洁,符合维多利亚后期女性主义对女性贞操的强调,而发生在哥哥身上罪恶的悲剧是她和激情的唯一联系,而这也被视为《呼啸山庄》之所以存在的唯一合理解释。梅·辛克莱追随鲁滨逊的脚步,坚称艾米莉天性一尘不染,从不耽于肉欲。

但一九一三年,夏洛蒂给埃热先生去信的出版令辛克莱惶惶不可终日,它们把爱情牢牢摆在了勃朗特议题的首要位置,而艾米莉的崇拜者们也错误地把两姐妹进行类比,开始怀疑希思克利夫是否像《维莱特》中的保罗·埃马纽埃尔一样来自现实的爱情。经不起诱惑的他们并没有让艾米莉笔下的男主人公继续充当文学角色,而是把他变成了有血有肉的人,把不食人间烟火的艾米莉刻画得肉欲横流,把她拽入了世俗之中。

就这样,两个相互矛盾的推断并存,它们主导了艾米莉的生平形象。一些人以对艾米莉灵视诗的神秘主义解读为基础,认为她是不属于这个世界的存在,而另一些人则以《呼啸山庄》为依据,坚持认为她对男女间的情爱欢好心知肚明。人们发现这两种观点总是并驾齐驱,而传记作者们并不尝试解释,甚至并不承认这个显而易见的悖论。

如埃丝特·爱丽丝·查德威克这位勃朗特历史的收集者相信,艾米莉的诗歌是在她与上帝的神秘结合之下创作出来的,但她同时觉得,如果没有受到现实爱情的启发,艾米莉不可能创造出希思克利夫这一人物。象征主义诗人莫里斯·梅特林克(其作品《佩利亚斯与梅斯桑德》与艾米莉的小说遥相呼应)在一篇有关《呼啸山庄》的批评中说道:"我们觉得一个人必须在被热吻烧红的铁链下生活三十年,才能学到她所学到的本领。"[66]查德威克出人意料地从字面意义上理解这一修辞手法,并为艾米莉笔下的希思克利夫寻找可能的原型。她想到了康斯坦丁·埃热,并问道:"除了埃热先生,还有谁会是希思克利夫的原型呢?"[67]这位老师显然是一位"强大的暴君,拥有神一样纯洁又强烈的爱"。[68]凡事都能证明埃热先生生性激情饱满:"请看……他在布兰韦尔小姐辞世后写给勃朗特先生的那封言辞优美的吊唁信。"[69]

伊莎贝尔·C.克拉克在一九二七年的《哈沃斯的牧师住宅》中也有类似举动:找出艾米莉的情人。克拉克和查德威克一样难服众心:她把艾米莉奉为一个贞洁的神秘主义者,与此同时坚信她一定领略过男女间的情爱。"在寻找那个最先将她内心激情唤醒的男人时,"克拉克绝望地写道,"我们的选择注定要落在唯一一个……她能容忍的人身上。"[70]此人就是威廉·韦特曼,一位心地善良、魅力十足的副牧师,很招勃朗特一家的喜欢,但他的魅力和《呼啸山庄》中那位恶魔般的非正统派主角的魅力截然不同。

小说家伊丽莎白·古奇在她的戏剧《哈沃斯的勃朗特》中采纳了这个鲁莽的说法,这引发了一系列奇怪的对话。剧中,韦特曼高谈阔论,言辞之华丽有如《令人难以宽慰的农庄》一般,而艾米莉则一本正经、言简意赅地回应着他:

> **韦特曼**:荒原造就了你,你就是荒原做的。你的灵魂和身体就是石楠花和蕨类植物,西风吹拂着草地,还有如火焰一般在春日里悸动着的美妙生命。
>
> **艾米莉**:多美啊![71]

艾米莉的疑似情人多是历史上的真实人物，即使有些理论是对事实的讽刺（伊索贝尔·英格利希的戏剧《交汇点》就是一个极端的例子，剧中的艾米莉竟为父亲诞下了一个孩子）。[72]但还有一些人的做法悍然无视所有证据。一九三二年的虚构作品《白窗》以哈里·德维尔为主角，他是唐璜般的角色，声称无论艾米莉是否愿意，他都要骑马将她驮走。[73]一位没有经历过爱情的年轻女孩究竟是怎样创造出希思克利夫这样一位角色的？这让法国的一位传记作者百思不得其解。他起先有不少想法，但最终还是硬生生杜撰出一位年轻的农夫，细致地刻画了他的样貌（"面容俊朗、身材高大，有着乌黑的眼睛、棕色的鬈发、白皙的皮肤"），称艾米莉**一定**和他谈过恋爱。[74]

有趣的是，随着《呼啸山庄》日益流行并在舞台剧和电影改编者的手中变得程式化，有关该小说中的爱情一定源于个人经历的说法也甚嚣尘上。如帕齐·斯通曼所说，在十九世纪与二十世纪之交，《呼啸山庄》仍是一部前卫的作品，或者只受到了专家的关注，但在二十世纪三十年代，它通过剧院版本和一九三九年的好莱坞电影改编——这部电影令《呼啸山庄》成了一部真正将大众俘获的爱情故事——获得了更加广泛的受众群体（截至一九四九年，已有两亿两千万人看过这部电影）。[75]

传记作者试图把艾米莉的小说描绘成一个真实发生的爱情故事，进而从字面意义上解释这部作品，《呼啸山庄》的改编者们也尝试将小说中的核心关系正常化：凯茜变成了斯嘉丽·奥哈拉①一样任性的角色，而小说情节更落入俗套，成了有关马夫和富家小姐之间的故事。路易斯·布努埃尔②一九五三年的电影《激情的深渊》以墨西哥为背景，虽然

---

① 斯嘉丽·奥哈拉（Scarlett O'Hara），汉语又译郝思嘉，美国作家玛格丽特·米切尔（Margaret Mitchell, 1900-1949）创作的长篇小说《飘》（*Gone with the Wind*）的女主人公。
② 路易斯·布努埃尔（Luis Buñuel, 1900-1983），西班牙电影导演、剧作家、制片人。

这部影片可能在艺术手法上野心勃勃,但它还是把小说的核心驱动力用传统的方式表现了出来,变成了因爱生妒和通奸的老套路。《情欲评论》最近在读者中发起一项投票活动,艾米莉被评为千禧年最性感人物第二十名,排在埃罗尔·弗林[1]和约瑟芬·贝克[2]之前[76],这足以说明她成了传统意义上性感的代言人。

实际上,艾米莉小说中的爱情与二十世纪流行文化中通常描绘的成年男女之间的情爱相去甚远。《呼啸山庄》中的爱情从来不是圆满的,而且从某种意义上说,它也不能是圆满的,因为凯茜和希思克利夫的爱可以追溯到童年,那时的二人还是名义上的兄妹,穿着挤奶工的披风,在荒原上奔走,形影不离。他们之间的关系类似于我们在拜伦、德昆西和雪莱的作品中读到的那种理想中的兄妹关系,与简·爱和罗切斯特之间传统的爱恋不尽相同。[77]

玛丽·鲁滨逊和梅·辛克莱强调,《呼啸山庄》中的激情在本质上是缺乏性关系的,她们的看法有些道理,因为在艾米莉的想象中,情欲与精神似乎被有趣地结合在了一起。譬如在《我的灵魂绝不懦弱》一诗中,在与"无处不在的全能的神"对话时的措辞有如凯茜对希思克利夫表达的爱意。诗中,存在以神性为中心:

纵然地球和月亮都消逝,
恒星和宇宙也都失去,
唯独剩下了你,
每种存在都将在你身上继续。[78]

---

① 埃罗尔·弗林(Errol Flynn, 1909-1959),澳大利亚演员、导演、歌手。
② 约瑟芬·贝克(Josephine Baker, 1906-1975),美国黑人舞蹈家、歌手。

而凯茜的存在也以希思克利夫为中心：

> 即使别的一切全都消亡了，只要**他**留下了，我就能继续活下去；
> 而要是别的一切都留下了，只有他给毁灭了，那整个世界就成了
> 一个极其陌生的地方，我就不再像是它的一部分了。[79]

对艾米莉而言，《呼啸山庄》中的爱情似乎比许多传记作家和小说改编者想象中的都更接近她灵视诗中的灵性。

为了找出艾米莉那不为人知的情人，人们做了各种各样的尝试，而他们之中最臭名昭著的必定要数弗吉尼亚·穆尔，她于一九三六年首次出版《艾米莉·勃朗特的匆匆一生》，在这本书中，她或许犯下了勃朗特研究史上最严重的传记错误。罗默·威尔逊有意在一九二八年的传记中制造迷思，穆尔却不同，她声称自己的目标"并不是重新创造一个传奇（对那些多愁善感之人听之任之），而是还原最精简的艾米莉·勃朗特，不夸大其词，不改变事实，还要清晰明了"。[80]她吹嘘自己"尤为尊重"原始材料。[81]但她极不擅长辨认泛黄的字迹，以至于在手稿研究的过程中，错把一首诗的题目《爱情的永别》读作《路易斯·帕伦塞尔》，并为艾米莉杜撰出一个同名的情人。

艾米莉诗集的编辑哈特菲尔德给《泰晤士报文学增刊》写信，指出了这一错误。[82]但这位神秘的"路易斯"还是在《诗评》的读者中引发了生动的猜想。《诗评》的书信版面中有一位来信者称，布兰韦尔曾短暂尝试做一位肖像画家，并于布拉德福德开设画室，而艾米莉就在那里遇到了她的情人。这位来信者总结道，艾米莉日记中的一条神秘记录（"除了在布拉德福德的几小时"，她与安妮二人都很享受结伴离家之旅）一定是指失去情人路易斯的伤心回忆。[83]

243

　　一旦穆尔突发奇想,要用艾米莉的诗歌作为传记证据,她就深陷其中而无法自拔。"拿她的诗与她的一生比照,"她写道,"就像是挖到了金矿一样令人兴奋。"[84]但她往往并不是在拿艾米莉的诗歌与生平"比照",而是直接把诗歌用作素材。她的确投身到了传记领域的"淘金热"中,这是一种集体性的"精神错乱",而那些试图发掘艾米莉之谜的人中有很多人都有这样的征候。穆尔并不满足于在《路易斯·帕伦塞尔》中发现艾米莉的情人,她同样耸人听闻地补充道,艾米莉属于"那些只能在同性身上寻找到快乐的女人中的一员"。[85]

　　这并不是人们第一次将勃朗特姐妹与女同性恋者联系在一起。E. F. 本森在一九三二年的传记中称,年轻时的夏洛蒂与埃伦·纳西的关系"是青少年中……很常见的……强烈的同性依恋"。[86]本森态度倨傲,但穆尔满是同情。她在拉德克利夫·霍尔的小说《孤寂深渊》——以女同性恋为题材,并于一九二八年被控告为色情淫秽小说——发表后进行创作,佯作开明,反对落后的压迫与虚伪,并坚定地告诉读者:"我们不再谈性色变。"[87]

　　穆尔想要发表些新看法,让艾米莉迎合现代性的、布卢姆斯伯里式的观点,在这种想法的驱动下,她开始确立自己在揭露性传记领域的领先地位。性的话题在当时紧跟潮流的传记作者心目中已经变得很是俗套,而《令人难以宽慰的农庄》中的一幕就说明了这一点:在一场与迈伯格先生的谈话中,弗洛拉沮丧地意识到"我们迟早定会谈到同性恋的问题,定会谈到女同性恋和老处女的问题"。[88](斯特拉·吉本斯自己却没有工夫作这样的猜测。她仅凭一句"我想……安妮·勃朗特写的是《拉德克利夫庄园的房客》"就尖锐地回应了人们有关勃朗特姐妹性取向的种种猜测。)[89]

　　一八三八至一八三九年,艾米莉曾在帕奇特夫人开办于哈利法克斯的劳希尔学校任教若干月,穆尔想要证明,那时艾米莉爱上了一位身份不明的女子。[90]但她的观点是基于她对一首贡达尔诗歌的解读,该诗的开头写作:"大厅里点起灯来!"实际上,此诗是以费尔南多·德萨马拉这样一位男性的口吻创作的,他被美丽动人、皮肤黝黑的奥古丝塔·杰拉尔丁·阿尔梅达欺骗而绝望不已。[91]尽管穆尔并不理解贡达尔的全部含义(她甚至将《贡达尔诗篇》误写为《格伦达尔诗篇》),但她还是意识到前面提到的那首诗可能是虚构的。但穆尔很希望这首诗是自传性质的,同样希望令艾米莉倾倒的是一位女子,因此便让自己的"直觉"占据了上风:"当艾米莉说'她'的时候……人们觉得她说的就是'她'。为什么呢?因为整首诗强烈、直接且紧迫得令人生畏。难道她会在这样的情绪下用代词开玩笑或掩饰自己吗?人们会凭借直觉说'不'。"[92]她接着谈到《呼啸山庄》,认为凯茜就是艾米莉在劳希尔学校爱上的女孩,而希思克利夫就是艾米莉的自画像。她和罗默·威尔逊都得出了类似的结论:创作希思克利夫的女性创作者体内有着一个男性的灵魂。[93]

虽然穆尔竭力反对维多利亚时期人们谈性色变的现象,但她还是重复了十九世纪批评家们的偏见——《呼啸山庄》不可能是一位女性的手笔。她把艾米莉的写作风格——"毫不妥协的男性气质"——当作女同性恋倾向的证据,实则是在根据十九世纪四十年代对所谓"女性化的"写作的局限定义来评判艾米莉。[94]

二十世纪二十年代以降,传记更加关注弗洛伊德心理学,穆尔便暗中倾向于对内心世界的描写而把外部的文化背景边缘化。艾米莉青睐男性角色和男性笔名,绰号"少校";埃热先生也曾对她的才智赞许有加,说她应是一位伟大的航行者;村民们记得她冲自己的狗吹口哨;夏洛蒂也曾说她比男性还要坚强;人们把这些全部当作对艾米莉性欲的评论,而不是当时流行的对"男性化的"和"女性化的"在思维、写作及社交举止方面的文化认识。（有趣的是,十九世纪八十年代,玛丽·鲁滨逊用艾米莉假小子的特征来强调她的性冷淡而非性欲。）

245 十九世纪中叶,社会与性如何在个人对自身性别的体验中相互影响是一个问题,而这个问题比穆尔笔下的要复杂得多。十九世纪三四十年代,无论是她自然而然所提到的"男性化的"习惯,还是采用男性化笔名的做法(夏洛蒂、艾米莉、安妮、乔治·艾略特和其他许多作家都有此举),均不能说明作者有女同性恋倾向。双性恋者乔治·桑身着男装也只是为了行动自由,而不是为了表明自己的性取向。[95] 没有传记作者认为艾米莉·勃朗特是为了效仿乔治·桑才身着男装的,但安德烈·泰希内在电影《勃朗特姐妹》中让艾米莉穿着裤子踏上荒原。但如果艾米莉的行为举止在一些同时代的人看来是男性化的,那是因为在那样一种文化背景下,权力、优越性、艺术创造力、吹口哨的举动以及清晰的逻辑通常都被定义为男性化的,并且在这种文化中,女性自发的性欲——哪怕对象是一位男性——都会被当作非女性化的。

尽管穆尔的结论难服众心,但还是有人支持她的理论。美国批评家卡米尔·帕格利亚在一九九〇年的著作《性角色》中以穆尔的理论为基础,从女同性恋的角度对艾米莉进行了解读。帕格利亚虽然对穆尔伤感滥情的风格不以为然,却准备全盘接受那未经证实的"少年妖女"的说法——据说此人在劳希尔学校拒绝了艾米莉的爱意。帕格利亚接着解读了希思克利夫这一角色,认为他是"令人震惊的变性的产物",并以此证明艾米莉的男性气质。[96]

史蒂维·戴维斯最近也在《艾米莉·勃朗特:离经叛道者》(1994)中回顾了艾米莉的性取向问题,但她要谨慎周到得多。她觉得艾米莉可能有同性恋的倾向,但也直言自己无法证明这一点。她深刻地分析了凯茜与希思克利夫之间的爱情,认为他们彼此相爱是因为他们相似,而非不同。但当她把这一爱情与艾米莉的性取向联系在一起时,她就充满疑虑,怀疑自己的想法是否真的能与同性恋联系在一起。探讨《呼啸山庄》中所涉及的性向问题并无不妥,但就艾米莉的自我下结论便为时过早了——每当这个自我看似触手可及时便会倏尔消失。

看来,传记作者总算要打消寻找所谓艾米莉"情人"的念头了。他们起先这样做是为了定义艾米莉,并在某种意义上将她"正常化",但他们的探索最终却带来了一些荒诞不经的说法。二十世纪上半叶,艾米莉的许多仰慕者似乎难以让她维持自己的神秘感:他们想将她限制在现实的关系中,如此一来,她便不会从他们手中"溜走"了。也许我们需要的是一种传记形式,它不仅能承认艾米莉天性难以捉摸、充满矛盾,还能吸纳济慈所谓的"消极能力",即"在不安、迷惘、疑虑中泰然处之,而不是暴躁地追索事实与原因"的一种能力。[97]

246

凡是接近艾米莉·勃朗特的人都不免陷入猜测,因为在艾米莉研究中,猜测是必要的,但有关《路易斯·帕伦塞尔》的讹误似乎也对后来的传记作者起到了警示作用。当穆尔吹嘘自己发现了"最精简的艾米莉"时,她也在无意间透露出自己的狂妄。虽有个别例外,但穆尔之后的传记作者在提出自己的主张时不再那样莽撞了,而是重新开始关注艾米莉的文学想象力。汉弗莱·沃德夫人从文化(而非生平)角度对艾米莉作品进行解读的做法将再度流行起来。

一九五三年,小说家缪丽尔·斯帕克发表了一篇有关艾米莉生平的文章,她的角度与弗吉尼亚·伍尔夫的大相径庭。斯帕克并未尝试通过一个所谓的情人来破解艾米莉之谜,而是简单地认为艾米莉在牧师住宅过着深居简出、平淡无奇的生活。据斯帕克所说,构成艾米莉生平"主要事实"的是她的诗歌和小说,而不是发生在她生活中的事。[98]斯帕克笔下的艾米莉不需要神秘的探访或者启发灵感的情爱等外在影响。相反,她是一个自我创造的存在,遨游于自己想象的宇宙的中心。斯帕克关注艾米莉的传奇之死,认为她之所以在谢世后取得了戏剧性且传奇的名声,是因为她密切地参与到了自己创造的文学世界中。

在斯帕克看来,贡达尔和《呼啸山庄》对艾米莉的生命而言都至关重要,她甚至不再区分真实和虚构。她把自己视为"自己作品中的主人公与偶像",幻想着可以"通过自己将作品中表达的愿望戏剧性地表现出来"。[99]贡达尔诗篇的主人公凌驾于日常生活的法则之上。艾米莉临终前也开始相信,自己有权选择是否死于顽疾,但在现实的医学领域,她没有这样的权力。斯帕克不像弗吉尼亚·穆尔那样认为艾米莉选择了死亡。相反,她怀疑地称艾米莉对自己天赋的力量抱有错觉,将自己的死亡戏剧化地表现出来,直至生命的最后关头,依旧"自诩拥有超人的力量"。[100]这样一来,艾米莉使得自己的形象在夏洛蒂眼中变得超凡脱俗,而后者随即便将这一形象传递给了公众。

斯帕克笔下的艾米莉神经质且幼稚,她猜测性的解读也存在一个缺
247　点,即她没有考虑到夏洛蒂在向世人描述妹妹时,可能有意创造迷思。人们同样好奇,他们之所以觉得艾米莉无法区分现实与幻想,是不是因为她在当时的公众心目中扮演起了半虚构的角色。斯帕克的这部简短的传记不同于先前那些结构松散的作品,确实不负其杰出小说家之名:其人物塑造连贯,极大地满足了读者的审美体验。如此一来,它也提出了一个斯特雷奇式的问题:传记作者该在多大程度上将传记的原始素材变成一个统一的故事?

其他致力于艾米莉研究的人则不像斯帕克那样相信自己有能力从主人公遗留的残损文字中提炼出一个有机的整体。人们开始狐疑满腹,都不敢大胆宣称自己解开了谜团。约翰·休伊什在一九六九年的研究

中明确指出，记载存在缺漏。即使那些为人们所普遍接受的"事实"也被再度审视。譬如盖斯凯尔曾描写艾米莉在烘焙面包时常常在厨房的餐桌上摆放一本德文书。夏洛蒂在信中提到过艾米莉会烤面包，《简·爱》中也有里弗斯姐妹学习德语的一幕。但休伊什称没有目击者能证明艾米莉习惯在焙烤面包时阅读德文书。也许是盖斯凯尔的想象把二者联系在了一起。[101]

休伊什的怀疑或许不无道理，特别当我们考虑到上述一幕是典型的盖斯凯尔风格。盖斯凯尔不仅迫切想要证明，女性可以在不忽视家庭责任的前提下追求精神生活，还发现这样一幕对小说创作而言很有吸引力，并在之后的《菲莉丝表妹》中对这一意象重新加以运用：书中的女主人公在削苹果时研究但丁。[102]但讽刺的是，这种揭秘的做法却制造出了更多谜团。

休伊什的疑窦也偶有穷尽之时。他在某一个因证据不足而扑朔迷离的问题上——如艾米莉在劳希尔学校究竟教了几个月的书？——所施的笔墨可能并不适当，因为事情的真相一旦为人所知，便可能平淡无奇。正因我们不知道确切的答案，书中的主角才会如此引人入胜。如果那些压根没有被记录在案的日月分秒包含了某人生平中更为重要的经历和时刻，又该当如何呢？正如朱利安·巴恩斯在《福楼拜的鹦鹉》中所说：

但想想那没有被捕捉到的一切吧，那随着传记主人公临终时的最后一口气而消逝的一切。如果传记主人公看到传记作者的到来，并决定要捉弄他一番，那么再成风尽垩的传记作者又会有什么机会呢？[103]

虽然休伊什对"劳希尔学校"的细节很感兴趣,但从很多方面来说,他是迄今为止在艾米莉研究方面最为理性、逻辑最为清晰的评论家之一,而这主要是因为他把作品摆在了传记的核心位置。他回归了汉弗莱·沃德夫人的传统,试图呈现艾米莉的阅读背景,将她的作品置于文学(而非神秘主义或单纯生平)的语境中加以考量,回顾了拜伦(特别是穆尔的《拜伦传》)、司各特、华兹华斯及莎士比亚,还考虑到她无疑能够接触到的文学期刊[104],并在最后总结道:"显然,我们更容易能找到她笔下的角色在文学上的近亲,而不是生活中的原型。"[105]

目前的传记越来越需要把艾米莉的文学背景考虑进去。威妮弗雷德·热兰或许在一九七一年的传记中宣扬了有关艾米莉的神秘主义理论,认为她受到了某种超验力量的"探访",而这些"探访"最终将她抛弃,导致她离世,但她同时承认艾米莉的阅读影响了《呼啸山庄》的创作。热兰或许因为要研究比夏洛蒂更难应付的艾米莉而惶恐不安,她的这部传记也不如她为夏洛蒂所作的那部成功,但是她的《艾米莉·勃朗特》是最后几部把艾米莉与布兰韦尔尤其亲近这一传统说法囊括进去的作品之一。

二十世纪八九十年代,对艾米莉的文学背景的强调对于她的传记形象而言越来越重要。(凯瑟琳·弗兰克一九九〇年出版的《艾米莉·勃朗特:不羁的灵魂》一书也许是个例外。该书回顾了早期关于夏洛蒂的心理传记,其核心论点就是夏洛蒂患有厌食症并最终将自己饿死。)爱德华·奇塔姆一九八七年的传记和史蒂维·戴维斯一九九四年的传记都将艾米莉塑造成了一位深谙文学之道的作家,即使这常常意味着要寻找互文性,而互文性当然也可能是巧合。

奇塔姆甘冒风险,怀疑艾米莉对雪莱有一种浪漫的情愫。他的论点聚焦于雪莱《心之灵》中的一段。这是一首有关自由恋爱的自传体诗,雪莱用形而上学的语言描写了他与妻子、情妇、女性朋友之间的关系。雪莱与一位名叫"艾米莉"的女子——其实是美丽的埃米莉亚·薇薇亚尼,一位年轻的继承者——对话,称他们的灵魂是柏拉图式的结合,这似乎预示了《呼啸山庄》的情节。雪莱的一句"我不是你的:我是你的一部分"使人联想到凯茜所说的"他比我自己更像我自己"和"我**就是**希思克利夫!",而雪莱"我们两人曾是一母同胞"的愿望又与凯茜和希思克利夫童年的兄妹情谊相呼应。[106]

249

艾米莉·勃朗特可能将雪莱的"艾米莉"视为这位逝去的诗人传递给她的讯息,这种观点虽博人眼球,但始终是猜测而已。艾米莉确有可能了解雪莱并读过他的作品,因为他曾出现在穆尔的《拜伦传》中,《弗雷泽杂志》一八三八年刊登的一篇文章也以他为主题,他的遗孀玛丽更于一八三九年将包括《心之灵》在内的诗集整理出版。夏洛蒂在她的小说中也曾提到过雪莱。[107]但正如奇塔姆所说,艾米莉诗歌中某些身份不明的人物是否真的与雪莱有关尚未可知,特别是考虑到她的作品中从未出现过雪莱的名字。早期的传记作者从现实生活中寻找艾米莉的情人,却徒劳无功,而从某种意义上说,奇塔姆也是如此,只不过他是从知识背景的层面进行搜索。

相比之下,史蒂维·戴维斯的说法虽不甚具体,却更具说服力。她的解读并不局限于单一的文本,而是对可能促进艾米莉思想生成的时代思潮进行了更加全面的调查,对她可能接触到的德国哲学进行了联想分析。她还提醒我们,将艾米莉的阅读仅限于我们所知的那几本书,可能比低估她的文化背景更具误导性。因此,在戴维斯看来,艾米莉的诗歌和小说不是神圣灵感的产物,而与其他文学作品同根同源、相互交融。

这种方法之所以吸引最近的批评家,既是因为实证主义者想要揭开英国文学史上这位"斯芬克斯"的神秘面纱,也是因为女性主义者想把艾米莉当作一位能与男性作家平起平坐的自觉的艺术家。（可以说，在女性主义的间接影响下，人们转换思维，不再强调布兰韦尔对《呼啸山庄》的影响。）然而，对互文性的强调可能也体现出对过去几十年的文学批评产生了重大影响的后结构主义思潮。"作者已死"这一后现代主义的观点似乎正是为难以捉摸的艾米莉而生：对于我们来说，她只作为一个残损的文本而真正存在。

250　　　史蒂维·戴维斯的传记强调了传记创作中的固有问题，令人兴趣盎然。她承认艾米莉令她悲喜交加，并生动地形容了传记作者与难以捕捉的传记对象之间的关系。有一次，她描写自己如何眯着眼睛仔细观察手稿上的一排小点，好奇它们是否会是一些极微小的字母，能拼凑出一些让她无从辨认的内容，但她的注意力越集中，这些字母的含义就越遥不可及。或许任何让逝者死而复生的企图都是一桩诡异的萨满教法事，哪怕有关记录相对翔实，也注定会以失败告终。最后，我们可能不得不接受这样一个事实：艾米莉·勃朗特这个女人永远无法被复原如初。

　　但正是艾米莉难以捉摸的特质常常让她成为创造力的丰富源泉，一个空屏，任由人们将想象力投射上去。史蒂维·戴维斯或许觉得小说这一媒介更适合用以戏剧化地表现出这一现象，便在完成了艾米莉的传记后转向了小说创作。《四个梦想家与艾米莉》（1996）是一部诙谐、感人、轻松的小说，以在哈沃斯举办的一场会议为中心。出席会议的人中既有自恋的自学者，也有学术界人士，而艾米莉在他们心目中也扮演着十分不同的角色。一位悲痛欲绝的鳏夫在荒原上遍寻艾米莉的鬼魂以求慰藉，他是否就不如一位对勃朗特姐妹和手淫抱有坚定立场的女性主义理论家那样有理有据呢？

　　无论传记作者试图保持怎样的客观性，忽视围绕在艾米莉身边的情感力场都是否正确呢？抑或我们应该听从戴维斯的说法，让它成为我们研究的一部分呢？怀疑论者或许会嘲笑那个把呼啸山庄和位于维新斯山顶的那间荒废已久的农舍联系起来的传说（现如今，哈沃斯的荒原上随处设有用英语和日语注明的路标），但那丝毫没有削减诗人西尔维娅·普拉斯与特德·休斯创作上的文化共鸣，他们于一九五六年参观维新斯山顶，受到启发，进行创作。[108]

　　休斯和普拉斯将所谓的呼啸山庄的原型融入他们的作品，或许也为勃朗特迷思贡献了自己的力量，但他们也作为传奇人物被纳入了文化之中。他们的故事介于悲剧和肥皂剧之间，和勃朗特的故事一样富有传奇色彩。无论现实如何，他们在那一代人的心目中已经成了希思克利夫和凯茜。他们的悲欢离合中有《呼啸山庄》的影子：普拉斯"疯癫"且早逝，休斯（或我们）则摆脱不掉她的鬼魂。休斯于一九九八年去世，梅尔文·布拉格在接受无线电广播采访时甚至称这位在约克郡出生的诗人长得像希思克利夫。

　　休斯的确渐渐将他已故的妻子看作凯茜一样的角色，竭力想和她取得某种精神上的联系。他在去世前不久出版了《生日信札》，用诗歌描写他们之间的感情。用他的话说，这部诗集"记录了一系列场景，我试图与我的第一任妻子私下里进行开诚布公的精神交流"。[109] 休斯回过头来，试图解释她的自杀行为（亦或许是为减轻自己作为幸存者的内疚），把她与神秘且自我内耗的艾米莉——这位女诗人被自己的创意毁灭——联系在一起，视她的死为无法挣脱的宿命。在他的想象中，到访维新斯山顶[110]是一个具有象征意义的时刻，而悲剧的种子早在那时就已埋下。

　　杰奎琳·罗斯在《挥之不去的西尔维娅·普拉斯》中指出，普拉斯的作品零碎多元，没有定论，反映出"自我呈现的暂时性与不确定性"。她认为对普拉斯的作品进行单一且连贯的解读困难重重：

251

从诗歌到故事,从书信到日记,再到小说,最令人瞩目的是各种
体裁之间的区别;它们既彼此矛盾,又相辅相成,而它们之间的差异
也是这样,既把它们联系在一起,又把它们区分开来。[111]

罗斯认为普拉斯是一位矛盾的诗人,惊叹"如此之多的批评家都觉得有
义务把[她]作为作家和女性的形象统一起来"。[112]人们迫切需要将普
拉斯破碎的形象拼凑成一个整体,从心理层面讲,这是出于对她自杀的
回应,是对损伤修复的渴望;从文化角度看,这就是迷思生成的过程:挪
用并整理昔日的碎片,以满足当下的需求。虽然休斯厌恶那些为其妻子
立传之人,但我们很难不把他归为这样一类作家:他们急切想对他过世
妻子的生死进行一种单一的、有目的的解读。

这对新人结婚若干月后,便造访了勃朗特的乡下故居。他们结束了
西班牙的蜜月之旅,于一九五六年八月底抵达约克郡,以便普拉斯能见
到丈夫的亲人。他们随同丈夫的舅舅沃尔特前往哈沃斯。充当向导的
沃尔特是当地一位小工厂主,颇有家底,而其母的一位亲戚继承了勃朗
特家的一些汤碟,让他十分自豪。在参观了牧师住宅后(普拉斯在日记
中记录了让她感兴趣的物件,草草画下夏洛蒂的袖珍书籍和艾米莉临终
前躺过的长榻,并罗列了包括刺绣样本和火漆在内的遗物)[113],他们徒
步前往维新斯山顶野餐,休斯为爬上槭树的普拉斯拍摄了一张照片,而
她则开始为那废弃的农舍作画。

正如杰奎琳·罗斯所指出的,普拉斯对此行的看法纷繁复杂,散落
在她的作品中,风格和视角不尽相同。她在当时写给母亲的信中积极地
描述了她的旅行,信中洋溢着一位小姑娘的热情,这种热情是她给家人
去信时的典型特征。"真不知该如何告诉你,此行有多么棒!"她写道,
"想象你自己站在世界之巅,所有紫色的山丘都蜿蜒起伏……"[114]但她

特德·休斯和西尔维娅·普拉斯在英国约克郡，一九五六年

在次年题为《维新斯山顶的两幅景》一诗中却质疑了当初的体验,而该诗的题目便隐含了矛盾的两种观点。在给母亲的信中所描述的景致已褪去了"颜色",面对凯茜和希思克利夫所谓的家,她不再兴高采烈,而是被一种幻灭之感充斥。"我发现了光秃秃的荒原,"她直言,

> 沉闷的天气,
>
> 厄洛斯的住所,
>
> 门楣低矮,而非宫宇。

但另一人却有更好的体验:"你更幸运,/看到了洁白的梁柱、蔚蓝的天空,/亲切的鬼魂。"但这个"你"指的是休斯,还是当初兴高采烈的自己,便不得而知了。[115]

　　普拉斯尝试把这次旅行用于其他创作,在日记中用故事的形式进行探索,但几番尝试都不尽相同,这说明此次旅行在她的想象中有着多变的含义。她最初造访哈沃斯时想用它创作一个鬼故事。[116]一年后,她回顾了那次旅行,从中进一步发展出两个想法:一是格调高雅的纯文学小说,从四个角色的角度讲述步行前往维新斯山顶的旅程,探索"身份的永恒悖论"以及"现实主义"与"唯灵论"哲学之间的冲突;二是名为《女性杂志》的作品,用相同的场景,讲述一个关于人际关系、嫉妒和女性友谊的故事。[117]普拉斯很在意作品的市场,常用不同风格或体裁创作同一主题。

　　一九六一年九月,普拉斯借由诗歌《呼啸山庄》再度回归这一话题,并又一次对它进行改编。这一次,诗人独自一人,形影相吊。就连休斯为她拍照的那棵槭树也不见了踪影,因为她是"一切/水平之物中的直立者"。这里人迹罕至,只有自然存在。诗歌开篇像是献祭一样将"我"

置于一场大火的中心:"地平线如柴捆环绕我。"这样的景致既引人驻足,又令人感到危险:"如果我过分注意/石楠的根茎,它们将邀请我/去它们中间把我的骨头变白。"①[118]

不少读者将这类诗歌当作普拉斯病态的征候或死愿,就像人们也把《呼啸山庄》认作艾米莉的绝命书一般,而她的死最终实现了她在《囚徒》一诗中探索过的诗意意象。但我们为什么会觉得"对于普拉斯来说",《呼啸山庄》一诗比她构思的故事或写给母亲的信都更"真实"呢?她严格地把握了这首诗的语言和意象,它更像是一个文学练习,而非情感的肆意倾泻。实际上,作为对艾米莉《呼啸山庄》的解读,这首诗也囿于一种传统观念:把该小说视为一则泛神论的寓言,讲述了人类被自然同化的故事。凯茜幻想自己死后被天使逐出天堂,去往呼啸山庄的高地,普拉斯则跟随她的脚步,将孤寂的荒原之顶描述成不属于这个世界的所在,脱离了发生在山谷中的微不足道的"小变化"。

普拉斯彼此矛盾的艺术创作让人们无法将维新斯之旅在她生命中的意义固定下来。她去世若干年后,休斯在他的诗歌中回忆起他们的旅行[119],他眼中的旅行已然变成她命运的象征,仿佛在他们野餐时,点点繁星就预言了她的死。他对此事进行改写和回想只是为了预示她的死亡,并把她置于最初由盖斯凯尔所确立的有关勃朗特三姐妹的宿命论迷思之中。

在休斯传奇的刻画下,勃朗特三姐妹摇身一变,成了受苦受难但同时具有破坏力的超自然存在。《哈沃斯牧师住宅》一诗最早收录并发表于诗集《埃尔默废墟》(1979),在这首诗中,她们成了"奇怪的三姐妹",

① 此诗的翻译参考西尔维娅·普拉斯,《西尔维娅·普拉斯诗全集:未来是一只灰色海鸥》,冯冬译(上海译文出版社,2013),页197–198。

253

在一所房子（"房子／空空如也,有着黑黢黢的伤疤"）中像女巫一样操纵着命运。[120]在同一部诗集的另一首诗中,艾米莉·勃朗特被风"致命的"一吻带走,而风隐喻的就是灵感。[121]死亡的意象往往与分娩和诞生相互交融,休斯似乎是在说,女艺术家只有在痛苦的自我毁灭中才能进行创造。

一九九三年,休斯在《三本书》这一合集中再版了《埃尔默废墟》,但他删掉了《哈沃斯牧师住宅》一诗,并附上了一首题为《维新斯山顶的两张照片》的诗。普拉斯坐在一棵槭树上,令他记忆犹新,而他把相机像枪一样"对准"妻子,这说明了他视自己为妻子命运的主宰者。曾经的她也许笑逐颜开,但呼啸山庄是一个"肮脏的巢穴",或许预示着他们的婚姻将会遭遇变故。[122]

休斯在《生日信札》(1998)中详细描写了当时的情形,并明确将普拉斯与艾米莉联系起来。一九五六年的那一天,他的美国新娘精神焕发,也许在表面上不同于命途多舛的勃朗特,但实际上,她们两人被休斯刻画成了灵魂上的伴侣。休斯告诉普拉斯:"荒原／耸于眼前,它也为你／开放深色的花朵。""你尽情地吸气／一副羡慕而好胜的神气。难道你的抱负／不是两倍于艾米莉?"①[123]普拉斯死于煤气中毒,但让休斯好奇的是:她是否不仅想在艺术上超越艾米莉,甚至还想在死亡这件事上胜过她的前任? 在最后一幕中,幽灵般的艾米莉站在死亡的监狱中,透过呼啸山庄破碎的窗棂向外张望,艳羡普拉斯的生命,嫉妒普拉斯的自由,但她嫉妒的火焰因为她意识到前方等待着普拉斯的命运而逐渐平息了。

---

① 本诗汉语译文参考特德·休斯,《生日信札》,张子清译,杰夫·特威切尔校(译林出版社,2001),页76-79。略有改动。

　　一些评论家怀疑普拉斯于一九六三年的自杀是否真的不可避免,宁愿把她的死看作一个偶然,是特定情况引发的结果。普拉斯去世十年前就有过自杀行为,并死里逃生,因此他们好奇她是否也想要活下去。但休斯觉得她受到了诅咒。他相信正是普拉斯的创意将她引上了悲剧的、通向死亡的不归路,正如艾米莉·勃朗特被风的一吻催离人世。

　　休斯对普拉斯与勃朗特姐妹之间联系的解读为她在个人神话和更加广阔的文化迷思领域都开辟了一席之地。从个人神话角度来看,休斯利用维新斯山顶和它与鬼魂之间的联系让自己已故妻子起死回生。为了试着让自己接受艾米莉已逝的事实,夏洛蒂这样描写死亡:死亡拥抱她,而她也欣然接受了。[124]休斯对普拉斯遗作的编辑和部分毁坏与夏洛蒂对艾米莉遗作的编辑如出一辙,或许他也想用一种更加轻松的方式来理解普拉斯之死。任何自杀的行为都会给幸存者的心中留下"如果当初"的假设,而休斯似乎用宿命论打消他心中的疑虑。

　　然而,普拉斯的事件也引发了更广泛的共鸣,这说明塑造了勃朗特后世形象的文化观念至今仍紧紧伴随着我们。她的故事和勃朗特的故事一样成了矛盾的焦点,但与普拉斯的传记作者和她的文学遗产间的鏖战相比,围绕伊丽莎白·盖斯凯尔的《夏洛蒂·勃朗特传》展开的争论可谓小巫见大巫了。她也像勃朗特三姐妹一样为了服务意识形态而被挪用:心理传记作者急于将她的艺术归为病态,女性主义者想要把她奉为殉道者,而特德·休斯的解读则展现了时兴的女艺术家形象——她们往往受害于而非掌控着自己的创造力。盖斯凯尔塑造的夏洛蒂·勃朗特为了净化自己的艺术,而不得已历尽磨难,但休斯笔下的普拉斯似要为她的天才受到惩罚。

　　夏洛蒂·勃朗特和西尔维娅·普拉斯都有志取得文学盛名,她们虽彼此不同,但最终还是作为女性磨难的象征为人所铭记。和一百多年前

的夏洛蒂一样,普拉斯的私生活也成了一个家喻户晓的悲剧,相比之下,

255 她的作品在公众心目中就黯然失色了。她们或许都用个人经历丰富了
艺术创作,但人们往往忽略把人生阅历转变成艺术的过程,却喜欢流言
蜚语,想知道并占有隐藏的"真相"。在艾米莉·勃朗特研究中,这种欲
望十分强烈,"真相"明明无法被触及,但传记作者并未就此善罢甘休,
而是将所谓的"真相"硬生生编造出来。我们要明白这些艺术家的文化
价值是什么。是时候转变思路,把作品摆在首要位置了。

注释

[1] 如巴克,《勃朗特传》,页 482。

[2] 见克里·朱比,《凯特·布什:完整的故事》(伦敦,1988),页 31–32。
布什身穿紧身连衣裤登上了英国电视台,但在美国出版的视频影像中,她身穿
一件纤薄的白裙。

[3]《朱利安和罗切尔》,格扎里编,《艾米莉诗歌全集》,页 177–181。
艾米莉手稿中显示这首诗写于 1845 年 10 月 9 日。

[4] 同上,页 15。

[5]《生平说明》,页 xxxi。

[6] 弗吉尼亚·穆尔,《艾米莉·勃朗特的匆匆一生》(伦敦,1936),
页 355,360。以下简称"穆尔,《匆匆一生》"。威妮弗雷德·热兰在传记
《艾米莉·勃朗特》中也遵循这一路线,称艾米莉之所以丧失活下去的勇气,
是因为她的灵视背弃了她。

[7] 也见芭芭拉·哈迪,《艾米莉·勃朗特的抒情性》,载安妮·史密斯
编,《艾米莉·勃朗特的艺术》(伦敦,1976),第三章。

[8] 见塞缪尔·沃伦,《法国大恐怖时期的囚房叙事》,载《布莱克伍德杂
志》,第三十卷(1831 年 12 月),页 920–953。有关黑暗之中一心求死的病俘
以及陷入"致命的昏迷"随后又苏醒的叙述者的描写都令人震惊。(页 935)

[9] 据说,华兹华斯的追随者们"从他的作品中演绎出……一种……崇
高而神秘的教义",而这一教义被讥笑为"启示"。《布莱克伍德杂志》,第二十

六卷(1829 年 11 月),页 774。

[10] 托马斯·卡莱尔,《批判性杂文》(伦敦,1839),第二卷,页 104(原载《外国评论》,第七卷,1829)。

[11] 见戴维斯,《艾米莉·勃朗特:离经叛道者》,也见本书第七章。

[12]《谢利》,页 428。

[13] 卡莱尔,《批判性杂文》,页 111。

[14] 热兰,《艾米莉·勃朗特》,页 152。

[15] 同上,格扎里将此诗歌誊写下来,拼写与原诗有少许差别。格扎里编,《艾米莉诗歌全集》,页 17。

[16] 玛格丽特·霍曼斯(见下方注释 19)没有说错,艾米莉读过柯尔律治的诗。《布莱克伍德杂志》,第六卷(1834 年 10 月),页 542-570,就塞缪尔·泰勒·柯尔律治新近出版《诗集》发表了一篇长篇评论,并在页 567-570连续援引且大篇幅地评论了《老舟子吟》一诗。夏洛蒂也在《简·爱》《谢利》和《维莱特》中提及该诗。见《教师》,附录七,页 331。

[17] 重要的是,热兰接着将艾米莉的作品与雪莱的作品进行比较,认为艾米莉的作品"纯粹凭借直觉,富有个性",而雪莱的作品则是"长期研究希腊哲学"的产物。(热兰,《艾米莉·勃朗特》,页 153)

[18] 玛格丽特·霍曼斯,《女性作家与诗性身份》(普林斯顿,1980),页 144。

[19] 同上,页 107。

[20] 埃丝特·爱丽丝·查德威克,《艾米莉·勃朗特》,载《十九世纪》,第八十六卷(1919 年 10 月),页 684。

[21] 本森,《夏洛蒂·勃朗特》,页 158。

[22] 西尔维娅·汤森·沃纳,《致意》(伦敦,1932),页 295-296。

[23] 桑斯特,《勃朗特》,页 25。

[24] 夏洛蒂·勃朗特,《埃利斯·贝尔诗选》(1850)序言,《书信》,第二卷,页 753。

[25] 伊莎贝尔·C.克拉克,《哈沃斯的牧师住宅:勃朗特家族的一幅画面》(伦敦,1927),页 89、92。

［26］欧内斯特·雷蒙德,《勃朗特的脚步》(伦敦,1948),页 8、141、231。

［27］艾米莉·希顿,《白窗》(伦敦,1932),页 xi。

［28］多萝西·海伦·科尼什,《这就是勃朗特一家》(纽约,1940),页 199。

［29］有人推测,艾米莉对超自然现象的兴趣可以追溯到德国浪漫主义的散文体小说。还要指出的是,詹姆斯·霍格——人称"埃特里克牧羊人",同时也是令人不寒而栗的《清白醉人忏悔录》(1824)的作者——于 1835 年 1 月在《弗雷泽杂志》(第十一卷,页 103–112)上发表了一篇关于鬼魂和幽灵的文章。

［30］《呼啸山庄》,页 334。

［31］弗格森,《夏洛蒂·勃朗特:三幕剧》,页 49。

［32］同上,页 42。

［33］查尔斯·L. 特威代尔,《来自下一个世界的讯息》(伦敦,1940),页 288。

［34］同上,页 292。

［35］米莉森特·科勒德,《〈呼啸山庄〉——启示录:艾米莉·勃朗特的灵魂研究》(伦敦,1960),页 10。

［36］同上,页 29。

［37］《泰晤士报文学增刊》,1928 年 6 月 14 日,页 446。

［38］《泰晤士报文学增刊》,1921 年 5 月 5 日,页 290。

［39］B.艾弗·埃文斯,《两次世界大战期间的英国文学》(伦敦,1948),页 3。

［40］罗默·威尔逊,《格林洛》(伦敦,1927),页 8。

［41］同上,页 145。

［42］同上,页 3。

［43］杰弗里·迈耶斯编,《D. H. 劳伦斯与传统》(伦敦,1985),页 11。

［44］引自基思·萨加,《D. H. 劳伦斯:艺术人生》(伦敦,1985),页 17。

［45］威尔逊,《格林洛》,页 173。

［46］《生平说明》,页 xxxi。

［47］威尔逊,《格林洛》,页4。

［48］罗默·威尔逊,《孑然一身:艾米莉·简·勃朗特的生平历史》(伦敦,1928),页 xi-xii。

［49］同上,页1。

［50］同上。

［51］同上,页4。

［52］同上,页4-5。

［53］同上,页51。

［54］同上,页27-31。

［55］同上,页26。

［56］同上,页115。

［57］雷吉·奥利弗,《柴房之外:斯特拉·吉本斯的一幅肖像》(伦敦,1998),页121。

［58］爱丽丝·劳,《帕特里克·布兰韦尔·勃朗特》;《艾米莉·简·勃朗特与〈呼啸山庄〉的作者问题》(阿克灵顿,1928)。

［59］巴克,《勃朗特传》,页289。

［60］奥利弗,《柴房之外》,页111。

［61］斯特拉·吉本斯,《令人难以宽慰的农庄》(1932;伦敦:企鹅,1994),页102。

［62］同上,页122。

［63］同上,页103。

［64］基夫,《夏洛蒂·勃朗特的死亡世界》,本书第五章已有论述。

［65］辛克莱,《勃朗特三姐妹》,页167。

［66］引自查德威克,《艾米莉·勃朗特》,页680。

［67］埃丝特·爱丽丝·查德威克,《勃朗特的脚步》(伦敦,1914),页332。

［68］同上。

［69］同上,页333。

［70］克拉克,《哈沃斯的牧师住宅》,页66。

［71］伊丽莎白·古奇,《哈沃斯的勃朗特》(伦敦,1939),页 141。

［72］伊索贝尔·英格利希讣告,《泰晤士报》,1994 年 6 月 7 日,页 21。

［73］希顿,《白窗》,页 44。

［74］雅克·德比-布里代尔,《艾米莉·勃朗特的秘密》(巴黎,1950),页 90。

［75］见斯通曼,《勃朗特的光影转世:〈简·爱〉与〈呼啸山庄〉的文化传播》,页 114–134,页 155。

［76］《每日电讯报》报道,1999 年 12 月 4 日。

［77］许多当代批评都承认这一点,如克努普法尔马赫,《艾米莉·勃朗特:〈呼啸山庄〉》,页 34–36。

［78］格扎里编,《艾米莉诗歌全集》,页 182。

［79］《呼啸山庄》,页 81。

［80］穆尔,《匆匆一生》,页 xii。

［81］同上,页 ix。

［82］《泰晤士报文学增刊》,1936 年 8 月 22 日。

［83］《诗评》,第一卷(1943 年 1 月),来自玛乔丽·斯图尔特·巴罗的一封信。

［84］穆尔,《匆匆一生》,页 xi。

［85］同上,页 189。

［86］本森,《夏洛蒂·勃朗特》,页 38。

［87］穆尔,《匆匆一生》,页 190。

［88］吉本斯,《令人难以宽慰的农庄》,页 122。

［89］奥利弗,《柴房之外》,页 119。

［90］艾米莉究竟在劳希尔学校待了多久尚有争议。

［91］格扎里编,《艾米莉诗歌全集》,页 82。

［92］穆尔,《匆匆一生》,页 193。

［93］同上,页 328。

［94］同上,页 190。

［95］贝琳达·杰克,《乔治·桑:一位女性大写的一生》(伦敦,1999),

页 2。

[96] 卡米尔·帕格利亚,《性角色》(1990;伦敦:企鹅,1991),页 439-459。

[97] 约翰·济慈致乔治和汤姆·济慈,1817 年 12 月 21 日。罗伯特·吉廷斯编,《约翰·济慈书信选》(牛津,1970),页 43。

[98] 斯帕克与斯坦福,《艾米莉·勃朗特:她的一生和作品》,页 11。

[99] 同上,页 81。

[100] 同上,页 90。

[101] 休伊什,《艾米莉·勃朗特:批判性与生平研究》,页 16。

[102] 伊丽莎白·盖斯凯尔,《菲莉丝表妹》(1864;伦敦:企鹅,1976),页 242。

[103] 朱利安·巴恩斯,《福楼拜的鹦鹉》(1984;伦敦:布卢姆斯伯里经典,1992),页 47-48。

[104] 特别注意,1840 年《布莱克伍德杂志》上发表了一则爱尔兰故事(巴索洛缪·西蒙兹,《巴纳的新郎》),故事中分离的恋人、被抛弃的男主人公以及发狂垂死的女主人公等主题都预示了《呼啸山庄》的故事情节。

[105] 休伊什,《艾米莉·勃朗特:批判性与生平研究》,页 169。

[106] 奇塔姆,《艾米莉·勃朗特传》,页 1;《呼啸山庄》,页 80-82。

[107] 见《教师》,附录七,页 334。

[108] 安妮·史蒂文森,《苦涩的名声:西尔维娅·普拉斯传》(1989;伦敦:企鹅,1990),页 96。

[109] 引自埃丽卡·瓦格纳,《爱丽尔的礼物:特德·休斯、西尔维娅·普拉斯与〈生日信札〉的故事》(伦敦,2000),页 22。

[110] 其他地方拼作"Withins",我采纳了休斯和普拉斯的拼写。

[111] 杰奎琳·罗斯,《挥之不去的西尔维娅·普拉斯》(伦敦,1991),页 4-5。

[112] 同上,页 5。

[113] 卡伦·V.库基尔编,《西尔维娅·普拉斯日记(1950-1962)》(伦敦,2000),附录十,页 580-582。

[114] 西尔维娅·普拉斯著,奥雷莉娅·普拉斯编,《家书,1950-1963》(1976;伦敦,1978),页 269。

[115] 西尔维娅·普拉斯著,特德·休斯编,《诗选》(伦敦,1981),页 71-72。

[116] 库基尔编,《西尔维娅·普拉斯日记(1950-1962)》,附录十,页 579-580。

[117] 同上,页 302-303。

[118] 休斯编,《诗选》,页 167-168。

[119] 实际上,休斯没有给出这些诗歌的具体创作日期。他的出版商费伯出版社(Faber and Faber)无法提供相应信息。

[120] 特德·休斯,《哈沃斯牧师住宅》,收录于《埃尔默废墟》(伦敦,1979),180 册签名限量版,并配有费伊·戈德温(Fay Godwin)所摄照片,页 37。

[121] 特德·休斯,《艾米莉·勃朗特》,同上,页 67。

[122] 特德·休斯,《维新斯山顶的两张照片》,《埃尔默废墟》,收录于《三本书》(伦敦,1993),页 15-16。

[123] 特德·休斯,《呼啸山庄》,收录于《生日信札》(伦敦,1998),页 59-61。

[124] 特别参考她在《第一位才女》中对夏娃之死的描写。见本书第七章(页 176 之后)。

参考文献

Abrams, M. H. *The Mirror and the Lamp*. London, 1960.

Ackroyd, Peter. *Dickens*. London, 1990.

Alexander, Christine. *Charlotte Brontë's "High Life in Verdopolis": A Story from the Glass Town Saga*. London, 1995.

——. *The Early Writings of Charlotte Brontë*. Oxford, 1983.

Alexander, Christine, and Jane Sellars. *The Art of the Brontës*. Cambridge, 1995.

Altick, Richard. *The English Common Reader*. Chicago, 1957.

Amster, Jane. *Dream Keepers: The Young Brontës, a Psychobiographical Novella*. New York, 1973.

Anon. *Fifty Famous Women: Their Virtues and Failings, and the Lessons of Their Lives*. London, 1864.

——. *Women of Worth: A Book for Girls*. London, 1859.

——. *Worthies of the World*. London, 1881.

Arnold, Helen H. "Reminiscences of Emma Huidekoper Cortazzo, 1866-1882. " *Brontë Society Transactions* 13, 1958.

Baldick, Chris. *The Social Mission of English Criticism, 1848-1932*. Oxford, 1987.

Barker, Juliet, ed. *The Brontës: A Life in Letters*. London, 1997.

Barnard, Robert. *The Missing Brontë*. London, 1983.

Barnes, Julian. *Flaubert's Parrot*. London, 1992.

Bate, Jonathan. *The Genius of Shakespeare*. London, 1997.

Bennett, Paula. *Emily Dickinson*. Hemel Hempstead, 1990.

Benson, A. C. *The Life of Edward White Benson, Sometime Archbishop of Canterbury*. London, 1899.

Benson, E. F. *Charlotte Brontë*. London, 1932.

Bentley, Phyllis. *The Young Brontës*. London, 1960.

Birrell, Augustine. *Life of Charlotte Brontë*. London, 1887.

Blunt, Reginald. *Memoirs of Gerald Blunt, His Family and Forebears*. London, 1911.

Boll, Theophilus E. M. *Miss May Sinclair: Novelist*. New Jersey, 1973.

Bradby, G. F. *The Brontës and Other Essays*. Oxford, 1932.

Brandon, Ruth. *The New Women and the Old Men: Love, Sex and the Woman Question*. Basingstoke and London, 1990.

Brontë, Branwell. *The Hand of the Arch-Sinner: Two Angrian Chronicles of Branwell Brontë*. Ed. Robert G. Collins. Oxford, 1993.

Brontë, Charlotte. *An Edition of the Early Writings of Charlotte Brontë*. Vol. I. *The Glass Town Saga, 1826-1832*. Ed. Christine Alexander. Oxford, 1987.

——. *The Poems of Charlotte Brontë*. Ed. Tom Winnifrith. Oxford, 1984.

——. *The Professor*. Ed. Margaret Smith and Herbert Rosengarten. Oxford, 1987.

——. *Roe Head Journal*, manuscripts in Brontë Parsonage Museum, Bonnell 98, and in Pierpont Morgan Library, New York, Bonnell MA2696.

Brontë, Charlotte, and Emily Brontë. *Charlotte Brontë and Emily Brontë: The Belgian Essays*. Ed. and trans. Sue Lonoff. New Haven and London, 1996.

Brontë, Emily Jane. *The Complete Poems of Emily Jane Brontë*. Ed. C. W. Hatfield. New York, 1941.

——. *The Poems of Emily Brontë*. Ed. Derek Roper with Edward Chitham. Oxford, 1995.

Brontë, Patrick. Letter to T. Franklin Bacheller, in Pierpont Morgan Library, Bonnell MA2696.

The Brontës. *Selected Poems*. Ed. Juliet Barker. London, 1993.

Brown, Helen. "The Influence of Byron on Emily Brontë." *Modern Language Review* 34, 1939.

Brown, Penny. *The Poison at the Source: The Female Novel of Self-Development in the Early 20th Century*. London, 1992.

Bruce, Charles. *The Book of Noble Englishwomen: Lives Made Illustrious by Heroism, Goodness and Great Attainments*. London and Edinburgh, 1875.

Bulwer-Lytton, Edward. *Eugene Aram*. London, 1832.

——. *Pelham*. London, 1828.

Butterfield, Mary. "Face to Face with the Brontës?" *Sunday Times Magazine* 17, October 1976.

Byatt, A. S. *Possession: A Romance*. London, 1990.

——. *The Game*. London, 1967.

Caine, Jeffrey. *Heathcliff*. New York, 1977.

Carlyle, Thomas. *Critical and Miscellaneous Essays*. London, 1839.

Carter Holloway, Laura. *An Hour with Charlotte Brontë, or, Flowers from a Yorkshire Moor*. New York, 1883.

Chadwick, Esther Alice. *In the Footsteps of the Brontës*. London, 1914.

Charmley, John, and Eric Homberger. *The Troubled Face of Biography*. London, 1988.

Chitham, Edward. *A Life of Emily Brontë*. Oxford, 1987.

Clarke, F. L. *Golden Friendships: Sketches of the Lives and Characters of True and Sincere Friends*. London, 1884.

Clarke, Isabel C. *Haworth Parsonage: A Picture of the Brontë Family*. London, 1927.

Clarke, Pauline. *The Twelve and the Genii*. London, 1962.

Cochrane, Robert. *Lives of Good and Great Women*. London and Edinburgh, 1888.

Cockshut, A. O. J. *Truth to Life: The Art of Biography in the Nineteenth Century*. London, 1974.

Coleridge, Samuel Taylor. *Biographia Literaria*. 1817.

Collard, Millicent. *Wuthering Heights—the Revelation: A Psychical Study of Emily Brontë*. London, 1960.

Connor, Margaret. "Jane Eyre: The Moravian Connection." *Brontë Society Transactions* 22, 1997.

Cooke, W. H. "A Winter's Day at Haworth." *St. James's Magazine* 21, Dec. 1867-March 1868.

Cooper Willis, Irene. *The Brontës*. London, 1933.

Copley, J. "An Early Visitor to Haworth." *Brontë Society Transactions* 16, 1973.

Cornish, Dorothy Helen. *These Were the Brontës*. New York, 1940.

d'Albertis, Deirdre. *Dissembling Fictions: Elizabeth Gaskell and the Victorian Social Text*. London, 1997.

——. "Bookmaking out of the Remains of the Dead." *Victorian Studies*, autumn 1995.

Dane, Clemence. *Wild Decembers*. London, 1932.

Davenport Adams, William H. *Stories of the Lives of Noble Women*. London, 1904.

Davies, Stevie. *Emily Brontë: Heretic*. London, 1994.

Débû-Bridel, Jacques. *Le Secret d'Emily Brontë*. Paris, 1950.

Dickinson, Emily. *The Letters of Emily Dickinson*. Ed. Thomas H. Johnson. Cambridge, Mass. , 1986.

——. *The Poems of Emily Dickinson*. Ed. R. W. Franklin. Cambridge, Mass. , and London, 1998.

Dimnet, Ernest. *The Brontë Sisters*. Trans. Louise Morgan Sill. London, 1927. (Originally *Les Soeurs Brontë*. Paris, 1910.)

Dooley, Lucile. "Psychoanalysis of Charlotte Brontë, as a Type of the Woman of Genius. " *American Journal of Psychology* 31(3) , July 1920.

Drabble, Margaret. "The Writer as Recluse: The Theme of Solitude in the Works of the Brontës. " *Brontë Society Transactions* 16, 1974.

Dulcken, Henry William. *Worthies of the World. A Series of Historical and Critical Sketches of the Lives, Actions, and Characters of Great and Eminent Men of All Countries and Times*. London, ?1881.

Du Maurier, Daphne. *The Infernal World of Branwell Brontë*. London, 1960.

Eagleton, Terry. *Myths of Power: A Marxist Study of the Brontës*. Basingstoke and London, 1975; new edition, 1988.

Easson, Angus, ed. *Elizabeth Gaskell: The Critical Heritage*. London, 1991.

Eilenberg, Susan. "What Charlotte Did. " *London Review of Books*, 6 April 1995.

Evans, B. Ifor. *English Literature Between the Wars*. London, 1948.

Ewbank, Inga-Stina. *Their Proper Sphere: A Study of the Brontë Sisters as Early Victorian Novelists*. Cambridge, Mass. , 1966.

Farr, Judith. *The Passion of Emily Dickinson*. Cambridge, Mass. , and London, 1992.

Ferguson, Rachel. *The Brontës Went to Woolworth's*. London, 1988.

——. *Charlotte Brontë: A Play in Three Acts*. London, 1933.

Firkins, Oscar W. *Empurpled Moors*. Minnesota, 1932.

Fletcher, J. S. *Nooks and Corners of Yorkshire*. London, 1911.

Ford, Boris, ed. *The New Pelican Guide to English Literature*. Vol. VI. *From Dickens to Hardy*. London, 1958; revised edition, 1982.

Forest, Antonia. *Peter's Room*. London, 1961.

Frank, Katherine. *Emily Brontë: A Chainless Soul*. London, 1990.

Franklin, Miles. *My Career Goes Bung*. Sydney, 1990.

Fraser, Rebecca. *Charlotte Brontë*. London, 1988.

Freud, Sigmund. "Leonardo da Vinci and a Memory of His Childhood" (1910). In Peter Gay, ed. *The Freud Reader*. London, 1995.

——. "Dostoevsky and Parricide" (1928). In Peter Gay, ed. *The Freud Reader*. London, 1995.

Friedan, Betty. *The Feminine Mystique*. London, 1963.

Friedlander, Kate. "Charlotte Brontë: A Study of a Masochistic Character" (1941). Reprinted in Hendrick M. Ruitenbeek, ed. *The Literary Imagination and the Genius of the Writer*. Chicago, 1965.

Garrett Fawcett, Millicent. *Some Eminent Women of Our Times*. London and New York, 1889.

Gaskell, Elizabeth. *Cousin Phillis*. 1864; London, 1976.

——. *Mary Barton*. London, 1848.

——. *Ruth*. 1853; ed. Alan Shelston, Oxford, 1985.

——. *Wives and Daughters*. London, 1866.

Gathorne-Hardy, Jonathan. *The Public School Phenomenon*. London, 1979.

Gérin, Winifred. *Anne Brontë: A Biography*. London, 1959.

——. *Branwell Brontë*. London, 1961.

——. *Charlotte Brontë: The Evolution of Genius*. Oxford, 1967.

——. *Emily Brontë*. Oxford, 1971.

Gibbons, Stella. *Cold Comfort Farm*. 1932; London, 1994.

Gilbert, Sandra, and Susan Gubar. *The Madwoman in the Attic: The Woman Writer and the Nineteenth-Century Literary Imagination*. New Haven and London, 1979.

Goldring, Maude. *Charlotte Brontë: The Woman*. London, 1915.

Gordon, Lyndall. *Charlotte Brontë: A Passionate Life*. London, 1994.

Goudge, Elizabeth. *The Brontës of Haworth*. London, 1939.

Gray, Johnnie. *Where to Spend a Half-Holiday: One Hundred and Eighty Pleasant Walks Around Bradford*. Bradford, 1890.

Grosskurth, Phyllis. *Byron: The Flawed Angel*. London, 1997.

Grundy, Francis. *Pictures of the Past*. London, 1879.

Gunn, Peter. *Vernon Lee: Violet Paget, 1836-1935*. London, 1964.

Haire-Sargeant, Lin. *Heathcliff: The Return to Wuthering Heights*. London, 1992.

Hamilton, C. J. *Women Writers: Their Works and Ways*. London, 1892.

Harland, Marion. *Charlotte Brontë at Home*. New York and London, 1899.

Harrison, Annette. *In the Steps of the Brontës*. Ilfracombe, 1951.

Heaton, Emily. *White Windows*. London, 1932.

Heilbrun, Carolyn G. *Writing a Woman's Life*. London, 1989.

Heraud, J. A. "Some Account of Coleridge's Philosophy." *Fraser's* 5, June 1832.

Hewish, John. *Emily Brontë: A Critical and Biographical Study*. London, 1969.

Hirsh, Pam. "Charlotte Brontë and George Sand: The Influence of Female Romanticism." *Brontë Society Transactions* 21, 1996.

Homans, Margaret. *Women Writers and Poetic Identity*. Princeton, 1980.

Hughes, Glyn. *Brontë*. London, 1996.

Hughes, Ted. *Birthday Letters*. London, 1998.

——. *Remains of Elmet*. London, 1979.

——. *Three Books*. London, 1993.

Hunt, Leigh. "Lord Byron and His Contemporaries." *Blackwood's* 23, March 1828.

Hyder, Clyde K., ed. *Algernon Swinburne: The Critical Heritage*. London, 1970.

Jack, Belinda. *George Sand: A Woman's Life Writ Large*. London, 1999.

James, Henry. "The Lesson of Balzac." In *Two Lectures*. Boston and New York, 1905.

——. *The Turn of the Screw*. 1898; London, 1993.

Jeffreys, Sheila. *The Spinster and Her Enemies: Feminism and Sexuality, 1880-1930*. London, 1985.

Johnson, Joseph. *Heroines of Our Time*. London, 1860.

Johnson, R. Brimley. *Some Contemporary Novelists (Women)*. London, 1920.

Juby, Kerry. *Kate Bush: The Whole Story*. London, 1988.

Keefe, Robert. *Charlotte Brontë's World of Death*. Austin and London, 1979.

Kershaw, Alison. "The Business of a Woman's Life: Elizabeth Gaskell's *Life of Charlotte Brontë*." *Brontë Society Transactions* 20, 1990.

Kilworth, Garry. *The Bronte Girls*. London, 1995.

Knoepflmacher, U. C. *Emily Brontë: Wuthering Heights*. Cambridge, 1989.

Kukil, Karen V., ed. *The Journals of Sylvia Plath, 1950-1962*. London, 2000.

Kyle, Elisabeth. *Girl with a Pen*. London, 1963.

Lane, Margaret. *The Brontë Story*. London, 1953.

Langbridge, Rosamond. *Charlotte Brontë: A Psychological Study*. London, 1929.

Langlois, Emile. "One Hundred Years Ago." *Brontë Society Transactions* 16, 1973.

Law, Alice. *Emily Jane Brontë and the Authorship of "Wuthering Heights."* Accrington, 1928.

——. *Patrick Branwell Brontë*. London, 1924.

Lawrence, D. H. *The White Peacock*. 1911.

Leader, Zachary. *Writer's Block*. Baltimore, 1991.

Lee, Austin. *Miss Hogg and the Brontë Murders*. London, 1956.

Lee, Hermione. *Virginia Woolf*. London, 1996.

Lemon, Charles. *A Centenary History of the Brontë Society, 1893-1993*. Supplement to *Brontë Society Transactions* 20, 1993.

——, ed. *Early Visitors to Haworth*. Haworth, 1996.

L'Estrange, Anna. *Return to Wuthering Heights*. New York, 1977.

Lewes, G. H. *Ranthorpe*. London, 1847.

Leyland, Francis. *The Brontë Family with Special Reference to Patrick Branwell Brontë*. London, 1886.

Lovell-Smith, Rose. "Walter Scott and Emily Brontë: The Rhetoric of Love." *Brontë Society Transactions* 21, 1994.

MacCarthy, B. G. *The Female Pen: Women Writers and Novelists*. Cork, 1994.

Macdonald, Frederika. *The Secret of Charlotte Brontë*. London, 1914.

Macfarlane, Kathryn. *Divide the Desolation*. London, 1936.

Mackay, Angus M. *The Brontës: Fact and Fiction*. London, 1897.

Mackay, Charles. *Extraordinary Popular Delusions and the Madness of Crowds*. 1841; Ware, 1995.

Mackereth, J. A. *Storm-Wrack and Other Poems*. London, 1927.

Malcolm, Janet. *The Silent Woman*. London, 1994.

Malham-Dembleby, John. *The Key to the Brontë Works: The Key to Charlotte Brontë's "Wuthering Heights," "Jane Eyre," and Her Other Works. Showing the Method of Their Construction and Their Relation to the Facts and People of Her Life*. London, 1911.

Martin, Robert. *The Accents of Persuasion*. London, 1966.

Martineau, Harriet. *Autobiography*. Ed. Maria Weston Chapman. Boston, 1877.

Maynard, John. *Charlotte Brontë and Sexuality*. Cambridge, 1984.

McFarland, Thomas. *Romanticism and the Forms of Ruin: Wordsworth, Coleridge, and the Modalities of Fragmentation*. Princeton, 1981.

McGann, Jerome J. *The Romantic Ideology: A Critical Investigation*. Chicago, 1983.

McIntosh White, Evelyne Elizabeth. *Women of Devotion and Courage*. London, 1956.

Mermin, Dorothy. *Godiva's Ride*. Bloomington and Indianapolis, 1993.

Meyers, Jeffrey, ed. *D. H. Lawrence and Tradition*. London, 1985.

Milne Rae, Grace. *Thoughts from Charlotte Brontë Gathered from Her Novels*. Edinburgh, 1912.

Moglen, Helene. *Charlotte Brontë: The Self Conceived*. New York, 1976.

Moore, Thomas. *Letters and Journals of Lord Byron with Notices of His Life*.

London, 1830.

Moore, Virginia. *The Life and Eager Death of Emily Brontë*. London, 1936.

Moorhouse, Ella. *Stone Walls*. London, 1936.

Nadel, Ira Bruce. *Biography: Fiction, Fact, and Form*. London and Basingstoke, 1984.

Nestor, Pauline. *Female Friendships and Communities: Charlotte Brontë, George Eliot, and Elizabeth Gaskell*. Oxford, 1985.

Nussey, Ellen. "Reminiscences of Charlotte Brontë." *Scribner's Monthly*, May 1871. Reprinted in Harold Orel, ed. *The Brontës: Interviews and Recollections*. London, 1997.

Oakendale, William (pseud. William Dearden). " Who Wrote *Wuthering Heights*?" *Halifax Guardian*, 15 June 1867. Facsimile in *Brontë Society Transactions* 7, 1927.

Oliphant, Mrs. "The Sisters Brontë." In *Women Novelists of Queen Victoria's Reign*. London, 1897.

Oliver, Reggie. *Out of the Woodshed: A Portrait of Stella Gibbons*. London, 1998.

Orel, Harold, ed. *The Brontës: Interviews and Recollections*. London, 1997.

Paglia, Camille. *Sexual Personae*. London, 1991.

Parkin-Gounelas, Ruth. *Fictions of the Female Self*. London, 1991.

Passel, Anne. *Charlotte and Emily Brontë: An Annotated Bibliography*. New York and London, 1979.

Peters, Margot. *Unquiet Soul: A Biography of Charlotte Brontë*. New York, 1975; Pocket Book paperback, 1976.

Pinion, F. B. "Scott and*Wuthering Heights*." *Brontë Society Transactions* 21, 1996.

Plath, Sylvia. *Collected Poems*. Ed. Ted Hughes. London, 1981.

——. *Journals, 1950-1962*. Ed. Karen V. Kukil. London, 2000.

——. *Letters Home* (1950-1963). Ed. Aurelia Plath. London, 1978.

Praz, Mario. *The Romantic Agony*. 1933; Oxford, 1970.

Pringle, Patrick. *When They Were Girls: Girlhood Stories of Fourteen Famous Women*. London, 1956.

Raitt, Suzanne. *May Sinclair: A Modern Victorian*. Oxford, 2000.

Ratchford, Fannie E. *The Brontës' Web of Childhood*. New York, 1941.

——. *Gondal's Queen: A Novel in Verse by Emily Jane Brontë*. Austin and Edinburgh, 1955.

Raymond, Ernest. *In the Steps of the Brontës*. London, 1948.

Reid, Thomas Wemyss. *Charlotte Brontë: A Monograph*. London, 1877.

Reid Banks, Lynn. *Dark Quartet*. London, 1976; Penguin paperback, 1986.

Rhodes, Dr. Phillip. "A Medical Appraisal of the Brontës." *Brontë Society Transactions* 16, 1972.

Rhys, Jean. *Wide Sargasso Sea*. London, 1966.

Robertson, J. M. "Why Charlotte Brontë Still Evokes a Personal Devotion." *Sunday Chronicle*, 9 April 1916.

Robinson, Mary. *Emily Brontë*. London, 1883.

Romieu, E., and G. Romieu. *The Brontë Sisters*. London, 1931.

Rose, Jacqueline. *The Haunting of Sylvia Plath*. London, 1991.

Rutherford, Andrew. *Byron: The Critical Heritage*. London, 1970.

Sagar, Keith. *D. H. Lawrence: Life into Art*. London, 1985.

Salwak, Dale, ed. *The Literary Biography: Problems and Solutions*. Basingstoke and London, 1996.

Sanger, C. P. *The Structure of "Wuthering Heights."* London, 1926.

Sangster, Alfred. *The Brontës of Haworth*. London, 1933.

Schreiner, Olive (pseud. Ralph Iron). *The Story of an African Farm*. 1883; London, 1971.

Shaylor, Joseph. *Some Favourite Books and Their Authors*. London, 1901.

Shorter, Clement. *Charlotte Brontë and Her Circle*. London, 1896.

——. "Relics of Emily Brontë." *The Woman at Home* 5, Aug. 1897.

Showalter, Elaine. *A Literature of Their Own: British Women Novelists from Brontë to Lessing*. 1977; revised edition, London, 1982.

Shuttleworth, Sally. *Charlotte Brontë and Victorian Psychology*. Cambridge, 1996.

Simpson, Charles. *Emily Brontë*. London, 1929.

Sinclair, May. *The Creators*. London, 1910.

——. *The Helpmate*. London, 1907.

——. *The Three Brontës*. London, 1912; also introduction to 2nd edition, 1914.

——. *The Three Sisters*. London, 1914.

Small, Helen. *Love's Madness: Medicine, the Novel and Female Insanity, 1800-1865*. Oxford, 1996.

Smith, Anne. *The Art of Emily Brontë*. London, 1976.

Smith, Margaret. "A Reconstructed Letter." *Brontë Society Transactions* 20, 1990.

Spark, Muriel, and Derek Stanford. *Emily Brontë: Her Life and Work*. London, 1953.

Spielmann, M. H. *The Inner History of the Brontë-Heger Letters*. London, 1919.

Stanley Wilmot, Thomas. *Twenty Photographs of the Risen Dead*. London, 1894.

Stevenson, Anne. *Bitter Fame: A Life of Sylvia Plath*. London, 1990.

Stone, Philippa. *The Captive Dove*. London, 1968.

Stoneman, Patsy. *Brontë Transformations: The Cultural Dissemination of "Jane Eyre" and "Wuthering Heights."* Hemel Hempstead, 1996.

Strachey, Lytton. *Eminent Victorians*. London, 1918; Penguin, 1948.

Sugden, K. A. R. *A Short History of the Brontës*. Oxford, 1929.

Sutherland, John. *Who Betrays Elizabeth Bennet? Further Puzzles in Classic Fiction*. Oxford, 1999.

Swinburne, A. C. *A Note on Charlotte Brontë*. London, 1877.

Taylor, Irene. *Holy Ghosts: The Male Muses of Emily and Charlotte Brontë*. New York, 1990.

Tillotson, Kathleen. "Back to the Beginning of This Century." *Brontë Society Transactions* 19, 1986.

——. *Novels of the Eighteen-Forties*. Oxford, 1954.

Totheroh, Dan. *Moor Born*. New York, 1934.

Townsend Warner, Sylvia. *The Salutation*. London, 1932.

Trollope, Anthony. *The Way We Live Now*. London, 1993.

Tromly, Annette. *The Cover of the Mask: The Autobiographers in Charlotte Brontë's Fiction*. Victoria, 1982.

Tully, James. *The Crimes of Charlotte Brontë*. London, 1999.

Tweedale, Charles L. *News from the Next World*. London, 1940.

Uglow, Jenny. *Elizabeth Gaskell: A Habit of Stories*. London, 1993.

Urry, John. *The Tourist Gaze*. London, 1990.

Wade, Martin. *Gondal*. Play broadcast on Radio 4, 1993.

Wagner, Erica. *Ariel's Gift: Ted Hughes, Sylvia Plath and the Story of "Birthday Letters."* London, 2000.

Walker, John, ed. *Halliwell's Film and Video Guide* 1999.

Wallace, Kathleen. *Immortal Wheat*. London, 1951.

Walter, Natasha. *The New Feminism*. London, 1998.

Warren, Samuel. "Narrative of an Imprisonment in France During the Reign of Terror." *Blackwood's* 30, Dec. 1831.

Webb, Mary. *Precious Bane*. London, 1924.

Wheeler, Harold F. B. "On Certain Brontë MSS." *The Bibliophile* 2(12), Feb. 1909.

Whitehead, Barbara. *Charlotte Brontë and Her "Dearest Nell."* Otley, 1993.

Whitmore, Clara H. *Women's Works in English Fiction from the Restoration to the Mid-Victorian Period*. New York and London, 1910.

Whone, Clifford. "Where the Brontës Borrowed Books." *Brontë Society Transactions* 11, 1950.

Wild, H. *Holiday Walks in the North-Countree*. London and Manchester, 1912.

Wilson, John. "Unimore. A Dream of the Highlands." *Blackwood's* 30, Dec. 1831.

Wilson, Romer. *All Alone: The Life and Private History of Emily Jane Brontë*. London, 1928.

——. *Greenlow*. London, 1927.

Winnifrith, Tom. *The Brontës and Their Background: Romance and Reality*. London, 1973.

——, ed. *Charlotte Brontë, Unfinished Novels*. Stroud, 1993.

——. *The Poems of Charlotte Brontë*. Oxford, 1984.

Winslow, Forbes, ed. *Journal of Psychological Medicine and Mental Pathology* 10, April 1858.

Winterson, Jeanette. *Oranges Are Not the Only Fruit*. London, 1985.

Woolf, Virginia. "The Art of Biography." In *Collected Essays*. Vol. IV. London, 1966-1967.

——. *A Room of One's Own*. London, 1928.

Wordsworth, William. *Lyrical Ballads*. London, 1798.

Wright, William. *The Brontës' Irish Background*. London, 1893

Wroot, Herbert E. "The Persons and Places of the Brontë Novels." *Brontë Society Transactions* 3, 1906.

Yablon, G. Anthony, and John R. Turner. *A Brontë Bibliography*. London and Connecticut, 1978.

Zegger, Hrisey D. *May Sinclair*. Boston, 1976.

索 引

(*索引页码为原书页码,即本书边码*)

译后记

　　英国文学批评家卢卡丝塔·米勒称自己的这部作品为"元传记"，即一部传记的传记，它要处理的，就是英国维多利亚文学史上最负盛名的"勃朗特三姐妹"——夏洛蒂、艾米莉和安妮——在后世文化传播中的形象建构问题。某种意义上，米勒的这部作品是在英国著名历史学家兼勃朗特生平历史研究的重要学者，《勃朗特传》的作者朱丽叶·巴克的阴影笼罩之下完成的。她与巴克一样致力于廓清有关勃朗特生平的不实传言，我管这叫作"勃朗特生平研究的拨乱反正"。但米勒在自己的研究中没有止步于历史，而是原创性地将历史、传记和文学批评完美融合在了一起，细致研究了从夏洛蒂·勃朗特去世直至本书最初出版的一百五十年中，勃朗特家族（特别是夏洛蒂和艾米莉）的形象在人物传记、虚构文学、舞台剧、影视作品、流行歌曲甚至是产品包装中的嬗变。

　　本书的英文题目为 *The Brontë Myth*，汉语译为《勃朗特迷思》，这在

学界已有先例,似乎不值得大惊小怪。① 卢卡丝塔·米勒本人于二〇
一四年在《勃朗特研究》(*Brontë Studies*)上发文回顾了在《勃朗特迷思》
出版的十余年间,文学传记或生命写作领域发生了怎样的变化,并在
文中解释了"myth"一词的具体含义。她写道:

> 　　总有人问我,我所谓的"the Brontë myth"中的"myth"一词是何
> 含义。该词表示一种叙事,它在不同的文化中流传开来,引出更富
> 有争议性的问题。这本书是否是在去神话,为破除累积的讹误、复
> 活并摆正真正的勃朗特一家而做出的一种尝试? 亦或者,它是文化
> 批评的一次历练,旨在分析不同版本的勃朗特故事,而不考量这些
> 故事与真实生平历史之间的关系。答案是"两者都有"。但是,当
> 我在二十世纪九十年代初开始构思这本书时,对"myth"的第二种
> 定义,即将其定义为一种"文化建构"——罗兰·巴特在其影响深
> 远的《神话学》一书中所探索的"myth"对此产生了影响——占据着
> 主导地位。②

了解罗兰·巴特及其著作《神话学》(*Mythologies*)的读者兴许会觉得,既
然作者本人在"去迷思"(demythologization)的创作尝试中受到了罗兰·
巴特的影响,那么将"myth"一词翻译为"神话"似乎并无不妥。更何况,
"myth"一词在汉语中也常被译作"神话"。但美国著名影评人理查德·
布罗迪在二〇一二年四月十九日的刊登于《纽约客》的《"神话学"的使

---

① 比如译者李晖在三联书店二〇二一年版《呼啸山庄》的导读中,便将"Brontë Myth"译
为"勃朗特迷思"。

② 见卢卡丝塔·米勒,《生平与后世: 回顾〈勃朗特迷思〉》,载《勃朗特研究》,第三十九
卷,第四期(2014),页254–266(页257)。

用》一文中对罗兰·巴特《神话学》一书的题目提出质疑。他这样写道：

> 罗兰·巴特的《神话学》一书——新近由理查德·霍华德和安
> 妮特·莱弗斯翻译出版——的题目是用词不当。书中五十三篇有
> 关法国流行文化和大众媒体的简短研究（写于一九五四至一九
> 五六年间）中，完全没有西西弗斯或俄狄浦斯，全然没有和人们在
> 宗教的开篇故事中一样的经典神话概念。

可以说，布罗迪对"神话学"这一题目的不满源于他没能在罗兰·巴特
的文章中看到西方文化中的经典神话概念。在本书的翻译中，我认为
"迷思"比"神话"更接近勃朗特研究语境下"myth"一词的主要含义，即
"虚构的东西"或"荒诞的说法"。"myth"是勃朗特研究的一个分野，它
往往指由伊丽莎白·盖斯凯尔夫人在《夏洛蒂·勃朗特传》中的许多不
实说法所引发出的一系列猜测、臆断甚至讹误，这些说法经由盖斯凯尔
夫人身后的许多传记作者、小说家和剧作家甚至是电影人的重复使用，
被牢牢确立下来，形成了与勃朗特生平有关的传奇。

　　伊丽莎白·盖斯凯尔夫人是夏洛蒂的生前好友，同时也是与夏洛蒂
齐名的维多利亚时期小说家。她在夏洛蒂·勃朗特去世后，受其父帕特
里克·勃朗特牧师之委托，创作一部有关夏洛蒂的生平传记，用以破除
当时的父权制社会对《简·爱》这部女性第一人称叙事作品及其作者的
种种责难与指控。然而，盖斯凯尔夫人是小说家出身，传记写作并非她
的专长，用朱丽叶·巴克的话讲，盖斯凯尔夫人是一位"业余的"传记作
者，只是作为一位训练有素的文学家，她的文字具有十足的感染力，她在
《夏洛蒂·勃朗特传》中建构出的女性形象又是如此"得体"，与人们想
象中粗俗不堪的"柯勒·贝尔"（夏洛蒂出版《简·爱》时的笔名）大相径

庭,扭转了当时文学评论界的笔锋,促使人们从对"柯勒·贝尔"的一声声责骂转向了对历尽悲剧却依旧坚守家庭职责的"勃朗特小姐"的无限同情与无上崇敬。

虽然勃朗特的后世形象在不同时代的传播过程中由于要服务于不同的意识形态而遭遇了不同程度的改写、挪用甚至歪曲,但本书的研究主题并没有完全脱离现实而存在,对于现实证据的选择性挪用(这从盖斯凯尔夫人对夏洛蒂书信内容的拣选中便可见一斑)也只会引发传奇的说法,而上升不到神话的高度。在勃朗特研究领域,"myth"也偶尔与"legend"(传奇)一词交替使用,但它们的含义往往相同,比如贝丝·纽曼在发表于《维多利亚研究》(*Victorian Studies*)的一篇书评中这样解释"甚嚣尘上的勃朗特传奇":"至少是在夏洛蒂去世后,累积在勃朗特家族周围的真假参半的说法和富有想象力的猜测。"①

米勒要破除的"迷思"主要是围绕夏洛蒂和艾米莉·勃朗特两人展开的。她偶尔也会提及有关帕特里克和布兰韦尔·勃朗特的一些不实传言,比如有传闻道,《呼啸山庄》的真正作者是布兰韦尔。在研究夏洛蒂的形象建构中,米勒从盖斯凯尔夫人在《夏洛蒂·勃朗特传》中塑造的那个家庭职责的殉道者出发,指出了盖斯凯尔夫人在"传记"创作之前就秉承的刻板印象以及隐藏在"传记"背后的主观目的,阐释了盖斯凯尔笔下的"家庭天使"形象怎样主导了十九世纪女性人物选集对夏洛蒂的刻画,并说明了夏洛蒂的形象在精神分析、女性主义的滥觞中经历了怎样的变化,服务于怎样的意识形态。就艾米莉的后世形象而言,米勒回归了夏洛蒂在一八五〇年为《呼啸山庄》新版所作序言中建构出

---

① 见贝丝·纽曼,《〈呼啸山庄〉的诞生:创作中的艾米莉·勃朗特》书评,载《维多利亚研究》,第四十二卷,第二期(1999),页310–312(页310)。

的那个浪漫主义形象——艾米莉更像是一个被动的"容器"（vessel），而她的艺术创作都是在神圣力量的指引下无意识的倾泻。她重点阐释了艾米莉的形象在夏洛蒂的"编辑"之下怎样与"天才""灵视者""神秘主义者"联系在了一起。

在章节的安排上，米勒并没有实现平衡。她将前六章留给了夏洛蒂，后三章匀给了艾米莉，很少提到安妮这个往往在凑数——"三姐妹"似乎是一种很有魔力的称呼——时才会被人提及的勃朗特成员。其实，仅有的生平史料中记载的那个娴静温婉的安妮（这是勃朗特研究领域的学者的共识）与她小说中的女性主张之间也存在着巨大的隔阂，这种人物传记形象与读者在文学文本阅读过程中体认出的作者形象之间存在的巨大张力与米勒的研究主题完美契合，只是她虽口口声声说自己对安妮·勃朗特的小说也兴味盎然，但终究因为有关安妮的生平史料的阙如和篇幅所限而将这位在勃朗特研究领域时常被边缘化的妹妹晾在了一旁。原作者对安妮的漠视是我在翻译这本书的过程中时常感受到的遗憾。当然，这也是今后学者能够耕耘的方向。

勃朗特三姐妹对十九世纪后半叶和二十世纪的女性作家文学创作产生了不可磨灭的影响。我阅读的第一部外国文学作品就是英国作家达夫妮·杜穆里埃创作的《蝴蝶梦》（林智玲、程德合译，陆谷孙校译）。了解达夫妮·杜穆里埃的人都知道，她是勃朗特姐妹的忠实读者，而《蝴蝶梦》一书在文本层面与夏洛蒂·勃朗特的《简·爱》有着千丝万缕的联系——常被唤作互文性。年幼的我不懂得西方文学延绵的传统，不知道发生在曼陀丽庄园中那桩桩件件诡异的事件也曾在夏洛蒂笔下的桑菲尔德府以同样怪怖的形式发生过。读者朋友当然可以说这是巧合，但于我而言，第一本外国文学读物是在勃朗特文学的影响下被创作出来的事实恰恰说明，勃朗特姐妹在世界范围内遗留下来的文学遗产之丰富,影响之深远,是不可估量的。

与对女性文学传统——多亏了那本著名的《阁楼上的疯女人》——产生了深远影响的勃朗特文学相辅相成的是勃朗特姐妹同样引人入胜的生平故事。感伤主义盛行的十九世纪相信眼泪的力量,而谱写红颜凋敝并给人以美的震撼似乎是中西文学都崇尚的一种做法。在译到盖斯凯尔夫人得知夏洛蒂死讯后的剧烈反应时——"我亲爱的朋友、亲爱的朋友,在这个世界上我再也见不到她了!"——我一声长叹,似乎又回到了中学时代阅读《红楼梦》黛玉葬花时的无奈。"试看春残花渐落,便是红颜老死时。"勃朗特三姐妹在二三十岁如花的年纪就都接连香消玉殒,读来更像是"未到春残花便落"。这在我的心中激起了多少涟漪,可想而知。此前的我常想,如果三姐妹和她们的兄弟没有早早撒手人寰,这个文学家族又会给世界文学史带来怎样的一笔? 只是,这样的假设终究是幼稚的。现在的我,更多的是感激:我感激勃朗特家族在极其短暂的人生旅程中依旧留给了世界范围内的读者如此动人的文学作品。

三姐妹的文学成就没能让 F. R. 利维斯将她们纳入英国文学的"伟大传统",她们也没能像简·奥斯丁那样登上英国面值十英镑的纸币。但令人宽慰的是,她们的生平故事早已脱离了约克郡荒原的束缚,在世界范围内俘获了一批听众读者,而印有三姐妹形象的产品也不仅是约克郡当地人的财富密码——她们在文化流通领域一定算得上"通用货币"。二〇一八年,为了纪念艾米莉·勃朗特诞辰二百周年,英国知名玫瑰育种专家大卫·奥斯汀应勃朗特学会之邀,推出了一款浅粉色灌木月季,名唤艾米莉·勃朗特。这款月季花型娇小,层层叠叠的浅粉色花瓣呈纽扣状排列,到花蕊处则呈现出杏色,十分可人;她缺乏奥斯汀代表性切花品种(如朱丽叶)的雍容华贵,与人们想象中逢人便躲躲藏藏的艾米莉似乎更加接近。生性喜爱石楠的艾米莉若泉下有知,不知对这株玫瑰的拣选是否会满意,但我想,此举的意义更多在于它说明世界范围内的人们用更加多元的方式记录并改写着勃朗特姐妹,而她们的形象不仅被印在明信片、冰箱贴(我于二〇一八年在英国国家肖像馆购买了一个印有乔治·里士满为夏洛蒂所作肖像画的冰箱贴)、饼干盒或浴巾上,甚至进入园艺的王国,成为玫瑰爱好者花园中的珍藏。就这个层面而言,勃朗特后世形象的强大韧性可见一斑。

我与卢卡丝塔·米勒的这本《勃朗特迷思》结缘于我二〇一五年的生日。这本书是我的好友梁晶晶送给我的生日礼物。在我收到这本书时,我没想到自己会走上勃朗特研究的艰深道路,更没想到自己在无意间萌生的一个想法——把这本书译出来——竟会成真。在复旦大学王柏华教授的引荐下,我与广西师范大学出版社"文学纪念碑"丛书的主编魏东老师相识。当我听闻魏东老师专司文学传记的出版工作时,我激动得无以复加,心中那曾经悸动但随着时间早已停摆的火花被重新点燃。当我拿出米勒的作品,毛遂自荐,表示我想要翻译这部作品时,魏东老师给予我积极的反馈,并发给我一张照片,是他收藏的相同版本的《勃朗特迷思》。这是译者与编辑的不谋而合,而那时的我便清楚地知道,我为《勃朗特迷思》找到了一位靠谱的主人。

我想,一本学术译著的出版从来不是译者凭借一己之力便可以轻易实现的任务。借由译后记的机会,我要特别要感谢王清卓、张宇、梁晶晶和魏小兰,他们阅读了我的大部分译稿并提出了许多宝贵的意见。我与晨旭学友的相识为这本译著画上了一个完满的句号,也为我今后的学术生涯迎来了新的曙光。我在复旦大学的导师卢丽安教授在我翻译本书的过程中以极大的耐心包容我,让我得以在博士论文开题答辩后腾出大块的时间专心致力于翻译工作,她时常关心、殷切询问我的进度,给予我巨大的鼓舞;她严谨地提醒我注意本书插图的版权问题,而与她分享我在世界各地图书馆和画廊收集到的勃朗特相关艺术作品时的欣喜至今在我的脑海中回荡。我在悉尼麦考瑞大学的导师斯蒂芬妮·拉索教授同样向我提供了宝贵的协助,她时常与我当面讨论,不厌其烦地向我解释经年累月从事文学批评工作的作者米勒笔下那些学术性极强的语言,帮我廓清特殊文学批评用语的文化与地域背景,纠正了我的许多错误。为了支持我的翻译工作,她重新阅读了米勒的作品(据她说,米勒的这部作品是她在求学期间重要的参考书目),并与我交流她对米勒学术写作风格的看法,这些令我受益匪浅。复旦大学外文学院的苏耕欣、袁莉和李双志教授分别在涉及维多利亚文学文类、法语书名和德语人名的问题上向我提供了帮助。每一位帮助过我的老师都用他们的实际行动时刻提醒着我,板凳要坐十年冷,不然学问是做不好、做不精的。

当然,我要在此强调,我本人对翻译中不可避免存在的瑕疵和错误负有全责。我曾和魏东老师说道:"如果本书有任何错处,都是因为我水平不够,而不是因为我怠慢翻译这项工作。"许是为我一本正经的样子感到惊讶,魏东老师笑了笑。但这实在是我的心里话。米勒在本书的导言与序言中回忆,本书的创作旷日持久,历经十年;而它的修改与再版又历近二十载(本译著的底本为二〇二〇年 Vintage 出版社的最新修订本)。这三十年的学术心血,交到我这个后学手里,实在叫我战战兢兢。我真诚地希望自己拙稚的译文没有让米勒的作品失色太多。

我还曾就"visionary"相关词汇的翻译问题写信请教《威廉·华兹华斯传》的译者、中山大学的朱玉教授。朱玉老师悉心向我解释浪漫主义的语境,启发我用"比'想象'更神秘、比'梦幻'更高级、比'远见'更超离的词语"——灵视——来理解勃朗特姐弟年幼时就秉承并不断发展进化的文学思想。在细致的解释之余,朱玉老师不忘提醒我,翻译终是一项"labour of love",甘苦自知。我享受翻译,似乎每译一小句话都能让我对勃朗特姐妹的了解更进一步;如果说我在翻译过程中真的体认到了什么苦涩,那无非是身体上的:蜷缩在沙发上,没日没夜的翻译校订叫我的颈椎病卷土重来,严重时,天旋地转、恶心难耐,站也不是,坐也不行,躺也无益。但我始终甘之如饴蜜;问诊、拍片、针灸、正骨、推拿、服药,中西医的结合似乎是一个完美的隐喻——翻译何尝不是中西文化的交汇? 我不由自主地幻想着——请读者朋友原谅我的自负——这本译著的出版能为中国读者与西方作家的又一次邂逅带来怎样奇妙的反应。

　　就在我的翻译工作刚刚展开时,我在爱丁堡大学英文系求学时的老师安娜·凡尼斯卡娅在信中勉励我道:"天明……我或许告诉过你,我眼下也在从事一项俄译英的翻译工作,因此,我清楚翻译涉及的苦涩与甘甜。重要的勃朗特传记研究作品被译成中文是一项了不起的事。祝你好运。"我从来没想过自己所做的事有什么了不起,特别是考虑到勃朗特文学在中国的译介从民国时期就已经开始,至今已历近一个世纪。包括梁实秋、李霁野、伍光建、杨苡等在内的一代又一代的译家学者几经磨难,即便在那个枪林弹雨、食不果腹、颠沛流离的岁月里也从未抛却他们眼中崇高的使命,坚持把英国约克郡的三姐妹介绍给中国读者。

　　让我十分欣慰的是,癸卯兔年年三十当天,我收到了英国期刊《勃朗特研究》两位主编的来信,她们告知我,我于去年向该期刊投递的文章《〈简·爱〉在中国,1867–1949》通过了匿名评审,将被收录发表。[①] 这篇文章的调研和写作耗费了我一整年的时间。我研究了清末西方人在上

---

　　① 白天明,《〈简·爱〉在中国,1867–1949:跨国之旅与跨文化传播》,载《勃朗特研究》,第四十八卷,第一至二期(2023),页99–114。

海租界区创办的英语报纸中对勃朗特有关新闻的报道,民国时期英语学习期刊对勃朗特家族的介绍,《简·爱》的两个汉语译本——一九三五年伍光建的《孤女飘零记》和一九三六年李霁野的《简爱自传》(后通译为《简·爱》)——在中国的接受,以及一九四四年好莱坞电影改编作品《简·爱》在中国的上映及引发的反响。回顾第一次阅读《勃朗特迷思》的经历,我不得不承认我创作这篇文章有"赌气"的成分,因为米勒在本书开篇就骄傲地记录了位于约克郡哈沃斯的勃朗特故居怎样吸引日本朝圣者不远万里,前来朝拜,这让我多少有些"不服气":难道在非英语母语的勃朗特狂热者中,只有日本人值得一提吗? 我当然知道米勒作为英语母语者在研究视野方面面临的局限:勃朗特文学作为"世界文学"版图中的重要组成部分,自然需要跨语言、跨文化的研究。在构思并撰写文章的一年间,我到上海图书馆、徐家汇藏书楼、华东师大图书馆、复旦特藏馆,遍览古籍旧刊,找寻勃朗特姐妹在清末民初从英国约克郡到中国上海的跨国之旅,而我向《勃朗特研究》投稿的初衷就是尽我所能向勃朗特学界说明,勃朗特文学之花早早便开在中国,开得沁人心脾,开得纷繁茂盛。

但收获的喜悦很快被突如其来的噩耗打破。就在我收到《勃朗特研究》录稿通知过去仅仅一周时间,《呼啸山庄》的中文译者,我国著名翻译家杨苡先生溘然长逝,享年一百零三岁。这位与五四运动同龄的老者对勃朗特文学在中国的译介做出了不可磨灭的贡献:她首创了《呼啸山庄》题目的译法(这实在聪明!),而她简洁有力的译文将牧师住宅所在荒原的山风带到了中国大地,呼啸着,一股脑将中国读者裹挟,让他们在凯瑟琳和希刺克厉夫(杨先生译名)的旷世畸恋面前打颤。我想,杨先生升入天堂之际(这让我想起了本书第四章论述过的狄金森为"柯勒·贝尔"所作悼亡诗中的一句:"啊,该是天堂多么美妙的下晌!"),定会遇到艾米莉。不知这一百多岁的中国老者会和勃朗特家的二小姐怎样攀谈一番? 更不知一向想要"隐于书后"的艾米莉在得知自己的小说在异国他乡俘获了成千上万的读者后,是否还会像她当初得知姐姐夏洛蒂私下披览了她的诗歌手稿后那般不依不饶?

刘新民教授在二○二○年上海三联书店出版的《我歌唱夜色将尽》的后记中回忆了自己如何在双目几近失明的状况下,翻译并出版了艾米莉·勃朗特的诗歌选集。刘新民教授对自己的视力的衰微轻描淡写,似乎失明这件事在翻译艾米莉诗歌这项事业面前是件微不足道的小事,这不能不令我动容。对于在前辈的"阴影"下从事翻译工作的我而言,我体会不到哈罗德·布鲁姆所谓的"影响的焦虑",全然没有要超越——甚至是"杀死"——前人的野心,在本书的翻译中,我所期待的无外乎将作者的表达在尽量符合汉语习惯的情况下准确地传达给读者;在此基础上,倘使还能多少增进中国读者对勃朗特姐妹生平研究的兴趣,那便是我的无上荣耀。

细心的读者也许会注意到,我在包括艾米莉诗歌和《呼啸山庄》等小说的翻译上参考了已经出版的中文译文,却在《简·爱》的翻译上保持了我自己的译文。这绝不是因为我自信自己的译文能够胜过任何一位前辈的译文(这绝无可能),而是单纯因为我实在无法将这段对我学术生涯甚至是人格都产生了极其重要影响的段落交付给除我本人以外的任何一位译者,无论他的翻译怎样精妙绝伦。我请读者与我一道再次回顾年轻的简·爱在面对在性别、金钱、阶级等层面均占据上风的爱人罗切斯特时那振聋发聩的呐喊,体会《简·爱》这部文学作品的不朽:

> 你认为我是一架机器?——一架没有感情的机器?能容忍别人把最后一口面包从我的嘴边抢走,把我的一滴救命水从我的杯中泼掉?你以为我身无分文、默默无闻、相貌平平、个子矮小,我就失了灵

魂，没了心吗？——你想错了！——我的灵魂和你的一样丰富，我的心也和你的一般充实！……我并非根据习俗、常规，甚至并非通过肉体凡胎在与你对话，是我的灵魂在与你的灵魂对话，仿佛我们两人穿过坟墓，平等地站在上帝面前——我们本来就是平等的！

每每读到这里，我都会浑身战栗，不知所措。文字的力量和美从不会因为时代的滚滚洪流而稍有褪色，那些不顾时代桎梏，为了争取生命的尊严而冒天下之大不韪的作家也终将被追求真善美的人们永远铭记。就这个层面而言，我十分感谢夏洛蒂，并庆幸她与妹妹们没有听信桂冠诗人罗伯特·骚塞的劝诫——"文学不能，也不该是女人毕生的事业"。我同样感谢包括米勒在内的学者，他们用各自擅长的方式书写着勃朗特文学与生平的传奇，让那约克郡荒原上早早便凋零的石楠花开遍了世界，开到了今天。

白天明

二〇二三年六月五日于悉尼